Musik und Medizin

Anton Neumayr

Musik und Medizin

Am Beispiel der Wiener Klassik

EDITION WIEN

2. Auflage 1988

ISBN 3-85058-007-5

Umschlag: Harry Betke
Satz: Quick Print, Groß-Enzersdorf
Druck und Bindung: Wiener Verlag, Himberg

Gedanken zum Thema
Musik und Medizin

„Pflege der Musik – das ist Ausbildung der inneren Harmonie." Besser als mit diesen Worten von Konfuzius (551 – 479 v. Chr.) kann die Bedeutung der Musik für den Menschen kaum beschrieben werden. Da Humanität aber nichts anderes besagt, als die harmonische Ausbildung aller intellektuellen und ethischen Eigenschaften, die dem Menschen den Charakter der Menschlichkeit verleihen, könnte man sinngemäß auch sagen: „Pflege der Musik – das ist Ausbildung zu echter Humanitas". Und in der Tat erscheint unter allen Künsten die Musik allein geeignet, durch die Vereinigung aller fundamentaler ethischen, moralischen und ästhetischen Grundwerte ähnlich wie ein religiöser Glaube jene Harmonie als Ausdruck der inneren Ordnung der Seele herbeizuführen, die für eine Veredelung des Menschen erforderlich ist.

Diese Erkenntnis einer höheren Ordnung war bereits für den heiligen Augustinus der Inbegriff jedes musikalischen Erlebnisses, da wir nach seinen Worten nur „ ... durch sie die Freude erleben, das Gewicht der Seele in diejenige Waagschale zu werfen, welche sich nach der Ordnung des Universums ... neigt". Diese während des Mittelalters geltende Auffassung entsprach ganz der pythagoräisch-platonischen Konzeption, nach welcher die Musik hörbarer Ausdruck und klingende Vermittlerin der zahlenmäßigen Ordnung aller Dinge ist. Schon in der Antike wurde somit die Musik nicht allein als Magie, sondern bereits in gehobenem Sinne als Weltenbauprinzip empfunden. Nach Platon (427 – 347 v. Chr.), dem die Welt als eine auf eine allumfassende Dreigliederung der Musik aufgebaute tönende Einheit erschien, sprach man deshalb auch von einer „musica mundana", der Musik des Weltalls, einer „musica humana", der im Menschen tönenden Musik und schließlich von der „musica instrumentalis", der akustisch wahrnehmbaren vokalen oder instrumentalen Klangmusik. Diese später auch von Boethius (480 – 524), dem unglücklichen Kanzler Theoderichs, übernommene Konzeption, nach welcher in der Seele und im Körper des Menschen die gleichen harmonischen und zahlenmäßigen Proportionen vorherrschen, wie in den Bewegungen der Gestirne und in den Tönen der Musik, erfuhr ihre größte Prachtentfaltung noch vor Beginn des Rationalismus durch den im Jahr 1612 zum Landschaftsmathematiker der oberösterreichischen Stände berufenen Johannes Kepler. Gleich der Antike faßte auch Kepler den Gedanken der Weltenharmonie im musikalischen Sinne auf. In seinem Werk „Harmonices mundi", dessen Bedeutung erst seit wenigen Jahren auch breiteren Kreisen bekannt wurde, ging es ihm um den Nachweis einer Weltsinfonie mit musikalischen Verhaltensweisen der Planeten. Mehr mit den Augen eines musischen denn eines naturwissenschaftlichen Menschen errechnete er mit Hilfe harmonikaler Transpositionen aus den verschiedenen Planetenbahnen Grundtöne, Tonleitern und Melodien, die ihn letztlich zur Darstellung vielstimmiger Gesamtharmonien anderer Planeten gelangen ließen, wie sie am ersten Schöpfungstag erklungen sein könnten.

Es ist überraschend und faszinierend zugleich, wie diese alten und teilweise phantastisch anmutenden Vorstellungen in jüngster Zeit mit Hilfe der Relativitätstheorie Einsteins auf zeitgemäße Weise in den Geist unseres Jahrhunderts übersetzt werden konnten.

Nach der Vorstellung Harburgers basiert nämlich die Musik ebenfalls auf weltengeometrischen Prinzipien mehrdimensionaler Natur, wobei sich die Mannigfaltigkeit der Zeit – Ton Dimension als Grundlage der Musik nahtlos in den Gesamtplan einer All-Geometrie einordnen läßt. Man kann es kaum fassen, daß zwischen den sublimen mathematischen Tatsachen und der unmittelbar zum Herzen sprechenden Musik enge Zusammenhänge bestehen und daß – wie sich Ansermet einmal ausdrückte – die Töne, mit denen wir Musik machen, stets so ausgewählt werden, daß sie ein Logarithmussystem bilden.

In ähnlicher Weise vom Geist der Pythagoräer angeweht ist das moderne „harmonikale Weltbild" von Hans Kayser, welches dem gesamten Weltenbau das Urphänomen der Tonzahl zugrundelegt. Seine „Harmonik" ist allerdings nicht identisch mit jener der Musiktheorie, sondern ein viel universellerer Begriff, gewissermaßen eine Kunde von der uralten Lehre vom „Klang der Welt". Er findet den charakteristischen Dreischritt der musikalischen Kadenz sogar im geologischen Aufbau unserer Erde und stützt sich dabei auf die Beobachtung, daß sich Erdbebenwellen an verschiedenen Zonen im Erdinneren unterschiedlich brechen und daß die Radien dieser schalenförmigen Zonen mit den Saitenlängenmaßen des primären Dur-Akkordes der Obertonreihe, also ebenfalls einem physikalischen Naturphänomen, eine merkwürdige Übereinstimmung erkennen lassen. Eine „Dreiklangstruktur des Erdinneren" also – eine Vorstellung von unserer Erde als einem gewaltigen Akkord, welche ganz der antiken Auffassung der „musica mundana" entspricht.

Die im Menschen tönende Musik, die „musica humana", fand in der Antike zunächst als Vorstellung von der Musik im Puls ihre Entsprechung, eine Vorstellung, die auf den um 300 v. Chr. in Alexandria wirkenden Arzt Herophilos zurückgeht und später auch von der mittelalterlichen Musiktheorie ebenso wie von der Medizin übernommen wurde. Wies doch schon Roger Bacon (1215 – 1295) in seinem 1267 veröffentlichten Werk „Opus tertium" darauf hin, daß die Bewegungen des Pulses nach gleichen Gesetzen und Proportionen ablaufen wie die Musik, weshalb er die Lehre vom Puls auch ausdrücklich der Disziplin Musik unterstellte mit der Forderung, daß der vollkommene Arzt unbedingt auch die musikalischen Proportionen genau kennen müsse. Auch Avicenna (980 – 1037) widmete in seinem „Kanon der Medizin" diesen Zusammenhängen zwischen Puls und Musik einen eigenen Abschnitt und als dieses Werk nach seiner Übersetzung aus dem Arabischen ins Lateinische im 12. Jahrhundert zum bedeutendsten medizinischen Lehrbuch des mittelalterlichen Abendlandes wurde, erhielt die musikalisch-metrische Pulslehre von Herophilos ihren festen Platz innerhalb des medizinischen Lehrplanes.

Der Gedanke, metrisch-musikalische Zahlenproportionen aus dem Pulsschlag abzuleiten, führte bereits im ausgehenden Altertum mit seinen neuplatonisch-neupythagoräischen Strömungen zu der Frage, ob der Arzt für seine allgemeine Ausbildung nicht überhaupt eine spezielle Kenntnis der Musiktheorie benötige. Sah doch schon Galen (129 – 199) das Ideal eines Arztes in einer umfassenden Allgemeinbildung, in deren Rahmen er der Musik eine besondere Stellung zuwies. Im beginnenden Mittelalter hat Cassiodor (487 – 583) diese Konzeption übernommen und durch Alkuin (730 – 804) aus dem Kreis Karls des Großen wurde sie schließlich zum verbindlichen Fundament erhoben, indem die Medizin der in den sogenannten sieben „Artes liberales" eingegliederten Musik übergeordnet wurde.

So ist es nicht verwunderlich, daß ab dem 10. Jahrhundert für das Studium der Medizin das Studium der Artes vorausgesetzt wurde, eine Forderung, die seit dem 13. Jahrhundert im Universitätsplan obligatorisch wurde. So war es etwa an der medizinischen Fakultät von Paris seit dem Jahr 1426 bindend vorgeschrieben, daß die Medizinstudenten vor der Erwerbung des Doktorgrades die Promotion in den verschiedenen Artes nachweisen mußten. Da aber für die Bewerber um den Magistergrad in den Artes eine Vorlesung in Musik gefordert wurde, darf man annehmen, daß vom ausgehenden 14. Jahrhundert an jeder Mediziner während seines Studiums auch einen musiktheoretischen Kurs absolvieren mußte. Für diese Vorlesungen in Musik galt das auf dem Musiktraktat von Boethius aufgebaute Lehrbuch von Johannes de Muris (1290 – 1351) als tonangebend.

In dieser jahrhundertelangen engen Verknüpfung zwischen Musik und Medizin dürfte eine der historischen Wurzeln zu suchen sein für die auffallende Tatsache, daß bis auf den heutigen Tag Ärzte in überdurchschnittlicher Häufigkeit eine besondere Zuneigung zum passiven oder aktiven Musizieren erkennen lassen. Schon für den Platoniker und Arzt Marsilio Ficino (1433 – 1499), den Cosimo Medici zum Leiter der Akademie in Florenz erziehen ließ, galt die Ausübung beider Künste, nämlich der Musik und der Medizin, von einunddemselben Menschen als eine Selbstverständlichkeit, und er erzählt von sich selbst, daß er sich nach seinen medizinischen Studien häufig der Musik zuwandte, um „Beschwernisse der Seele und des Körpers zu vertreiben und den Geist zu höheren Dingen zu erheben". Ähnliche Beispiele ließen sich bis auf den heutigen Tag in großer Zahl anführen. Am eindrucksvollsten verkörperte diese Doppelbegabung aber wohl Theodor Billroth, den bekanntlich eine enge Freundschaft mit Johannes Brahms verband und der neben seiner Weltgeltung als Chirurg auch als hervorragender Musiktheoretiker und aktiver Musiker in die Geschichte eingegangen ist.

Mit Leonardo da Vinci (1452 – 1519), der sich als erster mit der systematischen Zählung der Pulsschläge in einem bestimmten Zeitraum beschäftigte, begann im 16. Jahrhundert ein neues Kapitel in der Verknüpfung des Pulses mit der Musik, indem man nun versuchte, die Zusammenhänge zwischen Puls und Musik mit Hilfe der musikalischen Mensuraltheorie in einer Art „Pulsschrift" anschaulich zu machen. Diese Methode, die musikalische Notenschrift in den Dienst der medizinischen Lehre vom Puls zu stellen, hielt sich bis zum Beginn des 19. Jahrhunderts, wie wir dem epochemachenden Werk des berühmten Arztes Laennec (1781 – 1826) über die „Auskultation" entnehmen können, in welchem er die verschiedenen pathologischen Geräusche über den arteriellen Gefäßen mit Hilfe von Notenbeispielen zu veranschaulichen versuchte.

Nachdem schon Anfang des 17. Jahrhunderts die Musik aufhörte, eine wissenschaftlich begründete Disziplin an den medizinischen Hochschulen zu sein und damit für den Arzt auch das früher obligatorische Unterrichtsfach Musik entfiel, begann sich im Verlauf des 18. Jahrhunderts allmählich ganz allgemein das Ende der langen Tradition der „musica humana" abzuzeichnen, um erst wieder in unserem Jahrhundert eine Art Renaissance zu erleben, nämlich in der Musikauffassung von Ernst Kurth. Für ihn stellt die in uns hörbare Naturgewalt Musik gewissermaßen eine vom Harmonischen ins Dynamische transponierte „musica humana" dar, wobei er „alles Erklingende an der Musik nur als emporgeschleuderte Ausstrahlung weitaus mächtigerer Urvorgänge sieht, deren Kräfte im Unhörbaren kreisen". Ihre ursprünglichen gestaltenden Inhalte sind nach Kurth psychische Spannungszustände, die nach Umsetzung in Bewegung drängen und deren Energien in die sinnlich wahrnehmbare klangliche Musik übergehen. Eine solche Darstellung des inneren Werdeprozesses der Harmonik verwandelt aber die Musik aus einer Sinfonie der Töne in eine Sinfonie energetischer Strömungen – eine neue, aus der „musica humana" Idee erstandene Welt.

Diese kurz dargestellte platonische Konzeption der Musik als Weltenbauprinzip läßt uns die Stellung des Menschen innerhalb des Kosmos, aber auch sein besonders tiefes und unlösbares Verhältnis zur „musica instrumentalis" in einem neuen Licht erscheinen, und wir verstehen so vielleicht auch besser, warum die dämonischen Gewalten der Musik, die E. T. A. Hoffmann einmal als „in Tönen ausgesprochene Sanskrita der Natur" bezeichnete, schon in grauer Vorzeit auch zur Heilung kranker Menschen herangezogen wurde.

Die Anfänge der Einbeziehung von Musik in das medizinische Denken und Handeln verlieren sich im Dunkel der Geschichte, als Musik und Heilkunst noch untrennbar verbunden waren. Dabei schien zunächst der sogenannte Heilgesang eine bevorzugte Rolle gespielt zu haben. So wird schon bei Homer der von einem Eber während der Jagd verwundete Odysseus durch den Gesang der Söhne des Autolykos geheilt und in der Ilias hören wir auch bereits von einer besonderen Form des Heilgesanges, dem Paián, der als Mittel der Wahl zur Abwendung von Seuchen eingesetzt wurde. Diese magische Vorstellung von der Heilkraft der Musik kommt in einem Bericht aus dem Jahr 665 v. Chr. zum Ausdruck, wonach Thaletas aus Kreta auf Geheiß des delphischen Orakels nach Sparta gekommen sei und die Lakedämonier durch seinen Gesang von der Pest befreit habe.

Grundlage für die Heilmusik, bei der neben dem Gesang vor allem die Instrumente des einer Oboe ähnlichen Aulos und der einer Lyra ähnlichen Kithara die Hauptrolle spielten, war in der Antike die Lehre vom „Ethos" der Musik: je nach Verwendung eines Instrumentes und seines Klangcharakters, nach Verwendung eines bestimmten Tempos und vor allem auch eines bestimmten Rhythmus wird der Musik jeweils ein verschiedenes Ethos verliehen, womit beim Zuhörer unterschiedliche affektive und sittliche Haltungen ausgelöst werden können. Mit der erregenden Wirkung des Aulos versuchte schon Asklepiades (124 – 60), depressive Menschen von ihrem melancholischen Zustand zu befreien. Das Instrument der Wahl wurde aber die Lyra, die mit ihrem sanften Klang und ihrer nach innen führenden Musik die Seele von den Schlacken des Sinnlichen und der Leidenschaft reinigen sollte, weshalb man auch von einer kathartischen Musik gesprochen hat.

Es ist eigenartig, daß die Ärzte der Antike diese Lehre vom Ethos der Musik zu therapeutischen Zwecken nur ganz vereinzelt herangezogen haben. Musik als Bestandteil der Medizin wurde nämlich erst im 9. Jahrhundert von arabischen Ärzten eingeführt. Ihre Ansicht, wonach die Musik auf dem Weg über die Seele auch den kranken Körper heilen könne, wurde nach Bekanntwerden der Schriften von Avicenna allmählich auch im mittelalterlichen Abendland ärztliches Gedankengut und schon im 13. Jahrhundert zählte dort die Musik unter anderem zu den wichtigsten medizinischen Maßnahmen, welche den Verfall des Menschen durch das Altern verlangsamen sollten. Als erster wies wiederum Roger Bacon (1215 – 1295) auf diesen „Aufschub der Alterssymptome" durch Musik hin und in der „Gerontocomia" von Gabriele Zerbi aus dem Jahr 1489 – dem ersten gedruckten Werk über Gerontologie – wird diese lebensverlängernde Wirkung damit erklärt, daß die Musik der dem Menschen innewohnenden Harmonie durch ihre zahlenmäßige Ordnung in besonderem Maße verwandt sei, eine Ansicht, die auch Franchinus Ranchinus (1561 – 1641) in seiner 1627 veröffentlichten „Gerocomia" vertrat.

Neben dieser gerontologischen Indikation erlangte die Musik als Heilmittel ihre größte Bedeutung aber bei der Behandlung von Geisteskrankheiten und hier wieder besonders bei der Melancholie, wie Raymund Minderer in seiner „Threnodia medica" aus dem

Jahr 1619 betont. Der Däne Olaus Borrichius (1626 – 1690) wies in diesem Zusammenhang bereits darauf hin, daß die Musik nicht dazu erfunden wurde, „...um Krankheiten auszutreiben, sondern vielmehr, um den Geist des Menschen zu beeinflussen". Dieser Hinweis schien notwendig, weil über die Wirkungen der Musik im mittelalterlichen Abendland noch allenthalben spekulative, ja vielfach geradezu kindische Vorstellungen herrschten. Liest man doch noch in der 1684 erschienenen „Musurgia universalis" des Jesuiten Athanasius Kircher, daß die Musik die Luftlöcher des Körpers öffne und aus diesen die bösen, krankheitsverursachenden Geister entweichen könnten.

Erst im Zeitalter der Aufklärung wurde endgültig die Wirkung der Musik auf die Psyche in den Vordergrund gestellt und damit ihre Stellung innerhalb der Medizin realistischer eingestuft, ein Wandel, den wir unter anderem Johann Peter Frank (1745 – 1821), dem Begründer der öffentlichen Gesundheitspflege und engen Freund Beethovens, verdanken, und der von der Wirksamkeit der Musik für die Gesundheit des Menschen überzeugt war. In seinem neunbändigen Werk „System einer vollständigen medicinischen Polizey", dessen erster Band 1779 erschien, heißt es: „Die Polizey darf es an diesem großen Mittel der Aufmunterung ... nicht fehlen lassen ... Aber die Kraft, Leidenschaften zu erwecken, muß uns dieses göttliche Mittel mit Einsicht benutzen lassen ... Die Ärzte haben mehrere Geschichten von Krankheiten aufgezeichnet, welche durch den Zauber der Musik geheilt worden sind und ihre Wirkung auf empfindliche Nerven ist so sichtbar, daß der Kreislauf ... in kurzer Zeit zur größten Erleichterung unseres Körpers in Ordnung gebracht werden kann". Im Jahr 1807 erschien in Wien zu diesem Thema sogar ein von Dr. Lichtenthal verfaßtes Buch mit dem Titel: „Der musikalische Arzt oder Abhandlung von dem Einfluß der Musik auf den Körper und von ihrer Anwendung in gewissen Krankheiten", in welchem genau beschrieben wird, wie Musik auf die Psyche und damit indirekt auch auf den Körper selbst einzuwirken vermag.

Aber erst mit der Entwicklung der naturwissenschaftlichen Medizin konnte die Wirkung der Musik auf den menschlichen Körper auf eine objektivere Grundlage gestellt werden. Heute weiß man – nicht zuletzt durch die eindrucksvollen Ergebnisse der Untersuchungen bei Herbert von Karajan während seiner Arbeit als Dirigent –, daß bei sanft fließender Melodie und ruhiger Bewegung der Musik parasympathische Mechanismen in unserem vegetativen Nervensystem überwiegen, während Dissonanzen, lebhafte Bewegung und stark betonter Rhythmus vorwiegend sympathische Reaktionen auslösen. Nach neuesten Erkenntnissen spielen dabei verschiedene Polypeptide eine besondere Rolle, die entweder zu einer Beruhigung bestimmter Zentren im Gehirn führen oder erregend auf ein Aktivierungszentrum im Hirnstamm einwirken. Im letzteren Fall werden emotionale Gemütsregungen ausgelöst, die im Extremfall mit Aggressionstendenzen bis hin zum Zerstörungstrieb einhergehen können. So findet auch die antike Lehre vom „Ethos" der „musica instrumentalis" in unserem Jahrhundert ihre Entsprechung und ihre naturwissenschaftliche Bestätigung. Deckt sich doch die moderne Definition des musiktherapeutischen Heilungsvorganges durch Aleks Pontvik mit der pythagoräisch-platonischen Konzeption fast vollständig, wenn er sagt: „Das heilende Musikerlebnis beruht auf einer akustischen Darstellung harmonikaler Urformen, die der Ganzheit Körper – Seele die Gesetze des eigenen Gleichgewichts wieder bewußt machen."

In der Tat stellt die Einbeziehung der Musik in den Behandlungsplan seelischer Konflikte und psychischer Störungen heute eine nicht mehr wegzudenkende Ergänzung dar. Durch Anhören geeigneter Musik in völliger Entspannung können depressive Zustände leichter beseitigt werden und auch in Lebenskrisen, die unlösbar scheinen und analy-

9

tisch kaum angehbar sind, lassen sich durch eine Musiktherapie oft erstaunliche Erfolge erzielen. Dafür bietet uns schon die Geschichte Beispiele aus alter und neuer Zeit: etwa das Harfenspiel Davids, welches den König Saul von seinen Depressionen zu befreien vermochte oder die Beseitigung der gefürchteten Wutanfälle des polnischen Großfürsten durch das Klavierspiel des damals zehnjährigen Frédéric Chopin. Das denkwürdigste Beispiel dürfte aber wohl jenes des melancholischen spanischen Königs Philipp V. sein, der nur durch Musik zu bewegen war, sein Bett zu verlassen und sich einigen Regierungsgeschäften hinzugeben. Von seiner Gattin wurde deshalb der zu dieser Zeit weltberühmte italienische Kastrat Farinelli verpflichtet, allabendlich am Hof zu Madrid ein Konzert zu geben – und dies zehn Jahre lang bis zum Tod Philipps im Jahr 1746.

Ein besonderer Aspekt der Musik, der in unserer Zeit mehr und mehr Beachtung findet, ist ihre soziologische Bedeutung. Durch ihre harmonisierende Wirkung auf die Psyche des Menschen wird die Kontaktaufnahme erleichtert und die Kommunikationsbereitschaft gefördert, was heute bereits in vielen Krankenhäusern Berücksichtigung findet. Die von den Soziologen diskutierten Belastungen der Patienten durch die Hospitalisierung können nämlich durch Musik als harmonisierenden Bestandteil einer Klinikatmosphäre über eine Ablenkung und Entspannung zweifellos gelindert werden. Das bedeutet natürlich nicht, daß die Aufgabe einer humanen Medizin, welche die Person des Kranken in den Mittelpunkt ihrer Bemühungen rückt, durch Musikberieselung allein gelöst werden könnte. Musik im Krankenhaus stimmt aber ohne Zweifel die Patienten zuversichtlicher und fröhlicher und dies war wohl auch der Grund, warum sie in den Hospitälern der islamischen Welt des Mittelalters in so unvergleichlicher Weise gepflegt wurde.

Musik kann aber auch aktivieren und psychisch Kranke aus ihrer vegetativen Erstarrung lösen. Sie wird deshalb heute auch in zunehmendem Maße in geriatrischen Kliniken und Pflegeheimen eingesetzt, da sie mithelfen kann, jene Isolierungstendenzen zu durchbrechen, die in der Behandlung und Betreuung alter Menschen eine so wesentliche Rolle spielen. So kann die jahrtausendalte Verflechtung von Musik und Medizin, eingebettet in die modernen naturwissenschaftlichen Erkenntnisse, auch dem Arzt von heute in seinem therapeutischen Denken und Handeln zum Vorteil gereichen, wie dies der Medizinhistoriker Berendes sehr treffend formulierte: „Zu allen Zeiten ist es der Wunsch des Arztes gewesen, dem Menschen nicht nur Wegweiser zu sein auf seinem biologischen Pfade, sondern auch mitdenkender und mitfühlender Helfer bei der Suche nach dem Sinn des Daseins. Des Menschen eigentliches geistiges Reich liegt abseits von der materiellen Welt und in diesem Reiche gibt es eine Schatzkammer, die erfüllt ist von herrlicher Musik; der sie ernstlich strebend sucht, dem öffnet sich ihre Pforte."

Die harmonisierende Wirkung der Musik gilt aber nicht nur für das einzelne Individuum, sondern ebenso für eine größere menschliche Gemeinschaft, was in gesellschaftspolitischer Hinsicht mehr und mehr zum Tragen kommt. Die immer bessere Zugänglichkeit zu verschiedenen kulturellen Ereignissen, wie sie nicht zuletzt im Aufschwung der europäischen Festspiele zum Ausdruck kommt, bezeugt eindrucksvoll das Ausmaß unseres bereits erreichten gesellschaftspolitischen Erfolges. War noch um die Jahrhundertwende die Musik in den Konzertsälen fast ausschließlich für wenige Privilegierte reserviert, so wird sie heute allen gesellschaftlichen Bereichen gleichermaßen angeboten, wodurch die Musikfestspiele der archaischen Bedeutung des Festes gemäß zu einer wirkenden Kraft in breiten Bevölkerungsschichten geworden sind. Wenn derartige Festspiele auch nicht direkt zur Lösung politischer Probleme oder zur Einigung unserer Völker beitragen können, so bezeugen sie doch besser als jede Wissenschaft unsere Grundeinheit und sie vermögen auch besser als jede erzieherische Maßnahme die Seele des Menschen in veredelndem Sinne zu formen, so wie dies A. Lernet-Holenia einmal von der Musik J. S. Bachs gesagt hat: „Wer seine Harmonien vernimmt, wird zum wahren Menschen und begräbt alle Feindschaft, so lange er ihnen lauscht. Sie zeigt uns nicht, wie wir sind – sie zeigt uns, wie wir sein sollten." Und tatsächlich wurde ja im alten Griechenland während der olympischen Spiele, die allerdings einen unvergleichlich höheren kulturellen Wert besaßen als unsere heutigen Spiele, jede Feindseligkeit während der gesamten Dauer des Festes abgelegt.

Wenn auch die Musik im Lauf ihrer Geschichte immer mehr Ausdruck persönlicher Genialität mit betonter Eigenart geworden ist und dadurch vielfach an primitiver Eindruckskraft eingebüßt hat, gibt es doch auch heute noch eine Art Gemeinschaftsmusik, die ohne Unterschied von allen Menschen verstanden wird. Keine Mutter wird auf die beruhigende und einschläfernde Wirkung eines Wiegenliedes für ihr Kind verzichten und wir wissen alle, wie rhythmische Musik jede Arbeitsleistung belebt oder ein Marschlied auch die müdeste Kompanie wieder in Schwung bringt. Napoleon, der die anfeuernde Wirkung der Marseillaise während der französischen Revolution erlebt hatte, wußte offenbar ganz genau, warum er unter den Lazarettfenstern seiner Soldaten regelmäßig Militärkapellen spielen ließ.

Bei einer solchen stimulierenden Wirkung der Musik spielen motorische Suggestionen die entscheidende Rolle, Suggestionen, denen wir auch im Konzertsaal unterworfen sind. Jeder von uns kennt diese unbewußten rhythmischen Bewegungen mit der Hand oder mit dem Kopf, die nicht immer gerade angenehm vom Nachbarn registriert werden. Wie ungeheuer derartige Bewegungen stimuliert werden können, wenn sie sich in einem, einem entsprechenden Rhythmus folgenden Tempo vollziehen, zeigen Beispiele aus alter und neuer Zeit. So fand das ekstatische Spiel des Aulos im antiken Griechenland seinen Höhepunkt im Dionysoskult oder auch im sogenannten Korybantentaumel während der phrygischen Kultfeste der großen Mutter Kybele, die in der Regel noch mit wilden Tänzen einhergingen. Das bekannteste Beispiel aus neuerer Zeit ist aber wohl der im 13. Jahrhundert von Apulien ausgegangene sogenannte Tarantismus, bei dem die befallenen Menschen durch die Musik in eine regelrechte Ekstase versetzt wurden und bis zur völligen Erschöpfung tanzten. Dieser Tarantismus war aber nur eine Form der Tanzwut im damaligen Europa, wie aus Berichten über wahre Tanzpsychosen auf dem Boden religiöser Wahnvorstellungen zu erfahren ist. So zog im Jahr 1374 eine derartige Schar von tanzwütigen Menschen vom Rheinland in die Niederlande und im Jahr 1418 lesen wir von einer Hüpfprozession von Straßburg nach Rothenstein, wo sich die Kapellen des heiligen Veit befanden – ein Ereignis, das in der Bezeichnung des Veitstanzes als eine Form der Epilepsie noch heute im Volk weiterlebt. Derartige motorische Massenekstasen ereignen sich aber auch in unserer Gegenwart, etwa bei fanatisierten Besuchern eines Rock-Festivals, bei denen sich die schon erwähnten aggressiven Tendenzen bis zur Zertrümmerung der Saaleinrichtung steigern können. Nach der Vorstellung von Berendes werden diese Menschen durch eine solche Musik zunächst in eine primitivere Bewußtseinsstufe versetzt und erst dann unter Aufgabe ihrer Individualität einem motorisch wild bewegten Kollektiv einverleibt. Dies erklärt auch, warum Menschen mit eher primitiver Persönlichkeitsstruktur solchen motorischen Massenekstasen leichter erliegen.

Nicht zu Unrecht hat deshalb wohl schon Platon darauf hingewiesen, daß die Musik die Sitten nicht nur zu veredeln, sondern auch zu verderben vermag und daß im Staate den Sitten nichts so schadet, wie die Abwendung von einer züchtigen und sittsamen Musik.

Und aus ähnlichen Erwägungen dürften sich auch die Wegbereiter des Christentums schon im 2. Jahrhundert genötigt gesehen haben, gegen die plumpe Aufstachelung der breiten Massen durch weltliche Lieder aufzutreten. Andererseits war sich die junge Kirche aber sehr wohl der Gewalt der Musik über die Herzen der Gläubigen bewußt, weshalb Johannes Chrysostomus die Psalmengesänge ausdrücklich als brauchbares Instrument empfahl, um „schwachen und beschränkten Gemütern die heiligen Schriften näher zu bringen".

Wesentlich stärker als beim passiven Anhören von Musik kommt ihre Wirkung auf den Menschen natürlich durch aktives Musizieren zum Tragen. Der Mediziner Heinrich Hanselmann hat den therapeutischen Wert aktiven Musizierens wohl am besten charakterisiert, wenn er sagte: „Musik befreit aus der Ich-Gefangenschaft. Im Zusammenspiel wird immer wieder das neu geübt, was im Grunde die menschliche Gemeinschaft, von der Ehe bis zum Völkerbund, am meisten fördert: führen und sich führen lassen. Echtes Musizieren macht sozial". Ein sozialpolitischer Aspekt, der sicher bisher zu wenig Beachtung gefunden hat.

Alle diese Überlegungen treffen natürlich in besonderem Maße für den schöpferischen Musiker zu, für den die Musik geradezu eine Art Selbsttherapie bedeuten kann. Da Künstler häufig hart an der Grenze zur Neurose stehen, wird ihr künstlerisches Schaffen nicht selten ein notgedrungener Ausweg zur Überwindung ihrer Neurose und zur Erhaltung ihres seelischen Gleichgewichtes und da ihre Musik sie von Spannungen, die nach Erlösung drängen, befreit, wird sie bis zu einem gewissen Grad auch immer durch die jeweiligen seelischen Konflikte und Leiden des Künstlers geprägt sein. Andererseits gelingt es dem Künstler vielfach, durch den schöpferischen Akt sein Leiden, ja sogar seine Furcht vor dem Tod, zu überwinden, wodurch die Musik in metaphysischer Perspektive in die Nähe der Theologie gelangt.

Dieser weitgespannte Bogen, der von der Antike bis zur Gegenwart die vielfältigen Verflechtungen zwischen Musik und Medizin aufzeigen sollte, läßt erkennen, daß in keinem Bereich der Geisteswissenschaften der Geist der Humanitas so offenbar wird, wie im Bereich der Musik und daß die Musik wiederum zu keiner Wissenschaft engere historische und ideelle Bindungen aufweist, als zur Medizin.

JOSEPH HAYDN

Als Johann Nepomuk Hummel am 23. Juni 1804 über Vorschlag seines ehemaligen Lehrers Joseph Haydn zu dessen Nachfolger als Kapellmeister an den Hof des jungen Fürsten Nikolaus von Esterhazy nach Eisenstadt berufen wurde, widmete er seine soeben fertiggestellte Klaviersonate op. 13 seinem väterlichen Freund und Gönner mit folgendem Begleitschreiben:

„Vielgeliebtester Papa!

Da ich einem gehorsamen Sohne auf die gütige Nachsicht des großen Musikvaters rechne, so habe ich es gewagt, beikommendes kleines Werkchen Ihnen zu widmen ...

Das hohe Gefühl der Dankbarkeit, der Hochachtung und der aufrichtigen Liebe, die ich Ihnen schuldig bin, waren die Triebfedern davon. Würdigen Sie mich noch ferner Ihres gütigen Zutrauens und Wohlwollens, dann fühlt sich ganz glücklich Ihr ergebenster Sohn Johann Nepomuk Hummel".

In ähnlicher Weise bezeugte auch Wolfgang Amadé Mozart seinem väterlichen Freund Haydn uneingeschränkte Bewunderung, wie wir dem Widmungsschreiben entnehmen können, das er der Übersendung seiner ersten sechs Streichquartette beilegte:

„An meinen lieben Freund Haydn!

Ein Vater, der sich entschlossen hat, seine Kinder in die große Welt zu entsenden, glaubt sie dem Schutze und der Führung eines hochberühmten Mannes anvertrauen zu sollen, der, einem guten Geschicke zufolge, überdies sein bester Freund ist. Hier sind sie gleich, berühmter Mann und teuerster Freund, meine sechs Kinder ... Du selbst, teuerster Freund, hast es bei Deinem letzten Aufenthalt in dieser Stadt mit Deiner Zufriedenheit mit ihnen bezeugt. Diese Deine Zustimmung ermutigt mich vor allem, sie Dir zu empfehlen, und läßt mich hoffen, daß sie Dir Deiner Gunst nicht ganz unwürdig erscheinen werden ..."

Allein diese beiden Beispiele zeigen, daß die Zeitgenossen Haydns seine Genialität und Größe wesentlich besser einzuschätzen wußten als die nachfolgenden Generationen. War Haydn im Jahr 1809, als er starb, noch der bekannteste Komponist seiner Zeit, so trat schon wenige Jahre später seine Musik so sehr in den Schatten der unvergänglichen Werke Mozarts und Beethovens, daß selbst der kritische Musikschriftsteller und Komponist Robert Schumann im Jahr 1841 die Bedeutung der Musik Haydns nur mit den Worten zusammenfaßte: „Tieferes Interesse aber hat er für die Jetztzeit nicht mehr ..." – eine Ansicht, die noch weitere hundert Jahre von den meisten „Musikexperten" vertreten wurde. Nur einer dürfte vorausgeahnt haben, daß Haydns Musik eine Wiedergeburt ohnegleichen erleben würde, Johannes Brahms. Den Erinnerungen Heubergers zufolge beklagte Brahms sich 1896 darüber, daß die Bedeutung dieses Meisters allgemein verkannt werden würde. Brahms sprach dabei die Vermutung aus, daß sich Haydn wohl erst anläßlich der Hundertjahr-Feiern der „Schöpfung" und der „Jahreszeiten" ein zweites Mal zu so ungeheurer Größe wie früher entwickeln würde.

Bis zum Jahr 1945 lag nur knapp etwas mehr als ein Zehntel der Werke Haydns gedruckt vor, doch schon eine Generation später war die Herausgabe des gigantischen Gesamtwerkes beendet, und Haydns Bedeutung als Künstler findet heute uneingeschränkt Anerkennung und Bewunderung. Weniger Aufmerksamkeit wird im allgemeinen aber auch heute noch seinem Leben, seiner Persönlichkeit und vor allem der Tatsache entgegengebracht, daß der vielfach nur aus Anekdoten bekannte und stets als gesund und robust geltende Haydn seit dem Jahr 1799, also während der letzten zehn Jahre seines Lebens, schwerkrank war. Seit 1803 konnte er keine Zeile mehr komponieren und lebte zurückgezogen in seinem Gumpendorfer Haus in Wien.

Haydns Jugend

„Eine schlichte Bauernhütte, in der ein so großer Mann geboren wurde!", rief voll Ergriffenheit der im Sterben liegende Beethoven aus, als man ihm ein Bild von Haydns Geburtshaus in Rohrau zeigte. In diesem bescheidenen Haus erblickte Haydn am 31. März 1732 als zweites Kind seiner Eltern das Licht der Welt. Anders als Mozart entstammte der kleine Joseph nicht einer Künstlerfamilie, sondern einer Familie, deren Ahnen als Bauern und als ehrsame Handwerker gearbeitet hatten. Auch Mathias Haydn, der Vater des Komponisten, war Bauer und Wagnermeister, dem aufgrund seiner Tüchtigkeit und seines redlichen Charakters das ehrenvolle Amt eines Marktrichters anvertraut wurde. Das einzige musikalische Erlebnis des Kindes waren jene Abende, an denen der Vater, ohne Noten lesen zu können, auf der während seiner Gesellenfahrt erstandenen Harfe spielte und seine Mutter dazu sang; zum Mitspielen angeregt, baute sich das Kind aus Holzsparren eine Art stumme Geige, auf der es mit erstaunlichem Einfühlungsvermögen den richtigen Takt schlug und bald auch mit einer schönen Stimme den Gesang der Mutter begleitete.

Wenn diese musikalische Neigung die Eltern auch erfreute, so war der kleine Joseph doch alles andere als jenes Wunderkind, als das ihn Goethe sowie Konrad Zelter in einem Aufsatz bezeichnete und in welchem sie von Haydn „als dem auf Erden arm geborenen, neuen Wunderkind" sprachen. Musikwissenschaftler haben nachgewiesen, daß Haydn in seinen Werken viele slawische Liedfragmente verwendete, vor allem als Tanzmotiv in den Schlußsätzen seiner Quartette und Sinfonien; man kann daher annehmen, daß hier Kindheitserinnerungen an die zum Großteil slawischen Kinderlieder mitspielen, die ihm die Mutter vorgesungen hatte. Seinem späteren Biographen Georg August Griesinger, der als sächsischer Legationsrat in Wien tätig war, erzählte Haydn von seinen musikalischen Eltern. Griesinger bestätigte in seinem Bericht die nachhaltige Wirkung, welche diese Lieder auf den kleinen Joseph ausgeübt haben dürften: „ ... der fünfjährige Joseph saß neben den Eltern und strich einen Stab auf dem linken Arme, als wenn er auf der Violine accompagnirte. Dem Schullehrer fiel es auf, daß der Knabe den Takt so richtig beobachtete; er schloß daraus auf gute Anlagen zur Musik ... Die Melodien dieser Lieder hatten sich so tief in Joseph Haydns Gedächtnis geprägt, daß er sich derselben noch in seinem höchsten Alter erinnerte."

Bei dem erwähnten Schullehrer handelte es sich um einen Verwandten aus Hainburg, den Schulrektor Johann M. Franck, der den Eltern empfahl, ihm den begabten Knaben zur Ausbildung anzuvertrauen. So kam der kleine Joseph schon im frühen Alter in die Fremde. War seine Mutter, wie er seinem zweiten Biographen Albert Christoph Dies später erzählte, „ ... von jeher auf das zärtlichste für sein Wohl besorgt gewesen", erhielt er nun im Haus Francks „mehr Prügel als zu essen". Andererseits war diese Lehrzeit in Hainburg für den jungen Haydn von größter Bedeutung, da er angehalten wurde,

14

außer Lesen, Schreiben, Rechnen und Singen auch noch mehrere Musikinstrumente zu erlernen, so daß er bereits nach einem Jahr „ganz dreist einige Messen auf den Chor herab sang, auch etwas auf dem Clavier und Violin spielte", wie er in einem Brief vom 6. Juli 1776 berichtete.

Einen besonderen Platz nahm das Studium des Katechismus ein, und seine Mutter hätte ihn am liebsten als Geistlichen gesehen. All diese Möglichkeiten, die sich dem Knaben durch diese Ausbildung eröffneten, überwogen jedoch die Nachteile im Haus Franck bei weitem, weshalb Haydn noch in hohem Alter mit Dankbarkeit an seinen Schulrektor dachte und wiederholt zu sagen pflegte: „Ich verdanke es diesem Manne noch im Grabe, daß er mich zu so vielerley angehalten hat."

Es war wohl ein glücklicher Zufall, daß im Jahr 1739 der Hofkompositeur und Domkapellmeister der Wiener Stephanskirche Johann Georg von Reutter anläßlich einer Dienstreise vom Pfarrer zu Hainburg auf die „schwache doch angenehme" Stimme des siebenjährigen Haydn aufmerksam gemacht wurde. Nach einer kurzen Prüfung beschloß man mit Zustimmung der Eltern, den „Sepperl", sobald er das achte Lebensjahr erreicht habe, als Sängerknabe in St. Stephan aufzunehmen. In den folgenden neun Jahren, die der Knabe dort verbrachte, dürfte die schulische Ausbildung allerdings nicht gerade die beste gewesen sein; Reutter schien sich um die geistige Fortbildung seiner Zöglinge weniger zu kümmern als um die 1 200 Gulden, die er jährlich für den Unterhalt seiner sechs Zöglinge zur Verfügung gestellt bekam. Der Biograph A. Ch. Dies berichtet über diese Zeit: „Sobald Joseph in seinem neu angetretenen Stande so viel Unterricht empfangen hatte, als nöthig war, die Pflichten eines Chorknaben zu erfüllen, erfolgte im Unterricht ein großer Stillstand ... Es schien, als ließe man absichtlich mit dem Geiste zugleich den Körper verhungern. Josephs Magen mußte sich an immerwährendes Fasten gewöhnen." Gesundheitlichen Schaden dürfte der aus einem gesunden und robusten Bauerngeschlecht stammende Haydn allerdings nicht davongetragen haben. In seinem burgenländischen Geburtsort Rohrau dürfte man nicht allzu zimperlich gewesen sein, da uns von seinen Eltern und Verwandten nicht einmal von seiner Pockenerkrankung berichtet wird, die damals zu den häufigsten Infektionskrankheiten in Österreich zählte und von der auch der kleine Joseph nicht verschont blieb. Von A. Ch. Dies besitzen wir eine gute Beschreibung der Narben, welche die Pockenerkrankung zurückließ und die bewirkten, daß „seine Habichtsnase ... sowie auch die übrigen Gesichtsteile stark mit Blatternarben, die Nase selbst mit Blatternähten bezeichnet waren, sodaß die Nasenlöcher jedes eine andere Form hatten". Auch Haydn selbst wies übrigens gelegentlich auf diese Relikte seiner überstandenen Pockenerkrankung hin, wenn er etwa in einem Brief vom 25. März 1796 an den Wiener Kaufmann F. J. van der Nüll schreibt: „Ich nehme mir die Freyheit, gehorsamst zu bitten, mir auf mein blattermasiges Gesicht hundert Gulden zu leihen".

Wieweit der Bericht von G. A. Griesinger über die Absicht, den jungen Haydn im Kapellhaus zu St. Stephan wegen seines schönen Soprans kastrieren zu lassen, auf Richtigkeit beruht, wissen wir nicht, wenngleich Haydn selbst diese Geschichte aus seinem Leben mehreren Personen, darunter auch dem Komponisten Ignaz Pleyel, erzählt haben soll. Griesinger schreibt in seinen biographischen Notizen dazu: „Damals waren am Hofe und an den Kirchen in Wien noch viele Kastraten angestellt und der Vorsteher des Kapellhauses glaubte ohne Zweifel des jungen Haydn Glück zu gründen, wenn er mit dem Plane, ihn sopranisieren zu lassen, umging und auch wirklich den Vater um seine Einwilligung befragte. Der Vater, dem dieser Vorschlag gänzlich mißfiel, machte sich schleunigst auf den Weg nach Wien und in der Meinung, daß die Operation vielleicht gar schon könnte vorgenommen worden seyn, tritt er in das Zimmer, wo sich sein Sohn befand, mit der Frage: ‚Sepperl, tut Dir was weh, kannst Du noch gehen?' Hocherfreut, seinen Sohn unverletzt zu finden, protestierte er gegen alles fernere Ansinnen dieser Art." Die Vereitelung dieser Kastrierungspläne war für den jungen Haydn ein großes Glück – aber auch für den älteren Haydn. Stimmen doch alle seine Biographen darin überein, daß er Zeit seines Lebens der Frauenwelt sehr zugetan war.

Die schulische Ausbildung Haydns ließ, wie bereits erwähnt, zu wünschen übrig, wie seine bis ins hohe Alter nachweisbare schlechte Orthographie zeigt. Aber auch in der Musiktheorie wurde den Chorknaben offenbar kein Unterricht erteilt, denn Haydn erinnerte sich, „darin nur zwey Lektionen von dem braven Reutter erhalten zu haben". Reutter ermunterte ihn jedoch, die im Dom gesungene Kirchenmusik auf beliebige Art zu variieren, was ihn frühzeitig auf eigene Ideen brachte. Aus dieser Sängerknabenzeit stammen die beiden „Missae breves" in G und in F, zwei der frühesten überkommenen Kompositionen Haydns, die er später selbst in das Jahr 1749 datierte.

Alles in allem wurden die Sängerknaben von St. Stephan durch den schweren Kirchendienst, den sie zu leisten hatten, körperlich sicher überanstrengt, während sich um ihr leibliches und seelisches Wohl niemand wirklich kümmerte. So mußte Haydn die entscheidenden Jahre seiner Jugend, die Entwicklungsjahre, mutterlos zubringen, obwohl er gerade seiner Mutter mit besonderer Liebe und Anhänglichkeit zugetan war. Andererseits entwickelte sich bei ihm schon sehr frühzeitig ein gesundes Selbstbewußtsein, wie die Episode vom November 1749, als seine Sängerknabenzeit abrupt zu Ende ging, zeigt. A. Ch. Dies berichtet, Haydn hätte damals aus Übermut und aus „... Muthwillen einem anderen Chorknaben, der wider das damals übliche Costum der Chorknaben sein langes Haar in einem Zopfe trug, denselben ihm abgeschnitten. Er wurde darüber bey Reutern angeklagt, und von diesem verurtheilt, Stockschläge in die flache Hand zu empfangen. Der Augenblick der Strafe erschien. Haydn suchte allerley Mittel zu seiner Befreyung herbey und erklärte endlich: er wolle lieber nicht mehr Chorknabe seyn, und sogleich austreten, wenn er nicht gestraft würde. Da hilft nichts! erwiederte Reutern, du wirst erst geprügelt, und dann marsch!" Dieses trotzige Anerbieten, aus eigenem Entschluß das Konvikt verlassen zu wollen, kam Reutter allerdings sehr entgegen, da Haydns Stimme bereits zu mutieren begann und deshalb als Sopran nicht mehr geeignet war. Reutter hätte ihn also ohnedies aus dem Kapellhaus entlassen, umsomehr als knapp zuvor die Kaiserin die Bemerkung gemacht hatte: „Der Sängerknabe Joseph Haydn singt nicht, er kräht wie ein Fasan!"

Mit diesem Hinauswurf begannen für Joseph Haydn böse Jahre. „Hilflos, ohne Geld, mit drei schlechten Hemden und einem abgenutzten Rock ausgestattet, trat der Neunzehnjährige in die Welt, die er nicht kannte", berichtete er später seinem Biographen, und noch in einem Brief vom 6. Juli 1776 klagte er darüber, daß er sich damals acht Jahre lang kummerhaft herumschleppen mußte: „Durch diese Elende brod gehen viele genien zu grund, da ihnen die zeit zum studyren mangelt." Durch Stundengeben und seine Tätigkeit als Vorspieler bei den Barmherzigen Brüdern in der Wiener Leopoldstadt, die ihm jährlich nur sechzig Gulden einbrachte, konnte er sich schließlich 1751 eine eigene Unterkunft im Michaelerhaus am Kohlmarkt leisten, eine Kammer im unbeheizten Dachgeschoß, wo es im Sommer hineinregnete und im Winter der Schnee hineinfiel. Durch seine robuste Konstitution, seinen unverwüstlichen Humor und seine auf Selbstvertrauen basierende positive Lebenseinstellung konnten ihn diese traurigen Umstände nicht davon abhalten, unbeirrt an sich weiterzuarbeiten. „Wenn ich an meinem alten, von Würmern zerfressenen Klavier saß, beneidete ich keinen König um sein Glück",

16

erzählte er später, und trotz Hunger und Kälte begann er mit Feuereifer sein Selbststudium der Musiktheorie, deren Lehre im Kapellhaus so sehr vernachlässigt worden war. Die stärksten Anregungen dafür verdankte er den Werken des Wiener Hofkapellmeisters Johann Joseph Fux, vor allem dessen „Gradus ad Parnassum", und dem „Vollkommenen Kapellmeister" des Hamburgers Johann Mattheson. Von besonderer Tragweite für seine weitere künstlerische Entwicklung war zu jener Zeit neben seinen autodidaktischen Studien der Musiktheorie seine Bekanntschaft mit den Klaviersonaten von Carl Philipp Emanuel Bach. Während er bisher nur die heitere und eher oberflächliche Welt des musikalischen Rokoko gekannt hatte, sah er sich nun plötzlich einer stark gefühlsbetonten Musik mit sehr persönlichem Ausdruck gegenüber, die ihn zutiefst beeindruckte. In späteren Jahren schilderte er dieses Erlebnis so: „Ich spielte mir dieselben [Klaviersonaten] zu meinem Vergnügen unzähligemal vor, besonders auch wenn ich mich von Sorgen gedrückt oder mutlos fühlte und immer bin ich da erheitert und in guter Stimmung vom Instrument weggegangen." Wie sehr sich der Einfluß dieses „Berliner Bach" auf die musikalische Entwicklung Haydns auswirkte, wird von ihm selbst bezeugt: „Wer mich gründlich kennt, der muß finden, daß ich dem Emanuel Bach sehr vieles verdanke, daß ich ihn verstanden und fleißig studiert habe."

Haydn auf dem Weg zum Erfolg

Wichtige Folgen für Haydns weitere Entwicklung hatte schließlich die Bekanntschaft mit zwei Persönlichkeiten, die ebenfalls im Michaelerhaus wohnten: mit dem Hofdichter Pietro Metastasio, dem er das Erlernen der italienischen Sprache verdankte, und mit dem Opernkomponisten und Gesangslehrer Nicola Porpora, von dem er das notwendige Rüstzeug für die Komposition seiner italienischen Opern erhielt. „Ich schrieb fleißig, doch nicht ganz gegründet, bis ich endlich die Gnade hatte, von dem berühmten Herrn Porpora die echten Fundamente der Satzkunst zu erlernen", bekannte er später seinen Biographen.
Um das Jahr 1756 konnte Haydn in eine bessere Unterkunft übersiedeln, und man begann seine Erstlingskompositionen zu stechen und herauszugeben. Zu diesen Werken zählt auch sein Doppelkonzert für Orgel und Violine, das er am 12. Mai 1756 anläßlich der Einkleidungszeremonie von Therese Keller dirigierte, in die er verliebt war und die zu seinem Unglück den Beschluß gefaßt hatte, ins Kloster zu gehen. Wahrscheinlich aus Dankbarkeit für erwiesene Unterstützungen während der ersten Jahre nach dem Hinauswurf aus dem Konvikt kam er dem Wunsch des Vaters von Therese, eines Perückenmachers, nach, dessen älteste Tochter Maria Anna zu ehelichen. Die Heirat, die Haydn später sehr bereute, fand am 26. November 1760 im Wiener Stephansdom statt. Schon bald nach der Hochzeit war es Haydn klar, daß diese Verbindung mit einer ungebildeten, verschwenderischen und übertrieben bigotten Frau, die nicht das geringste Verständnis für ihren genialen Mann aufbringen konnte, in keiner Weise entwicklungsfähig war. Dazu kam noch, daß sie „unfähig zum Kindergebähren" war, was für den kinderliebenden Haydn eine schwere Enttäuschung gewesen sein dürfte. Die letzten zehn Jahre vor dem Tod Maria Annas, im Jahr 1800, lebte das Ehepaar fast immer getrennt.
Daß Haydn in diese Ehe bereits eine Morgengabe von 1 000 Gulden einbringen konnte, erklärt sich daraus, daß sich seine berufliche Tätigkeit als Musiker günstig zu entwickeln begann. Den Anfang machte der Wiener Arzt Dr. Franz Weber, der von Kaiser Karl VI. wegen seiner medizinischen Verdienste in den Adelsstand erhoben worden

war und seither Edler von Fürnberg hieß. Dieser lud im Sommer 1755 den noch in kümmerlichen Verhältnissen lebenden jungen Haydn auf seinen Sommersitz Schloß Weinzierl bei Melk ein, bei dem sich allabendlich ein die Violine spielender Pfarrer, ein Gutsverwalter als Bratschist und ein Cellist namens Albrechtsberger trafen, um Hausmusik zu machen. Ob es sich hier um den Lehrer Beethovens, Johann Georg Albrechtsberger, oder um dessen Bruder Anton Johann handelte, ist heute nicht mehr in Erfahrung zu bringen. Dort erhielt Haydn seine erste, wenn auch kurzfristige Anstellung, und da sie nun zu viert spielten, verlangte Fürnberg Kompositionen für diesen erweiterten Kreis von Musikfreunden. Als kurze Zeit später Fürnberg von Haydn mit einem vierstimmigen Streichersatz überrascht wurde, schlug die Geburtsstunde des ersten Streichquartetts von Haydn, dem im Lauf seines Lebens noch weitere fünfundsiebzig folgten. Diese frühen Quartette machten ihn rasch weithin bekannt, und sie waren auch die ersten seiner Werke, die im Ausland gedruckt wurden. Über Empfehlung Fürnbergs wurde Haydn 1758 bei Maximilian Franz Graf Morzin als Kapellmeister eingestellt; bei freier Kost und Quartier erhielt er jährlich einen Betrag von 200 Gulden. Auf dem Landsitz Lukawetz bei Pilsen, wo die gräfliche Familie die Sommerzeit zu verbringen pflegte, stand Haydn außerdem auch erstmals ein komplettes Orchester zur Verfügung. Damals entstanden die ersten Sinfonien. Sie waren ein ungeheurer Erfolg, und es zeigte sich sehr bald, daß Haydn neben dem Streichquartett auch eine neue, zukunftweisende Form der Sinfonie geschaffen hatte.

Aus dieser glücklichen Zeit bei Graf Morzin ist medizinisch nur ein – anscheinend unbedeutender – Unfall bekannt, den Haydn 1759 durch einen Sturz vom Pferd erlitten hatte, der außer dem Vorsatz, nie wieder ein Pferd zu besteigen, keine erkennbaren Folgen nach sich zog. Er selbst berichtete aber auch über einen anderen „Unfall", der passierte, als er den Gesang seiner Hausherrin am Klavier begleitete. Bei dieser Gelegenheit geschah es, „ . . . daß, wie er einst am Klavier saß, und die schöne Gräfin Morzin sich über ihn beugte, um in die Noten zu sehen, ihr Halstuch auseinander fiel. ,Es war zum Erstenmal', erzählte Haydn später, ,daß mir ein solcher Anblick ward; er verwirrte mich, mein Spiel stockte, die Finger blieben auf den Tasten ruhen'. – ,Was ist das, Haydn, was treiben Sie?' rief die Gräfin; voll Ehrerbietung antwortete ich: ,aber Ihr' gräfliche Gnaden, wer sollte auch hier nicht aus der Fassung kommen?'"

Als das Haus Morzin einen finanziellen Zusammenbruch erlitt, löste der Graf zu Beginn des Jahres 1761 seine Kapelle auf, und Haydn wäre wieder einmal auf der Straße gestanden, hätte ihn nicht die mächtige und reiche Fürstenfamilie Esterhazy engagiert. Als er gemeinsam mit seiner Frau Wien verließ und nach Eisenstadt übersiedelte, konnte er nicht wissen, daß er sein neues Domizil dreißig Jahre nicht mehr verlassen sollte.

Haydns erster Vertrag mit dem Fürsten Paul Anton datiert vom 1. Mai 1761. Darin verpflichtet er sich ausdrücklich „Neue Composition mit niemand zu communiciren, viel weniger abschreiben zu lassen, sondern für Ihre Durchlaucht eintzig, und allein vorzubehalten". 1765 erhielt er außerdem die Aufforderung, von allen neuen Kompositionen eine sauber und rein abgeschriebene Partitur an den Fürsten zu schicken, bevor sie zur Aufführung kommen sollten. Diese Anordnung und die Neuregelung der Eisenstädter Kirchenmusik führten dazu, daß Haydn für die Herstellung des Notenmaterials und zur Führung eines Werkkataloges Joseph Elßler, der Großvater der später berühmten Tänzerin Fanny Elßler, als Kopist zugeteilt wurde.

Während der drei Jahrzehnte reichen musikalischen Schaffens, die Haydn am Hof der Familie Esterhazy verbrachte, war er nachweislich nur wenige Male krank. Zum erstenmal erkrankte er ernsthaft 1764, wie aus einem erhalten gebliebenen Antwortschreiben des Fürsten auf eine Bittschrift Haydns hervorgeht. Darin heißt es, daß man ihm gestatten möge, seine offenbar teuren Arzneien auf Kosten des fürstlichen Hauses zu besorgen. Dazu ist zu bemerken, daß Fürst Paul Anton, obwohl ein Grandseigneur des Rokoko – und noch mehr sein Bruder Nikolaus I., der ihm nach seinem Tod im Jahr 1764 als regierender Fürst nachfolgte –, eine von Humanität und Aufklärung geprägte Toleranz an den Tag legten. So gewährte er zum Beispiel den Juden in Eisenstadt seinen persönlichen Schutz oder ließ den Armen und Kranken Fürsorge angedeihen. Fürst Paul Anton hatte schon 1760 in Eisenstadt das Krankenhaus der Barmherzigen Brüder sowie eine Apotheke gegründet, wobei er schwerkranke Fälle auf seine eigenen Kosten behandeln ließ. Und als das Haus, das Haydn 1766 in Eisenstadt um 1 000 Gulden erwarb, 1768 einer Feuersbrunst zum Opfer fiel, war es wiederum Fürst Nikolaus, der die Wiederaufbaukosten in Höhe von 300 Gulden aus eigener Tasche bezahlte.

Um 1770 soll Haydn mit einem sogenannten hitzigen Fieber zu Bett gelegen sein, und diese Erkrankung dürfte ihn auch einigermaßen mitgenommen haben. In der Biographie Griesingers heißt es dazu: „Bald darauf [als ihm soeben vom Arzt streng verboten wurde, sich mit Musik zu beschäftigen. Anm. d. Verf.] ging Haydns Gattin in die Kirche, nachdem sie vorher der Magd ernstlich eingeschärft hatte, ihren Herrn zu bewachen, daß er nicht ans Klavier komme. Haydn that in seinem Bette, als ob er nichts von diesem Befehle gehört hätte und kaum war seine Gattin fort, als er die Magd mit einem Auftrage aus dem Hause schickte. Nun schwang er sich eilends an sein Klavier; mit dem ersten Griffe stand die Idee einer ganzen Sonate vor seiner Seele und der erste Theil wurde beendigt, während seine Frau in der Kirche war. Als er sie zurückkommen hörte, warf er sich geschwind wieder ins Bett, und hier komponierte er den Rest der Sonate, die mir Haydn nicht mehr genauer zu bezeichnen wußte, als daß sie fünf Kreuze habe".

Details über die Art dieser Erkrankung sind nicht bekannt geworden, doch dürfte die sumpfige Gegend von Schloß Esterhaza das Auftreten fieberhafter infektiöser Erkrankungen begünstigt haben. In diesem Sinn berichtet Baron Riesbeck in Cramers „Magazin der Musik" 1784 über Schloß Esterhaza, das „ungarische Versailles", das mit seinen 126 Zimmern und seinem prachtvollen Operntheater das damals prunkvollste aller weltlichen Bauwerke innerhalb der gesamten österreichisch-ungarischen Monarchie war: „Das Schloß ist ungeheuer groß, und bis zur Verschwendung mit allem Geräthe der Pracht angefüllt. Der Garten enthält alles, was die menschliche Einbildungskraft zur Verschönerung ... ersonnen hat ... Was die Pracht des Ortes ungemein erhöht, ist der Abstich desselben mit der umliegenden Gegend. Öder und trauriger läßt sich's nicht denken. Der Neusiedler See, wovon das Schloß nicht weit entfernt ist, macht meilenlang Moräste und droht alles Land, bis an die Wohnung des Fürsten hin, mit der Zeit zu verschlingen ... Die Bewohner dieses angrenzenden Landes sehen größtenteils wie Gespenster aus und werden fast alle Frühjahr von kalten Fiebern geplagt ... So ungesund auch die Gegend, besonders im Frühling und Herbst ist, und so oft auch der Fürst selbst von kaltem Fieber befallen wird, so ist er doch fest überzeugt, daß es in der ganzen weiten Welt keine gesündere und angenehmere Gegend gäbe".

In diesem inmitten eines sumpfigen Geländes liegenden Märchenschloß, für dessen Errichtung erst die Sümpfe am Ufer des Neusiedlersees durch Anlegen von Dammbauten und Kanälen trockengelegt werden mußten, verbrachte Haydn nicht weniger als zwanzig Jahre seines Lebens; es spricht für seine robuste Konstitution, die er von seinen burgenländischen Vorfahren mitbekommen hatte, daß er in dieser Zeit nicht öfter von jenen „kalten Fiebern" geplagt wurde. Andererseits führte er auf Schloß Esterhaza das Leben eines Privilegierten, wie zum Beispiel auch der Leibarzt des Fürsten. In einem

Appartement mit drei geräumigen Zimmern, deren Kamine vom Personal geheizt wurden, sorgten ein Kammerdiener und ein Stubenmädchen für sein leibliches Wohl. Die lange Zeit der völligen Abgeschiedenheit auf Schloß Esterhaza wurde von Jahr zu Jahr immer mehr als seelische Belastung empfunden: „Ich war von der Welt abgesondert", bemerkte Haydn später zu Griesinger, „niemand in meiner Nähe konnte mich an mir selbst irre machen und quälen und so mußte ich original werden." Tatsächlich waren es Jahre des „Sturm und Drangs", in denen er Neuerungen in die Musik einbrachte, die allerdings bei manchen Zeitgenossen auch auf Unverständnis stießen, da sie teils für zu modern und teils für technisch zu schwierig beurteilt wurden. Ein charakteristisches Beispiel aus dieser Periode stellt die Klaviersonate Nr. 20 in c-Moll dar. Haydn konnte nicht verstehen, warum derartige Werke auf Ablehnung stießen, wie aus einem Brief vom 6. Juli 1776 hervorgeht: „ ... mich wundert nur, daß die sonst so vernünftige ... Herren in ihrer Critic über meine Stücke kein Medium haben, da sie mich in einer Wochenschrift bis an die sterne erheben, in der andern 60 Klaffter tief in die Erde schlagen und dieses ohne gegründeten warum". Vielleicht war das der Grund dafür, daß Haydn seinen Stil wieder zu ändern begann und sich mehr dem Heiter-Gefälligen zuwandte. Vielleicht ist die Stiländerung aber auch auf einen Hinweis seines Fürsten zurückzuführen, daß zu schwierige Werke für normale Musikliebhaber, wie es die zahlreichen adeligen Gäste in seinem Opernhaus zu Esterhaza waren, unverständlich bleiben müßten. Zu den „heiter-gefälligen" Werken, die wesentlich zu seiner rasch wachsenden Popularität beitrugen, zählt das Klavierkonzert in D-Dur, das er 1784 komponierte. Dieses Klavierkonzert hat ähnlich wie seine späten Klaviersonaten zweifellos auch dem Klavierwerk Beethovens wichtige Anregungen gegeben, wie aus der Ähnlichkeit des finalen „Zigeunerrondos" im Klavierkonzert in D-Dur mit Beethovens „Wut über den verlorenen Groschen" hervorgeht.

Von 1776 an konzentrierte sich das musikalische Geschehen in Esterhaza mehr und mehr auf die Oper, deren Aufführungen internationalen Maßstäben gerecht wurden. Maria Theresia hatte, als sie am 1. September 1773 zum erstenmal von Fürst Nikolaus dem Prächtigen nach Esterhaza eingeladen wurde, den schmeichelhaften, aber sicher zutreffenden Ausspruch getan: „Wenn ich eine gute Oper hören will, gehe ich nach Esterhaz". Damals wurde nur ein kleines, zweiaktiges Stückchen von Haydn, nämlich „L' Infedelta delusa", aufgeführt; 1784 gab es jedoch bereits fünfzehn vollständige Opernkompositionen Haydns. Diese Zeit der großen Opernschöpfungen war gleichzeitig auch die hohe Zeit der großen Liebe Haydns zu der Sängerin Luigia Polzelli, die neunundzwanzigjährig im Jahr 1779 nach Esterhaza engagiert wurde – gemeinsam mit ihrem kränklichen und viel älteren Mann. Da der Fürst nicht allzusehr von ihren künstlerischen Fähigkeiten überzeugt war, sollte sie alsbald wieder gekündigt werden. Diese Entscheidung wurde jedoch durch die Fürsprache Haydns wieder rückgängig gemacht. So blieb Luigia Polzelli als seine Geliebte bis 1790 am Hof des Fürsten, obwohl es Haydn kaum entgangen sein konnte, daß sie ihn finanziell weidlich auszunützen versuchte. Der Grund für seine Großzügigkeit war wohl seine ausgeprägte Liebe zu Kindern, und da er selbst kinderlos war, gab er seine ganze väterliche Liebe Luigias kleinem Sohn „Petruccio". Als Luigia einmal für einige Zeit in Italien war, bat Haydn sie brieflich, ihm ihren Sohn Pietro zu schicken: „Ich werde Deinen Sohn gut kleiden und alles für ihn tun ... er soll alles Nötige haben. Mein Petruccio wird immer mit mir sein." Als der junge Pietro 1796 im Alter von nur neunzehn Jahren an tuberkulöser Schwindsucht starb, wurde er von Haydn aufrichtig betrauert. Bei Luigias 1783 geborenem zweiten Sohn zweifelte niemand daran, daß der Vater des Kindes nur Joseph Haydn sein konnte. Er dürfte daraus auch kein großes Hehl gemacht haben, wie einem erhalten gebliebenen Brief zu entnehmen ist, der mit der Überschrift „Mein lieber Sohn" begann. Ohne Zweifel wurde dadurch das innige Band der Liebe zu Luigia nur noch fester, und noch im Jahr 1792 beteuerte er ihr in einem Brief aus London: „Vielleicht werde ich nie wieder die gute Stimmung erlangen, die ich für gewöhnlich hatte, wenn ich mit Dir beisammen war. Oh, meine liebe Polzelli: Du bist immer in meinem Herzen!"

Gesundheitlich schien es Haydn seit seiner Erkrankung im Jahr 1770 ausgezeichnet gegangen zu sein, sieht man von einem eher unbedeutenden kleinen Unfall im Juli 1782 ab, als er sich durch einen unglücklichen Sturz eine Verstauchung seines linken Fußes zuzog. In einem Brief an seinen Verleger Artaria in Wien heißt es: „Hoch Edl Gebohrner Insbesonders HochzuverEhrender Herr! Eben an den tag, als ich Ihre wertheste von 2ten pass(a)to erhielte, hatte ich das unglück, durch einen fall meinen lincken Fuß so gewaltig zu beschädigen, daß ich bis dato noch nicht ausser Haus gehen kan; die genaueste Diaet verursachte demnach die Verzögerung meiner schuldigen Rückandworth." Da wir jedoch später nie mehr von etwaigen Folgen dieses Unfalls hören, dürfte die im Brief geschilderte „gewaltige Beschädigung" vielleicht etwas übertrieben gewesen sein. Aber auch von anderen Erkrankungen berichtete Haydn ziemlich ausführlich dem Verleger Artaria. So schrieb er am 27. Januar 1783: „ . . . sind Sie über mich nicht böse, indem ich bey meiner nachhaus kunft wegen einen übernatirlichen Cathar 14 Tage in bette bleiben muste", und schon kurze Zeit später berichtete er neuerlich über einen „heftigen Cathar, daß ich ganze 3 Wochen unbrauchbar ware". In ähnlicher Weise entschuldigte er sich sechs Jahre später beim gleichen Verlag wegen der verzögerten Absendung versprochener Manuskripte mit einem heftigen Katarrh, der ihn drei Wochen außer Gefecht setzte. Bei den immer wieder auftretenden Erkrankungen dürfte es sich wohl um virale Infekte gehandelt haben, die mitunter länger dauernde Auswirkungen im Bereich der oberen Luftwege zur Folge hatten. Meist wurde dann von einem „rheumatischen Kopffieber", „rheumatischen Kopfschmerzen" oder einfach von einem sogenannten „Kopffieber" gesprochen. Ursächlich dürfte dies mit dem von der Mutter ererbten Nasenpolypen zusammenhängen, weil dadurch die Entstehung sekundärer Infektionen im Bereich etwa der Nasennebenhöhlen, aber auch der Bronchien, begünstigt wird; man spricht heute von einem sinubronchialen Syndrom. Zum erstenmal erwähnte Haydn diesen Nasenpolyp in einem Brief an das Verlagshaus Artaria vom 8. April 1783: „mein widerholter unglücklicher Zustand, nemblich die gegenwärtige Operation eines Polyp in der nase verursachte, daß ich bishero zu arbeith ganz unfähig war, Sie müssen sich danenhero wegen denen liedern noch 8 oder höchstens 14 Täge gedulden bis mein geschwächter Kopf mit Gottes Hülfe seine vorige stärcke erlangt." Wir wissen von Griesinger, daß dieser Polyp durch seine Größenzunahme wiederholt die Atmung stark behinderte, weshalb er mehrmals unterbunden werden mußte. Der operative Eingriff wurde insgesamt dreimal vom Chirurgen im Krankenhaus der Barmherzigen Brüder in Eisenstadt vorgenommen. Einmal führte sogar der damalige Chefchirurg der österreichischen Armee J. A. Brambilla eine derartige Operation durch. Bei diesem offenbar energischen Versuch des Militärarztes büßte Haydn einen Teil seines Nasenbeins ein, ohne daß dadurch verhindert werden konnte, daß der Nasenpolyp bald wieder auf seine ursprüngliche Größe anwuchs. Dieser therapeutische Versager darf jedoch Brambilla nicht allzusehr angelastet werden, da auch heute noch nach Abtragung von solchen Polypen in der Nase mit einer hohen Rezidivrate zu rechnen ist. Ähnlich wie Mozart bekannte sich auch Haydn zur Freimaurerei, in deren Loge „Zur wahren Eintracht" er am 11. Februar 1785 aufgenommen wurde. Die nur zum Teil erhalten gebliebene „Trauer-Kantate" auf den am 17. August 1786 verstorbenen König Friedrich II. von Preußen sowie seine „Pariser Sinfonien", die er für die Pariser Loge „Loge Olympique" verfaßte, sind Zeugnisse dieser Mitgliedschaft, die ihm Gelegenheit bot, mit hochkultivierten Männern zusammenzutreffen. Überhaupt nahm die Zahl seiner Wiener Freunde und Verehrer ständig zu. Diese kamen weniger aus dem Haydn immer noch eher ablehnend gegenüberstehenden Kreis am Wiener Hof als vielmehr aus dem niederen Adel und dem vermögenden Bürgerstand, der im Wiener Musikleben an Einfluß gewann. Zu diesen begeisterten Anhängern zählten unter anderem auch die beiden Töchter des berühmten Arztes Dr. Joseph Leopold von Auenbrugger, dem Begründer der ärztlichen Untersuchungsmethode durch Perkussion, also Beklopfung des Brustkorbes. Ihnen widmete Haydn sechs Klaviersonaten, worüber er in einem Brief vom 25. Februar 1780 an Artaria die Bemerkung machte: „Der Beyfall deren Freilen von Auenbrugger ist mir der allerwichtigste, indem Ihre Spielart und die ächte Einsicht in die Tonkunst den grössten Meistern gleichkommt." Aber auch zum Haus eines anderen angesehenen Arztes, des Gynäkologen Dr. Peter L. von Genzinger, der seit vielen Jahren Leibarzt der Fürstenfamilie Esterhazy war, entwickelte sich eine enge Beziehung – vor allem zu dessen Gattin Marianna Sabina. Haydn lernte sie 1789 kennen, und die Briefe zwischen ihm und Marianna von Genzinger stellen wohl die wichtigsten persönlichen Dokumente dar, die von Haydn erhalten geblieben sind. Zum erstenmal in seinem Leben erzählt er auch über seine persönlichen Gefühle, Enttäuschungen und Stimmungen. Die natürliche und völlig unkonventionelle Art, in der er schreibt, vermittelt uns einen realistischen Eindruck, wie er im Leben gesprochen haben mag. Als charakteristisches Beispiel dazu ein Auszug aus dem Brief vom 9. Februar 1790, den er nach einem Besuch in der behaglichen Atmosphäre des Hauses Genzinger nach seiner Rückkehr in die Einsamkeit von Esterhaza an Marianna schrieb: „Nun – da siz ich in meiner Einöde – verlassen – wie ein armer waiß – fast ohne menschlicher Gesellschaft – traurig – voll der Erinnerung vergangener Edlen täge – ja leyder vergangen – und wer weis, wan diese angenehmen täge wieder komen werden? diese schöne gesellschaften? wo ein ganzer Kreiß Ein herz, Eine Seele ist – alle diese schöne Musicalische Abende – welche sich nur dencken, und nicht beschreiben lassen – wo sind alle diese begeisterungen? – weg sind Sie und auf lange sind Sie weg. wundern sich Euer Gnaden nicht, daß ich so lange von meiner Danksagung nichts geschrieben habe! ich fande zu Hauß alles verwüst, 3 Tag wust ich nicht, ob ich Capell-Meister oder Capelldiener war, nichts konte mich trösten, mein ganzes quartier war in unordnung, mein Forte piano, das ich sonst liebte, war unbeständig, ungehorsam, es reizte mich mehr zum ärgern, als zur beruhigung . . . ".

Ähnlich wie seine Liebe zu Luigia Polzelli ihn zur Komposition meisterhafter Opernarien inspirierte, so wurde er durch seine hingebungsvolle Verehrung und Liebe zu Marianna von Genzinger zum Meister auf dem Fortepiano, jenem Instrument, das die vollkommene Illusion eines Orchesters zu geben vermag. Während Haydns Sonaten bisher an die unverbindlichen, technisch brillanten, aber oft leeren Klavierwerke eines Muzio Clementi erinnern, so erreicht sein Klavierschaffen nun den absoluten Höhepunkt. Vor allem gilt dies für die Es-Dur Sonate Nr. 49, die er Marianna von Genzinger widmete und die bereits die Vollkommenheit der Sonaten Beethovens und Schuberts ahnen lassen. Als Haydn dieses Werk im Juni 1790 der glänzenden Pianistin Marianna zusandte, sprach sie in ihrem begeisterten Dankschreiben auch eine vorsichtige Bitte aus: „Die Sonate gefällt mir überaus wohl; eine einzige Sache wünschte ich, daß könnte abgeändert werden . . . nämlich das, welches im zweiten Teil des Adagio über die Hand muß gespielet werden; weilen ich solches nicht gewöhnt bin, so kömmt es mir schwer an". Aber gerade mit dieser symbolisch als Ineinanderverschränkung zu deutenden, „über die Hand" zu spielenden Passage wollte Haydn wohl die enge seelische Verbindung andeuten, wie auch aus seinem Widmungsschreiben herauszulesen ist: „Dieses Adagio ... welches ich Euer Gnaden auf das Allerbeste anempfehle ... hat sehr vieles zu bedeuten, welches ich Euer Gnaden bei Gelegenheit zergliedern werde."

Es ist oft die Frage gestellt worden, ob die beiden mehr als bloße Freundschaft verband; eine Frage, die nach dem Studium der Briefe eher mit Nein zu beantworten sein dürfte. Frau von Genzinger jedenfalls scheint sich in ihren Briefen jedes Wort genau überlegt zu haben, um für den in sie verliebten Haydn nicht mehr als Wertschätzung zum Ausdruck zu bringen. Er selbst hingegen war nicht ganz so zurückhaltend, wie aus einem Brief vom 20. Juni 1790 hervorgeht: „Ich hätte Euer Gnaden so vieles zu sagen und so viel zu beichten, von welchem mich niemand als bloß Euer Gnaden allein lossprechen könnten", doch beteuert er an anderer Stelle ausdrücklich seine absolut reinen und hehren Gefühle: „Euer Gnaden könen derohalben nicht allein für das verflossene, sondern auch in Hinkunft ganz ohne Sorgen seyn, dan meine freundschaft und Hochschätzung gegen Euer Gnaden (So zärtlich dieselbe ist) wird niehmals strafbar werden, weil ich stets die Ehrfurcht über die erhabendsten Tugenden Euer gnaden vor augen habe, welche nicht nur ich, sondern alle menschen, So Euer gnaden kennen, bewundern müssen: lassen sich demnach Ihro Gnaden nicht abschröcken, mich zu zeiten mit dero So angenehmen Briefwechsel zu trösten, indem mir dieser zur aufmunterung in meiner Einöde, meines öfteren sehr tief geschränckten Hertzens höchst Nothwendig ist; o könt ich nur eine viertl stund bey Ihro Gnaden Trost einzuhauchen, ich unterliege bey unser dermahligen Regierung vielen Verdriesslichkeiten, welche ich aber hier mit stillschweigen übergehen muß: der einzige Trost, so mir noch übrig bleibt, ist, daß ich gottlob, gesund, und thätige lust zur arbeith habe ... nu, in gottes Nahmen: es wird auch diese zeit vorüber gehen, und jene wider komen, in welcher ich das unschätzbahre vergnügen haben werde, neben Euer Gnaden am Clavier zu sitzen ... "

Warum aber bedurfte Haydn so dringend einer „Aufmunterung in seiner Einöde und seines tief gekränkten Herzens"? Die Erklärung dürfte in den einschneidenden Ereignissen, die am Hof Esterhazys eintraten, zu suchen sein. Als am 25. Februar 1790 nach dreiundfünfzigjähriger Ehe Fürst Nikolaus der Prächtige seine Gattin Marie Elisabeth verlor, verfiel dieser in eine Schwermut und verlor jedes Interesse an seiner Umgebung. Vergeblich spannte Haydn, wie er schrieb, „alle Kräfte an, den Fürsten aus der Schwermut zu reißen". Die depressive Stimmung übertrug sich zwangsläufig auf alle Menschen in der Umgebung des Fürsten. „Nun Trift es mich abermahl, dass ich zu Hauss bleiben muss", schreibt Haydn am 27. Juni 1790 an Marianna von Genzinger, „und Was ich dabey verliehre, können sich Euer Gnaden selbst einbilden. Es ist doch traurig, immer Sclav zu seyn: allein die Vorsicht will es, ich bin ein armes geschöpf!" Diese Worte zeigen deutlich, daß Haydn sich in Esterhaza nicht mehr glücklich fühlte und als fast Sechzigjähriger diese Einengungen seiner Handlungsfreiheit nicht mehr ertrug. Fürst Nikolaus überlebte den Tod seiner geliebten Gattin nur wenige Monate und starb am 28. September 1790. Sein Sohn und Nachfolger, Fürst Paul Anton, zeigte sich an Musik kaum interessiert und entließ schon wenige Tage nach dem Tod des Vaters die gesamte Musikkapelle. Haydn, der aufgrund einer Verfügung Fürst Nikolaus' eine lebenslange Pension von 1 000 Gulden jährlich erhielt, was später sogar erhöht wurde, war nun nicht mehr an Esterhaza gebunden und übersiedelte unter Zurücklassung fast seiner gesamten Habe fluchtartig nach Wien, wo er bald verlockende Angebote erhielt.

Haydn in London

Schon 1782 hatte man versucht, Haydn nach England einzuladen, doch damals fühlte er sich Fürst Nikolaus gegenüber verpflichtet, in Esterhaza zu bleiben. Nun aber, 1790, genoß er zum erstenmal die „süße Freiheit", und als sich ihm in Wien ein Fremder mit den Worten vorstellte: „Ich bin Salomon aus London und bin gekommen, Sie abzuholen. Morgen werden wir einen Vertrag schließen", stürzte er sich mit Feuereifer und Schaffensdrang in das größte Abenteuer seines Lebens. Der aus Bonn am Rhein stammende Johann Peter Salomon, dessen Vater mit dem Vater Beethovens im selben Haus wohnte, hatte sich bereits 1781 zunächst als Geigenvirtuose und später als erfolgreicher Konzertunternehmer in London niedergelassen. Er bot Haydn für eine Konzertsaison derart verlockende Bedingungen, daß dieser ohne Zögern zusagte. Als Sicherstellung hatte Salomon im Bankhaus des Grafen Moritz von Fries im voraus 5 000 Gulden zu erlegen. Das Bankhaus befand sich im heutigen Palais Pallavicini, wo Beethoven später wiederholt konzertierte.

Haydns Freunde versuchten, ihn von dieser beschwerlichen Reise abzuhalten, weil der nun fast Sechzigjährige bisher nicht über Wien, Preßburg, Eisenstadt und Esterhaza hinausgekommen war. Er fühlte sich jedoch bei guten Kräften und war entschlossen, dieses Wagnis einzugehen. Selbst auf den Einwand seines Freundes Mozart hin, daß er doch kein Wort Englisch spräche, soll er den Ausspruch getan haben: „Meine Sprache versteht man in der ganzen Welt." Mozart, der am Vortag mit Salomon vereinbart hatte, nach Haydns Rückkehr ein ähnliches Angebot nach London anzunehmen, verabschiedete sich am Mittwoch, dem 15. Dezember 1790, von Haydn, Tränen in den Augen, mit den Worten: „Wir werden uns wohl das letzte Lebewohl in diesem Leben sagen!" – nicht ahnend, daß er selbst, der viel Jüngere, schon ein Jahr später tot sein sollte.

Über München, Bonn und Calais kam Haydn nach der Kanalüberquerung am 1. Januar 1791 in England an. Daß er die beschwerliche Reise, vor allem die teils recht stürmische Überfahrt nach England, ohne Schwierigkeiten bewältigt hat, spricht dafür, daß die körperliche Konstitution des Sechzigjährigen bemerkenswert gut gewesen sein muß.

In einem Brief vom 8. Januar an Frau von Genzinger schildert Haydn die Kanalüberquerung von Calais nach Dover: „berichte demnach, daß ich den ersten dieses als an neuen Jahres tag früch um halb 8 uhr nach angehörter H: Meß in das schif stiege, und nachmittag um 5 uhr dem höchsten sey gedanckt wohlbehalten und gesund zu Dower ankame. anfangs hatten wür 4 ganze stund fast gar keinen wind, und das schif gieng so langsam, daß wür in diesen 4 stunden nicht mehr als eine einzige Englische Meile machten, deren aber sind v. Calais bis Dower 24. unser schif Capitain in übelster laune sagte, daß wan sich der wind nicht ändere, wür die ganze nacht zur See bleiben müssen, zum glück aber hub sich der Wind gegen halb 12 uhr so günstig, daß wür bis 4 uhr 22 Meilen zurück legten, da wür aber wegen der eben einfallenden Ebbe mit unsern grossen schife nicht an das gestatt komen konten, so liefen schon von weiten 2 kleinere schiffe gegen uns, in welche wür uns samt unser Pagage übersetzten, und endlich unter ein klein sturmwind doch glücklich anlandeten . . . einige von denen Reisenden blieben aus forcht in das kleinere zu steigen auf demselben, ich schluge mich aber zu den grösseren Hauffen, wehrend der ganzen überfahrt bliebe ich oben auf den schif um das ungeheure Thier das Meer satsam zu betrachten, solange es windstill war, förchtete ich mich nicht, zuletzt aber, da der immer stärckere wind ausbrach und ich die heranschlagende ungestimme hohe wellen sahe, überfiel mich eine kleine angst, und mit dieser eine kleine üblichkeit, doch überwündete ich alles, und kam ohne S: v: zu brechen glücklich an das gestadt. die meisten wurden kranck, und sahen wie die geister aus ... da ich aber nach london kam, wurde ich erst die beschwerde der Reise gewahr, ich gebrauchte 2 Tag um mich zu erholen. nun aber bin ich wider ganz frisch und Munter ...".

Bald schon wurde Haydn in Londons geselliges Leben mit einbezogen. „Meine ankkunft verursachte grosses aufsehen durch die ganze stadt durch 3 Tag wurde ich in allen zeitungen herumgetragen: jedermann ist begierig mich zu kennen", berichtete er in dem Brief vom 8. Januar an Frau von Genzinger. Von Beginn seines Aufenthaltes an hielt er seine Eindrücke und persönlichen Erlebnisse in den „Londoner Tagebüchern" fest, denen man – außer den täglichen Berichten in den englischen Zeitungen – die meisten Einzelheiten über seinen Aufenthalt in England verdankt.

Schwer dürfte ihm das Erlernen der englischen Sprache gefallen sein, auch wenn er „jeden Frühmorgen alleine mit seiner englischen grammer in den Wald spazieren" ging. Wie wenig Fortschritte er machte, zeigte ein Bericht in den Annalen der „Musical Graduates Society", wo es heißt, daß achtzehn Monate später vor der Rückreise nach Wien Salomon beim Abschiedsessen miteingeladen werden mußte, „teils als den Intimus Mr. Haydns, teils als Übersetzer, weil Dr. Haydn keine genügenden Fortschritte im Englischen gemacht hatte".

Am 19. Februar 1791 wurde das erste Subskriptionskonzert angekündigt, dessen Programmgestaltung die Richtlinien für alle weiteren derartigen Konzerte enthielt: Haydn hatte aufgrund seiner ersten Erfahrungen mit der „Nobility and Gentry" von London ausdrücklich verlangt, daß die vertraglich von ihm geforderte Neukomposition einer Sinfonie stets erst im zweiten Teil der Salomon-Konzerte dirigiert werden sollte; und zwar aus einem guten Grund, wie später sein Biograph A. Ch. Dies berichtet: „Schon bey den ersten Concerten der Musiker bemerkte Haydn, daß er wohl gethan hatte, die Aufführung seiner Werke in den zweyten Act zu bedingen. Der erste Act wurde gewöhnlich von dem Geräusche der spätkommenden Zuhörer, auf mancherley Art gestört. Nicht wenige Personen kamen von gutbesetzten Tafeln, (wo die Männer ... bei geistigen Getränken sitzen bleiben), nahmen im Conzertsaale einen bequemen Platz, und wurden daselbst von dem Zauber der Tonkunst so sehr überwältigt, daß sie ein fester Schlaf überfiel. Nun stelle man sich vor, ob in einem Conzertsaale, wo nicht wenige, sondern viele Personen theils schnaufend, oder schnarchend, oder kopfnikkend, den wahren Zuhörern Stoff zum Plaudern, oder wohl gar zum Gelächter darbieten, ob da Stille herrschen könne?" Schon das erste Konzert machte einen so starken Eindruck, daß die „Morning Chronicle" ihren Bericht mit dem Satz beendigte: „Wir dürfen hoffen, daß das erste musikalische Genie unserer Zeit sich jetzt veranlaßt sehen dürfte, seinen Wohnsitz dauernd in England zu nehmen."

Der Erfolg der ersten Konzertsaison Haydns, – sie endete mit dem zwölften Subskriptionskonzert am 3. Juni 1792 – war so überwältigend, daß man bereits im Juli beschloß, ihm den Titel eines Ehrendoktors der Universität Oxford zu verleihen. Er widmete diesem Ereignis in seinem Tagebuch nur eine kurze, nüchterne Notiz: „ich muste für das ausläuten zu Oxfortt wegen der Doctorswürde 1 ½ guinee und für den Mantel ½ guinee bezahlen." Während der feierlichen Zeremonie dürfte ihm wegen seiner sprachlichen Schwierigkeiten nicht ganz wohl zumute gewesen sein, doch hat ihn offenbar die anwesende Versammlung der hochgelehrten Herren andererseits auch nicht aus der Fassung gebracht. Denn als man ihn nach der Verleihung bat, etwas von seiner Kunst zum besten zu geben, ging er -- so berichtet A. Ch. Dies – seelenruhig zur Orgel und wandte sich der würdigen Versammlung zu. Alle Augen waren auf ihn gerichtet; Haydn öffnete den

Doktormantel, machte ihn wieder zu und sagte laut und vernehmlich: „I thank you." Die Versammlung verstand diese Geste anscheinend sehr gut und antwortete mit englischer Höflichkeit: „You speak a very good English." Dieses unkomplizierte und schalkhafte Verhalten Haydns zeigt einmal mehr, daß er trotz der Berühmtheit, die er in London erreicht hatte, in seinem Innersten einfach und natürlich geblieben war. „Ich bin mit Kaisern, Königen und vielen großen Herren umgegangen und habe manches Schmeichelhafte von ihnen gehört: aber auf einem vertraulichen Fuß will ich mit solchen personen nicht leben", sagte er später einmal.

Während des ganzen Jahres 1791, das er in London verbrachte, erkrankte er nachweislich nur einmal, und zwar an einem sogenannten „Englischen Rheumatismus". Wie man aus einem Brief vom 20. November 1791 an Frau von Genzinger entnehmen kann, handelte es sich dabei um einen harmlosen „Hexenschuß": „Ich war gottlob bishero immer gesund, hab aber vor acht Tagen einen Englischen Rheomatisme überkomen, der so starck ist, daß ich bisweilen hellaut schreyen muß. Doch hofe ich, denselben bald zu verliehren, weil ich mich, wie hier der gebrauch ist ganz von unten bis oben mit Franell eingewickelt habe", eine Behandlung, die sich nicht wesentlich von der heutigen unterscheidet. Seine Stimmung war angesichts der ungeheuren künstlerischen und finanziellen Erfolge ausgezeichnet und mitunter sogar übermütig. Sie spiegelt sich auch in seiner Musik wieder, so im „Rondo all' Ongarese" seines Klaviertrios Nr. 1 in G-Dur. Seine unmittelbare Umgebung war vor seinem schalkhaften Humor nicht sicher, wie ein launiges Gedicht, das er für den in seinen Konzerten häufig mitwirkenden Sänger David und seinen Konzertmanager Salomon verfaßte, wiedergibt:

> „Salomon und David waren grosse Sünder
> Hatten schöne weiber, machten viele kinder
> da Sie nicht mehr konten und kamen in das alter,
> macht der Eine lieder, und der andre Psalter".

Manchmal war er natürlich auch traurig, wie ein Brief vom 4. August 1791 an seine Geliebte Polzelli, die eben ihren Mann verloren hatte, erkennen läßt: „Liebe Polzelli! Vielleicht, vielleicht wird noch die Zeit kommen, die wir uns so oft herbeigesehnt haben, daß vier Augen sich geschlossen haben. Zwei davon haben sich geschlossen, die anderen zwei – genug davon, wie Gott will! Ich bitte Dich, denke an Deine Gesundheit und schreibe recht bald, denn ich habe seit langer Zeit Tage voller Niedergeschlagenheit, ohne zu wissen, warum. Deine Briefe bringen mir Trost, selbst wenn sie traurig sind." Diese melancholische Stimmung, die zeitweise aus seinen Briefen herauszulesen ist, mag mit den ihm fremden Lebensgewohnheiten oder auch mit den Eigentümlichkeiten des englischen Klimas einen Zusammenhang gehabt haben. So schreibt er etwa in seinem Tagebuch über den Empfang anläßlich der Amtseinführung des Bürgermeisters von London, an dem auch der englische Premierminister William Pitt teilnahm: „Den 5. November 1791 . . . war ich Gast zu Mittag bey dem Fest von Lord Mayor . . . nach den Tafl retirirt sich in ein schon bestimtes Extra Zimmer die ganze hohe Gesellschaft . . . wür andern Gäste aber werden in ein andres Nebenzimmer gebracht . . . ich gieng von da in einen andern Saal, welcher mehr einer unterürdischen Höle gleichte, weil eine Troml mitspielte, welche das üble von den Geigern deckte . . . die übrigen Tafeln waren aber alle neuerdings besezt mit Mansbildern, welche wie gewöhnlich die ganze Nacht hindurch wacker suffen . . . Remarcabl ist, daß der Lord Major an der Tafl kein Messer von Nöthen hat, indem ein Vorschneider . . . ihm alles vorschneidet . . . Übrigens aber ist keine Ordnung." Über die klimatischen Besonderheiten heißt es an anderer Stelle:

„Den 5tn 10bris war der Nebel so dick, daß man denselben hätte können auf das brod streichen. ich muste um schreiben zu könen um 11 uhr licht anzünden."

Den Hauptanteil an seinen Stimmungsschwankungen dürfte aber die Nachricht vom unerwarteten Tod seines Freundes Mozart gehabt haben, die ihn zutiefst erschütterte. „Mozard starb den 5tn 10bri 1791", schrieb er als einzige Eintragung über zwei Seiten seines Tagebuches; in einem Brief vom Januar 1792 an Michael Puchberg, Mozarts Freund und Helfer aus mancher Notlage, schreibt Haydn: „Ich war über seinen Todt eine geraume Zeit ganz ausser mir und konnte es nicht glauben, daß die Vorsicht so schnell einen unersetzlichen Mann in die andere Welt fordern sollte." Aus dieser Grundstimmung heraus verstehen wir auch seine Bemerkung in einem Brief vom 14. Januar 1792 an Luigia Polzelli: „ . . . Meiner Gesundheit geht es ganz gut: aber ich habe fast immer die englischen Launen, das sind melancholische."

Andererseits sorgten einige Damen der Londoner Gesellschaft für Ablenkung, und Haydn konnte manch anregende persönliche Erinnerung von seinem ersten England-Aufenthalt mit nach Hause nehmen. So zog ihn im September 1791 die berühmte Sängerin Elisabeth Billington besonders an, die Kelly als „einen Engel an Schönheit und die heilige Cäcilie des Gesanges" feierte, und auch andere Damen, die er in verschiedenen Häusern der Londoner Gesellschaft kennenlernte, beschrieb er in seinem Tagebuch als „das schönste Weib, so ich zeitlebens gesehen" oder „das schönste Weib, so ich jemahls gesehen". Eine besondere Beziehung verband ihn mit der reichen Witwe des deutschen Pianisten Johann Samuel Schroeter, von der er später A. Ch. Dies erzählte, daß sie „ . . . ob sie gleich schon sechzig Jahre zählte, noch eine schöne und liebenswürdige Frau war, die ich, wenn ich damals ledig gewesen wäre, sehr leicht geheirathet hätte". Anregungen besonderer Art erhielt er von Mrs. Anne Hunter, der Gattin des damals sehr berühmten Chirurgen John Hunter, in die er wahrscheinlich auch ein wenig verliebt war. Mit ihrer Hilfe wagte er es trotz mangelhafter Sprachkenntnisse, Lieder mit englischen Texten zu vertonen. Die Bekanntschaft mit dieser Familie ist aber auch aus medizinischer Sicht erwähnenswert. John Hunter, der berühmte Generalarzt der Königlich Britischen Armee, machte ihn auf mögliche Nachteile seines Nasenpolypen aufmerksam. Vor allem wies er darauf hin, daß er Haydns „Angesicht entstelle und die Frauen abschrecke" – eine Ansicht, die Haydn aufgrund seiner bisherigen Erfahrungen mit dem weiblichen Geschlecht allerdings keineswegs zu teilen gewillt war. Obwohl er schon die erwähnten schlechten Erfahrungen mit Brambilla gemacht hatte, dürfte er sich noch einmal, wenn auch zögernd, die Durchführung eines chirurgischen Eingriffs überlegt haben. Aufgrund sprachlicher Verständigungsschwierigkeiten geriet er jedoch in eine Art „ärztliche Falle", über die er später in typisch launiger Art seinem Biographen Dies berichtete. Dieser schilderte das letzte Ereignis vor Haydns Abreise aus London: „Schon mehrere Mal hatte sich Haydn chirurgischen Operationen unterworfen, und war, selbst unter den Händen des berühmten Brambilla, so unglücklich gewesen, ein Stück vom Nasenbein einzubüßen, ohne von den Polypen ganz befreyet zu werden. In London geriet Haydn in die Bekanntschaft des berühmten Wundarztes H...: ,eines Mannes', sagte Haydn, ,der fast täglich, und immer glücklich, chirurgische Operationen unternahm. Er hatte auch meinen Polypen in Augenschein genommen und sich erbothen, mich von dem Uebel zu befreyen. Zur Hälfte hatte ich eingewilligt, doch verzögerte sich die Operation, und ich dachte endlich gar nicht mehr daran. Kurz vor meiner Abreise ließ mich Herr H. ersuchen, dringender Ursachen wegen zu ihm zu kommen. Ich ging hin. Nach den ersten Complimenten traten einige baumstarke Kerl ins Zimmer, packten mich an, und wollten mich auf einen Stuhl setzen. Ich schrie, schlug blaue Flekken, trat so lange mit den Füßen, bis ich mich befreyte, und Herrn H., der schon mit seinen Instrumenten zur Operation in Bereitschaft stand, begreiflich machte, ich wolle mich nicht operiren lassen. Er wunderte sich über meinen Eigensinn, und mir schien, er bedaurte mich, daß ich nicht so gücklich seyn wollte, seine Geschicklichkeit zu experimentiren'."

Damals war jede Art von Narkose noch unbekannt, und die Patienten mußten daher während eines operativen Eingriffs mit Gewalt von kräftigen Hilfspersonen in der gewünschten Stellung festgehalten werden. Wegen der Schmerzen bei der Operation des Nasenpolypen, die Haydn schon früher kennengelernt hatte, und vielleicht auch wegen der damals häufigen Komplikationen in Form von Eiterungen oder allgemeiner Blutvergiftung, bedingt durch Hantieren mit nicht sterilen Instrumenten, wollte er sich auch nicht mehr operieren lassen. Im Alter sagte er mitunter scherzhaft über seinen Nasenpolypen: „Ich muß den Kerl nun schon unter der Erde verfaulen lassen; auch meine Mutter litt an diesem Übel, ohne daß es ihr den Tod zugezogen hätte."

Als Haydn am 24. Juli 1792 wieder in Wien eintraf, war der durch zahlreiche Ehrungen in England verwöhnte Komponist überrascht, daß man von seiner Rückkehr in die Heimat keine Notiz nahm. Sogar am Wiener Hof schenkte man der Ankunft des Komponisten, der soviel zum Ansehen Österreichs im Ausland beigetragen hatte, keine Bedeutung. Aber auch einige menschliche Beziehungen in Wien waren nicht mehr dieselben. Mozarts Tod bedeutete für ihn nicht nur den Verlust eines echten Freundes, sondern zugleich einen unersetzlichen Verlust für die gesamte musikliebende Welt. Haydn hat die „Einmaligkeit" Mozarts schon zu dessen Lebzeiten neidlos anerkannt und noch kurz vor dessen Tod einem Musikalienhändler in England gegenüber beteuert: „Freunde schmeicheln mir oft, dass ich einiges Talent besitze, aber er stand weit über mir."

Über den Tod Mozarts dürfte er überhaupt nicht mehr ganz hinweggekommen sein, denn noch 1807 brach er bei einer Erwähnung des Namens Mozart in Tränen aus und entschuldigte sich mit den Worten: „Verzeihen Sie, ich muß immer wieder weinen beim Namen meines Mozart."

Aber noch ein weiterer Schicksalsschlag hat ihn etwas später schwer getroffen. Am 20. Januar 1793 starb, nicht einmal 43 Jahre alt, seine einzige Seelenfreundin, Marianna von Genzinger. Diese musikalisch gebildete und geistvolle Dame der Wiener Gesellschaft, mit der Haydn eine intensive Korrespondenz führte, hatte sein Interesse für die Klavierkomposition wieder geweckt. Angesichts der engen seelischen Verbindung zwischen den beiden dürfte der bekannte Haydn-Forscher Robbins Landon mit seiner Vermutung recht haben, wenn er meint, daß unter dem Eindruck des tragischen Todes dieser Frau eine der bedeutendsten Klavierkompositionen Haydns, – die Variationen in f-Moll – entstand. In diesem Stück mit dem pathetischen, an einen Trauermarsch erinnernden Hauptthema und dem trostspendenden Trio in F-Dur spürt man bereits den Einfluß der Romantik. Die gewaltige Coda mit ihrem stürmischen Charakter läßt den Stil Beethovens in seiner jüngeren und mittleren Schaffensperiode erahnen. Die Entstehung dieses Werkes fällt übrigens zeitlich gerade in jene kurze Periode, in welcher der junge Beethoven zu den Schülern Haydns zählte. Beethoven kam um den 10. November 1792 nach Wien, um bei Haydn zu studieren. Er war ihm als Zweiundzwanzigjähriger während dessen Rückreise von England in Bonn vorgestellt worden. Da Beethoven völlig mittellos war, unterstützte ihn finanziell der kunstliebende Kurfürst Maximilian Franz, an dessen Bonner Hof der junge Beethoven Zweiter Kapellmeister war. Doch obwohl „der joviale alte Herr sein Bestes tat, den dämonischen jungen Mann zu zähmen", kam es schon bald zu schweren künstlerischen Differenzen, da Haydn offenbar den Unterricht nicht allzu ernst nahm. Trotzdem dauerte dieser regelmäßige Unterricht, der eigentlich keiner war, ein volles Jahr. Obwohl Beethovens Individualismus und Haydns Universalismus einen diametralen Gegensatz darstellten, berichtete Haydn in einem Brief vom 23. November 1793 an den Kurfürsten in Bonn von den genialen Anlagen des jungen Beethoven, von dem „Kenner und Nichtkenner unparteiisch eingestehen müssen, daß er mit der Zeit die Stelle eines der größten Tonkünstler in Europa vertreten werde". Diese Erkenntnis hielt Haydn jedoch nicht davon ab, den Schüler wegen dessen stark ausgebildeten Selbstbewußtseins zu necken und ihn humorvoll als „Großmogul" zu bezeichnen.

Im Juni 1793 gab Haydn erstmals einen Hinweis auf ein Nachlassen seiner Schaffenskraft; aus Eisenstadt schrieb er in Beantwortung einer Geldforderung seiner Geliebten Luigia Polzelli unter anderem: „ . . . bedenke, daß ich mich nicht mehr so anstrengen kann, wie in den letzten Jahren, denn ich beginne, alt zu werden und langsam, langsam läßt mein Gedächtnis nach". Wahrscheinlich wollte Haydn mit diesem diskreten Hinweis jedoch wohl nur die Einschränkung seiner finanziellen Zuwendungen begründen, denn in seinen Kompositionen findet man weder jetzt noch in den folgenden restlichen Jahren des ausklingenden Jahrhunderts Hinweise auf ein etwaiges Nachlassen seiner schöpferischen Kräfte.

Die 1793 in Eisenstadt verbrachten Sommermonate waren ein reiner Höflichkeitsakt gegenüber Fürst Paul Anton. Bei dieser Gelegenheit konnte er sich auch auf seine zweite geplante Reise nach England, die ähnlich wie die erste nicht gerne gesehen war, vorbereiten. Er unterzeichnete den Kaufvertrag für sein neues „hübsches kleines Haus ohne Stockwerk nebst Gärtchen in der Vorstadt Gumpendorf", das seine Frau während seines ersten Englandaufenthalts ausfindig gemacht hatte und das ihm wegen der einsamen stillen Lage sehr gefiel. Dieses Haus, das während seiner zweiten Englandsreise um eine Etage aufgestockt wurde, bewohnte er bis zu seinem Tod.

Am 19. Januar 1794 trat Haydn in einem von van Swieten geliehenen „bequemen Reisewagen" gemeinsam mit seinem treuen Kammerdiener und Privatsekretär Johann Elßler die zweite Englandreise an. Wie beim ersten Aufenthalt in London mußte er sich in dem mit Salomon geschlossenen Vertrag verpflichten, sechs neue Sinfonien für London zu schreiben, die er diesmal klugerweise und in Erinnerung an die Anstrengungen während seines ersten Aufenthaltes zum größten Teil bereits in Wien komponiert hatte. Schon am 10. Februar fand das erste Subskriptionskonzert in London statt, in welchem die Sinfonie Nr. 99 uraufgeführt wurde. Seine unbestrittene künstlerische Vormachtstellung wurde von allen anerkannt, und die Rezensionen seiner Konzerte überschlugen sich vor Begeisterung. Neben seinem gesellschaftlichen Kontakt mit den englischen Adeligen hatte sich auch zum königlichen Hof eine engere Beziehung entwickelt; das Königshaus bemühte sich anscheinend intensiv, Haydn für immer in England zu halten.

Jedoch Fürst Nikolaus II. von Esterhazy, der Nachfolger des schon im Januar 1794 verstorbenen Fürsten Paul Anton, forderte Haydn auf, die inzwischen wieder neu zusammengestellte Kapelle als „fürstlich Esterhazy'scher Kapellmeister" zu übernehmen. Der Gedanke, im Notfall vom Fürsten Unterstützung erwarten zu dürfen, und die Tatsache, daß ihn in Wien seine Freunde und sein neues Haus erwarteten, veranlaßten ihn schließlich am 15. August 1795 die Rückreise nach Österreich anzutreten. Haydn traf Anfang September 1795 – nach achtzehn Monaten Aufenthalt in London – als weltberühmter und wohlhabender Mann in Wien ein.

... und wieder in Esterhaza

Haydn war deshalb auch in seiner „neuen, alten" Stellung als fürstlicher Kapellmeister zu selbstbewußt und stolz, um sich von Fürst Nikolaus II., einem noch ganz dem Feudalzeitalter verhafteten aufbrausenden, hochfahrenden und eitlen Herrn von knapp dreißig Jahren wie ein Lakai abkanzeln zu lassen. Als sich der Fürst während einer von Haydn geleiteten Probe in die Arbeit einmischen wollte, soll nach Aussagen von Mitgliedern der Kapelle Haydn in gereiztem Ton gerufen haben: „Fürstliche Durchlaucht, dies zu verstehen ist meine Sache", worauf der Fürst angeblich nie wieder einen solchen Versuch unternommen haben soll. In ähnlicher Weise mußte sich, wohl unter dem Einfluß der Fürstin Marie Hermenegild, der Fürst auch daran gewöhnen, daß sein mit dem König von England und dem Kaiser von Österreich in persönlichem Kontakt stehender Kapellmeister Haydn nicht mehr an der Offizierstafel, sondern – offenbar auf seinen Wunsch hin – an der Famlientafel des Fürsten in Zukunft zu finden war. Überdies hielt sich Haydn, abgesehen von den jährlichen Sommeraufenthalten in Eisenstadt, wo ihm eine Wohnung in einem Nebengebäude des Schlosses zur Verfügung stand, bis zu seinem Lebensende fast nur noch in Wien auf.

1796 war für Haydn ein außerordentlich produktives Jahr. Neben der Umarbeitung der „Sieben Worte" – jenes Auftrages eines Domherrn aus Cadiz „Die sieben letzten Worte des Erlösers am Kreuze" zu vertonen –, der Fertigstellung seiner „Heiligmesse" und verschiedener anderer Kompositionen entstanden bereits erste Skizzen für die „Schöpfung". Seine Tätigkeit für den Fürsten selbst war, wenn man von der gewünschten Komposition neuer Messen absieht, keineswegs umfangreich, was zum Teil auch auf die mangelnde Musikalität des Fürsten zurückzuführen war. Ein Beispiel dafür, wie Haydn Weisungen seines Fürsten manchmal elegant zu umgehen verstand, ist eine Geschichte rund um sein Klaviertrio Nr. 18, genannt „Jakobs Traum". Dieses schon 1795 komponierte Werk, das zu den interessantesten Kammermusikwerken Haydns zählt, weist – verglichen mit früheren Werken dieser Art – bereits eine recht anspruchsvolle Klavierstimme auf, was wohl auf die Bekannschaft mit dem in England entwickelten und den Wiener Instrumenten in technischer wie in modulatorischer Hinsicht deutlich überlegenen Hammerklavier zurückzuführen ist. Trotz des klanglichen Reichtums und der beglückenden Kantilenen dürfte dieses Klaviertrio keinen sonderlichen Eindruck auf den Fürsten gemacht haben. Als dieser eines Tages aus Paris seinem Kapellmeister in Eisenstadt wissen ließ, daß er für eine musikliebende Pariser Dame namens Moreau eine Klaviersonate schreiben solle, lehnte Haydn zunächst höflich ab und übersandte anstelle einer Komposition ein Heft seiner bereits erschienenen Sonaten mit persönlicher Widmung an Madame. Der Fürst gab sich damit jedoch nicht zufrieden und bestand auf seinem ursprünglichen Wunsch. Da entschloß sich Haydn, aus dem Klaviertrio „Jakobs Traum" einfach die Cellostimme wegzulassen und das Werk als eigens für Madame Moreau komponierte Klaviersonate mit Violinbegleitung anzubieten, in der Hoffnung, der unmusikalische Fürst würde Haydns längst veröffentlichtes Trio nicht wiedererkennen – was auch tatsächlich der Fall war.

Am 30. April 1798 fand die erste Aufführung des Oratoriums „Die Schöpfung" statt, für Haydn wohl die Krönung seines gesamten musikalischen Schaffens. Den Text hatte Haydn von seiner zweiten Englandreise mitgebracht. Ein gewisser Lindley hatte in poetischer Form die Schöpfungsgeschichte, wie sie im ersten Buch der Bibel zu lesen ist, in einem dünnen Buch niedergeschrieben. Angeblich war dieser Text, wie Salomon erzählte, bereits dem alten Händel vorgelegt worden, der ihn jedoch nicht verwendet hatte. Auch Haydn wollte sich zunächst nicht an dieses Thema wagen; erst als ihn sein Freund, der Hofbibliothekar Gottfried van Swieten, dazu ermunterte und sich anbot, „dem englischen Gedichte ein deutsches Gewand umzuhängen", wurde das Riesenwerk in gemeinsamer Arbeit in Angriff genommen. Betrachtet man die ungewöhnlich vielen Skizzen, vor allem jene zur Einleitung des Oratoriums, also die Schilderung des „Chaos", gewinnt man den Eindruck, daß Haydn oft lange an verschiedenen Einzelheiten arbeitete. Wenn er manchmal an seiner Kraft zu zweifeln begann, dann suchte der fromme Mann seine Stärkung im Gebet, wie er Griesinger einmal erzählte: „Ich war nie so fromm, als während der Zeit, da ich an der Schöpfung arbeitete. Täglich fiel ich auf meine Knie nieder und bat Gott, daß er mir Kraft zur glücklichen Ausführung dieses Werkes verleihen möchte." Merkwürdig ist es für uns heute, daß Kaiser und Kirche wegen angeblich freimaurerischer Züge des Textes verboten, dieses herrliche Werk in einer katholischen Kirche aufzuführen.

Ein Leidensweg zeichnet sich ab

Entscheidend für Haydns Krankheitsgeschichte war die Zeit der Entstehung seines zweiten Oratoriums, „Die Jahreszeiten". Die Fertigstellung dieses Werkes bereitete ihm bereits erhebliche Mühe. Eine erste diesbezügliche Äußerung stammt von ihm selbst in einem Brief vom 12. Juni 1799 an den Verleger Breitkopf in Leipzig, in dem es heißt: „Ich schäme mich in der that, einen Mann, welcher mich schon so oft auf die verehrungswürdigste arth ohne es verdient zu haben mit seinen zuschriften beehrte, mit meiner späten andworth beleydiget zu wissen, es ist nicht saumlosigkeit, sondern die menge der geschäfte schuld daran, welche, wie älter ich werde, desto mehr sich täglich vermehren, nur bedaure ich, daß ich vermög meines hochanwachsenden Alters, und bei (leyder) abnehmenden geistes kräften den wenigsten theil derselben befriedigen kan: die welt macht mir zwar täglich viele Complimente über das feuer meiner letzteren arbeithen, aber niemand will mir glauben; mit welcher mühe und anstrengung ich dasselbe hervorsuchen muß, indem mich manchen Tag die schwache gedächtnüß und Nachlassung der Nerven dermassen zu boden drückt daß ich in die traurigste Laage verfalle, und hiedurch viele Täge nachero ausser stand bin nur eine einzige Idee zu finden, bis ich endlich durch die vorsicht aufgemuntert mich wider an das Clavier setzen, und dan zu kratzen anfangen kan: genug hirvon." Tatsächlich wurde Haydn während der zwei Jahre, in denen er manchmal bis zur Erschöpfung an der Fertigstellung des Oratoriums arbeitete, zum alten Mann; er selbst erklärte Freunden gegenüber: „Die Jahreszeiten haben mir das Rückgrat gebrochen."

Haydn erkannte schon während der Komposition der „Jahreszeiten" das Nachlassen seiner schöpferischen Kräfte. In einem Brief vom 23. September 1799 an den deutschen Lexikographen Ernst Ludwig Gerber kommt dies deutlich zum Ausdruck: „Ungeachtet dessen werde ich mit Hülfe der Vorsicht alle Kräfte anstemmen, und nach Vollendung dessen mich wegen Schwäche meiner Nerven zu Ruhe begeben, um meine letzte Arbeit, bestehend in Singquartetten ... vollenden zu können." Zu allem Überfluß erkrankte er im Frühjahr des Jahres 1800 ernstlich; über die Art dieser Erkrankung gibt es jedoch keine näheren Einzelheiten. In der Biographie von Botstiber findet sich lediglich der Hinweis: „Die Aufführung [es handelte sich um die „Schöpfung". Anm. d. Verf.] am 12. und 13. April 1800 beim Fürsten Schwarzenberg konnte Haydn aber nicht selbst leiten. Er litt an einem rheumatischen Kopffieber, lag krank im Bett und an seiner statt dirigierte Weigl." Wahrscheinlich handelte es sich wiederum um eine Infektion der oberen Luftwege mit begleitender Entzündung im Bereich der Nasennebenhöhlen, deren Entstehung durch seinen Nasenpolyp begünstigt worden sein könnte. Bei dieser Erkrankung treten oft Kopfschmerzen auf, die zu einer Beeinträchtigung der Arbeitsfähigkeit führen können, was Haydn auch in einem Brief vom Mai 1800 erwähnt: „mit den 4 Jahreszeiten hat es seine Richtigkeit; ich bearbeite eben den Sommer, und hoffe, ungeachtet ich vor kurzem sehr schwer kranck war, bis Ende künftigen Winters damit fertig zu seyn".

Daß es Haydn offenbar schon sehr schwer fiel, dieses Oratorium zu beenden, ist auch seinen Zeitgenossen nicht verborgen geblieben. Der schwedische Autor F. S. Silverstolpe berichtet im Frühjahr 1801 nach Stockholm: „Haydns Jahreszeiten sind allerdings fertig; aber eine Krankheit, an der Haydn gelitten hat, hat die Sache so lange verzögert, daß ich glaube, die Aufführung wird auf das nächste Jahr festgesetzt. Schade, denn wer kann garantieren, daß der Meister sein Werk dann wird aufführen können. Er ist alt." Dennoch fand am 24. April 1801 die Uraufführung statt, und schon am 29. Mai 1801 folgte die erste öffentliche Aufführung der „Jahreszeiten" im großen Redoutensaal zu Wien unter Haydns Leitung, bei der er allerdings sichtlich gealtert wirkte. In der Musik dieses Oratoriums glaubt man bereits eine leise Vorahnung des nahen Todes herauszuhören. So sieht Robbins Landon in der Instrumentaleinleitung zum „Winter" einen Hinweis darauf, daß Haydn mit dieser ergreifenden Introduktion seinen Abschied von der Musik zum Ausdruck gebracht habe.

Der körperliche Verfall Haydns, der sich bereits bei der Uraufführung der „Jahreszeiten" zeigte, war zum Teil auf eine kurz vorausgegangene neuerliche Erkrankung, die wiederum als „Kopffieber" bezeichnet wurde, zurückzuführen. Griesinger schrieb am 21. Februar 1801 dem Verlag Breitkopf und Härtel anläßlich der Herausgabe des Oratoriums „Die sieben letzten Worte des Erlösers am Kreuze": „Vater Haydn konnte Ihnen nicht schreiben; er liegt wieder an einem Kopffieber krank", und er schilderte des Meisters damals „größte Marter, daß seine Phantasie unaufhörlich mit Noten und Musik beschäftigt" gewesen sei. Dieses „rheumatische Kopffieber", das wahrscheinlich den bereits erwähnten entzündlichen und vielleicht sogar eitrigen Nasennebenhöhlenaffektionen entsprach, dürfte mit zunehmendem Alter bei Haydn immer häufiger nach jeder infektiösen grippalen Erkrankung des Rachens und der oberen Luftwege aufgetreten sein. Im Herbst desselben Jahres 1801 hatte er wiederum eine schwere Erkältung, die ihn dazu zwang, das Bett zu hüten; und wie schon so oft klagte er neuerlich über starke „rheumatische Kopfschmerzen". Da Haydn zu früh aufstand, kam es zu mehrmals wiederholten Fieberschüben, die sich bis in den Dezember fortsetzten, so daß er in diesem Winter sein geplantes Winterlogis im Hambergischen Haus auf der Seilerstätte nicht beziehen konnte. So berichtete Griesinger am 19. November 1801: „Haydn wird diesen Winter nicht wie sonst in die Stadt ziehen, sondern in seinem Haus in einer der äußersten Vorstädte wohnen. Er lebt hier ungestört, jeder Besuch zu ihm ist aber eine kleine Reise."

Immerhin erholte sich der alte Mann doch so weit, daß er am 22. und 23. Dezember 1801 die „Jahreszeiten" wieder selbst leiten konnte. Wie bei der Uraufführung im Frühjahr waren die Wiederholungen ein großer Erfolg, obwohl dieses Oratorium vom Publikum nicht so überschwenglich aufgenommen wurde wie die „Schöpfung". Dieses Urteil stimmt übrigens mit Haydns eigener, sehr objektiven und kritischen Einstellung zu diesem Werk überein; er schrieb an seinen Freund Giuseppe Carpani: „Ich bin sicher, daß Sie selbst erkennen, daß es keine zweite Schöpfung ist. Ich fühle es und Sie sollten

Überfahrt Haydns von Calais nach Dover im Januar 1791.

*Eine Seite aus Haydns „Andante con variazioni" in f-Moll für Klavier aus dem Jahr 1793.
(Abschrift von Johann Elßler)*

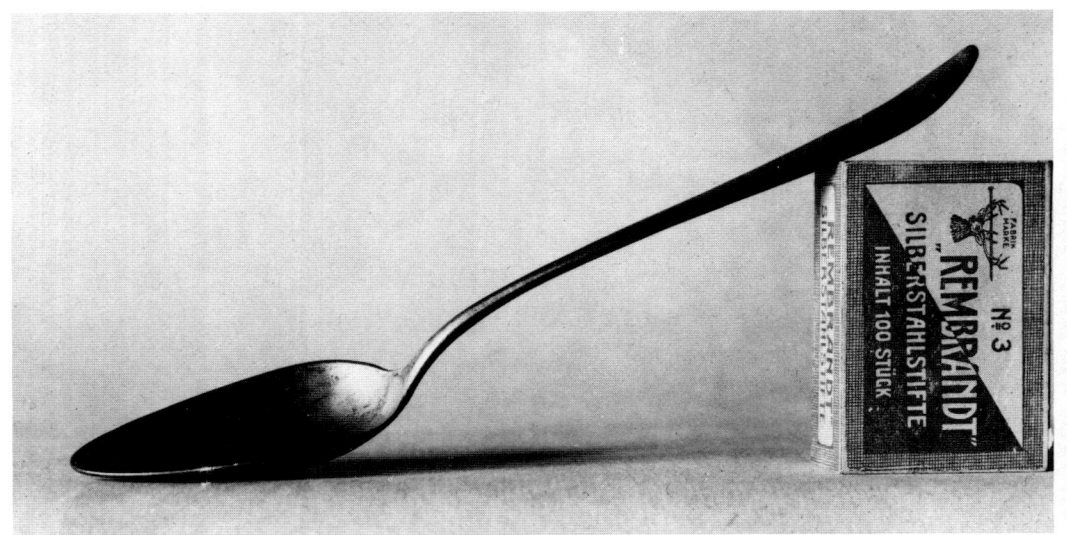

Medizinlöffel Haydns.

Molto Adagio

Hin ist alle meine Kraft

alt und schwach bin ich

Joseph Haydn.

Musikalische Visitenkarte.

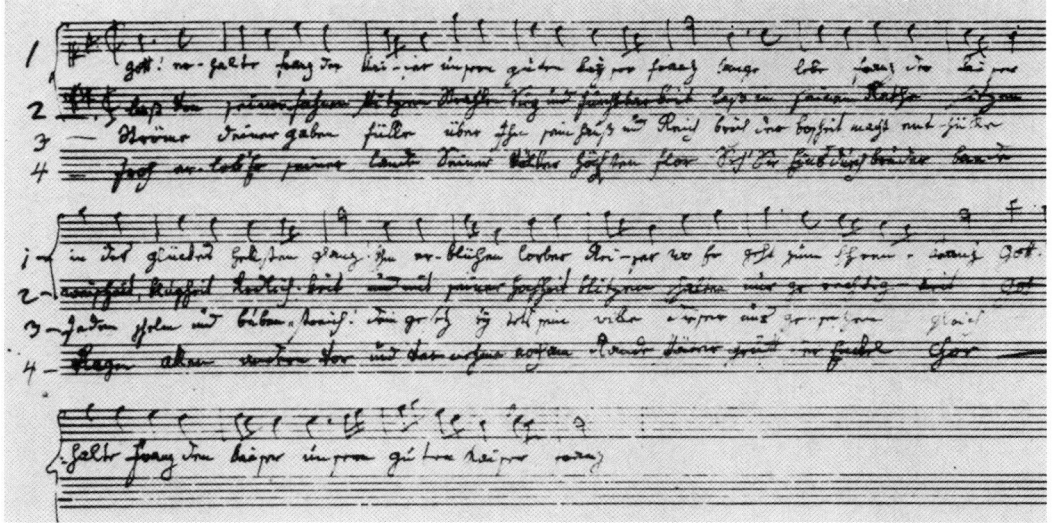

Partitur zu Haydns „Volcks-lied" aus dem Jahr 1797.

Abbildung des 1814 errichteten Grabsteins am Hundsturmer Friedhof.

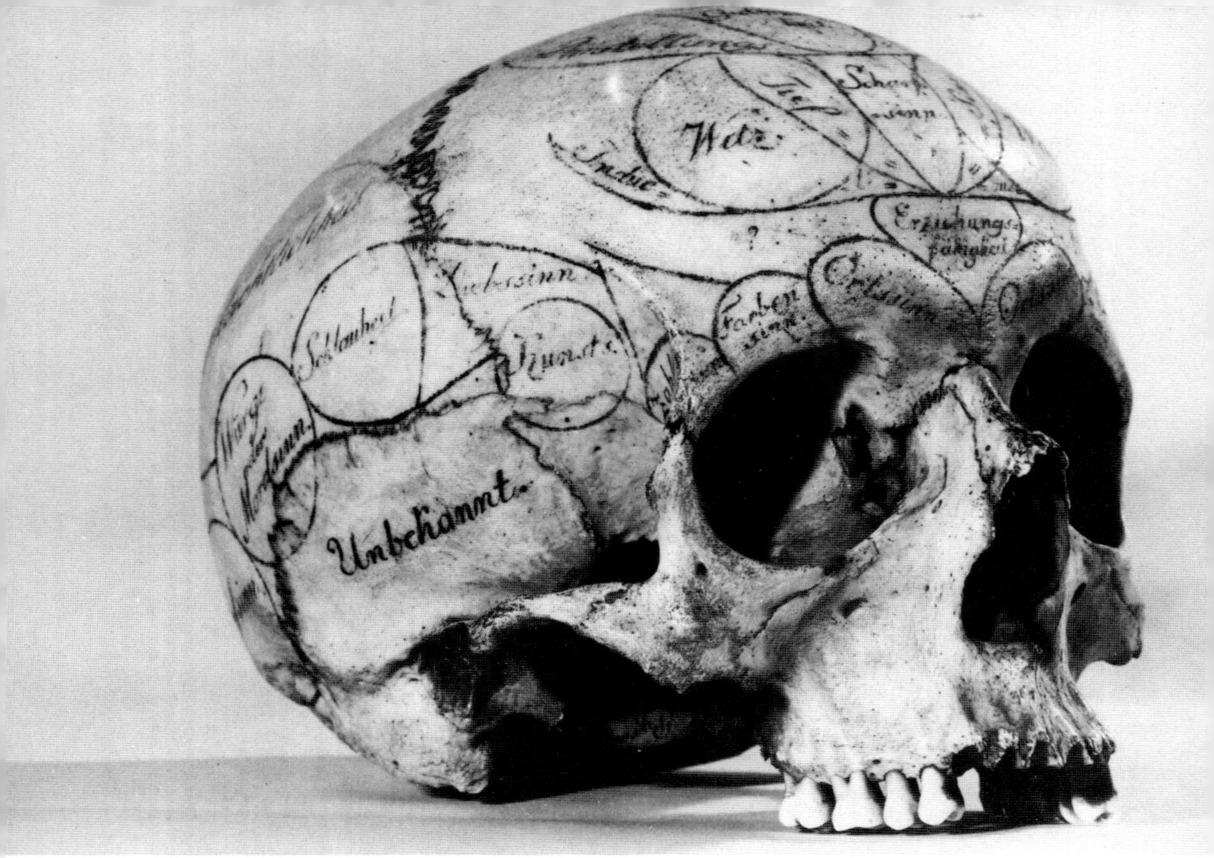

Ein nach Franz Joseph Galls Einteilung bezeich-neter Schädel.

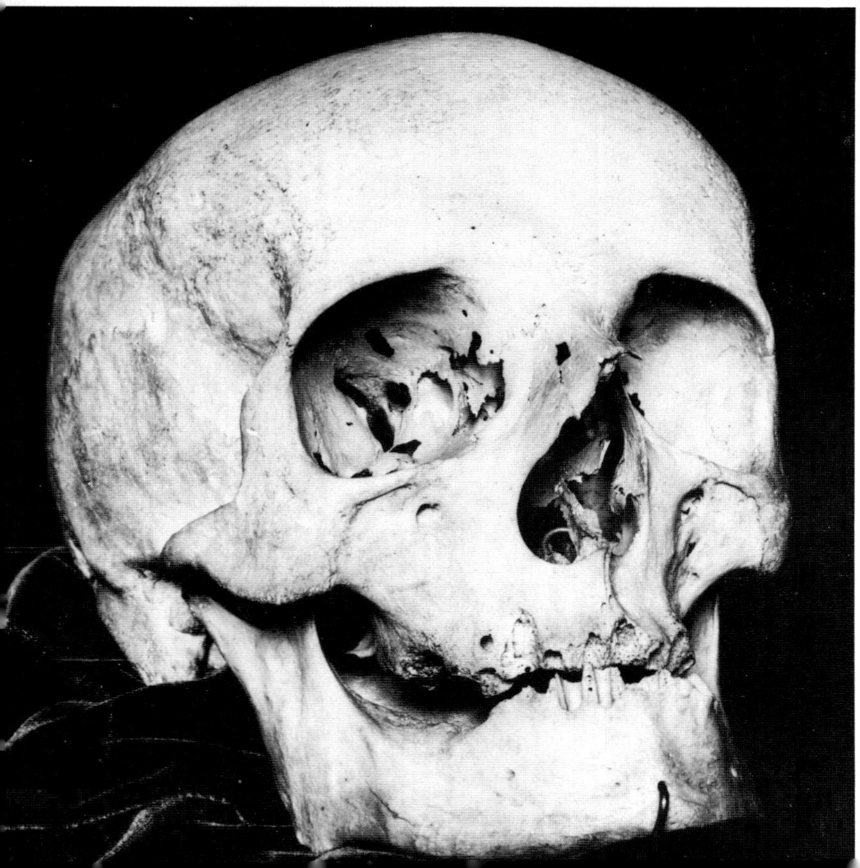

Haydns Schädel.

es auch fühlen. Aber der Grund dafür ist der: in dem einen sind die Personen Engel, in dem anderen sind sie Bauern."

Haydn selbst führte das Nachlassen seiner physischen und psychischen Kräfte, das ihm die kompositorische Arbeit an den „Jahreszeiten" empfindlich erschwerte, auf Überarbeitung und übermenschliche Anstrengung bei der Vertonung des „steifleinernen", von van Swieten bearbeiteten Textes zurück. Noch Jahre später beklagte er sich immer wieder darüber, daß nur diese Überanstrengung seine Gesundheit untergraben habe. Als er im Jahr 1806 anläßlich eines Besuches seines Biographen Dies vergeblich versuchte, diesem etwas auf dem Klavier vorzuspielen, klagte er in weinerlichem Ton: „Ach Sie hören selbst, daß es nicht mehr geht, noch vor acht Jahren war es anders, aber die Jahreszeiten haben mir dieses Übel zugezogen, ich hätte sie nie schreiben sollen, ich habe mich übernommen". Und als im Jahr 1809 der Dichter August Wilhelm Iffland anläßlich eines Besuchs bei Haydn die wunderbare Schilderung der Natur in der Musik zu diesem Oratorium hervorhob, unterbrach ihn Haydn mit den Worten: „Die Jahreszeiten – ja, die Jahreszeiten! Die Jahreszeiten haben mir den Rest gegeben. Ich wollte doch – aber die Worte sind auch gar zu wenig! Nein, sie sind wahrlich zu wenig, ganze Tage habe ich mich mit einer Stelle plagen müssen und dann – dann – nein, das glauben Sie nicht, wie ich mich gemartert habe . . . ja, ja es ist vorbei wie Sie sehen und die Jahreszeiten sind Schuld daran".

Den Grund für den Kräfteverfall Haydns während der Komposition der „Jahreszeiten" glaubte man lange Zeit darin zu sehen, daß Haydn an die Vorlage zu diesem Oratorium nicht so recht glaubte und sich deshalb zur Arbeit oft geradezu zwingen mußte. Nun ist aber der Text, der auf dem damals sehr populären englischen Epos „Seasons" von James Thomson basiert und so wie der Text der „Schöpfung" von van Swieten bearbeitet wurde, keineswegs so „steifleinern", wie das vielfach darzustellen versucht wurde. Weshalb Haydns Abneigung gegen das Werk täglich zunahm, lag wahrscheinlich ganz woanders, wie Max Friedländer anhand des wiederaufgefundenen Urmanuskripts von van Swieten aufzeigte. Haydn beklagte sich während der Vertonung häufig darüber, daß er „so etwas komponieren müsse", weil der despote Baron van Swieten ihm „im Befehlston gehaltene Anweisungen" gab, wie er die verschiedenen Textpassagen in Musik setzen sollte; es wurde ihm zum Teil sogar die Art der Instrumentierung vorgeschrieben. Haydn nahm vor allem Anstoß an den verlangten „mahlerischen Nachäffungen" von Naturlauten und lehnte sich gegen eine solche künstlerische Bevormundung auf, wie einer Notiz in der Korrektur des Klavierauszuges zu entnehmen ist: „Diese ganze Stelle als eine Imitazion eines Frosches ist nicht aus meiner Feder geflossen; es wurde mir aufgedrungen, diesen französischen Quark niederzuschreiben."

In Wahrheit war die Arbeit an den „Jahreszeiten" aber gar nicht die Ursache für den Verfall seiner geistigen Kräfte, denn schon während der Komposition dieses Werks machten sich die ersten Symptome jenes Leidens bemerkbar, das ihm von nun an eine kompositorische Arbeit zunehmend erschweren und schließlich unmöglich machen sollte.

Allerdings dürfte sich Haydns Gesundheitszustand nach Beendigung der „Jahreszeiten" vorübergehend noch einmal gebessert haben, da er bis zum Jahr 1803 noch an einigen Wohltätigkeitsaufführungen seiner Oratorien als Dirigent mitwirkte -- zuletzt am 26. Dezember 1803 mit der Wiedergabe der „Sieben Worte" in der zweiten Fassung im Redoutensaal zugunsten der Armen im Bürgerspital St. Marx. Dort trat Haydn zum letztenmal in seinem Leben öffentlich auf. Als Beweis einer temporären Besserung seines Gesundheitszustandes können aber auch seine beiden letzten Messen, die „Schöpfungsmesse" und die „Harmoniemesse", angesehen werden, die in den Jahren 1801 und 1802 fertiggestellt wurden. In dieser ihm besonders vertrauten geistlichen Musik kam noch einmal sein ganzes Genie zur vollen Entfaltung, um dann endgültig und für immer zu erlöschen. Haydn erhielt zwar noch Aufträge aller Art, etwa Konzerte im Ausland zu leiten oder neue Werke zu komponieren. Bei Hof spielte man vor allem mit dem Gedanken, als Krönung seiner Arbeit ein abschließendes drittes Oratorium, „Das jüngste Gericht", in Angriff nehmen zu lassen. Während Haydn viele dieser Aufträge immer wieder mit der Begründung ablehnte, daß er als nun „Siebzigjähriger immer kränklicherer alter Knabe" sich solchen Aufgaben nicht mehr gewachsen fühle, zeigte er sich von dem Gedanken an ein drittes Oratorium begeistert. Da damit gleichzeitig auch eine Lieblingsidee der frommen Kaiserin in Erfüllung ginge, würde er um so mehr daran „con amore" arbeiten. Als Dichter für einen brauchbaren Text schien ihm Wieland der geeignete Mann zu sein; dieser erklärte sich allerdings nicht dazu bereit, so daß die ganze Angelegenheit bald im Sand verlief.

Für Haydn war dies wahrscheinlich ein großes Glück, da er die Anstrengungen, ein drittes Oratorium zu komponieren, wohl schwerlich überlebt hätte; hatte er doch schon am Gelingen der beiden letzten Messen gezweifelt, wie einem Schreiben an Fürst Nikolaus II. von Esterhazy vom 14. Juni 1802 zu entnehmen ist: „ ... ich war mühesam fleißig, noch mehr aber forchtsam, ob ich noch einigen beyfall werde erhalten können".

1803 ... Ende des Schaffensrausches

Im Jahr 1803 gab Haydn die fürstliche Kapellmeisterstelle in Eisenstadt aus Altersschwäche auf und trat sie an Johann Nepomuk Hummel ab. Ab diesem Jahr erlischt auch seine kompositorische Schaffenskraft, wenn man von einigen Fragmenten absieht. Als Schwanengesang gilt das unvollendet gebliebene letzte Streichquartett. Über die Entstehungsgeschichte dieses Werkes erfahren wir von Griesinger: „Den Schluß seiner Komposition ... macht das Quartett in B-Dur Nr. 83. ‚Es ist mein letztes Kind‘, sagte Haydn damals, ‚aber es sieht mir doch noch ähnlich.‘ Das Quartett besteht nur aus einem Andante und einem Menuett, die beyde schon im Jahre 1803 fertig waren. Haydn wartete bis ins Jahr 1806 auf Zunahme seiner Kräfte ..., um noch ein Allegro hinzufügen zu können. Aber umsonst." Am 21. August 1805 schrieb Griesinger an den Verlag Breitkopf und Härtel: „Seine Hülle wird leider stets gebrechlicher und jedes rauhe Lüftchen setzt ihm zu. Er hat selbst die Hoffnung, das angefangene Quartett beenden zu können, aufgegeben." Statt der beiden fehlenden Sätze legte Haydn der Partitur eine Visitenkarte bei, die er schon einige Zeit früher hatte anfertigen lassen und auf der die Worte zu lesen waren: „Hin ist alle meine Kraft – alt und schwach bin ich." Das ist der Beginn eines Textes von Gellert, den Haydn kurz zuvor vertont hatte. Zur Entstehung dieser Haydns Humor charakterisierenden Visitenkarte berichtete Griesinger: „Um das Jahr 1803 ließ Haydn seine drey- und vierstimmigen Gesänge mit Begleitung eines Fortepiano bey Breitkopf und Härtel erscheinen ... Den Anfang des zehnten Gesanges, betitelt ‚Der Greis‘, ließ Haydn mit seinem Namen in Form einer Visitenkarte stechen und an Freunde, die sich nach ihm erkundigten, vertheilen."

Als es nun endgültig feststand, daß Haydn nicht mehr imstande war, das vor drei Jahren begonnene Streichquartett zu vollenden, legte Griesinger auf dessen Wunsch der Übersendung des unvollständigen Quartetts an den Verlag folgende schriftliche Erklärung bei: „Zur Entschuldigung, daß das Quartett nicht vollständig ist, überschickt Ihnen

Haydn seine charakteristische Visitenkarte; wo immer dieses Quartett ertönt, wird man sogleich aus den paar Worten erfahren, warum es nicht vollständig ist und in wehmütige Empfindungen dadurch versetzt werden."

Ein Jahr vor der Komposition dieses letzten Quartetts verfaßte Haydn sein erstes Testament, das er später noch mehrmals ändern sollte. Als ihn Baron van Swieten eines Tages besuchte, fand er Haydn – wie uns S. Neukomm berichtet – mit einer vierten oder fünften Änderung seines Testaments beschäftigt. „Das ist recht", sagte van Swieten, „in unserem Alter muß man bedacht sein, sein Haus zu bestellen." Haydn hatte sein Haus gut bestellt: Es ist rührend, wie der Biograph Karl Geiringer bemerkt, „daß der letzte Wille dieses weltberühmten Komponisten überhaupt nur kleine Leute bedachte" – Schneider, Schuhmacher, Schmiede, Spitzenklöppler, die Witwe eines Sattlers, vier Fabrikarbeiter und verschiedene andere schwerarbeitende einfache Menschen und natürlich auch seinen getreuen Diener Elßler. Das Elßler hinterlassene Geld ist nützlich verwendet worden, da er damit seiner Tochter Fanny die Karriere zu einer der größten Tänzerinnen aller Zeiten, der „Tänzerin zweier Hemisphären", wie Heinrich Heine sie einmal beschrieb, ermöglichte.

Bis 1803 hatte Haydn trotz seines zunehmenden körperlichen und geistigen Verfalls noch Hoffnung auf Besserung; erst von da an wurde ihm die Hoffnungslosigkeit seines Zustandes zur Gewißheit. Wie verzweifelt er darüber war, offenbarte er in einem Brief vom 22. Januar 1803 seinem geliebten Bruder Michael, der beim Salzburger Erzbischof im Dienst stand: „Seit fünf Monat bin ich durch eine anhaltende Schwäche der Nerven zu allen Unternehmungen ganz unfähig; wie schmerzlich mich diese plötzliche Veränderung zu Boden drückt, kannst Du Dir leicht vorstellen." – „Gewöhnlich verfolgen mich musikalische Ideen bis zur Marter, ich kann sie nicht los werden", sagte er am 19. Februar 1806 zu Dies, „ist es ein Allegro, das mich verfolgt, dann schlägt mein Puls immer stärker und ich kann kaum Schlaf finden. Ist es ein Adagio, dann bemerke ich, daß der Puls langsam schlägt. Die Phantasie spielet mich, als wäre ich ein Klavier ... Ich bin wirklich ein lebendiges Klavier."

Haydn zog sich in dieser Zeit immer mehr in sein Haus in Gumpendorf zurück, das er in seinen letzten Lebensjahren kaum noch verließ. Griesinger berichtet aus diesen Tagen: „Nur durch Ruhe, eine sorgfältige Pflege und strenge Gleichförmigkeit in seiner ganzen Tagesordnung konnte er den Rest seiner Kräfte fristen. Das Gehen wurde ihm beschwerlich, weil seine Beine angelaufen waren, und er kam oft Monate lang nicht aus einem Zimmer in das andere. Hier vertrieb er sich die Zeit durch Beten, durch Rückerinnerungen an seine frühere Periode, besonders an seinen Aufenthalt in England, durch Lesen der Zeitungen und Untersuchung der kleinen Hausrechnungen; an den langen Winterabenden unterhielt er sich mit seinen Nachbarn und Dienstboten über die Neuigkeiten des Tages, er spielte auch zuweilen Karten mit ihnen und belustigte sich an der Freude, die ihnen der Gewinn einiger Kreutzer verursachte."

Die größte Freude und Abwechslung bereiteten ihm Besuche. Als ihn Anfang 1804 Carl Maria von Weber in der Hoffnung besuchte, Unterricht zu erhalten, gab Weber folgende Schilderung: „Ich war schon einigemal bei Haydn. Die Schwäche des Alters ausgenommen, ist er immer munter und aufgeräumt, spricht sehr gerne von seinen Begebenheiten und unterhält sich besonders mit jungen angehenden Künstlern gern ... Es ist rührend, die erwachsenen Männer kommen zu sehen, wie sie ihn Papa nennen und ihm die Hand küssen." Mit besonderem Stolz zeigte Haydn seinen Besuchern die vielen Auszeichnungen und Ehrenmedaillen, die ihm im Laufe seines langen Lebens verliehen worden waren. In Pohls Biographie heißt es dazu: „Ich habe große Freude empfunden, da ich diese Beweise des Wohlwollens empfangen habe, und ich freue mich noch manchmal, wenn ich sie mit meinen Freunden betrachte. Sie werden sagen, das sind die Spielzeuge der alten Männer! Für mich ist es aber doch mehr – ich zähle daran mein Leben rückwärts und werde auf Augenblicke wieder jung!"

Seine Lebensgewohnheiten, die von Ordnung und Regelmäßigkeit bestimmt waren, behielt er bis zum Lebensende bei. Darüber berichtete A. Ch. Dies: „Haydn stand in der wärmeren Jahreszeit um halb sieben Uhr auf, und barbierte sich sogleich, welches er bis in sein dreyundsiebenzigstes Jahr von keiner fremden Hand thun ließ. Dann kleidete er sich ganz an ... Um acht Uhr nahm Haydn sein Frühmahl ... Die Stunde von zwey bis drey war zum Mittagessen bestimmt ... Die Zeit um zehn Uhr Abend war zum Nachtessen bestimmt. Haydn hatte sich ein Gesetz daraus gemacht, Abends nichts anders als Wein und Brot zu genießen ... Um halb zwölf Uhr ging er zu Bette; in seinem Alter auch noch später. Die Winterzeit machte im Ganzen keinen Unterschied in der Tagesordnung, als daß Haydn Morgens eine halbe Stunde später aufstand; alles Übrige blieb wie im Sommer ... Er kleidete sich des Morgens gleich nach dem Aufstehen ganz an, so daß er nur Hut und Stock zu fordern brauchte, um überall sogleich erscheinen zu können; eine Gewohnheit, welche er sich in früheren Jahren zu eigen machte, wo ihn sein Fürst öfters unvermuthet zu sich rufen ließ. Wenn er Besuche erwartete, so steckte er einen brillantenen Ring an den Finger, und schmückte sein Kleid mit dem rothen Bande, woran die Bürgermedaille getragen wird ... "

Diese Angewohnheiten behielt Haydn auch in seinen letzten Lebensjahren, wie aus einer Notiz vom 15. April 1805 von Dies hervorgeht, bei: „Haydn kam, obgleich seit langer Zeit krank und an den Beinen geschwollen, mir entgegen ... Haydn war völlig angekleidet – die eingepuderte Perücke und, der Geschwulst ungeachtet, die angezogenen Stiefel und Handschuhe entfernten jeden Gedanken an Krankheit ... Ich hatte Furcht, Haydns schwacher Gesundheitszustand möchte ihm nicht erlauben, längere Zeit zu reden ... und ich verließ ihn, weil ohnedies die Stunde seiner Nachmittagsruhe nahe war. Man erzählte mir, daß Haydn sich zu dieser Ruhe ganz entkleide, das Nachtgewand und einen Schlafrock anziehe und dann zu Bett gehe. Er beobachtet mit strenger Pünktlichkeit, sowohl im Winter als auch im Sommer die Zeit von halb fünf bis fünf Uhr und schläft also nicht mehr als eine halbe Stunde. Nach gehaltener Ruhe kleidet er sich völlig wieder an ... "

Der schon äußerst gebrechlich wirkende Meister legte immer noch größten Wert auf ein gepflegtes Äußeres, wie der Komponist Wenzel Tomaschek nach einem Besuch bei Haydn berichtete: „Haydn sitzt im Sorgenstuhl, sehr geputzt. Eine gepuderte, mit Seitenlocken gezierte Peruque, ein weißes Halsband mit goldener Schnalle, eine weiße reichgestickte Weste von schwerem Seidenstoff, dazwischen ein stattliches Jabot prangte, ein Staatskleid von feinem kaffebraunem Tuche, gestickte Manschetten, schwarzseidene Beinkleider, weißseidene Strümpfe, Schuhe mit großen über den Rist gebogenen silbernen Schnallen, und auf dem zur Seite stehenden Tischchen nebst dem Hut ein Paar weißlederne Handschuhe, waren die Bestandstücke seines Anzuges."

Im Jahr 1805 war er geistig immerhin noch in der Lage, mit seinem Diener Elßler ein genaues Verzeichnis seiner Bibliothek und eine möglichst vollständige Aufstellung seiner Werke anzulegen. „Es sind wohl und übel geratene Kinder, und hie und da hat sich ein Wechselbalg eingeschlichen", erzählte er eines Tages Griesinger; er diktierte Elßler das „Verzeychnis aller derjenigen Compositionen, welche ich mich beyläufig erinnere von meinem 18ten bis in das 73ste Jahr verfertiget zu haben", das als sogenannter „Elßler-Katalog" bekannt ist. Das war die letzte geistige Beschäftigung, deren er noch fähig war. Wie schnell sein körperlicher und geistiger Verfall fortschritt, geht aus einer Notiz vom 15. April 1805 von Dies hervor: „Es muß für das drückende Alter eine große Wohltat sein, daß das Gefühl abnehmender Kräfte des Körpers in den meisten Fällen durch ein gleichfalls abnehmendes Gedächtnis und den Verlust der Einbildungskraft vermindert wird. Bei Haydn ist das der Fall. Er selbst sieht ein, daß sein Geist schwach ist. Er kann nicht denken, nicht empfinden, nicht schreiben, nicht Musik hören!"

Zu den Symptomen allgemeiner körperlicher Schwäche, der zunehmenden Vergeßlichkeit, den Kopfschmerzen und dem Schwindel fiel den Besuchern ein neues Symptom auf, nämlich Haydns grundlose Weinerlichkeit. Bei oft unbedeutenden Anlässen rollten ihm Tränen über seine alten Wangen, oder er brach überhaupt in offenes Schluchzen aus. Als ihn August Wilhelm Iffland besuchte, klagte er diesem seinen Zustand mit den Worten: „Wenn mich etwas erfreut, muß ich weinen. Das will ich gar nicht, ich kann es aber nicht hindern." Auch Dies erzählt in seiner Biographie, daß Haydn zur Altersdepression neigte: „Haydn öffnet zufälligerweise in seiner Einsamkeit die Schubladen seines Schreibkastens. Die darin enthaltenen Dinge vergegenwärtigen ihm die Vergangenheit ... Die Lebensgeister werden erhöht, jugendliche Kraft durchströmt auf wenige Minuten den entkräfteten Körper ... Das gepreßte Herz sucht Erleichterung und findet sie im Ausbruche der Tränen ... Die Personen, die Haydn zur Bedienung umgeben, müssen mit vieler Sorgfalt solche Auftritte durch zweckmäßige Zerstreuung zu verhüten suchen; denn, wenn er einmal zur Wehmut geneigt ist, so ist es nicht so leicht, ihn wieder für die Freude empfänglich zu stimmen."

Insbesondere quälte ihn seine Vergeßlichkeit. A. Ch. Dies berichtet, daß Haydn ihn im Februar 1806 eigens zu sich bitten ließ, um ihm den Namen eines gelehrten Freundes und Kapellmeisters in Berlin zu sagen, den er vergessen hätte. Als Dies ihm den Namen Konrad Zelter nannte, entschuldigte sich Haydn sichtlich erleichtert mit den Worten: „Ich wußte mir nicht anders zu helfen, denn es quält mich erschrecklich, wenn mir das Gedächtnis untreu wird." Aus dem zu den Größten in der Musik zählenden Meister wurde allmählich ein bemitleidenswerter schwacher alter Mann, der weder seine Briefe selbst schreiben, noch auf dem Klavier auch nur einige Akkorde richtig anschlagen konnte. Dazu kam, daß er immer wieder unter kräfteraubenden Erkältungen litt. So berichtet Dies, daß Haydn zwischen Juni und November 1805 zweimal erkrankte. Am 23. Februar 1807 liefert er einen ähnlichen Bericht: „Schon wieder hat unser Haydn eine Krankheit überstanden. Erst seit wenigen Tagen erlaubten ihm die wachsenden Kräfte, außer dem Bette zu sein. Dennoch versagte er sich die mehrere Bequemlichkeit in der Kleidung und ich fand ihn wie gewöhnlich im völligen Anzuge. Er erzählte mir seine überstandenen Leiden und ich sah in seinen Gesichtszügen wieder das frohe Lebensgefühl ausgedrückt, welches ich seit einiger Zeit zu vermissen glaubte. Haydn scherzte darüber, daß er dieses Mal noch nicht gestorben wäre. Seine Gliederschmerzen hätten ihn nur zu oft erinnert, daß er noch am Leben sei."

Neben der fortschreitenden Schwäche, der weinerlichen Rührseligkeit und der quälenden Vergeßlichkeit entwickelte sich bei Haydn seit dem Jahr 1805 eine immer deutlicher werdende Anschwellung seiner Beine als Folge zunehmender Herzschwäche. In den Jahren 1807 und 1808 ließ er sich deshalb jeweils am 27. April, dem Jahrestag des heiligen Peregrinus, zu dessen Kapelle im Servitenkloster in der Roßau fahren, da er sich von der Fürsprache des „Heiligen der Beinleidenden" Hilfe erhoffte. Überhaupt fand er den stärksten Trost für seine Gebrechen in der Religion, und oft trafen ihn in diesen Jahren Besucher mit dem Rosenkranz in der Hand an.

Todesgerüchte

Aufgrund des sich immer mehr verschlechternden Gesundheitszustandes Haydns verbreitete sich zu Beginn des Jahres 1805 das Gerücht, er sei gestorben. So brachte das englische „Gentleman's Magazine" vom Januar 1805 in der Rubrik der Todesfälle die Nachricht, daß der berühmte Komponist Haydn in seinem 97. Lebensjahr (!) in Wien verstorben wäre. In Paris wurde sogar eine Trauergedenkfeier mit Mozarts „Requiem" veranstaltet, und Luigi Cherubini, der im Juli 1805 Haydn die Urkunde der Ehrenmitgliedschaft des Pariser Musikkonservatoriums überreicht hatte, verfaßte eine eigene Trauerkantate auf den Tod Haydns. Als im Februarheft des englischen Magazins ein Widerruf dieser Nachricht abgedruckt wurde und Haydn von den stattgefundenen Feierlichkeiten in Paris anläßlich seines kolportierten Todes erfuhr, sagte er schmunzelnd: „Die guten Herren! Ich bin ihnen recht zu Dank verpflichtet für die ungeahnte Ehre. Wenn ich von der Feier gewußt hätte, ich wäre selbst dahin gereist, um die Messen in eigener Person zu dirigieren." Im übrigen wurde dadurch das gute Verhältnis zwischen Haydn und Cherubini, dem er im Februar 1806 sogar die Originalpartitur seiner Sinfonie Nr. 103, mit einer Widmung versehen, verehrte, bis zu seinem Tod nicht getrübt.

Haydn war ein eher anspruchsvoller Patient. Sein „Leibarzt" Dr. von Hohenholz mußte ihn in den letzten Jahren fast täglich besuchen und wurde nicht selten auch in der Nacht gerufen. Die Kosten für die ärztliche Behandlung und die Besorgung der Medikamente belasteten Haydn finanziell recht erheblich. Deshalb gab er der Fürstin Maria Hermenegild von Esterhazy, die sich in rührender Weise um ihn kümmerte, zu verstehen, daß er eine Erhöhung der Zuwendungen durch den Fürsten sehr begrüßen würde. Die Reaktion des Fürsten Nikolaus II. war prompt: „Lieber Kapellmeister Haydn! Es hat mir meine Gemahlin, die Fürstin Maria, Ihren Wunsch vorgetragen, sechshundert Gulden, von mir jährlich zu den genießenden Emolumenten zu erhalten, mit dem Beysatze: daß dessen Erfüllung Sie sehr beruhigen und zufrieden stellen würde. Ich eile mit Vergnügen dieser Gelegenheit, Sie meiner Schätzung und Freundschaft zu überführen, entgegen, theile Ihnen hiermit die Versicherung zu, wornach Sie aus meinem Hof- und Zahlamt, welches unter einem verständiget wird, halbjährig dreyhundert Gulden zu erhalten haben. Ich wünsche Ihnen eine fortdauernde gute Gesundheit, und bin Ihr bereitwilliger Fürst Esterhazy." Dieser Brief vom 26. November 1806 beweist entgegen manchen Darstellungsversuchen eine sehr großzügige und vornehme Gesinnung des Fürsten, der später sogar bereit war, sämtliche Kosten für Arzthonorare und Medikamente, die inzwischen auf 2 000 Gulden angelaufen waren, zu übernehmen. Aber auch hinsichtlich der persönlichen Bedürfnisse Haydns war die fürstliche Familie in fürsorglichster Weise um ihren weltberühmten ehemaligen Kapellmeister bemüht. So schreibt Dies, daß „ ... Haydn von der Güte des Fürsten oft Geschenke an Wein von Malaga erhält, und daß er diesem Weine vorzüglich die Erhaltung seines Lebens zuschreibt. Der Fürst wollte schon vor einigen Jahren für Haydns Bequemlichkeit sorgen, und demselben eine Kutsche frey halten. Haydn bath den Fürsten, diese Gnade in etwas abzuändern, und die Kutsche in Wein zu verwandeln. Seidem erhält Haydn fürstlichen Wein, so viel er braucht."

Indessen schritt der Verfall Haydns unaufhaltsam fort. Zwar versuchte er immer wieder, trotz Schwäche, depressiver Stimmung und Konzentrationsmangels sich mit kompositorischer Arbeit zu befassen, jedoch vergeblich. Nicht einmal die Einrichtung seiner frühen Werke für eine Druckausgabe war ihm mehr möglich. Resigniert bemerkte er an seinem 74. Geburtstag, dem 31. März 1806, daß ihm zwar noch öfters Ideen vor-

schwebten, „wodurch meine Kunst noch viel weiter gebracht werden könnte, aber meine physischen Kräfte erlauben es mir nicht mehr, an die Ausführung zu schreiten". Die größte Tragödie war jedoch, daß er sich des geistigen und körperlichen Zusammenbruchs voll bewußt war, wie aus Andeutungen seinen Freunden gegenüber zu entnehmen ist. 1807 sagte er zu Griesinger: „Nie hätte ich geglaubt, daß ein Mensch so sehr zusammensinken könnte, als ich es jetzt an mir fühle. Mein Gedächtnis ist dahin, ich habe an dem Klaviere zuweilen noch gute Ideen, aber ich möchte weinen, daß ich nicht imstande bin, sie nur zu wiederholen und aufzuschreiben." Ähnlich äußerte sich anläßlich einer Begegnung mit Haydn im Herbst 1808 der Komponist Johann Friedrich Reichard in seinen „Vertrauten Briefen", die er 1810 veröffentlichte: „Haydn fuhr mir drei- bis viermal mit der dürren Hand über beide Backen ... Er sah mich eine Weile gerührt an und sagte dann: ‚noch so frisch, ach ich hab zu viel den Geist angestrengt, ich bin schon ganz Kind' und weinte bittere Tränen." Immer und immer wieder – so auch Wenzel Tomaschek gegenüber – klagte er in weinerlichem Ton über sein ihn verlassendes Gedächtnis, das ihn zunehmend dazu zwang, jede geistige Beschäftigung aufzugeben. Tatsächlich sind alle uns erhalten gebliebenen Briefe aus diesen Jahren von Elßler oder anderen Kopisten nach seinem Diktat geschrieben worden, und die zittrige Unterschrift Haydns läßt erkennen, daß ihm selbst dies bereits schwer fiel.
Aber auch das Musizieren wurde ihm schließlich fast ganz unmöglich. Haydn, der früher Orgel- und Klavierspiel hervorragend beherrschte, war nun kaum noch fähig, mehrere Akkorde hintereinander anzuschlagen. Diese Entwicklung zeichnete sich nach einem Bericht von Dies aus dem Jahr 1806 deutlich ab, als Haydn beim Versuch, am Klavier etwas vorzuspielen, „schülerhaft selbst im Verbessern immer wieder fehlgriff". Später bekam er sogar beim bloßen Anhören von Musik Schwindelzustände.
Der geniale Meister, der selbstbewußt und souverän mit Monarchen und Personen höchsten gesellschaftlichen Ranges hatte umgehen können und der seine Angelegenheiten mit verschiedenen Verlagshäusern klug und äußerst geschäftstüchtig zu regeln verstanden hatte, wurde in den letzten Jahren seines Lebens zu einem hilflosen Greis. Über Jahre hinweg mußte er, in Erinnerung an große vergangene Zeiten vor sich hindämmernd, die Zeit in seinem „Sorgenstuhl" verbringen oder während der häufigen Erkältungskrankheiten mit ihren größeren oder kleineren Komplikationen das Bett hüten. Camille Pleyel, der Sohn des bekannten Komponisten und Klavierbauers in Paris, Ignaz Pleyel, fand Haydn anläßlich eines Besuches schon im April 1805 recht matt und gebrechlich vor und beschrieb ihn in einem Brief vom 16. Juni 1805 an seine Familie folgendermaßen: „Ein Siebziger, aussehend als ob er mehr als 80 Jahre wäre und stets mit dem Rosenkranz in der Hand betend."
Haydn konnte schon seit längerer Zeit das Haus nicht mehr verlassen. Zum letztenmal erschien er in der Öffentlichkeit anläßlich einer zu Ehren seines 76. Geburtstages in der Aula der Alten Universität veranstalteten Festaufführung seines Oratoriums „Die Schöpfung". Sie wurde von Antonio Salieri geleitet, und der szenische Ablauf ist auf einer Aquarellminiatur von Wigand erhalten geblieben. Alles, was in Wien Rang und Namen hatte, war zu diesem Ereignis erschienen – zu einem der größten Ehrentage, die Haydn erleben durfte. Griesinger berichtet über dieses denkwürdige Ereignis: „Ich bezeigte ihm meine Verwunderung, daß er sich bey seiner Schwäche habe entschließen können, am 27. März 1808 der oben erwähnten Szene im Universitätssaale beizuwohnen. Er antwortete: ‚Die Rücksicht auf meine Gesundheit konnte mich nicht abhalten; es ist nicht das erste Mal, Daß Haydn Ehre widerfährt und ich wollte zeigen, daß ich dieses noch zu tragen fähig bin.'

Haydn wurde unter ungeheurem Beifall in einer Sänfte in den Saal getragen. Der gesamte Adel war zugegen und Haydn und Salieri umarmten sich. Auch Beethoven war zugegen, dem die Tränen über die Wangen rollten und der seinem früheren Lehrer ergriffen die Hand küßte." Am 5. April 1808 schilderte Dies weitere Einzelheiten: „Man war sehr besorgt, der schwache Greis möchte sich erkälten; er wurde daher gezwungen, den Hut aufzubehalten ... Haydn glaubte, ein wenig Zugluft zu verspüren, welches die ihm nahesitzenden Personen bemerkten. Die Fürstin Esterhazy nahm ihren Schal und umhing ihn damit. Mehrere Damen folgten diesem Beispiele und Haydn war in wenigen Augenblicken mit lauter Schals bedeckt. Er konnte länger seiner Empfindung nicht gebieten; das gepresste Herz suchte und fand Linderung im Ausbruch der Tränen. Er mußte eine Stärkung von Wein nehmen, um die ermatteten Lebensgeister zu erhöhen. Haydn blieb dessen ungeachtet in einer so wehmütigen Stimmung, daß er sich zu Ende der ersten Abteilung wegbegeben mußte. Sein Abschied überwältigte ihn vollends: er hatte kaum Worte und konnte den herzlichen Dank und die feurigsten Wünsche für das Wohl der Versammlung und der Virtuosen und der Kunst überhaupt nur mit abgebrochenen schwachen Worten und Segnungen ausdrücken. In jedem Gesichte las man tiefe Rührung und betränte Augen begleiteten ihn, wie er weggetragen wurde bis an den Wagen." Haydns Freund und Biograph Giuseppe Carpani, der ebenfalls anwesend war, erzählt, daß in dem überwältigenden Augenblick, als die Stelle „Und es ward Licht" begann, Haydn „ ... die zitternden Arme gegen den Himmel hob, als wollte er zum Vater der Weltharmonien beten". Alle ahnten, daß Haydn wohl zum letztenmal in ihrer Mitte weilte. Wie Carpani weiter berichtet, gebot der im Armsessel sitzende Haydn, bei den Ausgangstüren angelangt, Halt. „Die beiden Träger gehorchten und drehten ihn dem Publikum zu. Er dankte ihnen mit entsprechenden Gesten, und dann, indem er zum Himmel blickte und mit Tränen in den Augen, segnete er seine Kinder."

Seine Schwäche nahm so sehr zu, daß man auf Anraten seines Arztes seinen Flügel gegen ein leichter spielbares, kleineres Klavier austauschen mußte. Aber auch dieses wurde bald aus seinem Wohnzimmer entfernt, da ihm der Arzt das Musizieren, das ihn bereits ungemein anstrengte, völlig untersagte. Dennoch zog es ihn immer wieder zum Klavier, wobei er allerdings nur mehr einige einfache, fromme Lieder und vor allem sein sogenanntes „Volckslied" spielen konnte; selbst dieses Spiel mußte er häufig aus Schwäche oder aus ihn überkommender Rührung abbrechen. Dieses Volkslied „Gott erhalte Franz, den Kaiser", die spätere Kaiserhymne, entstand schon im Jahr 1797 auf Anregung Baron van Swietens und des Grafen Saurau als eine Art Pendant zum englischen „God save the king". Der Kaiser hatte es angesichts der schlechten Kriegsnachrichten damals zur Stärkung des Volksvertrauens in seinen Landesvater dringend nötig. A. Ch. Dies betonte zu Recht, daß jenes „Volckslied" den Kaiser im Volk populärer gemacht habe als seine mehr als zweifelhaften Regierungsmaßnahmen. Im übrigen basiert das Thema auf einer im Volk schon längst bekannten Melodie, die Haydn auch als Motiv des Variationensatzes seines im gleichen Jahr entstandenen „Kaiserquartetts" verarbeitet hat.

Wie groß der geistige und körperliche Verfall Haydns inzwischen war, kann man der Schilderung A. W. Ifflands entnehmen. Er berichtet am 8. September 1808, als er durch Heinrich Schmidt, den damaligen Direktor des Eisenstädter Theaters, bei Haydn eingeführt wurde: „Er machte eine Bewegung, aufzustehen. Der Bediente half ihm und so trat er uns ... einige kurze Schritte entgegen, wobei er die Beine, mit dem Willen schnell zu seyn, etwas mühsam auf dem Boden nach sich zog. Im Verlauf eines Gespräches

fragte Haydn: ‚Wollen Sie etwas von mir hören? Ich kann freilich wenig mehr – Sie sollen meine letzte Komposition hören. Ich habe sie gesetzt, eben als die französische Armee auf Wien vordrang ... Das Lied heißt: Gott erhalte Franz, den Kaiser! ... Ich kann nicht anders, ich muß es alle Tage einmal spielen. Mir ist herrlich wohl, wenn ich es spiele und noch eine Weile nachher.'" An einer anderen Stelle kommt Haydns enorme Vergeßlichkeit und die Unfähigkeit, sich an soeben Gehörtes zu erinnern, zum Ausdruck. Iffland schreibt, wie sehr sich Haydn über den großen Erfolg freute, den eine Wohltätigkeitsaufführung seines Oratoriums „Die Schöpfung" in Berlin gehabt hatte, und als er erfuhr, daß die fromme Stiftung über 2 000 Taler eingetragen hatte, sagte er zu seinem Diener Elßler: „Über 2 000 Taler für die Armen! Über 2 000 Thaler! Hörst Du das wohl? Meine Schöpfung hat in Berlin über 2 000 Thaler eingetragen für die Armen! Das ist herrlich, das ist tröstlich ... Wieviel hat die Schöpfung den Armen eingetragen? Merke es Dir, ich werde mich daran erfreuen!" Schon während er die Nachricht wiederholte, hatte er die Höhe des Reinertrages dieses Konzerts vergessen. A. Ch. Dies konnte wegen der rapide zunehmenden Vergeßlichkeit und Konzentrationsschwäche Haydns schließlich auch nicht mehr an eine Fortführung der Gespräche für seine biographischen Notizen glauben, denn „ ... Haydns außerordentliche Entkräftigung erlaubte ihm nicht, an die Vergangenheit zu denken. Selbst die Gegenwart war ihm nicht klar. Sein Gedächtnis war völlig abgestumpft, doch war es mit ihm noch nicht so weit gekommen, daß man die Schwäche hätte kindisch nennen können. Wahrscheinlich würde ihn ein noch höheres Alter erst dahin geführt haben."
Auch die kriegerischen Ereignisse des Jahres 1809 hatten Auswirkungen auf die körperliche und seelische Verfassung Haydns. Dazu kam noch, daß sein geliebter Schüler Sigismund Neukomm am 16. Februar und sein Freund und Biograph, der in sächsischen Diensten stehende Legationsrat Georg August Griesinger aus politischen Gründen am 3. Mai die Kaiserstadt verließen. Als am Morgen des 10. Mai unmittelbar neben Haydns Haus ein Kartätschenschuß niederging, war der gerade beim Ankleiden befindliche Greis so sehr erschrocken, daß er „ohne den schnellen Beistand seiner Leute zu Boden gestürzt wäre". Dies berichtet, daß ihn dabei „ein gewaltiges Zittern überfiel. Unglücklicherweise ertönten kurz aufeinander noch drei andere Schüsse, wodurch Haydns konvulsivisches Zittern vermehrt und überhaupt der schreckliche Zustand verschlimmert wurde. Dennoch sammelte der Greis alle seine Geisteskräfte und indem er seine Stimme widernatürlich anstrengte, rief er in fürchterlichen Tönen aus: ‚Kinder, fürchtet Euch nicht! Wo Haydn ist, da kann nichts geschehen'. Die Dienstleute brachten ihn nun zu Bette und trugen Sorge, den Arzt zu rufen, der durch zweckmäßige Mittel das Übel zu mäßigen suchte, welches auch insofern gelang, daß Haydn schon an dem nämlichen Tage aufstehen und seine gewöhnliche Lebensart fortsetzen konnte ... Doch bemerkte man an ihm eine gewisse Schwermut, die ihn auch in den folgenden Tagen nicht verließ. Er schien seine Leiden beim Pianoforte vergessen zu wollen. Gegen die Mittagsstunde setzte er sich täglich ans Instrument und ließ sein Lieblingslied, das ‚Volckslied', ertönen."
Zum letztenmal ließ sich Haydn von seinen Hausleuten am 26. Mai 1809 an das kleine Klavier im Wohnzimmer tragen, um mit tränenverschwommenen Augen um ein Uhr mittags sein Lieblingslied „Gott erhalte Franz, den Kaiser" zu spielen, an diesem Tag aber gleich dreimal hintereinander und mit einem Ausdruck, über den er sich nach Aussage Elßlers selbst wunderte. Eine Stunde später erlebte er seine letzte Freude: Ein französischer Offizier begehrte Einlaß, und als der vor Angst zitternde Elßler diesen eintreten ließ, entpuppte sich der Fremde als ein glühender Verehrer Haydns, der bat,

vor dem von ihm Vergötterten die Arie „Mit Würd' und Hoheit angetan" aus der „Schöpfung" singen zu dürfen. Der Kranke ließ sich aus dem Bett heben und mit nackten Beinen ins Wohnzimmer ans Klavier tragen. Kaum hatte der Franzose, der sich als Clément Souléy vorstellte, die Arie beendet, verlangte Haydn, ihn zu umarmen; „er zog ihn heftig zu sich herab und bedeckte ihn mit unzähligen Küssen", wie wir von Dies erfahren.

Haydns Tod

Am Abend desselben Tages überfielen ihn Kopfschmerzen und ein Frösteln. Man brachte ihn früher als sonst zu Bett, und als er am folgenden Tag nicht mehr aufstehen konnte, bat man den Hausarzt Dr. von Hohenholz, einen zweiten Arzt – einen gewissen Dr. Böhmer – beizuziehen. Wie erwartet konnten die beiden Ärzte nichts mehr für Haydn tun. Er wurde immer matter, blieb aber bis zu seinem Ende bei Bewußtsein. Wenn man ihn fragte, wie es ihm gehe, gab er stets die ruhige und gefaßte Antwort: „Kinder, seid getröstet, es geht mir gut." Vier Stunden vor seinem Tod sprach er die letzten Worte, und in der ersten Stunde des 31. Mai 1809 drückte er noch wenige Minuten vor seinem Tod seiner getreuen alten Köchin Nannerl dankbar die Hand. Das Totenprotokoll in der Pfarre Gumpendorf gab als Todesursache „Entkräftung" an. Sein langjähriger Diener Johann Elßler schloß seinen ausführlichen Bericht vom 30. Juni 1809 an Legationsrat Griesinger über die letzten Stunden und Tage Haydns mit den Worten: „Den 31. März 1732 ist unser guter Papa geboren und 1809 den 31. Mai war für uns alle der traurigste Sterbtag auf ewig. So war unser guter Papa in seinem Alter 77 Jahr und 61 Täge vollends ... Gott helfe uns nur bald aus der traurigen Lage." Und als Nachsatz fügt er hinzu: „Ich habe mir meinen guten Papa in Gips abgegossen."
Über Haydns Begräbnis schrieb J. C. Rosenbaum, der Schwiegersohn von Haydns altem Freund, dem verstorbenen Komponisten F. L. Gaßmann, in sein Tagebuch: „Fronleichnamstag 1. Juni. Ein heißer Tag, erstickender Staub ... Er lag in seinem großen Zimmer schwarz gekleidet, gar nicht entstellt, zu seinen Füßen lagen die sieben Ehrenmedaillen von Paris, Rußland, Schweden und die hiesige Bürgermedaille. Nach 5 Uhr wurde Haydn in einem eichernen Sarg in die Gumpendorfer Kirche geführt, war dreymal herumgetragen, eingesegnet und in den Kirchhof vor der Hundsturmer Linie geführt. Nicht e i n Kapellmeister Wiens begleitete seine Leiche." Zu dieser spärlichen Beteiligung an Haydns Begräbnis schrieb Schindler, Beethovens Faktotum, am 11. April 1827, an Moscheles: „Heute wissen wir allerdings, daß die Ursache dieses Umstandes in den Besatzungsvorschriften gelegen war und die nächsten Freunde Haydns die Nachricht von seinem Tode erst nach dem Begräbnis erhielten." Andreas Streicher, der berühmte Wiener Klavierbauer, der die traurige Nachricht an Griesinger weiterleitete, versuchte deshalb auch dieses einsame Begräbnis mit den Worten zu entschuldigen: „Wären die gegenwärtigen Umstände nicht, so würde Haydns Leichenbegängnis ein Trauerfest geworden sein, desgleichen man in Wien nicht sah."
Haydns außerordentliches Vermögen, das abgesehen von seinem Gumpendorfer Haus aus Bargeld, Wertpapieren, Schmuck, Silber und vielen Pretiosen bestand, brachte allein aus der Versteigerung die ansehnliche Summe von 23 000 Gulden, sein Haus wurde auf 25 000 Gulden geschätzt, und für den musikalischen Nachlaß zahlte Fürst Nikolaus II. von Esterhazy, dem ein Großteil der Werke laut Vertrag an und für sich

zustand, 4 500 Gulden. Haydn war, als er starb, verglichen mit anderen großen Komponisten seiner Zeit, ein ungewöhnlich reicher Bürger. Er war so berühmt, daß laut „Allgemeiner Musik-Zeitung" selbst „... Leute von niederem Stande sich überboten und darum rissen, etwas von Haydn zu besitzen, gerade so, als ob es sich um Reliquien eines Heiligen handelte".

Die klinische Diagnose des sich seit 1799 bei Joseph Haydn abzeichnenden Krankheitsbildes läßt sich aus den geschilderten Symptomen des körperlichen und geistigen Verfalls recht gut rekonstruieren. Sieht man von den häufigen Erkrankungen in seinem letzten Lebensjahrzehnt ab, deren Entstehen, wie bereits oft erwähnt, sicher durch die behinderte Nasenatmung infolge seines Nasenpolypen begünstigt wurde und die wahrscheinlich häufig auch eine Mitbeteiligung der Nasennebenhöhlen nach sich zogen, dann stehen vor allem zwei verschiedene Leiden im Vordergrund, die – allerdings nur zum Teil – eine gemeinsame Veränderung zur Grundlage haben, nämlich eine allgemeine Arteriosklerose.

Die Verkalkung der Herzkranzgefäße – man spricht heute von einer Koronarsklerose – führte im Lauf der Jahre zu degenerativen Veränderungen im Bereich des Herzmuskels, die schließlich zu einer zunehmenden Leistungseinschränkung des Herzens führten. Spätestens ab dem Jahr 1805 zeichnete sich die sich anbahnende Herzmuskelschwäche durch das Auftreten von Beinödemen, also Anschwellungen der Beine, ab. Sie behinderten Haydn ebenso wie die von Dies wiederholt erwähnten Atembeschwerden immer mehr seine Bewegungsfreiheit und führten dazu, daß er oft monatelang nicht aus seinem Zimmer kam und, später unterstützt von seinen Dienstleuten, schon den Weg vom Bett zu seinem „Sorgenstuhl" oder zu seinem Klavier beschwerlich empfand.

Ob durch die Venenstauung in den geschwollenen Beinen, die durch das lange Sitzen im Lehnstuhl noch verstärkt wurde, die Ausbildung von Beingeschwüren infolge Ernährungsstörungen der Haut verursacht wurde, kann mangels direkter Hinweise in den Biographien und Berichten seiner Zeitgenossen nicht beantwortet werden. Ein unsicherer, indirekter Hinweis wären die beiden Wallfahrten Haydns in den Jahren 1807 und 1808 zur Kapelle des heiligen Peregrinus, der mit einem großen Unterschenkelgeschwür auf dem alten Altarbild dargestellt wurde.

Ebensowenig läßt sich aus den vorhandenen Quellen die Frage beantworten, ob an der Entstehung der arteriosklerotischen Gefäßveränderungen neben den altersbedingten Prozessen eine Hypertonie, also ein hoher Blutdruck, ursächlich beteiligt gewesen sein könnte, der nach unseren heutigen Kenntnissen unter den sogenannten Risikofaktoren die erste Stelle einnimmt. An indirekten Hinweisen für eine solche Möglichkeit wäre neben den häufigen Kopfschmerzen und Schwindelerscheinungen die von Dies beschriebene „ins Rötliche spielende Gesichtsfarbe" Haydns zu erwähnen.

Dramatischer und für die Nachwelt erschütternder ist jedoch, verglichen mit den Symptomen der Herzschwäche, der seit dem Jahr 1801 sich abzeichnende Verfall der Persönlichkeit Haydns. Auch hier spielt sicherlich die Arteriosklerose der Hirngefäße eine gewisse ursächliche Rolle; wichtiger erscheint jedoch ein degenerativer Prozeß an den Nervenzellen selbst, der gewöhnlich einem derartigen Schwinden der geistigen Fähigkeiten zugrunde liegt. Die frühesten Zeichen dieses meist über Jahre sich langsam bis zum Vollbild entwickelnden Abbaus der Persönlichkeit sind ein Nachlassen der Initiative und der allgemeinen geistigen Leistungsfähigkeit sowie vor allem die zunehmende Vergeßlichkeit. Typisch für diese Art der Vergeßlichkeit ist die herabgesetzte Fähigkeit, neue Informationen aufzunehmen, weshalb frische Erinnerungen aus jüngster Zeit viel stärker betroffen sind als alte, etwa aus der Jugendzeit stammende –

man spricht hier heute von einer sogenannten „Korsakoff Psychose". Hier wird von allen Hirnfunktionsleistungen das Gedächtnis im Vergleich zu allen anderen Komponenten des Denkens und des Verhaltens eines Menschen unverhältnismäßig stark betroffen, wie auch bei Haydn in seinen letzten Lebensjahren zu erkennen ist. In seiner Krankengeschichte finden sich aber auch andere charakteristische Symptome einer fortschreitenden, degenerativen Erkrankung der Nervenzellen im Bereich des Gehirns: die Unmöglichkeit, die gewohnten beruflichen Tätigkeiten fortzuführen, die Perseveration im Gespräch und in verschiedenen Handlungen – etwa beim Vorzeigen seiner verschiedenen Ehrungen und Auszeichnungen – und vor allem die veränderte Stimmungslage. Hier ist besonders die übermäßige Stimmungslabilität mit Tränenausbrüchen bei geringsten Anlässen typisch sowie die häufig bei solchen Menschen anzutreffende depressive Stimmungslage, die vor allem dann meist vorherrscht, wenn sich der Patient – wie dies auch bei Haydn der Fall war – seines geistigen Verfalls voll bewußt ist. Schließlich leidet auch die Fortbewegungsfähigkeit mit motorischen Störungen des Gangs, einer vornübergebeugten Haltung und einer Kleinschrittigkeit – Symptome, die von Besuchern Haydns in seinen letzten Lebensjahren geschildert werden. Noch nicht erwähnt wurden letztlich der beim alten Haydn auffallende, fast schon übertriebene Ordnungssinn und das Festhalten an einer starren Etikette, womit solche Patienten unbewußt ihre Gedächtnisausfälle zu kompensieren versuchen.

Haydn starb somit an einem Leiden, das sich langsam während seines letzten Lebensjahrzehnts entwickelte und das in unserer heutigen Gesellschaft mit ihrem wesentlich höheren Durchschnittsalter zu den häufigsten Todesursachen zählt, nämlich einer altersbedingten Arteriosklerose der Herzkranzgefäße und der Gehirnarterien, wobei jedoch die zusätzliche Degeneration der Nervenzellen im Gehirn eine ausschlaggebende Rolle gespielt hat.

Haydns Begräbnis

Beschämend ist das Nachspiel, das sich nach der Beisetzung Haydns auf dem Hundsturmer Friedhof ereignete: Der ehemalige Sekretär des Fürsten Esterhazy, Karl Rosenbaum, der übrigens auch zum engsten Bekanntenkreis des Komponisten zählte, und der mit Rosenbaum befreundete Verwalter des niederösterreichischen Provinzial-Strafhauses, Johann Nepomuk Peter, waren fanatische Anhänger der damals sehr modernen Schädellehre Franz Joseph Galls, die besagte, daß die geistigen Eigenschaften eines Menschen im Knochengebilde ihrer Hirnschädel angeblich ihren Sitz hätten. Rosenbaum und Peter beschlossen deshalb, sich des Schädels des von ihnen so hochverehrten Meisters zu bemächtigen und anschließend in würdiger Form bei sich aufzubewahren. Als Entlastungsmotiv für diesen grausigen Gewaltakt gaben sie später an, daß sie es mit ihrem Gewissen nicht vereinbaren konnten, daß die knöcherne Kammer eines so gewaltigen Geistes von Würmern und Maden vernichtet werden sollte. Durch Bestechung des Totengräbers gelang es ihnen tatsächlich, Haydns Grab während der Nacht öffnen und den Kopf vom Rumpf des Leichnams abtrennen zu lassen. Makabrerweise hat Rosenbaum diese ruchlose Tat peinlich genau in seinem Tagebuch festgehalten: „Nach dem das Grab zugemacht war, sprach ich mit unsern würdigen, von Franzosen ganz ausgeplünderten Jakob Demuth, einen Österreicher, ein etwa beleibter, grosser, jovialer Mann, wegen Abnahme dieses in jeder Rücksicht so verehrungswürdigen Kopfes, bestimmte Alles genau ... Sonntag am 4ten: ... wir fuhren zu der Hundsthurmer Linie, ich stieg aus, und übernahm von Jakob Demuth Joseph Haydns schätzbarste Reliquie. – Es roch heftig. Als ich den Pack im Wagen hatte, mußte ich mich übergeben. Der Gestank ergriff mich zu sehr. Wir fuhren ins allg. Spital, ich blieb bei der Secirung, der Kopf war schon ganz grün, doch noch sehr kennbar. Ewig bleibt mir der Eindruck, welcher dieser Anblick auf mich machte ..." Man fragt sich heute, wie die beiden Grabschänder mit dem geraubten Kopf Haydns seelenruhig ins allgemeine Krankenhaus zur Sektion und Präparation fahren konnten, ohne dafür belangt zu werden. Die Erklärung dafür findet man in der damaligen Rechtslage, auf die sich Rosenbaum und Peter zur Entlastung ihres Vorgehens mit den Worten stützten: „Da dieser große Mann der Erde zur Verzehrung auf dem Leichenhofe außer der Linie Hundsthurm übergeben und somit frei gelassen war, so gab es nach dem Gesetz selbst kein Hindernis mehr, das Herrenlose zu ergreifen."

Peter gab allerdings eine etwas andere Darstellung. Er berichtete, daß der Totengräber mit Geld bestochen wurde und die Verschwörer, zu denen außer Rosenbaum und Peter noch ein gewisser Michel Jungmann vom Magistrats-Taxamt und Ignaz Ullman vom Unterkämmereramt der Stadt Wien gehörten, selbst das Grab geöffnet und den Kopf Haydns vom Leichnam abgenommen hätten, wobei Peter anschließend die Mazerierung und Bleichung des Schädels in eigener Person vorgenommen haben soll. Diese Schilderung dürfte eher der Wahrheit entsprechen als die Angaben Rosenbaums, wonach dieser den Kopf vom Totengräber übergeben bekam und die Mazerierung im Allgemeinen Krankenhaus vornehmen ließ. Der bekannte Wiener Anatom Professor Julius Tandler, der später den Schädel Haydns einer genaueren Untersuchung unterzog, stellte nämlich fest, daß die Angabe Rosenbaums, wonach bei der Sektion „die Masse des Gehirns sehr groß" befunden wurde, nicht stimmen könne, da die Schädelkalotte nicht entfernt wurde und deshalb ein Einblick ins Schädelinnere gar nicht möglich war. Rosenbaum dürfte sich somit doch seiner eigenen Mitwirkung bei der Grabschändung geschämt haben und aus diesem Grund eine etwas abgemildertere Schilderung des grausigen Vorganges in seinem Tagebuch bevorzugt haben. Peter, welcher der Schädellehre von Gall mit besonderem Fanatismus anhing, erzählte übrigens mit Stolz, daß er bei der sogenannten Untersuchung von Haydns Schädel den „Thonsinn, wie ihn Gall in seinem Prodromus bezeichnete", nachgewiesen zu haben glaubte. Nach dieser „Untersuchung" wurde die kostbare Reliquie im Haus Rosenbaums in, wie er meinte, sehr pietätvoller Weise in Verwahrung genommen: in einem, einem römischen Sarkophag nachgebildeten, schwarz polierten hölzernen Gehäuse, das mit einer goldenen Lyra geschmückt war, ruhte der Schädel auf einem Kissen, das mit weißer Seide überzogen und mit schwarzem Samt drapiert war. Um die würdevolle Aufbewahrung noch zu unterstreichen, errichtete Rosenbaum für die Aufstellung dieses hölzernen kleinen Sarkophags sogar ein eigenes Mausoleum in seinem Garten, in welchem ausgewählte Besucher den kostbaren Besitz besichtigen konnten. Die Geschmacklosigkeit der ganzen Angelegenheit wird noch deutlicher, wenn man erfährt, daß Frau Rosenbaum – die Tochter des früheren Hofkapellmeisters Gaßmann – an jenem Tag nach Haydns Begräbnis, an welchem ihr Gatte den minutiös ausgearbeiteten Plan für den Schädelraub in die Tat umsetzen ließ, in der Gumpendorfer Kirche für den Verstorbenen das von Michael Haydn komponierte „Requiem" sang.

An und für sich hatte Fürst Nikolaus von Esterhazy die Absicht, die sterbliche Hülle Haydns nach Eisenstadt überführen zu lassen und unter feierlichem Gepränge in der Gruft der Franziskaner zur ewigen Ruhe zu betten. Aus diesem Grund hatte er schon

1809 eine eiserne Totentruhe anfertigen lassen und die Genehmigung der Niederösterreichischen Landesregierung für die geplante Überführung eingeholt. Im Trubel der
politischen Wirren des Jahres 1809 war der Fürst jedoch so stark mit anderen Pflichten
in Beschlag genommen, daß er auf seinen ehemaligen Kapellmeister auf dem Hundsturm-
mer Friedhof ganz vergaß. Hätte nicht Haydns Schüler Sigismund Neukomm, der im
diplomatischen Gefolge des französischen Ministers Talleyrand 1814 zur Teilnahme am
Wiener Kongreß nach Wien kam und sich sofort um das Grab seines verehrten ehemaligen Lehrers kümmerte, durch Anbringung einer bescheidenen Tafel über dem Grab
die letzte Ruhestätte Haydns vor den Toren Wiens kenntlich gemacht, wäre die Grabstelle vielleicht ebenso von der Vergessenheit bedroht gewesen wie im Fall Mozarts. Es
dauerte nämlich noch weitere Jahre, bis sich der Fürst an die geplante Überführung des
Leichnams nach Eisenstadt erinnerte; inzwischen blieb der schon 1809 bestellte eiserne
Sarg, der die Gebeine Haydns aufnehmen sollte, in der Nähe der Küchenräume des
Wiener Stadtpalais des Fürsten abgestellt, obwohl schon 1811 der verantwortliche fürstliche Häuserinspektor beim Fürsten anfragte, „was mit der eisernen Todtentruchen,
welche für den verstorbenen Kapellmeister Joseph Haydn bestimmt ist und welche der-
mal bei der Küche nur im Wege steht, vorzukehren sei".

So kam es, daß der Schädelraub erst im Jahr 1820 entdeckt wurde. Im September dieses Jahres kam nämlich Herzog Friedrich von Cambridge auf Besuch nach Eisenstadt,
wo er unter anderem auch eine Aufführung der „Schöpfung" erlebte. Von diesem musikalischen Ereignis tief beeindruckt, erinnerte sich der hohe Gast aus England an die
triumphalen Erfolge Haydns in England und sprach daher einen Trinkspruch aus, der
mit den Worten endete: „Wie glücklich war der Mann, der diesen Haydn im Leben
besessen und noch im Besitze seiner irdischen Reste ist." Durch dieses für ihn peinliche Ereignis an sein ehemaliges Vorhaben erinnert, ordnete Fürst Nikolaus unverzüglich die Exhumierung und Überführung der Gebeine Haydns nach Eisenstadt an.
Doch wie groß war das Entsetzen, als man beim Öffnen des Sargs an Stelle des Kopfes
nur die Perücke Haydns vorfand. Außer sich vor Empörung und getrieben von der
Sorge, daß er nach Bekanntwerden dieser Affäre zum Gespött der Wiener würde, forderte der Fürst vom Polizeipräsidenten von Wien, dem Grafen Sedlnitzky, die unverzüg-
liche Ausforschung und Bestrafung der Täter. Der Fürst konnte nicht ahnen, daß man
in der Polizeidirektion durch verschiedene freundschaftliche Beziehungen zur Familie
Peter und zu Rosenbaum schon längst wußte, wo der Schädel Haydns aufbewahrt
wurde; so konnten die Täter gleich ausgeforscht werden. Man begab sich zunächst zum
Verwalter des niederösterreichischen Provinzialstrafhauses Peter, dessen Leidenschaft
zum Sammeln von Schädeln Verstorbener allgemein bekannt war. Peter beteuerte
jedoch, den Schädel Haydns seinem Freund Rosenbaum vermacht und zur würdigen
Aufbewahrung übergeben zu haben mit der unschuldigen Rechtfertigung, daß sie damit
„einen Palast der Tonkunst vor der Zerstörung retteten". Es wurde sofort eine Haus-
durchsuchung bei Rosenbaum angeordnet, die, obwohl sich der Schädel Haydns nachweislich in der Wohnung befinden mußte, zur Überraschung der Hüter des Gesetzes
negativ verlief. Frau Rosenbaum hatte nämlich beim Herannahen der Polizisten die
kostbare Reliquie im Strohsack ihres Bettes, in das sie sich eiligst gelegt hatte, ver-
steckt und den Beamten erklärt, daß sie wegen „ihren Tagen" leider das Bett hüten
müsse.

Da der Schädel auf diese Weise nicht aufzufinden war, entschloß sich der Fürst, seinen
Leibarzt zu den Grabschändern zu entsenden und ihnen durch diesen eine hohe Belohnung für die Wiederauffindung des Schädels in Aussicht zu stellen. Aber selbst nach Zah-

lung dieses „Lösegeldes" gelang es Rosenbaum, seinen früheren Herrn – vielleicht auch als späte Rache für seine vor Jahren erfolgte unbegründete Entlassung aus den fürstlichen Diensten – neuerlich zu betrügen, indem er ihm den Schädel eines zwanzigjährigen Mannes und, als man diesen Betrug entdeckte, schließlich den Schädel eines alten Mannes übergeben ließ und den echten Schädel Haydns weiterhin bei sich behielt. So wurde am 4. Dezember 1820 den Gebeinen Haydns in Eisenstadt in der Annahme, einen rechtmäßigen Handel getrieben zu haben, der Schädel einer fremden Person beigefügt. Den echten Schädel aber händigte Rosenbaum erst auf seinem Totenbett seinem Freund und Komplizen Peter aus, und nach dessen Tod 1839 vermachte die Witwe ihn dem Arzt ihres Gatten, Dr. Karl Haller. Erst im Jahr 1852 übergab ihn dieser dem berühmten Wiener Pathologen, Professor Karl von Rokitansky, der ihn im Museum des pathologisch-anatomischen Instituts der Universität Wien aufbewahrte, bis ihn sein Nachfolger, Professor Hans Kundrat – in der Annahme, der Schädel Haydns wäre Privatbesitz seines Vorgängers gewesen –, den Söhnen Rokitanskys überantwortete. Diese endlich übergaben ihn der Gesellschaft der Musikfreunde in Wien, wo er bis zum Jahr 1954 verblieb.

Erst in diesem Jahr erfolgte die feierliche Übergabe an die burgenländische Landesregierung, welche eine würdige Beisetzung des Schädels im Sarkophag in der Bergkirche zu Eisenstadt beabsichtigte. Wie man einer burgenländischen Festschrift aus dem Jahr 1959 entnehmen kann, wurde „Am Samstag, den 5. Juni 1954, der Schädel in der Halle des Musikvereinsgebäudes in Wien in einer Urne aufgestellt, mit einem goldenen Lorbeerkranz geschmückt und mit weißen und roten Pfingstrosen umgeben. Der Kardinal Erzbischof von Wien nahm die Einsegnung vor." Ein Kondukt, gefolgt von über hundert Autos, führte die mit einem schwarzen Tuch bedeckte Vitrine mit ihrem kostbaren Inhalt zunächst zum Geburtshaus Haydns in Rohrau, wo unter feierlichem Geläute der Kirchenglocken der Kondukt vor dem Torbogen des Elternhauses, aus dem die Musik eines Streichquartetts von Haydn drang, kurz verweilte. Erst dann ging es weiter nach Eisenstadt, wo im Sarkophag der Bergkirche bei gedämpfter Orgelmusik endlich für immer der Schädel Haydns mit seinen Gebeinen vereint wurde. So hat Haydn doch noch – fast 150 Jahre nach seinem Tod – jenes echte Begräbnis erster Klasse erhalten, das er sich in seinem Testament ausdrücklich gewünscht hatte und das ihm durch die Wirren der politischen Ereignisse des Jahres 1809 bei seiner Beisetzung am Hundsturmer Friedhof versagt geblieben war.

In unmittelbarer Nähe seines Grabes befindet sich eine Tafel, auf der die Worte zu lesen sind: DOCTOR OXONIENSIS. VIR PIUS, PROBUS, MANSUETUS. FUGANDI CURAS ARTIFEX, MULCENDI PECTORA PRIMUS – Doktor von Oxford; gerechter, frommer und milder Mann; Künstler im Vertreiben von Sorgen und Meister im Besänftigen unserer Brust. In diesen von einem Steinmetz eingemeißelten Worten werden wir an die schon vor Jahrtausenden erkannte und erprobte heilende Wirkung der Musik erinnert im Sinn des griechischen Apoll, Gott der Heilkunst und der Musik. Noch mehr aber ergreifen uns die auf derselben Steinplatte angebrachten Worte jenes Bundes, den Haydn mit dem Allmächtigen schloß:

STERBEN WERD' ICH NICHT, SONDERN LEBEN
UND ERZÄHLEN DIE WERKE DES HERRN.

WOLFGANG AMADEUS MOZART

Die Wandlungen, denen das Bild Mozarts wie bei kaum einem anderen großen Musiker während der vergangenen zwei Jahrhunderte unterworfen war, sind wohl nur der Einmaligkeit seines Genius zuzuschreiben. „Mozart ist etwas Unerreichbares in der Musik", sagte Goethe einmal zu seinem Vertrauten Johann Peter Eckermann, „er ist eine Gestalt, die Dämonen hinstellen: so verlockend, daß jeder nach ihr strebt und so groß, daß niemand sie erreicht." Um so unvorstellbarer ist es heute, daß einige Zeitgenossen von Mozart offenbar glaubten, sein Stern sei schon zu seinen Lebzeiten im Verblassen gewesen. In Wahrheit geschah genau das Umgekehrte: Die unversiegbare schöpferische Kraft Mozarts gelangte auf geheimnisvolle Weise im Bewußtsein der nachfolgenden Generationen immer mehr zur Entfaltung, so daß schließlich im gewandelten Mozart-Bild der Romantik seine Musik in noch leuchtenderer Farbe erstrahlte als zuvor. Auf diese Weise entstand das idealisierte, „apollinische" Bild Mozarts als der „zarte Licht- und Liebesgenius der Tonkunst", wie Richard Wagner ihn überschwenglich bezeichnete, dessen große Sinfonie in g-Moll Robert Schumann noch als ein Werk „griechisch schwebender Grazien" erschien. Erst durch die um die Jahrhundertwende von Richard Strauss und Gustav Mahler eingeleitete Mozart-Renaissance konnte man auch den „dämonischen" Mozart wieder entdecken: „Das größte dramatische Genie des gesamten 18. Jahrhunderts" und, wie Felix Mottl meinte, „vielleicht überhaupt der kühnste Neuerer der Tonkunst, der je gelebt hat."
Geboren an der Schwelle einer neuen Zeit und in der Epoche des Sturm und Drangs mit seinen kühnen Visionen, ist Mozarts Stilsynthese tatsächlich eine Synthese der Zukunft. Vielleicht ist es, wie Tschitscherin einmal bemerkte, deshalb erst unserem Zeitalter vorbehalten geblieben, Mozart ganz zu erfassen, das heißt, in seine kosmische Spannweite, seine Ambivalenz, seinen Dämonismus und in die abgründige Tiefe seiner Werke einzudringen. Diese „kosmische Spannweite" und der ambivalente Charakter seiner Musik brachten es wahrscheinlich auch mit sich, daß Mozart nicht nur das ihm folgende 19. Jahrhundert, sondern ebenso mühelos und unangefochten auch unser 20. Jahrhundert überlebt hat. Ein Umdenken in der gesamten Mozart-Interpretation und ein Rückbesinnen auf das Werk selbst und nicht auf das, was Romantik und bürgerlich-klassisches Ausgleichsbedürfnis daraus bis ins 20. Jahrhundert gemacht haben, führten dazu, daß man immer stärker von den biographisch-ästhetischen Vorstellungen eines Jahn, Abert, Einstein oder Paumgartner abrückt, um einem realistischeren Mozart-Bild Platz zu machen. Es ist wirklich nicht zu glauben, daß der weitgereiste Mozart gar nichts von den großen politischen und sozialen Bewegungen seiner Zeit, vom amerikanischen Unabhängigkeitskrieg, von Rousseau und der Französischen Revolution, den demokratischen Regungen in England oder den großen Repräsentanten der Aufklärungsbewegung zur Kenntnis genommen haben soll. Im Gegenteil, man darf mit Sicherheit annehmen, daß Mozart, dessen „Wiener Jahre" zeitlich fast genau mit der Alleinregierung Kaiser Josefs II. zusammenfallen, das damit im Zusammenhang stehende Aufklärungs- und Reformprogramm des Kaisers bewußt miterlebte. Seine unwiderrufliche

Kündigung seines Diensts beim Salzburger Erzbischof Hieronymus Graf Colloredo, sein rückhaltloser Einsatz für das Freimaurertum, der wegen strenger Kontrollen durch die Geheimpolizei keineswegs opportun erschien, vor allem aber seine Opern, in denen oft soviel politischer Zündstoff verarbeitet ist – man wundert sich, daß sie nicht der Zensur zum Opfer gefallen sind –, sprechen eine beredte Sprache. Gunthard Born kommt in seinem sicher in vielem provokanten Buch „Mozarts Musiksprache" als „Schlüssel zu Leben und Werk" mit ganz modernen Methoden einer Dechiffrierung „von Symbolen in Mozarts verschlüsselter Musiksprache" zu ähnlichen Schlußfolgerungen: „Das heute in erster Linie als naives Wunderkind verstandene Genie enthüllt sich so als weltanschaulich und politisch äußerst engagierter Komponist, der sich für die Wahrheit der Natur, für die Befreiung der Unterdrückten und schon damals für Frauen- und Friedensbewegung einsetzte."

So entsteht heute, spätestens seit dem Erscheinen der Monographie von Hildesheimer, ein völlig neues Mozart-Bild, das sich ganz bewußt von liebgewordenen Vorurteilen zu distanzieren versucht. Was die vielen medizinischen Aspekte betrifft, so standen bisher alle Biographen, soweit sie nicht Mediziner waren, vor der fast unlösbaren Aufgabe, sich aus den vielfach kontroversiellen und nicht selten mit heftiger Polemik geführten Auseinandersetzungen ein richtiges Bild von der Art der Erkrankungen, der wahren Diagnose seiner letzten Krankheit und der Umstände, die den tödlichen Ausgang derselben herbeiführten, zu machen. Da alle diese Fragen auch in den verschiedenen von Ärzten verfaßten Pathographien Mozarts uneinheitlich und infolge beharrlicher Voreingenommenheiten auch nicht immer fachlich korrekt behandelt wurden, soll im folgenden der Versuch unternommen werden, immer noch hartnäckig kursierende Fehlinterpretationen nach dem heutigen Wissensstand der Medizin richtigzustellen oder zu ergänzen. Berücksichtigt werden alle zur Verfügung stehenden Dokumente aus dem Leben Mozarts und die historischen und kulturgeschichtlichen Lebensbedingungen seiner Zeit einschließlich der Gepflogenheiten der „Ersten Wiener Medizinischen Schule". Im Bewußtsein des damit verbundenen Wagnisses soll versucht werden, möglichen Einflüssen physischer Erkrankungen auf Mozarts Persönlichkeit und auf seine schöpferische Tätigkeit nachzugehen oder aus seinen Werken zu erfahren, ob sein künstlerisches Schaffen auch von psychischen Erlebnisfaktoren mitgeprägt wurde.

Zu Mozarts Jugend

Am 9. Februar des Jahres 1756 fügte Leopold Mozart einem Schreiben an Jakob Lotter in Augsburg, dem Verleger seiner 1756 erschienenen „Violinschule", folgenden Wortlaut als Postscriptum hinzu: „... Übrigens benachrichtigte (ich Sie), daß den 27. Januarii abends um 8 Uhr die meinige mit einem Buben zwar glücklich entbunden worden, die Nachgeburt aber hat man ihr wegnehmen müssen. Sie war folglich erstaunlich schwach. Itzt aber, Gott sey dank, befinden sich kind und Mutter gut! Sie empfiehlt sich beyderseyts. der Bub heißt Joannes Chrisostomos, Wolfgang, Gottlieb." Von diesen vier im Taufbuch der Dompfarre von Salzburg unter dem Datum vom 28. Januar 1756 eingetragenen Vornamen wählte Mozart später neben dem Vornamen Wolfgang die französische Form des Theophilus, des Gottlieb, also Amadé – und nicht Amadeus, wie man bis heute zu schreiben pflegt.

In dem 1408 erstmals erwähnten Haus des „Spezerey"-Inhabers Hagenauer in der Getreidegasse in Salzburg wurde Mozart als letztes von sieben Kindern geboren. Außer ihm blieb nur seine um vier Jahre ältere Schwester Maria Anna Walburga, das „Nannerl", am Leben. Die Konstitution des Kindes Amadé muß sehr gut gewesen sein, da er die in der Familie Mozart damals noch weitverbreitete Gewohnheit, die Kinder mit Wasser anstelle von Milch zu ernähren, offenbar ohne Schaden überstanden hat. Im 18. Jahrhundert war es nämlich nicht üblich, Kinder selbst zu stillen, sie wurden vielmehr mit Honigwasser und etwas Gersten- oder Haferschleim ernährt, eine Methode, die Wolfgang Amadé Mozart auch bei seinen Kindern später durchsetzen wollte, wie einem Brief vom 18. Juni 1783 zu entnehmen ist: „. . . Meine Frau (Konstanze) . . . sollte niemalen ihr Kind stillen. Allein einer anderen Milch solle mein Kind auch nicht hineinschlucken – sondern bey Wasser, wie meine Schwester und ich . . . allein die meisten Leute hier haben mich ordentlich gebeten, ich sollte das nicht thun . . . weil hier die meisten Kinder beym Wasser draufgehen . . . Das hat mich nun bewegt, nachzugeben."

Bei der Formung seiner Persönlichkeit dürfte das mütterliche Erbe eine wesentlich größere Rolle gespielt haben, als bisher angenommen wurde. Die Begabung für das Theatralische und für das Musizieren, die blumige Phantasie, der urwüchsige und oft derbe Humor sowie eine ausgeprägte Spottlust sind ebenso charakteristische Wesenszüge der mütterlichen Familie Pertl aus St. Gilgen am Wolfgangsee wie die unverblümte Offenheit und ein unbeugsamer Stolz. Mozarts Selbstbewußtsein machte sich schon in seiner frühesten Kindheit bemerkbar, wie aus einem Augenzeugenbericht von seinem ersten Auftreten am Kaiserhof zu Wien am Mittwoch, dem 13. Oktober 1762, zu erkennen ist. Dort heißt es: „. . . Schon damals äußerte er einen Charakterzug, der ihm stets eigen geblieben ist: nämlich die Verachtung alles Lobes der Großen und eine gewisse Abneigung vor ihnen, wenn sie nicht Kenner zugleich waren, zu spielen . . . So geschah es auch damals beim Kaiser Franz. Als er sich zum Klavier setzte, um ein Konzert zu spielen und der Kaiser bei ihm stand, sagte Mozart: ist Herr Wagenseil nicht hier? Der versteht es. Wagenseil kam und der kleine Virtuose sagte: ich spiele ein Konzert von ihnen, sie müssen mir umwenden."

In späteren Jahren begann sich – zweifellos unter dem Einfluß der politischen Ereignisse in England, Frankreich und Amerika – in Mozart der Adel des Geistes gegen den Adel der Geburt aufzulehnen, so etwa bei dem bekannten Zerwürfnis mit Erzbischof Colloredo im Jahr 1781, den er „bis zur Raserei" zu hassen begann und den er nur mehr den „Erzlimmel" zu nennen pflegte. Als ihn während eines der vielen heftigen Wortgefechte der Erzbischof einen Lump, einen Lausbuben und elenden Buben nannte, schleuderte Mozart jenem Grafen Arco, der ihn mit dem berühmt-berüchtigten Fußtritt aus den fürsterzbischöflichen Diensten beförderte, selbstbewußt die Worte entgegen: „Wenn ich sehe, daß mich jemand verachtet und geringschätzt, dann kann ich so stolz sein wie ein Pavian." Noch deutlicher teilte er seine Auffassung von der Unantastbarkeit seiner Ehre und vom Adel menschlicher Gesinnung eine Woche nach diesem Ereignis seinem Vater in einem Brief vom 20. Juni 1781 mit: „. . . Das Herz adelt den Menschen; und wenn ich schon kein Graf bin, so habe ich vielleicht mehr Ehre im Leib als mancher Graf; und, Hausknecht oder Graf: sobald er mich beschimpft, so ist er ein Hundsfott."

Um seine Sinnlichkeit auszuleben und geistig abzureagieren, bediente sich Mozart mit Vorliebe auch des ungeheuren Formenreichtums der Sprache – man denke nur an die berühmten „Bäsle Briefe" an seine Kusine in Augsburg. Bei den Bemühungen einiger Literaten der Gegenwart, den im vergangenen Jahrhundert fast wie einen Halbgott verehrten Mozart zu entmystifizieren und ihn aufgrund seines mitunter exzentrischen Briefstils zu einem infantilen Neurotiker zu stempeln, werden wesentliche tiefenpsychologische Zusammenhänge offenbar überhaupt nicht erkannt. Wie Voser-Hoesli in einer lesenswerten Studie zeigen konnte, war für Mozart die Sprache nichts anderes als ein Instrument, auf dem er musizierte. Ihn erfreute der Klang der Sprache, der Rhythmus, die formale Vielgestaltigkeit seiner Satzvariationen und Wortkombinationen, während ihm der Inhalt seiner Sätze oft genug völlig gleichgültig war – „so, wie ja auch in der Musik eine Bindung an einen erkennbaren Zweck meist nicht zu erkennen ist. So gesehen ist sein eigenartiger Briefstil nichts anderes als eine Fortsetzung der ununterbrochenen kompositorischen Tätigkeit seines Gehirns, wobei sich auf seinen Briefseiten in ähnlicher Weise musikalische Gebilde entwickeln, wie auf seinen Partituren."

Wenn Mozarts Briefstil eine besondere Vorliebe für derbe Redewendungen erkennen läßt, dann muß man dies aus dem Blickwinkel der Gepflogenheiten seiner Landsleute aus dem bayerisch-salzburgischen Flachland sehen, die auch heute noch nicht mit analen Kraftausdrücken sparen, bei ärgerlichen und bei freudigen Anlässen.

Von seinem Vater, der ein ungewöhnlich gebildeter, musischer Mensch mit strengen moralischen Grundsätzen war, erhielt der junge Mozart eine in der Musikgeschichte beispiellose geistige Bildung. Andreas Schachtner, der „hochfürstliche Hoftrompeter zu Salzburg" und enge Freund der Familie, beschreibt den fünfjährigen Mozart als ein zärtliches, verspieltes und außerordentlich liebesbedürftiges Kind, das einen ausgeprägten Hang zu Zahlen und Zahlenkombinationen hatte. Für den Knaben gab es schon in seinem dritten und vierten Lebensjahr kein schöneres Spiel, als sich in irgendeiner Form mit Musik zu beschäftigen. Es ist daher ganz natürlich, daß sich der Vater schon in den allerersten Lebensjahren seines Sohnes als Lehrmeister der Musik betätigte, um so mehr, als er seine großen musikpädagogischen Fähigkeiten durch seine „Violinschule" bereits unter Beweis gestellt hatte. Im Notenbuch, das der kleine Mozart an seinem Namenstag am 31. Oktober 1762 ebenso wie seine Schwester Nannerl (1759) vom Vater als Geschenk erhielt, findet man daher bereits erste Eintragungen, wie etwa: „Dieses Stück [ein Scherzo von Georg Christoph Wagenseil] hat der Wolfgangerl den 24ten January 1761, 3 Täge vor seinem 5ten Jahr nachts um 9 uhr bis halbe 10 uhr gelernet;" zwischen Februar und April 1761 entstanden auch bereits die zwei frühesten Kompositionen des kleinen Mozart, ein Andante und ein Allegro, die noch vor dem KV 1 gereiht werden müssen und zu denen sein Vater notierte: „Des Wolfgangerl Compositiones, in den ersten 3 Monaten nach seinem 5ten Jahre."

Ohne Zweifel bedeuteten diese ersten pianistischen und kompositorischen Versuche des kleinen „Wolfgangerl" mehr Spiel als Unterricht. Außerdem war Leopolds Erziehung keineswegs nur von strengem Pflichtbewußtsein, sondern auch von unendlicher Liebe, um nicht zu sagen Vergötterung des Sohnes geprägt, was die grenzenlose Gegenliebe des Kindes erklärt. Jeder kennt den Ausspruch des kleinen Wolfgang: „Nach dem lieben Gott kommt gleich der Papa." Wahrscheinlich wäre eine allzustrenge Erziehung bei dem empfindsamen und äußerst sensiblen Kind auch gar nicht denkbar gewesen, wie zeitgenössischen Berichten zu entnehmen ist. So schildert der bereits erwähnte Salzburger Hoftrompeter Andreas Schachtner in einem Brief vom 24. April 1792 der Schwester Mozarts auf deren Anfrage verschiedene Erinnerungen an Wolfgangs Kindheit: „... auf ihre erste Frage: was ihr seel. Herr Bruder in seiner Kindheit außer der Beschäftigung in der Musik für Lieblingsspiele hatte: Auf diese Frage ist nichts zu beantworten: denn so bald er mit der Musik sich abzugeben anfing, waren alle seine Sinne für alle übrigen Geschäfte so viel als todt ... Vor dieser Zeit aber, eh er die Musik anfing, war er für jede Kinderey die mit ein bischen Witz gewürzt war, so empfänglich, dass er darüber Essen und Trinken und alles andere vergessen konnte. ... Fast bis in sein 10tes Jahr hatte er eine unbezwingliche Furcht vor der Trompete ... wie man ihm eine Trompete nur vorhielt, war es eben so viel, als wenn man ihm eine geladene Pistolle aufs Herz setzte, Papa wollte ihm diese kindische Furcht benehmen und befahl mir einmal trotz seines Weigerns ihm entgegen zu blasen, aber mein Gott! hätte ich mich nicht dazu verleiten lassen, Wolfgangerl hörte kaum den schmetternden Ton, ward er bleich und begann zur Erde zu sinken, und hätte ich länger angehalten, er hätte sicher das Fraise bekommen ..."

Dem Vater wurde häufig der Vorwurf gemacht, daß er mit den oft jahrelangen Konzertreisen durch halb Europa das Kind erheblichen körperlichen und seelischen Belastungen ausgesetzt habe. Aber es waren gerade diese Bildungsreisen in die wichtigen Kunstzentren der damaligen Zeit, die aus dem Kind aus der kleinen, schon im kulturellen Abstieg befindlichen Residenzstadt Salzburg mit ihren kleinbürgerlichen Verhältnissen den Europäer Mozart geformt haben.

Für diese Entwicklung mußte Mozart auch einen hohen Preis zahlen, da es während dieser Reisen zu mehreren Erkrankungen kam, die für sein späteres Schicksal von grundlegender Bedeutung waren. Da für die Diskussion um die Todeskrankheit Mozarts eine möglichst genaue Erhebung seiner Krankengeschichte von Wichtigkeit ist, müssen die anamnestisch zu verwertenden Angaben aus den vorliegenden Dokumenten detailliert wiedergegeben werden. Dabei kommt natürlich den Briefen Leopold Mozarts die größte Bedeutung zu.

Gegen Ende seines sechsten Lebensjahres wird von vier Krankheiten, die kausal eng miteinander zusammenhängen, berichtet. Nach einer Reise nach München, die Leopold mit seinen beiden Wunderkindern am 12. Januar 1762 antrat und wo Nannerl und Wolfgang vor dem bayerischen Kurfürsten Maximilian III. Joseph auftraten, reiste die Familie am 18. September 1762 nach Wien ab, wo sie bis zum 5. Januar 1763 bleiben sollten. Der Weg führte sie über Passau, von wo sie am 26. September auf der Donau nach Linz fuhren. Erst am 4. Oktober setzten sie dann die Donaufahrt fort, und auf dieser Fahrt erkrankte Wolfgang an einem Katarrh, wie Leopold in einem Brief an seinen Salzburger Freund Lorenz Hagenauer berichtet: „... Wir hatten auf der Reise beständig Regen und viel Wind. Der Wolfgangerl hatte schon in Lintz einen Catharr, und aller Unordnung, frühen aufstehen, unordentlich essen und Trincken Wind und Regen ohngeacht blieb er gott Lob gesund."

Leider ist es bei dem erwähnten „Catharr" nicht geblieben. Nach der Ankunft in Wien, am 6. Oktober, traf schon nach wenigen Tagen eine ganze Serie von Einladungen in adelige Häuser, in denen Wolfgang gemeinsam mit seiner Schwester konzertieren sollte, ein – zunächst lud sie Graf Thomas Collalto, dessen Palais Am Hof 13 heute noch steht, ein, und bereits am 13. Oktober wurden sie im Schloß Schönbrunn von Maria Theresia und Kaiser Franz I. im Beisein des Komponisten Wagenseil empfangen. Als die Familie Mozart am 21. Oktober neuerlich ins Schloß Schönbrunn eingeladen wurde, erkrankte Wolfgang ernsthafter; darüber berichtete Leopold Mozart an Lorenz Hagenauer am 30. Oktober: „... Glück und Glaß, wie bald bricht ein Essig Krug! ich dachte es fast, daß wir 14 Täge hintereinander gar zu glücklich waren, Gott hat uns ein kleines Kreuz geschicket, und wir danken seiner unendlichen Güte, daß es noch so abgelaufen ist, den 21. waren wir Abends um sieben Uhr abermals bey ihrer Kaiserinnen Maiest: unser Woferl war aber schon nicht recht wie sonst, und ehe wir dahin fuhren, wie auch, da er zu Bette gieng, klagte er s. v. den Hintern und die Füße. Als er im Bette war, untersuchte ich die orte, wo er die Schmerzen zu füllen vorgab; und ich fand etliche Flecken in der Grösse eines Kreutzers, die sehr roth und etwas erhoben waren, auch bey dem

Berühren ihm Schmerzen verursachten. Es waren aber nur an beiden Schinbeinen, an beiden Ellenbogen und ein paar am Podex; auch sehr wenig. Er hatte Hitzen, und wir gaben ihm Schwarz Pulver und Margrafen Pulver [Mischungen von zum Teil abenteuerlichen tierischen und pflanzlichen Substanzen]. Er schlief etwas unruhig. Den folgenden Freytag wiederholten wir die Pulver in der Frühe und Abends, und wir fanden, daß sich die Flecken mehr ausgebreitet hatten; sie waren obwohl grösser; doch nicht mehrer. Wir musten zu allen Herrschaften schicken, wohin wir schon auf 8 Täge hinausbestellt waren, und Tag für Tag absagen lassen. Wir fuhren fort das Margrafen Pulver zu geben, und am Sonntag kam er in einen Schweiß, den wir uns gewunschen, dann bishero waren die Hitzen mehr Trucken. Ich begegnete dem H. Medicum der gräfin v. Sinzendorf: die eben nicht hier war: und erzählte ihm die Umstände. Er kam gleich mit mir. Es war ihm lieb, daß wir so verfahren hatten; er sagt: es sei eine Art eines Scharlach-Ausschlages. Er verordnete die Mixtur [deren Rezeptur angegeben wird]. Dann nichts als Suppen oder Binadl, so wir schon ehe thaten: zu zeiten durchpresten Gerstenschleim, zu zeiten einen Hueflattich Thee, und ein wenig Milch darein gegossen, vor Schlafen gehen gaben wir ihm ein kleines Glasl Milch von gestossenen Melaun Kernen, und ein gar wenig Magsaamen. Gott Lob, nun ist er so gut, daß wir hoffen, er werde übermorgen, wo nicht Morgen an seinem Namens Tag, aus dem Bethe kommen, und das erstemal aufstehen. Er bekam zu gleicher zeit einen Stockzahn, das ihm eine Geschwulst in dem Linken Backen verursachte. Die Herrschaften hatten nicht nur die Gnade täglich sich um die Umstände des Buben zu erkundigen zu lassen; sondern sie empfahlen ihn den Medico auf das eifrigste: so, daß der H: Doctor Bernhard: so heist er: unmöglich mehr besorgt seyn könnte, als er wirklich ist. Entzwischen ist mir diese Begebenheit ganz gering gerechnet, 50 Dukaten schad. Doch danke ich Gott unendlich, daß es so abgelauffen: dann diese Scharlach-Flecken sind hier denen Kindern als eine Mode Krankheit gefährlich: und ich hoffe, daß sich der Woferl nun naturalisiert hat; denn nur die Luftveränderung war daran die Haupt Ursache."

Für den Arzt sind diese brieflichen Aufzeichnungen, mögen sie stellenweise auch langatmig und ausschweifend sein, eine unschätzbare Quelle für eine posthume Diagnosestellung. In diesem Brief liefert Vater Leopold die klassische Beschreibung eines Erythema nodosum, also einer rheumatischen Knotenrose, die damals von dem behandelnden Arzt Dr. Bernhard irrtümlich für eine Art Scharlachausschlag gehalten wurde. Eine Fehldiagnose, die aus heutiger Sicht verzeihlich erscheint, da das Erythema nodosum erst sechsundvierzig Jahre später zu erstenmal beschrieben wurde. Wenn Leopold in seinem Brief darauf hinweist, daß die als „Scharlach-Flecken" gedeutete Knotenrose in Wien bei Kindern eine gefährliche Modekrankheit gewesen sei, dann wohl deshalb, weil sie damals durch eine nachfolgende Tuberkulose einen sehr ernsten Verlauf, sogar mit tödlichem Ausgang, nehmen konnte. Auch heute wird sie noch bei einer Primärtuberkulose relativ häufig angetroffen. Bei Wolfgang kann die Diagnose einer Primärtuberkulose mit Sicherheit ausgeschlossen werden, da er schon am 4. November, also zwei Wochen nach seiner Erkrankung, wieder ausgehen konnte und am darauffolgenden Tag bei Dr. Bernhard zum Dank für seine Behandlung ein Konzert gab. Von den Adelsfamilien mußte Leopold seinen Sohn allerdings noch längere Zeit fernhalten, da man die beschriebenen Flecken für ansteckend hielt: „... denn hier förcht sich die Noblesse vor Blattern Flecken, und allen Gattungen des Ausschlages, folglich hat uns die Krankheit des Buben um respective 4 Wochen zurückgeschlagen", schrieb Leopold am 24. November an Hagenauer. Bei Wolfgang handelte es sich bei dem „Erythema nodosum" mit Sicherheit um eine „rheumatische" Knotenrose, die wahrscheinlich mit dem vorausgegangenen Streptokokkeninfekt in Linz – der sich übrigens in leichter Form am 19. November nochmals bemerkbar machte – in ursächlichem Zusammenhang stand. Dafür spricht vor allem die Tatsache, daß Wolfgang kurz vor der Rückreise nach Salzburg neuerlich erkrankte, wobei es sich jetzt wohl eindeutig um eine akute rheumatische Polyarthritis handelte, wie einer Bemerkung in einem späteren Brief Leopolds vom 15. November 1766 zu entnehmen ist: „. . . und daß es sich am Ende durch die Füße hinauszog, an denen er Schmerzen klagte". Der vorsorgliche Vater ersuchte deshalb schon einige Tage vor der Rückreise nach Salzburg den Hauswirt, „die Zimmer ein paar Täge zu heizen".

Am 9. Juni 1763 trat die Familie Mozart in einem Reisewagen und begleitet von einem Diener ihre große Reise durch halb Europa an, um erst am 29. November 1766, also drei Jahre später, wieder in Salzburg einzutreffen. Ihr erstes Reiseziel war Paris, wo sie am 18. November nachmittags ankamen. In vielen deutschen Städten wurden Konzerte gegeben, die – nach zeitgenössischen Berichten und Zeitungsnotizen – überall begeistert aufgenommen wurden. Bei einem Konzert in Frankfurt am 18. August war unter den Zuhörern auch der vierzehnjährige Goethe, wie man einem Gespräch mit J. P. Eckermann vom 3. Februar 1830 entnehmen kann: „Ich habe ihn als siebenjährigen Knaben gesehen, wo er auf einer Durchreise ein Konzert gab. Ich selber war etwa 14 Jahre alt, und ich erinnere mich des kleinen Mannes in seiner Frisur und Degen noch ganz deutlich."

Aus dem erhalten gebliebenen, sehr aufschlußreichen Reisetagebuch Vater Leopolds und aus verschiedenen Briefen an Hagenauer erfährt man, daß Wolfgang im September während des Aufenthalts in Koblenz am Rhein angeblich wegen Schlechtwetters an einem Infekt der oberen Luftwege erkrankte, weshalb die Reise erst am 27. September fortgesetzt werden konnte. In einem Brief vom 26. September 1763 berichtet Leopold: „. . . Einer meiner Ursachen: daß ich nicht gleich den 19:ten oder 20:ten von Coblenz abgegangen bin, war, daß der Wolfgang: einen Schnupfen oder Strauchen hatte, der sich nun aber den 22:ten Abends und in der Nacht in einen förmlichen Catharr verwandelt hatte." An derartigen Infektionen der oberen Atemwege erkrankte Mozart während seines Lebens relativ häufig, wobei die ernsteren davon wahrscheinlich durch Tonsillitiden, also Mandelentzündungen, ausgelöst worden sein dürften.

Nach ihrer Ankunft in Paris hört man zunächst nichts von Unpäßlichkeiten oder Erkrankungen. Am Neujahrstag 1764 widerfuhr ihnen die Ehre, zur Hoftafel mit König Ludwig XV. und seiner Gemahlin Maria geladen zu werden. Die Kinder erhielten verschiedene Geschenke, nachdem Wolfgang auf der Orgel in der berühmten Hofkapelle vorspielte. Nur die Marquise de Pompadour verhielt sich hochmütig. Überhaupt waren Mozarts Konzerte am Hof und in den Adelshäusern so erfolgreich, daß der Pariser Aufenthalt auf fünf Monate verlängert wurde. Aber schon im Februar erkrankte Wolfgang erneut, und diesmal schwer, wie aus einem Brief Leopolds an Hagenauer vom 29. Februar 1764 zu erfahren ist: „. . . Mich hat bald darauf eine gähe und unvermuthete Begebenheit in einige Verlegenheit gesetzt. Meinen lieben Wolfgang überfühle ein gählinges Halswehe und Carthar, daß er, da er den Carthar in der Frühe den 16ten merckte, in der Nacht ein solches stecken im Hals bekam, daß er in Gefahr war zu ersticken: Allein der Schleim, der ihm auf einmahl ledig wurde, und den er nicht herausbringen kunnte, fühle in den Magen zurück; Denn ich nahm ihn geschwind aus dem Bethe und führte ihn im Zimmer hin und wieder. Die Hitze, die ganz erstaunlich war, dämpfte ich nach und nach mit dem pulvre antispas: Hallen: und Gott Lob, in 4 Tagen stund er wieder vom Bethe auf, und befindet sich nun wieder besser. Zur Vorsorge schrieb ich auf der kleinen Post unserm Freunde dem Teutschen Medico Herrnschwand, der Medécin des gardes Suißes ist. Er fand aber nicht nöthig öfter als 2 mahl zu kommen. Ich habe ihn dann mit ein wenig aqua laxat: Vien: laxiren machen; nun ist er Gott Lob, gut ...“ Aus der Beschreibung läßt sich unschwer die Diagnose einer hochfieberhaften Streptokokkenangina stellen; in Unkenntnis der möglichen Folgen wurde das Kind schon am vierten Tag wieder mobilisiert. Tatsächlich dürfte diese Angina auch Folgen gehabt haben, da Wolfgang wenige Monate später neuerlich mit ähnlichen Symptomen erkrankte.

In demselben Brief nimmt Leopold Mozart auch Stellung zu der damals in Mode gekommenen Impfmethode gegen die Pocken, die im Unterschied zu der später von Edward Jenner entwickelten Kuhpockenimpfung noch recht gefährlich war. Er schrieb dazu: „... wissen sie, was die Leute immer hier wollen? Sie wollen mich bereden meinem Bueben die Blattern einpfropfen zu lassen. Ich meinestheils lasse es der Gnade Gottes über. Es hängt von s:r göttlichen Gnade ab, ob er dieß Wunder der Natur, so er in die Welt gesetzt hat, auch darinnen erhalten oder zu sich nehmen will ...“

Am 10. April 1764 verließ die Familie Mozart Paris und kam über Calais, wo sie auch ihre eigene Kutsche zurückließ, am 23. April in London an. Der erste Brief nach ihrer Ankunft vom 25. April beginnt mit der Schilderung einer glücklichen Kanalüberquerung: „... Wir sind, goot Lob, glücklich über den Maxlaner-Bach [gemeint ist der Maxglaner Bach in einem äußeren Bezirk der Stadt Salzburg. Anm. d. Verf.] gekommen, allein ohne S:V: Speiübergaab ist es nicht abgegangen, doch hat es mich am meisten hergenommen.“ Bereits am 27. April wurden sie von König Georg III. und seiner Gemahlin Sophie Charlotte empfangen, und am 19. Mai fand ein kleines Konzert bei Hof statt, über das Leopold in überschwenglichen Worten in einem Brief vom 28. Mai an seinen Hausherrn in Salzburg berichtete. Die Fortschritte des kleinen Wolfgang faßte er so zusammen: „... Mit einem Worte; das, was er gewust, da wir aus Salzburg abgereist, ist ein purer Schatten gegen demjenigen, was er ietzt weis. Es übersteigt alle Einbildungskraft.“ In diesem Brief erwähnt der Vater nicht, daß Wolfgang am 20. Mai erkrankte, und zwar offensichtlich wieder an einer Tonsillitis, also einer „Streptokokkenangina“. Diese „Unpäßlichkeit“ dauerte zehn Tage, weshalb Wolfgang in dem für 22. Mai 1764 angekündigten Konzert vor der englischen Öffentlichkeit nicht auftreten konnte. Doch schon am 31. Mai wurde im „Public Advertiser“ sein Auftreten in einem Konzert im „Spring-Garden House“ angekündigt, das dann auch am 5. Juni stattfand. Die abgeklungene Angina wurde also auch diesmal nicht allzu ernst genommen. Man weiß heute nicht, wieweit sich die wiederholt auftretenden Racheninfekte und Anginen auf die körperliche Konstitution des Kindes ausgewirkt haben; schwerwiegend können aber eventuelle Folgen nicht gewesen sein, da sie sonst der sorgsamen Beobachtung des Vaters kaum entgangen wären.

Sollte das vor zwei Jahren in Rom aufgetauchte kleine Gemälde, das ein sehr einprägsames, verinnerlichtes Porträt eines Knaben im Alter von sieben bis acht Jahren darstellt, tatsächlich ein Kinderbildnis Mozarts sein, so könnte man daraus Spuren überstandener Erkrankungen herauslesen: zart, empfindsam, mit einem sanftmütigen prüfend-traurigen Blick aus großen Augen in einem kränklich aussehenden Gesicht. Experten sind vorläufig der Meinung, daß es sich hierbei um das erste Kinderbildnis Mozarts zu handeln scheint, das wahrscheinlich von Johann Zoffany – einem aus Frankfurt gebürtigen Maler, der vorwiegend in England lebte – angefertigt wurde. Von dem gleichen Maler stammt auch das Ölbild von dem etwa achtjährigen Mozart „mit dem Vogelnest“, das 1764/65 in London entstanden ist und heute in Mozarts Geburtshaus in Salzburg hängt.

Bis zum Herbst 1765, also mehr als ein Jahr, werden in den zahlreichen Briefen Leopolds keine Erkrankungen der Familie Mozart erwähnt. Immer mehr beginnt Wolfgang neben seinen Auftritten bei Konzerten sich selbst schöpferisch zu entwickeln, wobei bereits die außergewöhnliche Genialität des Kindes zu bemerken ist. So etwa in den beiden Sonaten für Klavier und Violine KV 6 und 7, die er der zweiten Tochter des französischen Königs, Prinzessin Victoire, während seines Pariser Aufenthalts im März 1764 gewidmet hat. Hier wird man vor allem durch den für einen Achtjährigen ungewöhnlich reifen langsamen Satz der zweiten Sonate in Erstaunen versetzt, über den Leopold seinem Freund Hagenauer gegenüber die stolze Bemerkung machte: „. . . Ein Andante ist dabey, von einem ganz sonderbaren gout". Auch in seinem „Londoner Notenbuch" und in jenen sechs Sonaten für Klavier und Violine oder Flöte, die er der Königin von England zugeeignet hat, finden sich erstaunliche Beispiele seiner ungewöhnlichen Begabung. Nachdem diese Sonaten der Königin vorgespielt worden waren, erschien in einer holländischen Zeitung eine Rezension, in der es unter anderem heißt: „. . . Es ist hier auch ein Komponist und Musikmeister von etwa 8 Jahren angekommen, der wirklich ein Wunder ist, wie es noch keines gegeben hat . . . Er spielt auf dem Cembalo mit unglaublicher Präzision nicht nur Konzerte und Sonaten verschiedener Meister, sondern auch in wunderbarer Art die allerschwersten Fantasien, würdig von dem größten Meister vorgetragen zu werden, und ganz auswendig . . . Und wenn man ihn bittet, auf der Orgel zu spielen, so wird er eine schöne Fuge oder eines der schwierigsten Stücke darauf spielen . . . Übrigens schreibt er seine eigenen Kompositionen, ohne das Cembalo zu berühren . . . Die ganze Welt muß darin übereinstimmen, daß er ein Beispiel ohne Präzedenz ist . . ."

Der Aufenthalt in England dauerte länger als geplant, da der Vater im Sommer 1764 schwer erkrankte; dadurch begann sich die finanzielle Lage der Familie Mozart allmählich zu verschlechtern und außerdem zeigte der Hof nur mehr geringes Interesse an den musikalischen Wunderkindern. So verließ die Familie am 24. Juli 1765 London, um nach Paris zurückzukehren, wo sie einen Teil ihres Gepäcks zurückgelassen hatte. Während dieser Rückreise erkrankte Wolfgang neuerlich, wie Leopold am 19. September 1765 aus Den Haag nach Salzburg berichtete: „. . . In Lille überfülle den Wolfgang: ein sehr starcker Catharr, und da dieser noch recte: nach ein paar Wochen etwas besser wurde, kam die Reihe an mich . . ." Auch bei dieser Erkrankung kam es wieder zu einer anscheinend schweren Angina, da die Familie Mozart ganze vier Wochen in Lille bleiben mußte. Erst am 4. September konnte die Reise fortgesetzt werden, um über Gent und Antwerpen – wo der Reisewagen zurückbleiben mußte – und ab Rotterdam per Wasser am 11. September in Den Haag einzutreffen.

Schon nach der ersten Nacht kündigten sich in Den Haag dramatische Ereignisse an: Am 12. September traten bei Nannerl uncharakteristische Krankheitssymptome auf, die – wie damals üblich – zunächst als Katarrh bezeichnet wurden. Nach vorübergehender Besserung mußte sie sich jedoch am 26. September mit hohem Fieber ins Bett legen. Leopold konstatierte eine Rachenentzündung, und der behandelnde Arzt, Dr. Heymans, vertrat die Ansicht, „daß der Cartharr eine Deposition ad pulmonen gemacht hätte und quod sit fomica in pulmone. Mit einem Wort, er hielte es für einen Ansatz verschiedener Blattern und kleinen Geschweren in der Lunge", schrieb Leopold. Nach einem am 28. September vorgenommenen Aderlaß besserte sich angeblich zwar der Puls, das Fieber bestand jedoch unverändert weiter, so daß sich ihr Zustand schließlich noch verschlechterte. Sie wurde delirant und der Arzt hatte keine Hoffnung mehr für Nannerl. Am 21. Oktober erhielt sie die letzte Ölung, während der ahnungslose Wolfgang „... im anderen Zimmer sich mit seiner Musique unterhielt". Der in dieser verzweifelten Situation herbeigerufene, von der Prinzessin von Weilburg vermittelte Konsiliarius, Professor Schwenke, zweifelte allerdings an der Diagnose seines Vorgängers und „zeigte ganz klar, daß es nichts als eine außerordentlich dicke Verschleumung war". Aufgrund vager Beschreibungen muß man annehmen, daß der Professor neben einer Lungenentzündung auch rote Flecken auf der Haut festgestellt habe. Der allmähliche Beginn der Erkrankung mit unbestimmten Prodromalerscheinungen, das durch mehrere Wochen anhaltende offenbar hohe Fieber mit zeitweiliger Bewußtseinseinstrübung, die begleitende Bronchitis und die Beschreibung von sogenannten roseolenähnlichen roten Flecken auf der Haut sowie die langsame Entfieberung – alle diese Symptome deuten auf einen Bauchtyphus, der damals in größeren Städten mit mangelhaften hygienischen Umweltbedingungen häufig vorkam, manchmal sogar endemisch auftrat.

Bis Mitte November hatte sich Nannerl allmählich erholt. Doch kaum war sie nicht mehr bettlägerig, wurde ihr Bruder krank. In einem Brief an Leopold Hagenauer berichtet Leopold darüber am 12. Dezember 1765: „... Kaum war meine Tochter 8 Täge aus dem Bette und hatte gelernt allein über den Stuben Boden zu gehen; so überfiel den Wolfgangerl den 15. Novb: eine Unbässlichkeit, die ihn in Zeit von 4 Wochen in so elende Umstände setzte, daß er nicht nur absolute unkantbar ist, sondern nichts als seine zarte Haut und kleine Gebeine mehr an sich hat, und nun seit 5 Tägen aus dem Bette täglich in einen sessl gebracht wird; gestern aber und heute führten wir ihn ein paar mahl über das Zimmer, damit er nach und nach wieder die Füsse zu bewegen, und auch allein freystehen lernen möge. Sie möchten wissen, was ihm gefehlet hat? Das weiß Gott! ich bin müde ihnen Krankheiten zu beschreiben. Es fieng mit Hitzen an. Kein schwarzes Pulver hatten wir mehr, wir gaben ihm demnach nach gewohnheit, 3 mahl hintereinander etwas Margrafen Pulver: allein es that keine Wirkung. Es schien eine Art hitzigen Fiebers zu seyn; und es war es auch ... den 30.ten war er sehr gefährlich; Den 1. Decembris aber, war es besser und dann lag er 8 Täge ohne ein Wort zu sprechen ... nachdem er fast 8 Tag geschlaffen, und nichts gesprochen; so kammen endlich die geister wieder etwas zu Kräften: alsdan sprach er tag und Nacht, ohne das man wuste, was es ware. Nun aber: Gott Lob: gehet es gut. Unter seiner Krankheit muste man immer für die Zunge sorg tragen, die die meiste Zeit wie Holz so trocken und unrein ware und oft muste gesäubert werden; Die Lippen verloren 3 mahl ihre Haut die Hart und schwarz wurde."

Erst Mitte Januar 1766 hatte sich Wolfgang so weit erholt, daß er wieder ohne Unterstützung gehen konnte. Die Beschreibung des ganzen Krankheitsverlaufs durch Vater Leopold läßt keinen Zweifel darüber aufkommen, daß es sich bei Wolfgang, wie bei seiner Schwester, um Bauchtyphus gehandelt hat. Da man heutzutage unbehandelte Fälle von Bauchtyphus nicht mehr kennt, soll aus dem Lehrbuch der Infektionskrankheiten von G. Jochmann, das 1914 – also noch vor dem Ersten Weltkrieg – erschien, auszugsweise der Verlauf einer solchen Krankheit wiedergegeben werden. Dort heißt es: „... Das Krankheitsbild der ersten Typhuswoche wird beherrscht von den Zeichen der fieberhaften Erkrankung ... das Krankheitsgefühl steigert sich, die Mattigkeit wird täglich größer, so daß die Kranken bettlägerig werden ... Die Zunge ist belegt und trocken ... Der Stuhl ist in der Regel angehalten; Durchfall ist eine Seltenheit in der ersten Krankheitswoche ... allmählich zeigt sich eine zunehmende Apathie des Kranken, ja, das Bewußtsein kann gegen Ende der ersten Woche in schweren Fällen schon eine starke Trübung erfahren ... Im Beginn der zweiten Woche erreicht die Krankheit ihren Höhepunkt. Das Fieber hält sich dauernd um etwa 40 Grad. Das Sensorium ist stark in Mitleidenschaft gezogen, es herrscht der charakteristische Status typhosus, die Umneblung der Sinne, die der Krankheit den Namen gegeben hat. Am Tage liegt der Kranke apathisch mit gleichgültigem Gesichte da und zeigt nicht die geringste Teilnahme für seine Umgebung ... Nähert man sich ihm mit Fragen, so gibt er oft einsilbige Antworten oder wendet sich ab. Er schläft viel ... Die Nacht ist gewöhnlich unruhiger und bringt häufig Delirien. Die Kranken murmeln allerlei wirres Zeug vor sich hin ... In den schwersten Fällen liegen die Kranken tief bewußtlos da ... An Stelle der Verstopfung treten jetzt mitunter Durchfälle auf ... Dazu ist nun freilich zu bemerken, daß ... viel häufiger selbst in diesem Stadium und während des ganzen Typhusverlaufes ein gebundener Stuhl vorherrscht und sogar dauernd Verstopfung vorhanden ist. Diagnostisch wichtig sind die Roseolen, die in Form kleiner, runder, blaßroter Fleckchen ... auf der Haut des Bauches und der unteren Brust auftreten ... Die Zunge ist trocken ... und mit braunen Borken bedeckt. Die Bronchitis auf den Lungen wird stärker ... in der dritten Woche drohen dem Kranken die mannigfachsten Gefahren in Form von Lungenentzündungen ... und viele anderen Störungen ... Am Ende der dritten Woche beginnt das Fieber seinen Abstieg ... Der Kranke bleibt noch wochenlang sehr schwach ... Im Kindesalter stehen ... toxische Gehirnsymptome, Schlafsucht, Benommenheit, Delirien sehr im Vordergrund ...“

Diese Beschreibung des Bauchtyphus aus einer Zeit, in der eine wirksame Behandlung noch nicht bekannt war, stimmt so sehr mit der Schilderung von Leopold Mozart überein, daß man sich wundern mag, wieso Ärzte der heutigen Generation ernsthaft noch daran zweifeln, daß Mozart damals überhaupt an Typhus erkrankt gewesen sei. Von einigen Autoren, so etwa von Katner oder von Fluker, wurde allerdings schon vor Jahren die Ansicht vertreten, daß beide Kinder an einem Typhus abdominalis, also einem Bauchtyphus, erkrankt waren. Nach der genauen Beschreibung Leopolds hatte seine Tochter zunächst allgemeine katarrhalische Symptome mit Anzeichen einer Rachenentzündung; erst im Verlauf von fast zwei Wochen setzte das hochfieberhafte Stadium ein, und die Feststellung des herbeigerufenen Arztes, daß neben den Zeichen einer Bronchitis alle Symptome einer Lungenentzündung vorlagen – soweit sie natürlich damals objektiv erfaßt werden konnten –, deuten diagnostisch in die Richtung eines Bauchtyphus. Heute weiß man, daß bei vielen schweren Infektionskrankheiten, besonders häufig aber beim Abdominaltyphus, eine Superinfektion mit einer bakteriellen Lungenentzündung auftreten kann. Wenn Franken nur die Lungenentzündung bei Nannerl gelten lassen will und auch bei Wolfgang an diese Möglichkeit denkt und das Vorliegen eines Typhus deshalb in Zweifel zieht, weil Leopold „nicht das Auftreten von Diarrhoen, dem wesentlichen Merkmal der Erkrankung“ erwähnte, dann wird bei dieser Deutung übersehen, daß Diarrhoen beim Bauchtyphus in der Hälfte der Fälle nicht vorkommen, sondern sogar Symptome einer Obstipation, also einer Hartleibigkeit, beobachtet werden können.

Es ist charakteristisch für den schon früh ausgeprägten Schaffensdrang Wolfgangs – der sich im Kindesalter am liebsten mit Musik als seine Form des „Spielens“ beschäftigte –, daß er noch als Rekonvaleszent Ende Dezember 1765 nach dieser schweren, lebensgefährlichen und kräftezehrenden Infektionskrankheit die Sinfonie in B-Dur (KV 22) komponierte, die bereits am 29. Januar 1766 unter seiner Stabführung in Amsterdam, wohin die Familie wenige Tage vorher übersiedelt war, aufgeführt wurde. Erst am 10. Mai trifft die Familie, inzwischen wieder ihren eigenen Reisewagen benützend, über Brüssel kommend in Paris ein.

Auf der Heimreise, die über Burgund und die Schweiz nach Süddeutschland führte, erkrankte Wolfgang neuerlich. Vater Leopold schrieb aus München in einem Brief vom 15. November 1766 an die Familie Hagenauer: „. . . ob wir aber auch noch über Regensburg gehen werden, zweifle sehr, indem wir erst die völlige Genesung unseres Wolfgangerl abwarten müssen und dann erst nicht wissen, wie wir bald von hier loskommen. Inzwischen wird das Wetter immer schlechter." Bevor er nun seinen Bericht über die gegenwärtige Situation fortsetzte, erinnerte er die Familie Hagenauer an die ähnlichen Umstände, unter denen Wolfgang im Dezember 1763 knapp vor der Heimkehr aus Wien erkrankte: „. . . Nun ist es ebenso. Er konnte auf keinen Fuß stehen; keine Zehen und keine knie bewegen; kein Mensch dürfte ihm auf die Nähe kommen, und er konnte vier nächte nicht schlafen, das nahm ihn sehr mit, und setzte uns um so mehr in sorgen, weil immer, sonderlich gegen die Nacht Hitze und Fieber da waren. heunt ist es merklich besser: allein es werden wohl noch 8 täge herum gehen, bis er wieder recht hergestellt ist."

Besser hätte auch ein Arzt heute einen akuten Schub einer Polyarthritis, also eine rheumatischen Gelenkentzündung, nicht beschreiben können. Es ist nicht ganz verständlich, warum Franken diesen zweiten Schub eines akuten Gelenkrheumatismus mit dem Hinweis nicht anerkennen will, daß ein schwerer Schub eines rheumatischen Fiebers nicht innerhalb von vier Tagen spontan verschwinden könne. Abgesehen davon, daß die akuten Krankheitssymptome zehn Tage andauerten – nämlich vom 12. bis zum 21. November –, muß man doch zwischen einem „rheumatischen Fieber" und einem akuten Schub einer rheumatischen Gelenkentzündung unterscheiden.

Es ist heute unbegreiflich, daß Wolfgang – kaum von dieser fieberhaften und mit außerordentlichen Schmerzen verbundenen Krankheit genesen – schon am 22. November, also einen Tag nach Verlassen des Krankenbettes, gezwungen werden konnte, beim ungeduldigen Kurfürsten am Münchener Hof zum Vorspielen zu erscheinen.

Am 29. November 1766 traf die Familie Mozart wieder – nach fast drei Jahren – in ihrer Heimatstadt Salzburg ein. In „Hübners Diarium" aus Salzburg steht unter diesem Datum: „Ich kan nicht umgehen, alda auch anzumerken, das anheut der weltberühmte Herr Leopold Mozart alhiesiger viceKapellmeister mit seiner Frauen, und zweyen Kindern einen Knaben von 10 Jahren, und einem Töchterlein von 13 Jahren zum Trost, und Freyde der ganzen Stadt angekommen seye: . . . Der Knab Wolfgangl ist weiter gar nicht viel auf dieser Reise gewachsen, aber die Nannerl ist zimlich groß und fast schon heuratmässig geworden. Man sagt sehr stark, diese Mozartische Familie werde wiederumen nicht lang alhier verbleiben, sondern in bälde gar das ganze Scandinavien, und das ganze Russland, und vielleicht gar in das China reisen . . ."

Tatsächlich trat die Familie Mozart schon am 11. September 1767 ihre nächste Reise an, zwar nicht nach China, sondern wieder in die Reichshauptstadt Wien. Sie stand unter keinem guten Stern, da Leopolds Hoffnungen auf Konzertverpflichtungen während der Feierlichkeiten zu Ehren König Ferdinands I. von Neapel-Sizilien und seiner Braut, der sechzehnjährigen Erzherzogin Maria Josepha, durch den Tod der jungen Braut jäh zunichte gemacht wurden. Sie starb schon am 15. Oktober an den Pocken und damit erlosch auch jede festliche Stimmung in der Stadt. Aber auch die Familie Mozart selbst wurde einer harten Prüfung unterzogen: Nicht wissend, daß der älteste Sohn des Goldmachers Gottfried Johann Schmalecker, in dessen Haus in der Weihburggasse Leopold Quartier bezogen hatte, ebenfalls an den damals in Wien grassierenden Pokken erkrankt war, setzte er seine Familie der Gefahr einer Ansteckung aus. Als er von der Krankheit erfuhr, floh die Familie überstürzt, aber doch bereits zu spät, aus der Stadt über Brünn nach Olmütz, wo Wolfgang am 26. Oktober an den „Blattern" erkrankte. Ausführlich berichtet Leopold darüber in einem Brief an Hagenauer: „Um zehn Uhr klagte der Wolfgang: seine Augen; allein, ich bemerckte, daß er einen warmen Kopf, heisse und sehr rothe Wangen, hingegen Hände, wie Eiß, so kalt hatte, die Puls war auch nicht richtig; wir gaben ihm also etwas Schwarz Pulver und legten ihn schlafen. die Nacht hindurch war er zimmlich unruhig, und die trockenen Hitzen hielten am Morgen immer noch an. Man gab uns 2 bessere Zimmer; wir wickelten den Wolfgang; in Beltze ein und wanderten also mit ihm in die anderen Zimmer. Die Hitze nahm zu; wir gaben ihm etwas Margrafen Pulver und Schwarz Pulver. Gegen dem Abend fieng er an zu phantasieren; und so war die ganze Nacht und der Morgen des 28.ten Nach der Kirche gieng ich zu A:r Excellenz Grafen von Podstatsky der mich mit großer Gnade empfieng; und als ich ihn sagte, daß mein kleiner kranck geworden, und ich vorsehe, daß er etwa Blattern bekommen möchte, so sagte er mir, daß er uns zu sich nehmen wollte, indem er die Blattern gar nicht scheuete. Er ließ gleich den Hausmeister ruffen, befahl ihm 2 Zimmer in Ordnung zu bringen, schickte gleich zu seinem Medico, daß selber uns im Schwarzen Adler besuchen sollte. Nun kam es nur darauf an, ob es noch thunlich ware, das Kind weiter zu bringen. Der Medicus sagte ja! weil noch kein Ausschlag zugegen wäre, und man noch nicht einmal gewiß wäre, daß es die Blattern würden. Nachmittags um 4 Uhr wurde der Wolfgang: in Lederne Lainlachen und Beltze eingepackt, und in den Wagen getragen, und so fuhr ich mit ihm in die Domdechantey. Den 29.ten sache man einige kleine rothe Flecken, allein wir zweifeln alle noch an den Blattern, weil er nicht mehr viel Kranck ware; und er nahm nichts als alle 6 Stund ein Pulver. Den 30. und 31. an seinem Namenstage kammen die Blattern völlig heraus ... So bald die Blattern heraus kammen, war alle alteration weg, und Goot Lob! er befand sich immer gut. Er war sehr voll, und, da er erstaunlich geschwollen, und eine dicke Nase hatte, und sich im Spiegel besache, so sagte er: nun sehe ich den Mayrl gleich, er verstunde den Herrn Musicum Mayr. Seit gestern fallen die Blattern da und dort ab; und alle Geschwulst ist schon seit 2 Tagen weg."

Bald darauf erkrankte auch Nannerl an den Blattern, die wie bei Wolfgang leicht verliefen, wie aus dem gleichen Brief vom 29. November 1767 hervorgeht: „Sie hatte die Blattern so glücklich, daß sie ihr garnichts, dem Wolfgang: aber wenig ansehen werden". Es war ein großes Glück, daß bei beiden die Krankheit so leicht verlaufen war, denn im Brief Leopolds an Hagenauer vom 7. Oktober, also vor der Erkrankung seiner Kinder, erzählte er besorgt von der in Wien zunehmend wütenden Seuche: „Man sprach in Wien von nichts als den Blattern. Wenn 10 Kinder auf den Todten Zetel stunden, so waren deren 9 die an den Blattern gestorben waren."

Am 10. November war Wolfgang, von einem jungen Kaplan in rührender Weise betreut und von Dr. Joseph Wolff behandelt, soweit wieder gesund. Leopold blieb mit seiner Familie aber bis Weihnachten in Olmütz und anschließend noch einige Tage in Brünn. Erst am 10. Januar 1768 trafen sie wieder in Wien ein: bereits am 19. Januar wurden sie von Maria Theresia und ihrem Sohn Josef II., dem neuen Kaiser, empfangen. Josef II. war es auch, der den Wunsch äußerte, Wolfgang solle eine italienische Oper für Wien schreiben. In kürzester Zeit, nämlich zwischen April und Juni, komponierte das zwölfjährige Kind die Oper „La finta semplice", deren Aufführung jedoch von dem skrupellosen neuen Pächter des Burg- und Kärntnertortheaters Giuseppe Affligio, der später als Sträfling in Livorno endete, hintertrieben wurde. Doch schon im Herbst des gleichen Jahres wurde Wolfgangs einaktiges deutsches Singspiel „Bastien und Bastienne" bei dem Modearzt und psychotherapeutischen Pionier Dr. Anton Mesmer im Gartenpavillon seines Hauses in der Rasumofskygasse uraufgeführt. Mozart hat diesem musischen

Arzt durch die Gestalt des Doktors Alfonso in seiner Oper „Cosi fan tutte" ein bleibendes Denkmal gesetzt.

Am 5. Januar 1769 kehrte die Familie Mozart nach Salzburg zurück. Noch im gleichen Jahr, nämlich schon am 13. Dezember 1769, brachen Vater Leopold und sein Sohn Wolfgang allein auf, um in Italien ihr Glück zu versuchen. Der Vater wollte offenbar neben einer Bildungsreise – Wolfgang sollte die verschiedenen Stilrichtungen der italienischen Musik kennenlernen – auch den Umstand nützen, den inzwischen Dreizehnjährigen, der bereits zu pubertieren begann, noch als Wunderkind vorstellen zu können. Fürsterzbischof Sigismund von Schrattenbach unterstützte diese Reise, indem er Wolfgang den Titel eines dritten Konzertmeisters der Hofkapelle verlieh und „zur reyß in Italien" am 27. November überdies 600 Gulden aushändigen ließ.

Während der in tiefem Winter angetretenen Reise herrschte eine empfindliche Kälte, die das Reisen in einer Kutsche nicht gerade angenehm gemacht haben dürfte. So schrieb Leopold am 11. Januar 1770, als sie in Mantua eintrafen, seiner Frau nach Salzburg: „Wir sind, Gott Lob, gesund; der Wolfgangerl sieht aus als wenn er einen Feldzug gethan hätte: nämlich ein wenig Rohtbraun, sondern: um die Nase und den Mund, von der (kalten) Luft, und vom Caminfeuer. So, zum Exempl, wie Se: Mayst: der Kayser aussehen. Meine schönheit hat noch nicht viel gelitten ..." Am 26. Januar fügte Leopold am Schluß einer ausführlichen Schilderung ihrer Reise den Nachsatz hinzu: „Ich hab dir geschrieben, daß der Wolfg: Rothe Hände und ein rothes Gesicht von der kälte und vom Feuer bekommen hat, alles ist wieder gut. Die Madame Sartoretti in Mantua hat ihm eine Pomade gegeben abends die Hände zu schmieren, und in 3 Tagen, war es besser: nun sieht er wie vorhero aus, wir waren übrigens, Gott Lob, immer gesund und die Luftveränderung hat dem Wolfg: nur einen Strauchen verursacht, der auch längst vorbey ist." Am 3. Februar erwähnt Leopold in einem Brief nach Salzburg ausdrücklich noch einmal, daß Vater und Sohn gesund seien und „... daß unsere Hände, sonderlich des Wolfg: seinige völlig wieder gut sind".

Die sogenannte „welsche Gesichtsfarbe", die Nannerl bei ihrem Bruder Wolfgang nach seiner Rückkehr von dieser ersten Italienreise beobachtet haben will, deutet Prof. Aloys Greither als typisches Kolorit des bereits damals (!) chronisch nierenkranken Mozart. Allerdings ist die Annahme, Mozart hätte in Italien eben eine Nierenentzündung durchgemacht, die sich in der weiteren Folge zu einem chronischen Nierenleiden und schließlich sogar in eine Schrumpfniere weiterentwickelt haben soll, durch nichts begründet. Abgesehen davon, daß das Auftreten einer akuten Nierenentzündung noch lange kein Kolorit für eine chronische Nierenerkrankung ist, dafür aber während dieser Reise andere typische Anzeichen wie etwa Lidschwellungen und ödematöse Anschwellungen im Gesicht oder am Handrücken hätten zu bemerken sein müssen – Symptome, die dem genau beobachtenden und mit Leidenschaft medizinierenden Vater sicher nicht entgangen wären –, sprechen die genauen Reiseberichte Leopolds unzweifelhaft von Veränderungen, die den erwähnten leichten Erfrierungen und möglicherweise später auch der intensiven Einwirkung der südlichen Sonne Italiens während der Sommermonate zugeschrieben werden müssen und sicher nichts mit einer Nierenerkrankung zu tun hatten. Vielmehr blieben Vater und Sohn gesund; nur von einer Erkältung Wolfgangs, die er sich auf der Reise von Bologna nach Florenz über den rauhen Apennin bei Regen und Wind zugezogen hatte und die am 31. März behandelt werden mußte, steht im Postscriptum eines Briefs vom 14. April: „Ich bin got lob und danck samt meiner miserablen feder gesund, und küsse die mama und die nanerl tausend oder 1000 mahl." In einem Brief vom 17. November 1770 erwähnt Leopold, daß Wolfgang „dieser täge ein wenig

auf einer Seite seinen gewöhnlichen Zähnfluß mit ein wenig geschwulst ..." gehabt
habe; sonst gibt es keine Hinweise auf Krankheiten während der ganzen Reise. Wenn
Wolfgang am 4. August aus Bologna seiner Schwester gegenüber in einem Brief
erwähnte: „Italien ist ein Schlafland, es schläfert einem immer", dann meinte er damit
wohl nichts anderes, als daß die drückende Sommerhitze in diesem Land jede Aktivität
lähmt. Dazu kam, daß das vierzehnjährige Kind gerade zu dieser Zeit zusätzlich mit seiner Oper „Mitridate, re di Ponto" arbeitsmäßig schwer belastet war; aber auch die Reise
selbst gestaltete sich zuweilen ziemlich anstrengend. Man denke nur an die berühmt-
berüchtigte siebenundzwanzigstündige Gewalttour von Neapel nach Rom, die am Morgen des 27. Juni angetreten wurde.

Diese erste italienische Reise verlief aus künstlerischer Sicht sehr erfolgreich. Ein sichtbares Zeichen dafür war die Verleihung des päpstlichen Ordens vom Goldenen Sporn
durch Clemens XIV. Diese Auszeichnung hatten vor Wolfgang auch Gluck und Ditters
von Dittersdorf erhalten, jedoch nicht in diesem hohen Rang des „vergoldeten Ritters",
mit dem bis dahin nur ein Musiker, nämlich Orlando di Lasso, ausgezeichnet worden
war. Wolfgang erhielt die Insignien des päpstlichen Ordens – das goldene Kreuz am
roten Band, den Degen und die Sporen – im Palazzo Quirinale durch Kardinal Pallavicini. Für Wolfgangs Mutter muß diese Nachricht eine besonders freudige Überraschung
gewesen sein, da sie noch wenige Wochen vorher Angst gehabt hatte, Wolfgang könnte
beim Papst in Ungnade gefallen sein: Wolfgang hörte nämlich gemeinsam mit seinem
Vater am Mittwoch der Karwoche in der Sixtinischen Kapelle das „Miserere" von Gre-
gorio Allegri, dessen Weiterverbreitung durch Anfertigen einer Kopie bei Androhung
der Exkommunikation verboten war. Wolfgang konnte dieses mehrstimmige Chorwerk
nach einmaligem Anhören nahezu fehlerfrei aus dem Gedächtnis niederschreiben.

Am Gründonnerstag, dem 28. März 1771, also nach mehr als fünfzehn Monaten, kehr-
ten Vater und Sohn heim. Beeindruckt und zufrieden mit dem Erfolg dieser Reise kündigte Leopold schon am 19. Juli Feldmarschall Pallavicini in Bologna die bevorstehende
zweite Reise nach Italien an. Vater und Sohn traten am Dienstag, dem 13. August 1771,
die nur vier Monate dauernde Reise an. Während Leopold in dieser Zeit nichts über
Erkrankungen berichtete, will sich Nannerl – fast ein halbes Jahrhundert später – am
2. Juli 1819 daran erinnern, daß Wolfgang während dieser zweiten italienischen Reise
schwer erkrankt gewesen sei. Hier irrte Nannerl; gemeint ist wohl bei der Rückkehr aus
Italien. Sie schreibt in Zusammenhang mit Kommentaren zu alten Mozart-Bildern, daß
ihr Bruder kurze Zeit nach Fertigstellung seiner Sinfonie in A (KV 114) ernsthaft
erkrankte und während der anscheinend längeren Rekonvaleszentenzeit kränklich und
gelb ausgesehen habe. Da Wolfgang diese Sinfonie am 30. Dezember 1771 beendete,
von der zweiten Italienreise aber bereits am 15. Dezember 1771 zurückkam, muß man
annehmen, daß Wolfgang erst zu Hause in Salzburg erkrankte und deshalb von Leopold
begreiflicherweise keine Berichte existieren; wohl aber von Nannerl in einem Kommen-
tar: „Wie er von der Italienischen Reise zurückkam ..., da war er erst 16 Jahre alt, aber
da er von einer sehr schweren Krankheit aufstand, so sieht das Bild kränklich und sehr
gelb aus ..." Mit größter Wahrscheinlichkeit handelte es sich um eine infektiöse Gelbsucht, heute Hepatitis A genannt, die sich Wolfgang möglicherweise noch in Italien
zugezogen hatte. Die Inkubationszeit dieser Viruserkrankung beträgt drei bis vier
Wochen. Da eine Leberentzündung, hervorgerufen durch das Hepatitis-A-Virus, niemals Spätfolgen hat, kann man auch in den folgenden Jahren keine Hinweise mehr auf
diese Krankheit erwarten. Die erwähnte gelbe Farbe kann unmöglich auf eine Nierenentzündung zurückzuführen sein, da die fahlgelbe Gesichtsfarbe chronisch Nierenkran-

ker niemals eine solche Intensität erreicht, daß sie den Patienten „ganz unkenntlich machte". Hingegen kann die Gelbsucht im Rahmen einer Leberentzündung so stark ausgeprägt sein, daß die Gesichtszüge des Kranken vorübergehend entscheidend verändert sein können.

Während der dritten Italienreise von Oktober 1772 bis März 1773 blieb Wolfgang allem Anschein nach völlig gesund. „. . . Wir sind gesund", schreibt er am 7. November 1772. Sein Vater aber wurde auf dieser Reise von einem „verfluchten und verdammten Rheumatismus" geplagt, der ihn schließlich zu einer mehrwöchigen Bettruhe zwang. Daher konnte erst Ende Februar an die Rückreise gedacht werden. Am 13. März 1773 kamen sie wieder in Salzburg an. Mozart hat später nie mehr italienischen Boden betreten; obwohl ihm zahlreiche Ehrungen, wie etwa die Aufnahme in die berühmte Accademia filarmonica von Bologna, zuteil wurden und die künstlerische Bereicherung durch die drei Italienreisen außerordentlich groß war, gelang es ihm nicht, ein Engagement in diesem Land zu erhalten.

Am 14. Juli reisten Vater und Sohn nach Wien, wo sie diesmal nur etwas mehr als zwei Monate blieben. Leopold hoffte anscheinend, daß Maria Theresia seinem Sohn nach der erfolgreichen Aufführung von Wolfgangs Oper „Ascanio in Alba" eine gutbezahlte Stelle am Hof verleihen würde. Diese Oper wurde in Mailand am 17. Oktober 1771 anläßlich der Hochzeitsfeier des Erzherzogs Ferdinand von Österreich mit der Prinzession Maria Beatrix von Modena-Este aufgeführt. Vater Mozart konnte nicht wissen, daß Kaiserin Maria Theresia schon am 12. Dezember 1771 ihrem Sohn Ferdinand dringend abriet, seinen Wunsch auf Anstellung Wolfgangs an seinem Hof zu realisieren. Sie warnte ihn, sich mit solch unnützen Leuten – „des gens inutils" – abzugeben. Dementsprechend brachte diese Reise abgesehen von einer huldvollen Audienz am 5. August bei der Kaiserin keinen Erfolg. Leopolds Enttäuschung geht aus einem Bericht nach Salzburg hervor: „Die Kaiserin waren sehr gnädig mit uns, allein dieses ist auch alles."

Ein erster Hinweis auf eine Erkrankung Wolfgangs findet sich erst wieder am 17. Dezember 1774. Mozart befand sich seit Anfang Dezember in München, um sein für den Karneval 1775 bestelltes Auftragswerk „La finta giardiniera" einzustudieren. Er selbst berichtete in einem Nachsatz eines Briefs seines Vaters nach Salzburg: „Ich habe zahnwehe. johannes chrisostomus Wolfgangus Amadeus Sigismundus Mozartus . . ." Dieses Ereignis dürfte eher unangenehm gewesen sein, da Leopold noch am 28. Dezember schrieb: „der Wolfg: hat müssen 6 täg mit geschwolnem gesicht das Haus hütten, die wangen waren von inne und außen geschwollen, und das rechte aug, er konnte 2 täge nur Suppen brühe essen." Eine Besserung muß jedoch bald eingetreten sein, da die Auftragsoper bereits am 13. Januar 1775 uraufgeführt wurde, offenbar mit großem Erfolg, denn am nächsten Tag meldete er seiner Mutter nach Salzburg: „Gottlob! Meine opera ist gestern als den 13.ten in scena gangen; und so gut ausgefallen, dass ich der Mama den lärmen ohnmöglich beschreiben kan . . ."

Zusammenfassend kann man sagen, daß die Erkrankungen in Mozarts Jugend keine bleibenden organischen Schäden zurückgelassen haben dürften; alle Dokumente über seinen Gesundheitszustand beweisen, daß er sich nach überstandenen leichten und schweren Krankheiten gesund fühlte. Dies betrifft vor allem die Zeit der drei Italienreisen, während der Leopold von der besonders widerstandsfähigen Konstitution des jungen Mozart berichtet. Trotz jahrelangem Herumziehen von Gaststätte zu Gaststätte – die Unterkünfte ließen meist jede Hygiene vermissen, schlechtes Trinkwasser und Ungeziefer waren Ursache für verschiedene Infektionen –, trotz Klimawechsel, ungewohnter Kost und Strapazen langer Reisen mit der Postkutsche war Mozart in seinem kompositorischen Schaffen nicht behindert. Daher braucht man nicht darüber diskutieren, ob der junge Mozart an einem rheumatischen Herzklappenfehler oder an einer chronischen Nierenentzündung als Folge seiner durchgemachten Erkrankungen gelitten habe.

Erste seelische Konflikte

In den zweieinhalb Jahren, die Mozart nach seiner Rückkehr aus München am 7. März 1775 in Salzburg verbrachte, entstanden ungefähr hundert neue Kompositionen.
Leider wurde das Verhältnis zwischen der Familie Mozart und dem neuen Erzbischof Hieronymus von Colloredo in dieser Zeit aber immer gespannter, und als Leopold im August 1777 wegen einer neuerlichen Kunstreise ein Urlaubsgesuch einreichte, lehnte dies der Kirchenfürst mit einer sarkastischen, eigenhändigen Bleistiftnotiz schroff ab: „Vatter und sohn haben hiemit nach den Evangelium die Erlaubnis ihr Glück weiter zu suchen". Die Entlassung des Vaters wurde allerdings bald wieder zurückgezogen.
So kam es, daß Wolfgang die geplante Reise nach Paris allein antreten mußte, was dem Vater wegen der Unerfahrenheit des Sohnes und dessen jugendlicher Vertrauensseligkeit zu riskant erschien. Daher schickte er schweren Herzens Wolfgangs Mutter zur Beaufsichtigung des Sohnes mit auf die Reise, die die beiden am 23. September 1777 um 6 Uhr morgens antraten.
Die Grundstimmung war zunächst gut, denn schon aus München schrieb Mozart in übermütigem Ton an seinen Vater: „brav lachen und lustig sein und allzeit mit Freuden, wie wir gedenken, daß der mufti H (Hieronymus) C (Colloredo) ein Schwanz, Gott aber mitleidig, barmherzig und liebreich sei" ... Doch bald sollte er auch mit der rauhen Wirklichkeit konfrontiert werden. Sein erstes, ihn tief erschütterndes psychisches Erlebnis war der Besuch bei dem begabten tschechischen Komponisten Joseph Mysliwecek, den er in Bologna kennengelernt hatte, in einem Münchener Spital. Dem Bedauernswerten war wegen einer luetischen Erkrankung die Nase weggebrannt worden; das Aussehen des Kranken entsetzte Mozart so sehr, daß er nichts essen konnte und die folgende Nacht kaum ein Auge zutat.
Am 11. Oktober wurde die Reise nach Augsburg fortgesetzt, wo Wolfgang sein „Bäsle" Marianne Thekla, die Tochter seines Onkels, kennenlernte; Marianne machte mit ihren achtzehn Jahren die oft derben Späße Wolfgangs stets mit, wie aus den später berühmtberüchtigten „Bäsle Briefen" hervorgeht, die zu verschiedenen psychoanalytischen Spekulationen Anlaß gaben.
Doch schon am 26. Oktober ging es weiter nach Mannheim, wo sie vier Tage später eintrafen. Am Hof des Kurfürsten Karl Theodor hatte die Kunst eine Pflegestätte, wie man sie kaum an einem anderen Fürstenhof fand. Die berühmte Mannheimer Schule wurde vor allem von Christian Cannabich vertreten, in dessen gastfreundlichem Haus – hier lernte Mozart auch die Orchestermitglieder kennen – er sehr freundschaftlich aufgenommen wurde. Als Reverenz an das Haus Cannabich komponierte er eine Klaviersonate (KV 309 oder KV 311 ?) für die Tochter Theresia Rosina. Leider wurde, ähnlich wie in München, auch hier die Hoffnung, endlich eine Anstellung bei Hof zu bekommen, nicht erfüllt. Darum mußte er im Dezember seinem Vater nach Salzburg berichten, daß „... es dermalen nichts mit dem Churfürsten" sei.
In Mannheim, wo er bis zum 14. März 1778 blieb, dürfte Mozart nur einmal vorübergehend erkrankt sein, wie einem Brief vom 22. Februar 1778 an seinen Vater zu entneh-

men ist: „Ich bin izt schon 2 täge zu hause geblieben, und habe Antispasmotisch und schwarz Pulver und hollerblüthe zum schwitzen eingenommen, weil ich Charthar, schnupen, kopfweh, halsweh, augenweh und ohrweh gehabt habe; nun ist es aber gott seyedanck wieder besser, und morgen hoffe ich wieder auszugehen, weil sonntag ist." Was dem Vater zunächst unerklärlich blieb, war die Tatsache, daß sein Sohn trotz der beruflichen Aussichtslosigkeit und der wiederholten väterlichen Aufforderungen, nach dem eigentlichen Ziel Paris weiterzureisen, in Mannheim blieb. Erst durch zwei Briefe vom 17. Januar und vom 4. Februar wurde dem entsetzten Vater klar, daß sich sein Sohn in eine gewisse Aloisia Weber verliebt hatte. Die Briefe, die in diesen Wochen zwischen Mannheim und Salzburg hin und her gingen, zeigten allerdings bereits deutlich eine zunehmende Entfremdung zwischen Vater und Sohn. Diesmal jedoch genügte noch die energische briefliche Aufforderung des Vaters aus der Ferne: „... Fort mit Dir nach Paris! und das bald ...", um seinem Zögern ein Ende zu setzen. Nach einer Abschieds-akademie für Wolfgang im Haus Cannabich, in der Aloisia die kurz vorher für sie komponierte Arie „Alcandro, lo confesso" (KV 294) sang, trennte er sich am 14. März von seiner Geliebten, die ihm Liebe und Treue schwor, nicht ahnend, daß ihre Liebe schon bei seiner Rückkehr aus Paris erloschen sein sollte.

Am 23. März trafen Mutter und Sohn nach einer eher hindernisreichen Fahrt in der französischen Metropole ein. Dieser Aufenthalt in Paris, der bis zum 26. September dauerte, stand unter keinem guten Stern. Hier rächte sich die jahrelange Abschirmung Wolfgangs vor allen Schwierigkeiten und Feindseligkeiten einer materiellen Umwelt durch den überbesorgten, aber in diesseitsbezogenen Dingen sehr erfahrenen Vater. Aus Briefen der Mutter geht hervor, daß sie den ganzen Tag in einem dunklen, unwirt-lichen Quartier mit Blick auf einen engen Hinterhof saß und ihr Dasein mit Warten ver-bringen mußte. Und eben, als man in ein besseres Quartier umgezogen war, erkrankte die Mutter Mitte Juni lebensgefährlich. Ziemlich plötzlich stellten sich Fieber, Frösteln, Kopfschmerzen, Heiserkeit und bald auch Diarrhoen ein. Ab 19. Juni mußte sie ganz im Bett bleiben, lehnte jedoch mangels Vertrauen in die französische Heilkunst die Beizie-hung eines Arztes ab. Erst am 24. Juni – zuvor hatte sie ganz plötzlich ihr Gehör verlo-ren – willigte sie ein, den der Familie Mozart seit ihrer Pariser Reise bekannten deut-schen Arzt Dr. Heina zu rufen, der zwei Tage später dem Sohn die hoffnungslose Lage seiner Mutter klarmachte. Unter Fieberdelirien starb sie im Koma am 3. Juli 1778 um halb elf Uhr abends.

Greither vermutet, daß der Tod der Mutter durch eine Lungenentzündung verursacht worden war; auch Davies diskutiert eine solche Möglichkeit, wobei er auf die anhal-tende Hustenperiode der Mutter Mozarts im Dezember 1777 während ihres Aufenthal-tes in Mannheim hinweist und deshalb das Vorliegen einer eventuellen Tuberkulose nicht sicher ausschließen wollte. Die von Wolfgang am 3. Juli 1778 seinem Vater berich-teten Symptome, wonach die Erkrankung mit Fieber begann, nach einigen Tagen Durchfälle dazukamen und später auch ein völliger Gehörverlust einsetzte, sprechen wohl eindeutig für die Diagnose eines „Typhus abdominalis" – eine Erkrankung, die 1765 ihre beiden Kinder in Den Haag glücklicherweise überstanden hatten. Auszugs-weise sollen die Schilderungen des verzweifelten Mozart an seinen Vater in dem berühmt gewordenen Brief vom 3. Juli 1778 wiedergegeben werden. Wolfgang schrieb diese Zeilen noch in der gleichen Nacht, in der seine Mutter starb, wobei er in der Sorge um seinen Vater diesem den bereits eingetretenen Tod noch nicht mitteilte, sondern ihn nur auf den möglichen tödlichen Ausgang der Erkrankung der Mutter vorbereiten wollte. In jenem Brief heißt es: „Monsieur mon très cher Père! Ich habe ihnen eine sehr

unangenehme und Trauerige nachricht zu geben ... Meine liebe Mutter ist sehr kranck –
sie hat sich, wie sie es gewohnt war, adergelassen, und es war auch sehr nothwendig; es
war ihr auch ganz gut darauf – doch einige täge darnach klagte sie frost, und auch gleich
hitzen – bekam den durchlauf, kopfwehe – anfangs brauchten wir nur unsere hausmitteln, Antispasmotisch Pulver, wir hätten auch gerne das schwarze gebraucht, es man-
gelte uns aber ... weil es aber immer ärger wurde – sie hart reden konnte, das gehör verlor, so daß man schreyen muste, so schickte der Baron grim seinen Doctor her – sie ist
sehr schwach, hat noch hitzen, und Phantasirt – man giebt mir hofnung; ich habe aber
nicht viell – ich bin nun schon lange Tag und nacht zwischen forcht und hofnung – ich
habe mich aber ganz in willen gottes gegeben ... ich bin getröstet, es mag ausfallen wie
es will – weil ich weis, daß es gott, der alles / wens uns noch so quer vorkömmt / zu unsern
besten anordnet, so haben will; denn ich glaube / und dieses lasse ich mir nicht ausreden
/ daß kein Doctor, kein mensch, kein unglück, kein zufall, einem menschen das leben
geben, noch nehmen kann, sondern gott allein ... ich sage dessentwegen nicht daß
meine Mutter sterben wird und sterben muß, daß alle hofnung verloren sey – sie kann
frisch und gesund werden, aber nur wenn gott will – ich mache mir, nachdemme ich aus
allem meinen kräften um die gesundheit und leben meiner lieben mutter zu meinen gott
gebetten habe, gerne solche gedancken, und tröstungen, weil ich mich hernach mehr
beherzt, ruhiger und getröst finde – denn sie werden sich leicht vorstellen, daß ich dieß
brauche ..."

Wie sehr Mozart davor zitterte, daß sein Vater die Nachricht vom Tod seiner Gattin
nicht ohne gesundheitliche Gefährdung ertragen würde, zeigt der in derselben Nacht
verfaßte Brief an den befreundeten Abbé Joseph Bullinger in Salzburg, in dem er ihn
bat, seinen Vater schonend auf eine eventuelle Todesnachricht vorzubereiten: „Aller-
bester freund! für sie ganz allein. Trauern sie mit mir, mein freund! dies war der Traue-
rigste Tag in meinen leben – dies schreibe ich um 2 uhr nachts – ich muß es ihnen doch
sagen, meine Mutter, Meine liebe Mutter ist nicht mehr! gott hat sie zu sich berufen –
er wollte sie haben, das sahe ich klar – mithin habe ich mich in willen gottes gegeben –
Er hatte sie mir gegeben, er konnte sie mir auch nehmen ... Ich bitte sie unterdessen um
nichts als um das freund-stück, daß sie meinen armen vatter ganz sachte zu dieser traue-
rigen nachricht bereiten – ich habe ihm mit der nehmlichen Post geschrieben – aber nur
daß sie schwer krank ist – warte dann nur auf eine antwort – damit ich mich danach richten kann. gott gebe ihm stärcke und muth! mein freund! ... Ich bitte sie also, bester
freund, erhalten sie mir meinen vatter, sprechen sie ihm muth zu daß er es sich nicht gar
zu schwer und hart nimmt, wenn er das ärgste erst hören wird. Meine schwester emp-
fehle ich ihnen auch von ganzen herzen – gehen sie doch gleich hinaus zu ihnen, ich bitte
sie – sagen sie ihnen noch nichts daß sie Tod ist, sondern preparieren sie sie nur so dazu
– Thun sie was sie wollen – wenden sie alles an – machen sie nur daß ich ruhig seyn kan
– und daß ich nicht etwa ein anderes unglück noch zu erwarten habe. Erhalten sie mir
meinen lieben vatter, und meine liebe schwester. geben sie mir gleich antwort ich bitte
sie."

Trotz des manchmal recht heftigen Briefwechsels zwischen Vater und Sohn wegen seiner Beziehung mit Aloisia Weber, aus dem eine gewisse Distanzierung und der Versuch
einer Lösung aus der Bevormundung durch seinen Vater herauszuhören war, dürften
die kindliche Liebe und die Verehrung für seinen Vater noch völlig intakt gewesen sein.
In diesem Sinn spricht unter anderem auch ein Brief von Johann Baptist Becke vom 29.
Dezember 1778, den dieser aus München während der Rückreise Mozarts an Leopold
schrieb: „... Ich habe das Glück Ihren allerliebsten Herr Sohn fast den ganzen Tag bey

mir zu sehen ... Er brennt vor Verlangen, seinen Liebsten theuersten Vater zu umarmen ... nur machte er mich selbst fast kleinmüthig: in den ich Ihme seit einer Stund kaum aus den Thränen bringen kunte: ... Nie habe ich ein Kind gesehen das mehr Empfindung und Liebe vor einen Vater in seinem Busen trägt, als ihr Herr Sohn."

Es ist deshalb sicher nur dem Mangel an psychologischem Einfühlungsvermögen mancher Biographen zur Last zu legen, wenn Mozarts Vorgangsweise bei der brieflichen Benachrichtigung von der lebensgefährlichen Erkrankung seiner Mutter an Vater Leopold als Gefühlskälte auszulegen versucht wurde. Sie beziehen sich dabei auf Mitteilungen über berufliche Erfolge in Paris, welche im gleichen Schreiben erfolgten, wie etwa: „... Ich habe eine sinfonie, um das Concert spiritual zu eröfnen, machen müssen. an frohnleichnams-Tag wurde sie mit allem aplauso aufgeführt ... sie hat also ausnehmend gefallen ..." Man muß nicht unbedingt Psychoanalytiker sein, um zu erkennen, daß Wolfgang durch solche Berichte über seine erfolgreichen künstlerischen Aktivitäten in Paris dem Vater ein seelisches Gleichgewicht zu den traurigen Nachrichten zu geben versuchte.

Das gleiche gilt für die Standhaftigkeit und die Ergebenheit, die Wolfgang seinem Vater gegenüber in jenem Schreiben vom 9. Juli 1778 beteuerte, in dem er ihm die wahren Begebenheiten aus Paris schilderte: „Ich hoffe sie werden bereitet seyn, eine der Traurigsten und schmerzhaftesten nachrichten mit standhaftigkeit anzuhören ... als ich ihnen aber schriebe [gemeint ist der Brief vom 3. Juli. Anm. d. Verf.], war sie schon im genüß der Himmlischen freuden ... ich hoffe sie und meine liebe schwester werden mir diesen kleinen und sehr nothwendigen betrug verzeihen ... nun hoffe ich aber werden sie sich beyde gefast gemacht haben, das schlimmste zu hören, und, nach allen natürlichen und nur gar zu billigen schmerzen, und weinen, endlich sich in willen gottes zu geben ... ich muste mich also trösten; machen sie es auch so, mein lieber vatter und liebe schwester! weinen sie, weinen sie sich recht aus – trösten sie sich aber endlich – bedenken sie daß der Allmächtige gott also hat haben wollen ..." Mit diesen Worten wollte Wolfgang unter Hinweis auf seine standhafte und gottergebene Haltung seinem Vater Mut und Kraft einflößen.

In Wahrheit hatte er sich jedoch während der zweiwöchigen Todeskrankheit seiner Mutter seelisch so verausgabt, daß „mit dem Lebensfaden der Mutter auch seine eigene Leidensfähigkeit abriß". Dieses schreckliche Erlebnis bedeutete eine Zäsur, die auch in seinem künstlerischen Schaffen Spuren hinterließ und bei ihm jene furchtlose und natürliche Beziehung zum Tod, die für sein ganzes weiteres Leben bestimmend blieb, auslöste. Die Verzweiflung über den Tod seiner Mutter kommt geradezu explosiv in der Klaviersonate in a-Moll (KV 310) – der für Mozart charakteristischen Tonart der Trostlosigkeit – zum Ausdruck, insbesondere im ersten Satz, in dem sein seelischer Schmerz erschütternd herausklingt. Während dieser Sonate Trotz und Härte gegen das aufgezwungene Schicksal das Gepräge geben, stellt die fast gleichzeitig komponierte Sonate für Klavier und Violine in e-Moll (KV 304) das Gegenstück dazu dar; hier herrscht tiefe Resignation und gedämpfter Schmerz vor – der Mittelteil des zweiten Satzes dieser Sonate klingt wie das Gebet eines sich in das unabänderliche Schicksal Ergebenden.

Aber sosehr man auch die Beziehung dieser beiden Kompositionen zu dem erschütternden Erlebnis des Verlusts seiner Mutter zu erfühlen glaubt, hat Mozart selbst keinen konkreten Hinweis auf eine derartige Assoziation hinterlassen. Hildesheimer hat ja schon eindringlich und glaubhaft darauf hingewiesen, daß es bei Mozart fast unmöglich ist, Vorgänge in der Tiefe seines Herzens auszuloten oder aus seiner Musik Rückschlüsse auf seinen jeweiligen seelischen Zustand zu ziehen.

Nach sechs Monaten Aufenthalt verließ Mozart am 26. September 1778 Paris, um über Mannheim und München, wo er sich jeweils längere Zeit aufhielt, in Begleitung seines „Bäsle" aus Augsburg die Heimreise nach Salzburg anzutreten, wo die beiden am 15. Januar 1779 eintrafen. Zum Verlust seiner Mutter kam noch die bittere Enttäuschung mit seiner geliebten Aloisia Weber, die inzwischen in München am Hoftheater als Opernsängerin engagiert worden war. Die offenbar allzurasch berühmt gewordene Künstlerin wollte mit dem armseligen Musikanten Mozart nichts mehr zu tun haben. Aber abgesehen von den persönlichen Schicksalsschlägen und Enttäuschungen war auch die künstlerische Ausbeute dieser Reise weit unter seinen Erwartungen zurückgeblieben. Immerhin kehrte Mozart gesund aus Paris zu seinem Vater zurück, der inzwischen beim Erzbischof – sicher gegen den inneren Widerstand Wolfgangs – erreichen konnte, daß sein Sohn als Domorganist mit fester Besoldung wieder gnädig in die fürsterzbischöflichen Dienste aufgenommen wurde.

Über nennenswerte Erkrankungen wird aus der folgenden Zeit nichts berichtet, wenn man von einer stärkeren Erkältungskrankheit im November 1780 absieht. Für die Einstudierung seiner vom bayerischen Kurfürsten Karl Theodor zum bevorstehenden Karneval bestellten Oper „Idomeneo" erhielt Mozart entgegen den üblichen Gepflogenheiten des Erzbischofs Colloredo einen Urlaub nach München genehmigt, der von 5. November bis 16. Dezember 1780 befristet war. Während dieses Aufenthalts in München schreibt Mozart am 22. November an seinen Vater auch einen kurzen Gesundheitsbericht: „... ein karthar, welcher bey dieser Witterung hier sehr in Mode ist; ich glaube und hoffe aber er wird sich bald flüchten, den die 2 leichten Curaßier Regimenter Rotz und schleim gehen so immer Nach und nach weg ..." Dieser Katarrh dürfte aber doch mit einer Bronchitis einhergegangen sein, die ihm noch einige Zeit zu schaffen machte, denn am 1. Dezember schreibt er nach Salzburg: „Mein Carthar ist bey dieser Probe etwas ärger geworden ... heute hab ich angefangen feigelsaft, und ein wenig Mandlöl zu nehmen, und da spüre ich schon linderung. – und bin wieder 2 täge zuhause geblieben." Die folgenden Proben verliefen ohne Schwierigkeiten, und am 29. Januar 1781 fand endlich die Uraufführung von „Idomeneo" mit außergewöhnlichem Erfolg statt. Aber auch diesmal erhielt Mozart wieder kein festes Engagement.

Endgültiger Abschied von Salzburg

Inzwischen hielt sich der Salzburger Erzbischof mit seinem gesamten Stab in Wien bei seinem erkrankten Vater, dem Reichsvizekanzler Rudolf Joseph Fürst Colloredo, auf. Nachdem Mozart seinen ursprünglich nur bis 16. Dezember befristeten Urlaub in München weit überschritten hatte, befahl ihm der Erzbischof, unverzüglich nach Wien zu reisen. Mozart verließ am 12. März 1781 München und nahm bereits am Nachmittag des 16. März in Wien an einem Konzert teil. Insgesamt hoffte er, sich damit in Wien beim Kaiserhof und beim hohen Adel in Erinnerung zu bringen, doch gestattete ihm der Erzbischof nicht, eigene Konzerte zu veranstalten. Trotzdem gelang es ihm, Kontakte mit den wichtigsten Vertretern des Musiklebens der Stadt aufzunehmen, und der begeisterte Anklang, den er dort fand, bestärkte ihn in seiner Auffassung, daß Wien der „beste Ort der Welt" für seine künstlerische Entfaltung sei. Als ihn der Erzbischof mit einem unwichtigen Auftrag nach Salzburg zurückschicken wollte, zögerte er sicherlich gerade deshalb, diesem Befehl nachzukommen, was ihm einen groben Verweis des Erzbischofs einbrachte. Und als es im Verlauf einer erregten Debatte während dieser denkwürdigen Audienz zu dem drohenden Ausspruch des Landesherrn kam: „... dort ist die tühr, schau er, ich will mit einem solchen elenden buben nichts mehr zu tun haben ...", wollte Mozart diese despote Anmaßung nicht mehr weiter hinnehmen und übergab am 10. Mai dem Oberstküchenmeister Karl Graf Arco sein Abschiedsgesuch. Diese seine Haltung könnte wohl auch aus Nachrichten von der Amerikanischen Revolution während seines Pariser Aufenthalts genährt worden sein.

Mozart war noch am Tag nach dem Zerwürfnis mit dem Erzbischof so erregt, daß er abends in der Oper mitten im ersten Akt nach Hause gehen mußte, um sich hinzulegen. Nach seinen eigenen Worten war er ganz erhitzt, zitterte am ganzen Körper und taumelte auf der Straße wie ein Betrunkener; noch am folgenden Tag mußte er, nachdem er vorher Tamarindenwasser getrunken hatte, bis mittags das Bett hüten. Sein Vater dürfte zunächst aufgrund der Schilderung des Vorfalls die Entscheidung seines Sohnes voll und ganz gebilligt haben, denn er schrieb in einem Brief vom 10. August 1781 aus Salzburg an den Verlag Breitkopf: „... Meinen Sohn betreffend, so ist solcher nicht mehr in hiesigen Diensten. Er wurde vom Fürsten, der damals in Wienn war, als wir in München waren, nach Wienn berufen ... Da nun S. Hochfürstl. Gnaden meinen Sohn ganz außerordentlich alda misshandelt haben, und ihm im Gegentheile der ganze hohe Adl ganz besondere Ehren erwiesen, so konnten sie ihn auch leicht bereden seinen mit einem elenden Gehalt vergesellschafteten Dienst nieder zu legen und in Wien zu verbleiben ..." Es stellte sich allerdings sehr bald heraus, daß Mozarts Entschluß, in Wien zu bleiben, auch durch das neuerliche Zusammentreffen mit der Familie Weber beeinflußt wurde. Als dem Vater Gerüchte zu Ohren kamen, daß – mit Unterstützung der Mutter Weber – es zu einer festen Bindung Wolfgangs mit Konstanze, der Schwester Aloisias, gekommen war, versuchte er durch Vorhaltungen seinen Sohn davon abzubringen. Wenn auch in der Beziehung zwischen Mozart und Konstanze die Sinnlichkeit, wie aus vielen Briefen hervorgeht, eine sehr wichtige Komponente war, so darf man nicht übersehen, daß doch die seelische Liebe entsprechend seiner unerhörten Liebesfähigkeit im Vordergrund stand. Diese Liebe zu Konstanze, die im Verlauf der Ehe noch an Intensität zunahm, entsprang einem echten und tiefen Gefühl der Zuneigung und führte schließlich dazu, daß er ohne Anwesenheit seiner Frau oft nur mit großer Mühe komponieren konnte. Am liebsten hatte er Konstanze ständig um sich und empfand jede – wenn auch oft nur kurze – Trennung von ihr stets als außerordentlich schmerzlich.

Aus diesem Grund gab es für Mozart auch keine noch so kurzen Liebesabenteuer, wie immer wieder aus allen Dokumenten seines Lebens herauszulesen ist, denn auch seine Gefühle der Zuneigung etwa zu Nancy Storace, der schönen und gefeierten Sängerin und ersten „Susanne", waren rein wie seine Musik. Die Arie „Ch'io mi scordi di te" (KV 505), die er für die scheidende Freundin schrieb, und der für ihn selbst gedachte Klavierpart stellen in ihrem Zwiegesang – so Greither – vielleicht „die ergreifendste Werbung und in der Werbung den gleichzeitigen Verzicht des liebenden Mozart" dar.

Wie wenig genau man es mitunter bei der Andichtung von Liebesbeziehungen Mozarts, insbesondere mit seinen Klavierschülerinnen, mit dem Studium der Dokumente nimmt, soll ein Beispiel aus dem Buch von Carr wiedergeben: Dort heißt es zwar zunächst, daß es keine sicheren Hinweise dafür gäbe, daß Mozart jemals zu einer seiner Schülerinnen in einer intimen Liebesbeziehung stand – mit einer einzigen Ausnahme, nämlich Josepha Auernhammer, der er sechs Sonaten für Klavier und Violine gewidmet hat. Die Tochter der Familie Auernhammer, mit denen die Mozarts schon vor Jahren bekannt wurden, hat sich auch tatsächlich in Mozart verliebt, doch fand das „dicke Fräulein

Tochter" seines großzügigen Gastgebers bei ihm keine Gegenliebe. In einem Brief an seinen Vater vom Sommer 1781, in welchem er Josepha als „abscheulich, schmutzig und grauslich" beschrieb, erwähnt Mozart diese Zuneigung des Mädchens: „Als ich es merckte, denn sie nahm sich Freiheiten heraus, ... sah ich mich gezwungen, ... ihr mit Höflichkeit die Wahrheit zu sagen. Das half aber nichts, sie wurde noch immer verliebter ..." In der Folgezeit blieb das dicke Wiener Mädel zwar nur zu oft die Zielscheibe seines Spottes, doch erwies er sich ihr gegenüber stets loyal, und mit der Widmung der sogenannten „Auernhammer-Sonaten" versuchte er der Familie, die ihm so viele Wohltaten erwies und die ihn wahrscheinlich gerne als Schwiegersohn gesehen hätte, auf diese Weise seinen Dank abzustatten.

Durch den großen Erfolg seiner Oper „Die Entführung aus dem Serail", die am 16. Juli 1782 in Wien uraufgeführt wurde, sah er sich finanziell in der Lage, zu heiraten. Nach vielen Schwierigkeiten, unter denen ihn die unnachgiebige Haltung seines Vaters am stärksten seelisch belastete, führte er am 4. August 1782 seine geliebte Konstanze endlich zum Traualtar. Im Brief vom 7. August an seinen Vater, der an den Hochzeitsfeierlichkeiten nicht teilnahm und ihm so den väterlichen Segen vorenthielt, schreibt er – immer noch auf Versöhnung hoffend – voll Glück und Zuversicht: „... als wir zusamm verbunden wurden fieng so wohl meine frau als ich an zu weinen; davon wurden alle, sogar der Priester, gerührt ... ich wette – sie werden sich meines glückes erfreuen wenn sie sie werden kennen gelernt haben!" Es dauerte allerdings noch ein Jahr, bis der Vater anläßlich eines Besuchs in Salzburg Wolfgangs Frau Konstanze persönlich kennenlernte.

Für Wolfgang begann nun eine glückliche und künstlerisch erfolgreiche Zeit, die der jungen Familie bald einen beachtlichen Wohlstand brachte. Die rührende Zärtlichkeit, mit der er Konstanze immer wieder seine Liebe bewies, spiegelt sich in einigen seiner Kompositionen wider. Eines seiner liebenswertesten musikalischen Bekenntnisse ist neben dem langsamen Satz der für Konstanze geschriebenen Sonate KV 570 wohl der letzte Satz seines Streichquartetts in d-Moll KV 421, den er nach einer späteren Aussage von Konstanze in jener denkwürdigen Nacht vom 16. zum 17. Juni 1783 komponierte, in der sie stündlich die Geburt ihres ersten Kindes erwarteten. In dem erst vor wenigen Jahrzehnten wiederaufgefundenen Tagebuch des Ehepaars Novello, das ein halbes Jahrhundert nach Mozarts Tod eine Art „Pilgerfahrt zu den Spuren seines irdischen Daseins" unternahm, steht: „Sie bestätigte, daß (er) das Quartett in d-Moll geschrieben habe, während sie mit ihrem ersten Kind niederkam; gewisse Stellen, namentlich das Menuett (wovon sie uns etwas vorsang) deuteten ihre Schmerzen an." Daß die übrigen ihr gewidmeten Werke alle Fragmente geblieben sind, erklärt sich wohl daraus, daß sie mehr den musikalischen Interessen Konstanzes galten und weniger dazu bestimmt waren, später eventuell einmal veröffentlicht zu werden.

Erstmals wieder erwähnt Mozart in seinen Wiener Jahren Ende Mai 1783 eine anscheinend schwerere grippale Erkrankung. In einem Brief vom 7. Juni an seinen Vater berichtet er kurz: „Gott lob und dank ich bin wieder ganz hergestellt! Nun hat mir meine Krankheit einen Chatar zum andenken zurückgelassen; das ist doch hüpsch von ihr!" Wahrscheinlich handelte es sich um eine virale Infektion der Luftwege und des Nasen-Rachen-Raums, die er nach relativ kurzer Zeit überwand. Anders verlief die im August 1784 aufgetretene Erkrankung, von der er sich erst Mitte September wieder erholte und die ihn unter anderem daran hinderte, an der Hochzeit seiner Schwester in St. Gilgen teilzunehmen. Eine medizinische Rekonstruktion ist in diesem Fall deshalb schwierig, weil der Brief an seinen Vater, der den genauen Bericht über die Erkrankung enthielt, verlorengegangen ist. Als anamnestisch verwertbares Dokument steht nur eine briefliche Mitteilung Leopolds an seine jungvermählte Tochter Nannerl in St. Gilgen zur Verfügung; sie bezieht sich auf jenen Brief Mozarts, enthält aber für eine nachträgliche diagnostische Auswertung doch zuwenig Einzelheiten. Da über dieses Krankheitsgeschehen die verschiedensten Spekulationen angestellt wurden, sei der Brief Leopolds an seine Tochter in vollem Wortlaut wiedergegeben: „Mein Sohn war in Wienn sehr krank, – er schwitzte in der neuen opera des Paisiello [gemeint ist die Oper ‚Il rè Teodoro in Venezia‘, die am 23. August 1784 im Burgtheater ihre Uraufführung erlebte. Anm. d. Verf.] durch alle Kleider, und musste durch die Kalte Luft erst den Bedienten anzutreffen suchen, der seinen Überrock hatte, weil unterdessen der Befehl ergieng keinen Bedienten durch den ordentlichen Ausgang ins Theater zu lassen, dadurch erwischte nicht nur er, sondern manche andere Personen ein Revmatisches fieber, das, wenn man nicht gleich dazuthat, in ein faulfieber ausartete. Er schreibt: ich habe 4 Täge nacheinander zur näm: Stunde rasende Colique bekommen, die sich allzeit mit starkem Erbrechen geendet hat; nun muß mich entsetzlich halten. Mein Doctor ist H: Sigmund Barisani der ohnehin die Zeit, als er hier ist, fast täglich bey mir war; er wird hier sehr gelobt, ist auch sehr geschickt, und sie werden sehen, daß er in kurzem sehr avancieren wird."

Bei der Deutung dieser Erkrankung darf man sich natürlich nicht an die Bezeichnung des Vaters „Revmatisches fieber" halten, da dieser Begriff vor allem für den Laien damals eine Unzahl von Erkrankungen mit einschloß und nichts mit der heutigen Diagnose eines rheumatischen Fiebers zu tun hat. Die Vermutung Shapiros, es habe sich um einen akuten Schub eines rheumatischen Fiebers gehandelt, muß deshalb als unzutreffend zurückgewiesen werden. Alle Vertreter der These, Mozart sei an einem Nierenversagen nach einer latenten, chronischen Nierenentzündung gestorben, wollen aus den eben geschilderten Symptomen eine akute Nierenbeckenentzündung ableiten, die in eine sogenannte pyelonephritische Schrumpfniere mündete und möglicherweise durch eine Nierensteinkolik ausgelöst worden sein könnte.

Nach einer neuen Deutung von Davies soll es sich im Spätsommer 1784 um eine neuerliche, durch Streptokokken verursachte Halsentzündung gehandelt haben, die zur Entwicklung einer Glomerulonephritis, also einer beidseitigen Nierenentzündung, geführt habe, und zwar im Rahmen eines sogenannten Schönlein-Henoch-Syndroms. Es handelt sich dabei um eine durch eine Art Überempfindlichkeitsreaktion – häufig auf bakterielle Antigene – ausgelöste Entzündung im Bereich der Hautgefäße, seltener auch der Gefäße in der Darmschleimhaut, die zunächst stets zum Auftreten schmerzloser, kleinfleckiger Rötungen mit kleinen zentralen Blutaustritten führt. Die Hauptlokalisationen dieses Hautausschlags befinden sich an den Streckseiten der Arme und der Beine, und in rund der Hälfte der vorwiegend jugendlichen Patienten treten gleichzeitig schmerzhafte Gelenkschwellungen sowie kolikartige Bauchschmerzen mit oft blutigen Durchfällen auf; seltener sind auch blutiger Harn sowie Schwellungen im Gesicht und an Händen und Füßen als Ausdruck einer begleitenden Nierenentzündung zu bemerken. Abgesehen davon, daß die Aussichten auf Genesung bei dieser Erkrankung gut und ein Übergang in eine primär chronische Nierenentzündung extrem selten beobachtet wird, werden in jenem Bericht Leopolds keinerlei derartige Symptome erwähnt, wenn man von den „Coliquen" absieht, wobei man in der damaligen Zeit mit Kolik fast ausschließlich anfallsweise auftretende krampfartige Bauchschmerzen bezeichnete. Man kann annehmen, daß es sich bei Mozart um eine fieberhafte, mit Brechdurchfall einhergegangene Magen-Darm-Infektion gehandelt hat, die als „Sommerdiarrhoe" oder „Darmgrippe" auch heute noch häufig auftritt. Dafür würde auch der Hinweis

Leopolds sprechen, daß „... nicht nur er, sondern manche andere Personen ...“ dieselben Krankheitssymptome aufwiesen, und in eine ähnliche Richtung deuten auch die von Leopold zitierten Worte Mozarts „... nun muß (ich) mich entsetzlich halten ...“, was sich wohl auf strenge diätetische Anordnungen seines behandelnden Arztes Dr. Barisani bezieht.

Möglicherweise handelte es sich dabei um eine Infektion mit Campylobacter, eine Erkrankung, die nach uncharakteristischen katarrhalischen Anzeichen mit Temperaturen bis zu 40 Grad beginnt, und typischerweise zu heftigen krampfartigen Leibschmerzen führt, die so intensiv sein können, daß man selbst heute noch mitunter eine Operation zum Ausschluß etwa einer Blinddarmentzündung für notwendig erachtet. Gegenüber einer solchen Infektion mit Campylobacter oder Yersinien ist eine Virusenteritis, hervorgerufen durch sogenannte Echo- oder Rotaviren, viel weniger wahrscheinlich, da hiebei doch die Durchfälle ganz im Vordergrund stehen, von denen im Bericht Leopolds nichts erwähnt wird, während kolikartige Leibschmerzen gewöhnlich fehlen.

Man kann mit Sicherheit annehmen, daß diese Erkrankung keine bleibenden Folgen zurückließ. Wenn es 1784 gelegentlich zu Erschöpfungszuständen kam, muß man sich vor Augen halten, daß Mozart zwischen dem 9. Februar und dem 12. April, also innerhalb von nur zwei Monaten, neben seinen Auftritten als Pianist bei vierundzwanzig Konzerten noch drei seiner Klavierkonzerte und das berühmte Quintett für Klavier und Bläser komponierte; er selbst klagte in einem Brief vom 10. April 1784: „Übrigens bin ich – die Wahrheit zu gestehen – auf die letzt hin müde geworden vor lauter Spielen und es macht mir keine geringe Ehre, daß es meine Zuhörer nie wurden.“

In den folgenden vier Jahren erreichte das künstlerische Schaffen Mozarts seinen absoluten Höhepunkt; sein Vater Leopold war sehr stolz auf ihn, denn trotz aller Auseinandersetzungen kann die seelische Entfremdung zwischen Vater und Sohn doch nicht so tiefgreifend gewesen sein, wie immer wieder darzustellen versucht wird. Dafür spricht unter anderem auch der Entschluß Leopolds, am Faschingssonntag, dem 6. Februar 1785, von München aus die Reise nach Wien anzutreten, um seinen berühmten Sohn zu besuchen. Jetzt konnte er nicht nur mit Befriedigung feststellen, daß seine Schwiegertochter Konstanze den Haushalt vortrefflich zu führen verstand, sondern er war auch tief beeindruckt von der Begeisterung und der Liebe, die man seinem Sohn überall entgegenbrachte. In diesen Tagen hörte er von Joseph Haydn den berühmten Satz: „Ich sage Ihnen vor Gott als ein ehrlicher Mann, Ihr Sohn ist der größte Komponist, den ich von Person und dem Namen nach kenne.“ Sicherlich war der alte Mann auch von den rauschenden Erfolgen, die Mozart in diesen Wochen mit verschiedenen Opernaufführungen und Konzerten hatte, gerührt. Schon am 11. Februar abends, dem Tag seiner Ankunft in Wien, hatte er Gelegenheit, in einem Subskriptionskonzert das im letzten Augenblick fertiggestellte Klavierkonzert in d-Moll (KV 466) mit Wolfgang als Pianist zu hören.

In diese überaus schöpferische Zeit fällt auch die Komposition seiner Oper „Die Hochzeit des Figaro“, über die Johannes Brahms zu seinem Freund Billroth die Bemerkung machte: „Jede Nummer in Mozarts Figaro ist für mich ein Wunder; es ist mir absolut unverständlich, wie jemand etwas so vollkommenes schaffen kann; nie wieder ist so etwas gemacht worden, auch nicht von Beethoven.“ Die „Hochzeit des Figaro“ ist aber nicht nur ein musikalisches Meisterwerk, sondern gleichzeitig eminent politisch und im Hinblick auf die josefinische Innenpolitik hochaktuell. Mit dem Ruf nach Beseitigung adeliger Vorrechte und rechtlicher Gleichstellung aller Untertanen entsprach dieses Stück ganz der Absicht des Kaisers, dem Adel gewissermaßen den Spiegel vors Gesicht zu halten. Das ist sicher auch der Grund dafür, daß trotz des brisanten Inhalts und der damit zusammenhängenden Zensurwünsche vieler adeliger Kreise Josef II. ausdrücklich Befehl gab, diese Oper aufzuführen. Die Uraufführung fand am 1. Mai 1786 im Wiener Hofburgtheater statt, doch wurde die Oper schon am 18. Dezember nach der neunten Aufführung abgesetzt, da sich der Adel doch zu sehr boykottiert gefühlt haben dürfte. In Prag hingegen, wohin Mozart in Begleitung Konstanzes am 8. Januar 1787 gereist war, feierte er mit „Figaro" wahre Triumphe, wie überhaupt Prag auch später als die „Mozartstadt" bezeichnet wurde. Mozart selbst schrieb in einem Brief vom 15. Januar: „. . . hier wird von nichts gesprochen als vom – figaro; nichts gespielt, geblasen, gesungen und gepfiffen als – figaro . . . gewis grosse Ehre für mich".

Mozarts Gesundheit muß zu dieser Zeit ausgezeichnet gewesen sein; nur im Jahr 1786 findet sich eine Bemerkung Mozarts dem Grafen Paar gegenüber, daß er von „starken Kopfschmerzen und Magenkrampf" geplagt wurde, doch dürften diese Beschwerden bald wieder verschwunden sein. Erst 1787 kam es wieder zu einer Erkrankung, über deren Art und Verlauf jedoch keine Einzelheiten bekannt sind. Man weiß nur, daß auch diesmal wieder Dr. Barisani die Behandlung übernommen hatte; aus dessen Stammbucheintragung vom 14. April kann man folgern, daß Mozart gegen Mitte April 1787 erkrankte. In diesem Gedicht Dr. Barisanis heißt es nämlich:

> „Vergiss da deines Freundes nicht,
> Der sich mit Wonne stets und stets
> Mit Stolz erinnern wird, dass er
> Als Arzt dir zweymal hat gedient
> Und dich der Welt zur Lust erhielt, . . ."

Die Erkrankung dürfte länger gedauert haben und auch der Grund dafür gewesen sein, daß die beabsichtigte Reise Wolfgangs an das Krankenbett seines Vaters nach Salzburg nicht zustande kam und Mozart auch nicht am Begräbnis seines Vaters, der am 28. Mai 1787 gestorben war, teilnahm.

Leopold Mozart hatte schon seit einiger Zeit an Herzbeschwerden gelitten, die sich bei dem inzwischen Achtundsechzigjährigen vor allem bei psychischen Aufregungen einstellten und durch arteriosklerotisch bedingte Einengung der Herzkranzarterien, also durch eine Koronarsklerose, bedingt gewesen sein dürften. Anfang 1787 begann er auch über Atemnot beim Stiegensteigen zu klagen, und Mitte März beobachtete seine Tochter Nannerl Zeichen von Wassersucht; wahrscheinlich wurde das Anschwellen der Beine durch eine zunehmende Herzmuskelschwäche verursacht. Als Mozart vom Gesundheitszustand seines Vaters erfuhr, schrieb er ihm am 4. April einen sehr herzlichen Brief, der unter anderem deshalb recht bekannt wurde, weil er darin mit seinen eigenen Gedanken über den Tod dem alten und kranken Vater offenbar seelischen Beistand geben wollte: „. . . diesen Augenblick höre ich eine Nachricht, die mich sehr niederschlägt – um so mehr als ich aus ihrem letzten Vermuthen konnte, daß sie sich recht wohl befinden; Nun höre (ich) aber daß sie wirklich krank seyen! wie sehnlich ich einer Tröstenden Nachricht von ihnen selbst entgegen sehe, brauche ich ihnen wohl nicht zu sagen; und ich hoffe es auch gewis – obwohlen ich es mir zur gewohnheit gemacht habe mir immer in allen Dingen das schlimmste vorzustellen – da der Tod /: genau zu nemmen :/ der wahre Endzweck unsers lebens ist, so habe ich mich seit ein Paar Jahren mit diesem wahren, besten freunde des Menschen so bekannt gemacht, daß sein Bild nicht allein nichts schreckendes mehr für mich hat, sondern recht viel beruhigendes und tröstendes! und ich danke meinem gott, daß er mir das glück gegönnt hat mir die gelegenheit /: sie verstehen mich :/ zu verschaffen, ihn als den schlüssel zu unserer wahren Glückseeligkeit kennen zu lernen. ich lege mich nie zu bette ohne zu bedenken, daß ich vielleicht /: so Jung als ich bin :/ den andern Tag nicht mehr seyn werde – und es wird doch kein Mensch von allen die mich kennen sagn können, daß ich im Umgange mürrisch oder traurig wäre – und für diese glückseeligkeit danke ich alle Tage meinem Schöpfer und wünsche sie vom Herzen jedem meiner Mitmenschen. Ich habe ihnen in dem briefe /: so die storace eingepackt hat :/ schon über diesen Punkt /: bey gelegenheit des traurigen Todfalls Meinen liebsten besten Freundes grafen von Hatzfeld :/ meine Denkungsart erklärt – er war eben 31 Jahre alt; wie ich – ich bedaure ihn nicht, aber wohl herzlich mich und alle die welche ihn so genau kannten wie ich. Ich hoffe und wünsche daß sie sich während ich dieses schreibe besser befinden werden; sollten sie aber wieder alles vermuthen nicht besser seyn, so bitte ich sie bey ... [von Mozart selbst punktiert. Anm. d. Verf.] mir es nicht zu verhehlen, sondern mir die reine Wahrheit zu schreiben oder schreiben zu lassen, damit ich so geschwind als es menschenmöglich ist in ihren Armen seyn kann; ich beschwöre sie bey allem was – uns heilig ist – ..."

Am 28. Mai 1787 starb sein Vater, vermutlich an den Folgen eines Herzinfarkts. Die dabei auftretenden heftigen Schmerzen haben Dr. Joseph von Barisani, der Leopold behandelte, zur ominösen Diagnose einer Milzverstopfung veranlaßt, ein Krankheitsbild, das heute etwa dem Begriff eines Milzinfarkts entsprechen könnte. Aus der daraus zu vermutenden Schmerzausstrahlung läßt sich mit aller Vorsicht schließen, daß es sich bei Leopold um einen sogenannten Hinterwandinfarkt gehandelt haben dürfte.

Tod des Vaters als Zäsur

Nach dem Jahr 1778, in welchem er seine Mutter verlor, war das Jahr 1787 mit dem Verlust seiner beiden engen Freunde Graf von Hatzfeld und Dr. Sigmund Barisani und im besonderen mit jenem seines Vaters die zweite wichtige Zäsur im Leben Mozarts. Um sich seinen seelischen Zustand vorstellen zu können, muß man sich das ungewöhnliche Abhängigkeitsverhältnis zwischen Vater und Sohn vor Augen halten. Von vielen Biographen wird nämlich immer wieder auf die Merkwürdigkeit – um nicht zu sagen Taktlosigkeit – verwiesen, daß Mozart schon siebzehn Tage nach dem Tod seines Vaters als erste Komposition die großartige Parodie „Ein musikalischer Spaß" (KV 522) fertigstellen konnte. Ob es sich dabei, wie Hildesheimer meint, um eine Art selbsttherapeutischen Akt handelte oder um ein Überspielen eines uneingestandenen Schuldgefühls, können wir wohl niemals mehr ergründen. Sicher ist jedoch, daß Mozart in den Wochen der Krankheit seines Vaters alles andere als heiter war. In diesem traurigen Frühjahr 1787 entstand sein berühmtes Andante in a-Moll, der Tonart der Trostlosigkeit (KV 511), wohl das schönste aller Klavierrondos der klassischen Epoche.

Noch deutlicher kommt der Schmerz angesichts des bevorstehenden Todes seines Vaters in seinem berühmten Streichquintett in g-Moll (KV 516) zum Ausdruck, das er zwölf Tage vor dem Tod des Vaters fertigstellte und das zu den leidenschaftlichsten seiner Kompositionen zählt. Das unmittelbar anschließend komponierte Streichquintett in C-Dur (KV 515) wirkt hingegen wiederum gänzlich unbelastet von der gedanklichen Vorstellung des Todes; hier verrät er den wieder erreichten Zustand vollkommener innerer Harmonie seiner Seele. Will man begreifen, wie Mozart – noch unter dem Eindruck des Todes seines Vaters stehend – dieses gelöste, dahinströmende Werk schreiben konnte, dann muß man sich auf sein eigenartiges und ganz persönliches Verhältnis zum Tod, wie er es bereits in seinem letzten Brief an den Vater ausdrückte, besinnen. Der Gedanke an den Tod hat nicht nur in seinem Leben, sondern noch mehr in seinen Opern immer wieder einen auffallend breiten Raum eingenommen; sein abgeklärtes Verhältnis zu dem Gedanken, sterben zu müssen, erinnert mitunter fast an die stoische Lehre der Römer. „Was ist der Tod – ein Übergang zur Ruh'", heißt es in seiner Oper „Die Entführung aus dem Serail". Man kann daher annehmen, daß Mozart der Tod seines Vaters bereits in einer Seelenlage antraf, in der für ihn dem Tod nichts Schreckliches mehr anhaftete und in der er weniger um das Jenseits nach dem Tod besorgt war, sondern eher darum, den Tod bereits in das diesseitige Leben einzubauen. Greither hat diese psychologische Situation einmal in die schönen Worte zusammengefaßt: „Nicht Gnade und Erlösung, sondern Güte und Weisheit sowie brüderliche, menschliche Gesinnung und ein mit Würde vom Todesgedanken her gelebtes Leben waren die Ideale, nach denen Mozart zu leben trachtete."

Obwohl Mozart gläubig – im Sinne der Kirche – war, so wurde für ihn doch die Gedankenwelt des Freimaurertums immer mehr eine Art religiöser Ersatz. Wie Studien von O. E. Deutsch im Wiener Staatsarchiv ergaben, ist Mozart am 14. Dezember 1784 nicht, wie frühere Biographen annahmen, in die Loge „Zur gekrönten Hoffnung", sondern in jene „Zur Wohltätigkeit" eingetreten, die dann freilich am 11. Dezember 1785 nach dem Freimaurerpatent Josefs II. mit anderen Logen in jene „Zur neugekrönten Hoffnung" zusammengeschlossen wurde. Durch dieses Patent wurden vor allem Geheimgesellschaften, wie etwa die der Rosenkreuzer, verboten, während das Freimaurertum selbst bestehen blieb. Trotzdem wurden einige Logen aufgelöst und viele traten aus dem nicht mehr so opportun erscheinenden Bund aus. Es spricht für den Ernst, mit dem Mozart das freimaurerische Gedankengut vertrat, daß er damals nicht aus der Loge austrat und sich sogar mit dem Plan trug, eine eigene Geheimgesellschaft zu gründen. Mozart, der mit Johann Wolfgang von Goethe und Gotthold Ephraim Lessing zu den drei bedeutendsten Freimaurern des 18. Jahrhunderts zählte, ist für die geistige Geschichte des Bundes deshalb von größter Bedeutung, weil eines der größten musikalischen Kunstwerke aller Zeiten, nämlich „Die Zauberflöte", ohne die Freimaurerei gar nicht denkbar wäre. Die vom Freimaurertum geprägte Vorstellung Mozarts vom Tod ist aber auch noch in einem anderen wichtigen Werk, in der „Maurerischen Trauermusik" (KV 477), die am 10. November 1785 erstmals anläßlich des Ablebens von Fürst Esterhazy erklang, deutlich spürbar.

Wie immer seine Einstellung zum Tod auch gewesen sein mag – mit seinem Vater verlor Mozart jedenfalls nicht nur seinen besten und treuesten Freund, sondern auch seinen wichtigsten Berater, Organisator und Manager, der ihm durch seine Lebensklugheit und seinen untrüglichen Sinn für Realität stets hilfreich zur Seite stand. So gesehen ist es wahrscheinlich kein Zufall, daß schon wenige Wochen später die berühmten Bettelbriefe an seinen Freund und Logenbruder Michael Puchberg ihren Anfang nahmen – für Valentin „unvermittelt auftretende Zeugnisse einer Situation, die übergangslos, abgrundgleich alles Vorausgehende mit grausamer Strenge scheidet." Ob er in der Figur des Komtur in „Don Giovanni", dem neuen Opernauftrag aus Prag, seinen Vater verewigen wollte, bleibt natürlich Spekulation.

Bei der Uraufführung der Oper „Don Giovanni" am 29. Oktober 1787 befand sich Österreich bereits im Kriegszustand mit der Türkei. Das Geld begann – auch in vermögenden Kreisen – zunehmend knapper zu werden; es kam zu Reduzierungen der Dienerschaft, zu zahlreichen Auflösungen privater Adelskapellen und empfindlichen Einschränkungen musikalischer Akademien oder Hauskonzerte. Diese historischen

Zusammenhänge muß man bedenken, wenn man die 1788 einsetzende Verschlechterung der finanziellen Lage Mozarts und den zahlenmäßig deutlichen Rückgang der Aufführungen seiner Werke verstehen will. Liest man doch immer wieder in Mozart-Biographien, daß Mozart in diesen Jahren die Gunst des Adels verlor, die Aufführung seiner Werke boykottiert wurde und er schließlich, völlig verarmt, in Vergessenheit geriet. In Wahrheit wurden Mozarts Kompositionen, vor allem seine Opern, immer häufiger in allen größeren deutschen Städten, aber auch in Prag, in Ofen sowie in Holland und in England gespielt, und als im Jahr 1791 mit der Friedenspolitik Kaiser Leopolds II. und mit dem Eintritt des Bürgertums in das kulturelle Leben Wiens durch neue Formen der Musikpflege und durch die Entwicklung eines bürgerlichen Mäzenatentums Mozart wieder mehr musikalische Aufträge erhielt, begann seine Schaffenskraft alles Bisherige in den Schatten zu stellen.

Auch seine finanzielle Lage war alles andere als die eines armen, vergessenen Musikers. Uwe Krämer unterzog sich der Mühe, die Einkünfte Mozarts während seiner letzten vier Lebensjahre zu durchforsten und kam dabei zu dem überraschenden Ergebnis, daß Mozart ein verwöhnter, reicher Künstler war, der am Höhepunkt seiner Laufbahn jährlich bis zu 10 000 Gulden verdiente und selbst in seinem Todesjahr noch immer Einnahmen von mindestens 3 000 Gulden zu verzeichnen hatte; vergleichsweise verdiente etwa der Direktor des Wiener Allgemeinen Krankenhauses, Dr. Sigmund Barisani, 3 000 Gulden und Michael Haydn am Hof des sparsamen Salzburger Erzbischofs Graf Colloredo nur 50 Gulden im Jahr. Wenn diese Berechnungen vielleicht auch etwas zu hoch sind, so darf man doch mit einem Jahreseinkommen von 4 000 bis 5 000 Gulden rechnen. Um so unverständlicher ist es, warum Mozart bald nach dem Tod seines Vaters plötzlich in finanzielle Not geriet. Eine der Ursachen dürfte die langwierige Erkrankung Konstanzes gewesen sein, die in Wien wenige Wochen nach Mozarts Rückkehr aus Berlin am 4. Juni 1789 begonnen hatte. In einem Brief aus der zweiten Hälfte Juli berichtete Mozart seinem Freund und Logenbruder Michael Puchberg über den Zustand seiner Frau und über die Befürchtung der Ärzte, daß der „Knochen angegriffen sei". Die Krankheit Konstanzes, die der später auch Mozart selbst behandelnde Arzt Dr. Thomas Franz Closset feststellte, dürfte ein „offenes Bein", also ein Unterschenkelgeschwür als Folge wiederholter Venenentzündungen, gewesen sein. Solche Venenentzündungen bzw. Venenthrombosen treten bei Schwangeren und besonders bei Frauen nach mehreren Schwangerschaften öfter auf und galten damals als sehr gefährlich. Tatsächlich hatte Konstanze bereits vier Geburten hinter sich und erwartete zur Zeit der Erkrankung ihr fünftes Kind. Es wurde am 16. November 1789 geboren, starb aber bereits eine Stunde nach der Geburt an den Fraisen.

Im Sommer 1789 übernahm Wolfgang hingebungsvoll die Pflege seiner Frau und brachte in dieser Zeit keine Kompositionen zu Papier. „... Ich bin doch sehr unglücklich! immer zwischen Angst und Hoffnung! und dann! –" notierte er als Nachsatz in einem Brief vom 17. Juli an Michael Puchberg. Als Konstanze bereits zur Kur in Baden war, schrieb er ihr voller Zärtlichkeit Mitte August aus Wien: „... Liebes Weibchen! ich will ganz aufrichtig mit Dir sprechen, Du hast gar keine Ursache traurig zu seyn – Du hast einen Mann der Dich liebt, der Dir alles, was er nur im Stande ist, thut – was Deinen Fuß anbelangt, brauchst Du nur Geduld zu haben, es wird gewis ganz gut gehen ..."

Die Rechnungen für Arzt und Apotheker sowie die aufwendigen Nachbehandlungen in dem relativ teuren Kurort Baden bei Wien dürften sehr hoch gewesen sein, wie man aus den Briefen an Michael Puchberg schließen kann. So schreibt Mozart etwa am 17. Juli 1789: „... daß ich keiner so ansehnlichen Summe benöthigt sein würde, wenn mir nicht entsetzliche Kosten wegen der Kur meiner Frau bevorständen, besonders wenn sie nach Baden muß …", oder kurze Zeit später: „… ich würde, trotz meiner täglich großen Ausgaben, doch mich nach Möglichkeit bis dahin noch gedulten, wenn nicht Neujahr wäre, wo ich die Apotheken und Doctores (welche nicht mehr brauche) ganz zahlen muß, wenn ich nicht meinem Credit schaden will; – besonders haben wir Hundschowsky auf eine (wegen gewissen Ursachen) etwas unfreundliche Art von uns weggebracht, warum es mir nun doppelt am Herzen liegt ihn zu contentiren; …" Und daß Mozart nicht nur durch Schuldenmachen, sondern auch aus eigener Anstrengung versuchte, die notwendigen Mittel herbeizuschaffen, bezeugt eine Passage in einem Brief vom 12. Juli 1789: „… daß ich durch diese unglückselige Krankheit in allem Verdienste gehemmt werde, brauche ich ihnen wohl nicht zu wiederholen; nur das muß ich Ihnen sagen, daß ich ohngeachtet meiner elenden Laage, mich doch entschloß bei mir Suscriptions Academien zu geben, um doch wenigstens die dermalen so großen und häufigen Ausgaben bestreiten zu können … aber auch dies gelingt mir nicht; – mein Schicksal ist leider, aber nur in Wien, mir so widrig, daß ich auch nichts verdienen kann, wenn ich auch will …"

Daß allerdings nur die Unkosten, die aus der Krankheit seiner Frau erwuchsen, der Anlaß für die vielen Bettelbriefe waren, muß angezweifelt werden. Andeutungen in diesen Briefen lassen vermuten, daß auch andere Umstände zu der manchmal peinlichen finanziellen Situation Mozarts entscheidend beigetragen haben dürften. So etwa bittet er Puchberg im Juli 1789: „… wenn sie können, so stehen Sie mir mit Rath und That bey in bewußter Sache". Noch deutlicher ist jene Bemerkung, die Mozart in einem Bittbrief an Puchberg machte, nachdem er ein Gesuch an Kaiser Leopold II. um eine Kapellmeisterstelle gerichtet hatte: „… Sie wissen, wie mir meine dermaligen Umstände, wenn Sie kund würden, in meinem Gesuch bey Hofe schaden würden – wie nöthig es ist, daß dies ein Geheimnis bleibe; denn man urtheilt bey Hofe nicht nach den Umständen, sondern leider blos nach dem Schein." Diesem Schreiben vom April 1790 folgte wenige Tage später noch eine Ergänzung, in der er flehentlich ersuchte: „… wollen und können Sie mich aber wenigstens aus einer augenblicklichen Verlegenheit reissen, so thun Sie es gott zu liebe." Diese angedeuteten Befürchtungen um seinen guten Leumund lassen vermuten, daß Mozart manchmal mit erheblichen Spielschulden zu kämpfen hatte. Weiß man doch, daß damals die Spielleidenschaft, vor allem das Pharao Spiel, weitverbreitet war. Schon Vater Leopold beklagte sich in einem Brief an seinen Sohn nach Wien, daß die jungen Leute am Hof des Salzburger Erzbischofs durch das „verfluchte Faro-Spiel" all ihr Hab und Gut verlieren würden, und er war froh, daß dieses Glückspiel vom Landesherrn endlich verboten wurde. Noch mehr gehörten Glücksspiele mit hohem Einsatz in den adeligen Kreisen Wiens zur Tagesordnung, und da Mozart, der ebenfalls am Kartenspiel Freude gehabt haben dürfte, mit seinen adeligen Freunden und Gönnern nicht wie ein Lakai, sondern als gleichgestellter Partner verkehren wollte, hat er sicherlich auch vor hohen Einsätzen nicht zurückgeschreckt. Während allerdings fürstliche Personen mit ihrem in die Hunderttausende gehenden Jahreseinkommen bei verlustreichem Spiel in keine Schwierigkeiten gerieten, kann man sich vorstellen, daß Mozart in solchen Dimensionen bald nicht mehr mithalten konnte, was für seine gesellschaftliche Stellung eine große Gefahr bedeutete. Wer nämlich in diesen Kreisen Spielschulden nicht prompt begleichen konnte, galt als nicht mehr gesellschaftsfähig. Um den gesellschaftlichen Boden unter seinen Füßen nicht zu verlieren, wäre Mozart bei solchen Spielverlusten nichts anderes übrig geblieben, als Schulden – und diese oft in beträchtlicher Höhe – zu machen. In solchen Situationen war es

dann immer wieder sein Freund Michael Puchberg, der ihm mit Geldbeträgen aushalf. Zum Dank für die vielen Freundschaftsbeweise widmete er Puchberg, in dessen Haus häufig Kammermusik gepflegt wurde, das herrliche Klaviertrio in E-Dur (KV 542). Möglicherweise sah Mozart auch in Spekulationsgeschäften einen Ausweg aus seiner finanziellen Notlage. Jedoch dürfte ihm eine Finanzunternehmung, die er gemeinsam mit dem Verleger Franz Anton Hoffmeister betrieb und die ihm während seines Aufenthalts in Frankfurt anläßlich der Krönungsfeierlichkeiten für Leopold II. rund 2 000 Gulden einbringen sollte, einige Sorgen bereitet haben. Leider ist von diesen finanziellen Manipulationen nur eine mit 1. Oktober vordatierte Schuldverschreibung über 1 000 Gulden an den „Wohlgeborenen Herrn Heinrich Lackenbacher privilegierter Handelsmann Allhier" erhalten geblieben. Mozart verpfändete zur Absicherung sowohl des Kapitals als auch der Zinsen sein gesamtes Mobilar und bot zur Tilgung des Darlehens seine Honorare, die er von seinem Verleger Hoffmeister erwartete, an. Aus Andeutungen in verschiedenen Briefen kann man herauslesen, daß er einem uns nicht näher bekannten Mann stets auf den Fersen bleiben mußte, um sein Geschäft mit ihm erfolgreich beenden zu können. Besonders deutlich kommt dies im Brief vom 6. Juli 1791 zum Ausdruck, in welchem er Konstanze von einem öffentlich veranstalteten Ballonflugversuch François Blanchards im Wiener Prater berichtete: „. . . Die Historie mit Blanchard ist mir heute gar nicht lieb – sie bringt mich um den schlusse meines Geschäftes – N. N. [der Name wurde von Nissen in seiner Biographie gestrichen. Anm. d. Verf.] versprach mir bevor er hinausführe zu mir zu kommen, kamm aber nicht – vielleicht kömmt er wenn der Spass vorbey ist – ich warte bis 2 uhr, dann werfe ich ein bischen Essen hinein und suche ihn aller Orten auf. das ist ein nicht gar angenehmes leben . . ." Und schon am nächsten Tag schrieb er: „Du wirst mir schon verzeihen, daß du ietzt immer nur einen Brief von mir bekömmst. Die Ursache ist: ich muß einen N. N. gefangen halten, darf ihn nicht echapiren lassen – alle Tage um 7 Uhr früh bin ich schon bei ihm."
Dieses gehetzte Leben dürfte ihn neben der Komposition der „Zauberflöte" doch sehr belastet haben. In einem Brief vom 5. Juli 1791 an seine Frau heißt es: „. . . ich hoffe Dich Samstag umarmen zu können, vielleicht eher. Sobald mein Geschäft zu Ende ist, so bin ich bey Dir – denn ich habe mir vorgenommen, in Deiner Umarmung auszuruhen; ich werd' es auch brauchen – denn die innerliche Sorge, Bekümmerniß und das damit verbundene Laufen mattet einen doch ein wenig ab . . ." Dazu kam noch, daß Kaiser Leopold II. sich um das künstlerische Leben in Wien nicht sonderlich kümmerte und Mozart daher keine großen Aussichten für die Zukunft am Wiener Hof zu erwarten hatte. Er war offenbar aber nicht nur seelisch, sondern auch körperlich belastet, wie verschiedenen Andeutungen, so etwa einem Brief vom 8. April 1790 an Puchberg, zu entnehmen ist: „. . . Ich würde selbst zu ihnen gekommen seyn, um mündlich mit ihnen zu Sprechen, allein mein kopf ist wegen Rheumatischen Schmerzen ganz eingebunden, welche mir meine laage noch fühlbarer machen . . ." Und am 14. August 1790 schreibt er wiederum an Puchberg: „So leidentlich als es mir gestern war, so schlecht geht es mir heute; ich habe die ganze Nacht nicht schlafen können vor Schmerzen; ich muß mich gestern von vielem gehen erhizt und dann unwissend erkältiget haben; stellen sie sich meine laage vor – krank und voll kummer und Sorge – eine solche laage verhindert auch die genesung um ein merkliches . . ."
All diese Umstände während der letzten Lebensjahre Mozarts berechtigen zu der Annahme, daß zur Erklärung der psychischen und körperlichen Beschwerden das Vorliegen einer chronischen Krankheit – sei es ein Herzleiden oder eine Nierenkrankheit – gar nicht herangezogen werden muß, sondern die unvorstellbare Überforderung

genügen würde. So lassen auch die Briefe aus Mozarts letzter Lebensphase erkennen, daß er bis zum Spätherbst 1791 gesund war und seiner schöpferischen Aktivität gerade in seinem letzten Lebensjahr viele großartige Werke zu verdanken sind.

Schicksalsjahr 1791

Das fast übermenschliche Arbeitspensum, bei dem er unter einem gewaltigen Zeitdruck stand, begann im Sommer 1791 mit der Arbeit an der „Zauberflöte". Wenn der Entstehung dieser Oper später die merkwürdigsten Geheimnisse angedichtet wurden, dann handelt es sich dabei wohl um mehr oder weniger bewußte Erfindungen, die offenbar bestimmten tendenziösen Zwecken dienen sollten. Mozart selbst sah in dem wahrscheinlich von Gieseke dramatisierten Text einer früheren Bearbeitung des „Oberon" von Wieland (in welcher auch Teile aus der Märchensammlung „Dschingis Khan" von Wieland sowie freimaurerisches Gedankengut verarbeitet wurden) eher eine Märchenoper als eine geheimnisvoll verschlüsselte Botschaft, deren Vertonung ihm anfangs sogar etwas Sorgen bereitete. Sagte er doch selbst: „Wenn wir ein Malheur haben, so kann ich nichts dazu, denn eine Zauberoper habe ich noch nicht komponiert." Doch bald machte er sich mit Feuereifer an die Arbeit, wobei er häufig schon um 5 Uhr früh zu komponieren begann, wie verschiedenen Briefen zu entnehmen ist. So heißt es in einem Brief an seine in Baden zur Kur weilende Frau vom 11. Juli 1791: „. . . Ich kann Dir nicht sagen was ich darum geben würde, wenn ich anstatt hier zu sitzen bey Dir in Baaden wäre. – Aus lauter langer Weile habe ich heute von der Oper eine Arie componirt – ich bin schon um halb 5 Uhr aufgestanden . . .!"
Seine intensive Arbeit an der „Zauberflöte" wurde am 14. Juli 1791 durch einen Auftrag aus Prag unterbrochen. Für die schon im September stattfindende Krönung Kaiser Leopolds II. sollte er die Oper „La clemenza di Tito" schreiben. Der Zeitdruck war ungeheuer: Innerhalb von nur drei Wochen hat Mozart dieses Werk komponiert, wobei er noch während der Reise nach Prag Ende August mit der Ausarbeitung beschäftigt war. Die Rezitative der Oper mußten – wohl aus Zeitgründen – von Süßmayer geschrieben werden; Teile dieses Werks dürften allerdings schon früher entstanden sein, wie etwa die Arie der Vitellia. Doch nicht nur die Anstrengungen bei der termingerechten Fertigstellung des „Titus", dessen Uraufführung am 6. September unter der persönlichen Leitung Mozarts stattfand, waren es, die zu gesundheitlichen Problemen führten, sondern auch Verleumdungen und Intrigen. Vor allem Leopold Kozeluch versuchte die Aufführung dieser Oper in Prag zu verhindern, was letztlich auch ein Grund dafür war, daß die „Titus"-Aufführung während der Krönungsfeierlichkeiten Leopolds II. zum König von Böhmen keinen durchschlagenden Erfolg erringen konnte. Kaiserin Maria Louise bezeichnete sie sogar als „una porcheria tedesca".
Bei der Abreise der Familie Mozart aus Prag Mitte September fiel seinen Freunden auf, daß Wolfgang blaß und niedergeschlagen wirkte. Sein erster Biograph Niemetschek schrieb darüber 1808 in der zweiten Auflage des Werks: „Schon in Prag kränkelte und medizinirte Mozart unaufhörlich; seine Farbe war blaß und die Miene traurig, obschon sich sein munterer Humor in der Gesellschaft seiner Freunde doch oft noch in fröhlichen Scherz ergoß. Bey seinem Abschiede von dem Zirkel seiner Freunde ward er so wehmütig, daß er Thränen vergoß. Ein ahnendes Gefühl seines nahen Lebensendes schien die schwermüthige Stimmung hervorgebracht zu haben – denn schon damals trug er den Keim der Krankheit, die ihn bald dahinraffte, in sich."

Der letzte Satz in diesem Bericht wird in typischer Weise kausal mit jenen Ereignissen verknüpft, die Niemetschek in der Retrospektive gesehen bereits vorausahnte – eine Darstellung somit, der kein objektiver Wert zukommen kann. Wenn er allerdings in Mozart, den er zuletzt im Mai des Jahres 1789 in Prag gesehen hatte, nun im September 1791 einen überarbeiteten, müde wirkenden und gesundheitlich reduzierten Menschen sah, dann entspricht diese Beschreibung ohne Zweifel den Tatsachen. Nur lag die Ursache hiefür nicht im Keim seiner späteren Todeskrankheit, sondern in seelischen und körperlichen Belastungen während der vorausgegangenen Wochen und Monate und einer wahrscheinlich katarrhalischen Erkrankung – einem grippalen Infekt, wie man heute sagen würde –, die er offenbar während seiner Reise nach Prag acquirierte und an der er auch noch Anfang September laboriert haben dürfte. In diesem Sinne spricht eine Stelle aus dem Prager Krönungsjournal 1791, wo es heißt: „Die Komposition [gemeint ist der „Titus". Anm. d. Verf.] ist von dem berühmten Mozart, und macht demselben Ehre, ob er gleich nicht viel Zeit dazu gehabt und ihn dazu noch eine Krankheit überfiel, in welcher er den letzten Theil derselben verfertigen mußte." Nach der Biographie von Nissen, die sich im wesentlichen auf Berichte von Konstanze stützt, kann es sich dabei um keine ernstere Erkrankung gehandelt haben, da Mozart während der Zeit in Prag eine beachtliche Aktivität und Betriebsamkeit an den Tag legte: er dirigierte den „Don Giovanni" und den „Titus", dessen Fertigstellung er in seinem eigenhändigen Verzeichnis seiner Werke unter dem 5. September 1791 vermerkte und somit noch in Prag die letzten Schliffe an diesem Werk anbrachte, er besuchte mehrmals auch die Prager Freimaurerloge „Zur Wahrheit und Einigkeit", wo auch seine Kantate „Die Maurerfreude" aufgeführt wurde, und er verbrachte schließlich fast täglich mehrere Stunden zusammen mit seinen Freunden beim Billardspiel. Hätte Mozart damals an einer chronischen Krankheit gelitten, dann wäre eine solche Aktivität, noch dazu nach einem soeben überstandenen Infekt, undenkbar.

Wieder in Wien, machte sich Mozart sofort an die Fertigstellung der „Zauberflöte", deren Uraufführung mit großem Erfolg bereits am 30. September 1791 im Theater auf der Wieden, dem sogenannten Freihaus-Theater, unter seiner Leitung stattfand. Wegen des großen Erfolgs wurde die Oper im Oktober rund zwanzigmal aufgeführt, was selbst in diesem Theater zweifellos etwas Außerordentliches darstellte. Wenn Mozart wegen der unerfreulichen Umstände während der Krönungsfeierlichkeiten in Prag tatsächlich in depressive Stimmung verfallen war – Nissen spricht übrigens zum Unterschied von Niemetschek nicht von einer „schwermüthigen Stimmung", sondern lediglich von einer „leichten Reizbarkeit seiner Nerven" –, dann war zumindest seit seiner Ankunft in Wien davon nichts mehr zu merken. Im Gegenteil, der große Erfolg der „Zauberflöte" in Wien und der des „Titus" in Prag stimmten Mozart zuversichtlich, wie aus einem Bericht an seine seit Anfang Oktober wiederum zur Kur in Baden weilende Konstanze hervorgeht. Am 7. und am 8. Oktober 1791 schreibt er: „Eben komme ich von der Oper; Sie war eben so voll wie allzeit ... man sieht recht wie sehr und immer mehr diese Oper steigt ... das sonderbarste dabei ist, das den abend als meine neue Oper mit so vielen beifall zum erstenmale aufgeführt wurde, am nemlichen abend in Prag der Tito zum letztenmale auch mit auserordentlichen beifall aufgeführet worden ... Nun meinen lebenslauf; gleich nach Deiner Abseeglung Spielte ich mit Hr: von Mozart /: der die Oper beim Schickaneder geschrieben hat :/ 2 Parthien Billard. dann verkauffte ich um 14 duckaten meinen kleper. dann liess ich mir durch Joseph den Primus [seinen Diener Joseph Deiner bezeichnete Mozart scherzhalber gerne als Joseph I. Anm. d. Verf.] rufen und schwarzen koffé hollen, wobey ich eine herrliche Pfeiffe toback schmauchte; dann Instrumentierte ich fast das ganze Rondó vom Stadtler ... um halb 6 uhr gieng ich beim Stubenthor hinaus und machte meinen favorit Spaziergang über die Glacis ins Theater – was sehe ich? was rieche ich? Don Primus ist es mit den Carbonadeln! Che gusto! izt esse ich (auf) deine Gesundheit – eben schlägt es 11 uhr; vieleicht schläfst du schon? ..." Nirgends ein Hinweis auf einen seelisch deprimierten oder gar schwerkranken Mozart, im Gegenteil, seine gute Stimmung machte manchmal richtigem Übermut Platz, wie der oft wiedergegebene Bericht an Konstanze über die Aufführung der „Zauberflöte" am 8. Oktober 1791 beweist: „... izt habe ich eben ein kostbares Stück Hausen zu leib genommen, welches mir D: Primus : welcher mein getreuer kammerdiener ist / gebracht hat und da mein Apetit heute etwas Stark ist, so schickte ich ihn wieder fort mir noch etwas, wenn es möglich ist, zu bringen. – ... heute früh habe ich so fleissig geschrieben, daß ich mich bis ½2 uhr verspätet habe – lief also in gröster Eile zu Hofer / nur um nicht alleine zu Essen / wo ich die Mama auch antraf. Gleich nach Tisch gieng ich wieder nach Hause und schrieb bis zur Operzeit ... da hatte ich alles Vergnügen und da blieb ich auch bis zu Ende. – nur gieng ich auf das theater bey der Arie des Papageno mit dem Glocken-Spiel, weil ich heute so einen trieb fühlte es selbst zu Spielen. Da machte ich nun den Spass, wie Schickaneder einmal eine haltung hat, so machte ich eine Arpegio – der erschrack, schauete in die Scene und sah mich – als es das 2:te mal kamm, machte ich es nicht – nun hielt er und wollte gar nicht mehr weiter – ich errieth seinen Gedanken und machte wieder einen Accord, dann schlug er auf das Glöckchenspiel und sagte halts Maul – alles lachte dann – ich glaube daß viele durch diesen Spass das erstemal erfuhren daß er das Instrument nicht selbst schlägt ... Sonntag um 7 uhr früh. Ich habe recht gut geschlafen, hoffe daß du auch recht gut wirst geschlafen haben. ich habe mir ein halbes kapaunel, so mir freund Primus nachgebracht hat, herrlich schmecken lassen ..."

Alle Zeilen dieser Briefe schildern uns einen Mozart, der nicht nur bei bestem Appetit, sondern auch bei bester Laune war und der von früh bis spät komponierte. Sein in dieser Zeit fertiggestelltes Klarinettenkonzert, das vielleicht schönste dieser Art, gibt diese Hochstimmung wieder. Man kann sich wirklich schwer vorstellen, daß ihn die Wiederaufnahme der unterbrochenen Arbeit am „Requiem" plötzlich in eine depressive Stimmungslage versetzt haben sollte. Das „Requiem" hatte Graf Franz Walsegg-Stuppach zum Andenken an seine früh verstorbene Gattin durch seinen Gutsverwalter Franz Anton Leitgeb – wahrscheinlich über Vermittlung von Michael Puchberg – in Auftrag gegeben und dafür auch bereits eine ansehnliche Anzahlung geleistet. Die meisten Biographen scheinen sich, was das „Requiem" anlangt, an die Berichte Niemetscheks gehalten zu haben, die sich fast ausschließlich auf spätere Aussagen Konstanzes stützen: „... Die Geschichte seines letzten Werkes, der erwähnten Seelenmesse, ist ebenso geheimnißvoll als merkwürdig. Kurz vor der Krönungszeit des Kaisers Leopold, bevor noch Mozart den Auftrag erhielt nach Prag zu reisen, wurde ihm ein Brief ohne Unterschrift von einem unbekannten Bothen übergeben, der nebst mehreren schmeichelhaften Äusserungen die Anfrage enthielt, ob Mozart eine Seelenmesse zu schreiben übernehmen wollte? um welchen Preis und binnen welcher Zeit er sie liefern könnte? Mozart der ohne Mitwissen seiner Gattin nicht den geringsten Schritt zu thun pflegte, erzählte ihr den sonderbaren Auftrag, und äusserte zugleich sein Verlangen sich in dieser Gattung auch einmal zu versuchen, um so mehr, da der höhere pathetische Stil der Kirchenmusik immer sehr nach seinem Genie war. Sie rieth ihm den Auftrag anzunehmen. Er schrieb also dem unbekannten Besteller zurück, er würde das Requiem für eine gewisse Belohnung verfertigen; die Zeit der Vollendung könne er nicht genau bestimmen; er wünsche jedoch den Ort zu wissen, wohin er das Werk, wenn es fertig seyn würde, zu übergeben habe. In kurzer Zeit erschien derselbe Bothe wieder, brachte nicht nur die bedungene Belohnung mit, sondern noch das Vesprechen, da er in dem Preise so billig gewesen sey, bey der Absendung des Werkes eine beträchtliche Zugabe zu erhalten. Er sollte übrigens nach der Stimmung und Laune seines Geistes schreiben, sich aber gar keine Mühe geben, den Besteller zu erfahren, indem es gewiß vergeblich seyn würde.

Mittlerweile bekam Mozart den ehrenvollen und vorteilhaften Antrag für die Prager Krönung des Kaisers Leopold die Oper Titus zu schreiben. Nach Prag zu gehen, für seine lieben Böhmen zu schreiben, hatte für ihn zu viel Reiz, als daß er es hätte ausschlagen können! Eben als Mozart mit seiner Frau in den Reisewagen stieg, stand der Bothe wie ein Geist da, zupfte die Frau an dem Rocke, und fragte: ,Wie wird es nun mit dem Requiem aussehen?' Mozart entschuldigte sich mit der Nothwendigkeit der Reise und der Unmöglichkeit seinem unbekannten Herrn davon Nachricht geben zu können; übrigens würde es seine erste Arbeit bey der Zurückkunft sein, und es käme nur auf den Unbekannten an, ob er solange warten wolle. Damit war der Bothe gänzlich befriedigt ...

Bey seiner Zurückkunft nach Wien nahm er sogleich seine Seelenmesse vor, und arbeitete mit viel Anstrengung und einem lebhaften Interesse daran; aber seine Unpäßlichkeit nahm sichtbar zu, und stimmte ihn zur düstern Schwermuth. Seine Gattin nahm es mit Betrübnis wahr. Als sie eines Tages mit ihm in den Prater fuhr, um ihm Zerstreuung und Aufmunterung zu verschaffen, und sie da beide einsam saßen, fing Mozart an vom Tode zu sprechen und behauptete, daß er das Requiem für sich setze. Thränen standen dem empfindsamen Manne in den Augen. ,Ich fühle mich zu sehr', sagte er weiter, ,mit mir dauert es nicht mehr lange: gewiß, man hat mir Gift gegeben! Ich kann mich von diesem Gedanken nicht los winden. –'

Zentnerschwer fiel diese Rede auf das Herz seiner Gattin; sie war kaum im Stande ihn zu trösten, und das Grundlose seiner schwermüthigen Vorstellungen zu beweisen. Da sie der Meynung war, daß wohl eine Krankheit im Anzuge wäre, und das Requiem seine empfindlichen Nerven zu sehr angreife, so rufte sie den Arzt und nahm die Partitur der Komposition weg. Wirklich besserte sich sein Zustand etwas, und er war während desselben fähig, eine kleine Kantate, die von einer Gesellschaft für ein Fest bestellt wurde, zu verfertigen. Die gute Ausführung derselben und der große Beyfall, mit dem sie aufgenommen ward, gab seinem Geiste neue Schnellkraft. Er wurde nun etwas munterer und verlangte wiederholt sein Requiem fortzusetzen und zu vollenden. Seine Frau fand nun keinen Anstand, ihm seine Noten wieder zu geben ...

Gleich nach seinem Tode meldete sich der Bothe, verlangte das Werk, so wie es unvollendet war, und erhielt es. Von dem Augenblicke an sah ihn die Witwe nie mehr, und erfuhr nicht das mindeste, weder von der Seelenmesse, noch von dem Besteller ..."

Soweit die Darstellung in der zweiten Auflage der Mozart-Biographie von Niemetschek aus dem Jahr 1808, die, wie heute bekannt ist, in mehreren Punkten nicht den Tatsachen entspricht. Der „unbekannte" Auftraggeber Graf Walsegg, der auf Schloß Stuppach am Semmering lebte und Besitzer jenes Hauses auf dem Hohen Markt in Wien war, in welchem Mozarts enger Freund Michael Puchberg wohnte, liebte es angeblich, seine Gäste bei den in seinem Schloß veranstalteten Kammermusikabenden raten zu lassen, von wem das jeweils vorgetragene Werk komponiert wurde. Ob er sich dabei gelegentlich selbst als Urheber feiern ließ, ist nicht sicher überliefert, weshalb es auch im Fall des Requiems durchaus denkbar ist, daß er bei dessen Aufführung zum Gedenken an seine verstorbene Gattin die Anwesenden im Hinblick auf die Urheberschaft zwar mit deren Seitenblick auf ihn selbst im unklaren beließ, ohne sich deshalb jedoch ausdrücklich als Komponist des Requiems auszugeben. Aus dem gleichen Grunde, seine Gäste raten und in Ungewißheit schweben zu lassen, trug er seinem als Bote fungierenden Gutsverwalter Leitgeb strengstes Stillschweigen auf. Die versprochene und zum Teil bereits vorgestreckte relativ hohe Belohnung für dieses Auftragswerk erklärt sich wohl damit, daß Michael Puchberg, der als wahrscheinlicher Vermittler gilt, seinen Hausherrn Graf Walsegg auf die prekäre finanzielle Situation Mozarts aufmerksam gemacht haben dürfte. Diese Zusammenhänge mußten Konstanze eigentlich bekannt gewesen sein, da selbst der mit der Familie Mozart bekannte Abbé Maximilian Stadler später bezeugte: „Daß Graf Walsegg das Requiem bei Mozart bestellte, wußte ich gleich nach Mozarts Tod . . ." und man weiß heute auch, daß Walsegg mit Konstanze später Fühlung aufgenommen hatte. Schließlich ist das Werk auch nicht unvollendet übergeben worden, sondern erst dann, als Franz Xaver Süßmayer die noch fehlenden Sätze und die Instrumentation ergänzt hatte, nachdem Josef Eybler diesen Auftrag Konstanzes abgelehnt hatte. Durch den sensationellen Fund des eigenhändigen Skizzenblattes Mozarts zum Requiem, das man mit September bis Oktober 1791 datieren konnte, erbrachte Wolfgang Plath den Nachweis, daß das Requiem in Skizzen aus der Hand Mozarts so gut wie vollständig vorgelegen hatte. Franz Xaver Süßmayer mußte eigentlich nur die Instrumentierung vornehmen, oder, wie Konstanze später zu Vincent und Mary Novello sagte, das „was jeder hätte machen können".

Faßt man die zeitliche Abfolge der Ereignisse zusammen, so begann Mozart bereits im Juli und August 1791 am Requiem zu arbeiten, um im Oktober nach seiner Rückkehr aus Prag und nach der Fertigstellung der „Zauberflöte" diese Arbeit unverzüglich fortzusetzen. Warum Mozart innerhalb der zwei Wochen bis zur Rückkunft Konstanzes aus Baden, in denen er sich nach seinen brieflichen Berichten zu schließen in bester wenn nicht sogar übermütiger Stimmung befand, plötzlich während einer gemeinsamen Spazierfahrt in den Wiener Prater von tiefer Trauer, ja sogar Todesahnungen gesprochen haben sollte, wäre völlig unbegreiflich. Niedergeschlagenheit oder Trauer würden auch gar nicht zu den äußeren Umständen passen, die gerade zu dieser Zeit eine wesentliche Verbesserung seiner finanziellen Situation erkennen lassen. Die Nachfrage nach seinen Werken wurde in Wien immer größer, seine Opern im Ausland wurden immer häufiger aufgeführt, und die ersten lukrativen finanziellen Angebote, etwa eines aus London, trafen ein. Im Herbst 1791 stellte ihm der ungarische Adel sogar eine jährliche Pension von 1 000 Gulden in Aussicht, und „von Amsterdam kam die Anweisung eines noch höheren jährlichen Betrags an, wofür er nur wenige Stücke ausschließlich für die Subskribenten komponieren sollte". Warum sollte also Mozart gerade in diesen Wochen plötzlich in eine Depression verfallen sein, wie sie von Graphologen aus der Beurteilung seiner Handschrift – durch kontinuierliches Abfallen der Zeilen nach rechts – in den letzten Briefen an Konstanze abzuleiten versucht wurde? Wenn moderne Psychoanalytiker, so etwa auch Langegger, annehmen, daß Mozart gegen Ende seines Lebens an einer echten Psychose gelitten habe, ausgelöst entweder durch Todesangst oder durch Angst vor einer Vergiftung, dann stützen sich solche Schlußfolgerungen immer wieder nur auf die bei Niemetschek wiedergegebene fragwürdige Darstellung Konstanzes.

Wenn im übrigen auch die Gedanken eines Künstlers während der kompositorischen Arbeit an einem Requiem wahrscheinlich zwangsläufig immer wieder um das Thema Tod kreisen und auf die Psyche nicht ohne Einfluß bleiben, bedeutet das noch lange nicht, daß man daraus auf Todesahnungen des Komponisten Rückschlüsse ziehen darf.

Mozarts letzte Lebenswochen

Mozarts Verhalten während der letzten Lebenswochen läßt wohl auch kaum erkennen, daß er sich mit Gedanken an den Tod beschäftigte. Hätte Mozart tatsächlich zu dieser Zeit an einer Depression mit paranoiden Wahnideen gelitten, dann müßten Hinweise auf das Vorhandensein der wichtigsten Symptome einer derartigen Psychose nachweisbar sein: Appetitlosigkeit mit Gewichtsverlust, Schlafstörungen, Umkehr des Biorhythmus mit Antriebslosigkeit und Müdigkeit während der frühen Morgenstunden sowie eine depressive Stimmungslage. In seinen Briefen vom Oktober 1791 an Konstanze liest man – wie bereits erwähnt – von gutem Appetit, bestem Schlaf, ausgeprägtem Arbeitseifer zu frühester Morgenstunde und einer fröhlichen, stets zum Scherzen aufgelegten Stimmung.

Trotzdem wird, selbst von heutigen Medizinern, immer wieder die Meinung vertreten, daß Mozart damals depressiv war. Als Beweis dafür wurde erst vor kurzem von einem Psychoanalytiker darauf hingewiesen, daß sich Mozart infolge erzieherisch bedingter Isolierung während seiner Jugend zu einer unreifen Persönlichkeit entwickelt hätte. Er soll besonders empfindlich auf den Verlust geliebter Objekte reagiert haben, und als Beispiel „reaktiver" Episoden von Melancholie werden der Tod seiner Mutter in Paris sowie die Erkrankung von Konstanze im Juli 1789 angeführt. Als ob nicht jeder einigermaßen empfindsame Mensch auf solche Ereignisse mit Schmerz und Trauer reagieren würde! Wie sehr sich medizinische Gedankengänge – meist infolge ungenügenden Literaturstudiums – ins Extreme versteigen können, zeigt eine Abhandlung in einer medizinischen Zeitschrift aus dem Jahr 1956. Sie stützt sich auf anamnestische Hinweise wiederholter Attacken von heftigen Kopfschmerzen und kurzen Perioden von Bewußtlosigkeit und versucht daraus abzuleiten, daß Mozart in die Reihe jener berühmten Männer einzureihen sei, die an manifester oder verschleierter Epilepsie gelitten hätten. Der Autor bezieht sich dabei offensichtlich auf Passagen in deutsch- und englischsprachigen Mozart-Biographien, die von wiederholten Anfällen von Bewußtlosigkeit berichten. Sucht man nach den Quellen für solche Behauptungen, dann stößt man auf eine Bemerkung in der „Allgemeinen Musikalischen Zeitung" in Leipzig aus dem Jahr 1798: „Schon über die Zauberflöte versank er, dem Tag und Nacht gleich war, wenn ihn der Genius ergriff – in öftere Ermattung und minutenlange, halb ohnmächtige Bewußtlosigkeit." Da aus früheren Jahren über derartige Vorkommnisse niemals berichtet wurde, kann es sich bei diesen auf September 1791 zurückgehenden Beobachtungen einer „halb ohnmächtigen" Bewußtlosigkeit nur um die Folgen einer Überarbeitung mit regelrechten Erschöpfungszuständen gehandelt haben. Wenn man sich daran erinnert, daß Mozart im Sommer 1791 innerhalb von nur wenigen Wochen die Auftragsoper „Titus" – zugleich begann er die „Zauberflöte" – fertigstellen mußte und er wahrscheinlich auch noch an den Folgen der in Prag aufgetretenen grippalen Infektion litt, dann erscheint die Erwähnung von „öfterer Ermattung und minutenlanger, halb ohnmächtiger Bewußtlosigkeit" mehr als verständlich.

Aber nicht nur der psychische Zustand Mozarts während seiner letzten Lebensjahre war Gegenstand spekulativer Betrachtungen, sondern auch seine körperliche Verfassung. Es ist allgemein bekannt, daß er ein begeisterter und ausdauernder Tänzer und von lebhaftem Temperament war. Seine Schwägerin Sophie Haibel erzählt in ihren Erinnerungen aus dem Jahr 1828 dazu folgendes: „Er war immer guter Laune, aber selbst in der besten sehr nachdenkend, einem dabey scharf ins Auge blickend, auf Alles, es mochte heiter oder traurig seyn, überlegt antwortend, und doch schien er dabey an ganz etwas

Anderm tiefdenkend zu arbeiten. Selbst wenn er sich in der Frühe die Hände wusch, ging er dabey im Zimmer auf und ab, blieb nie ruhig stehen, schlug dabey eine Ferse an die andere und war immer nachdenkend. Bey Tische nahm er oft eine Ecke seiner Serviette, drehte sie fest zusammen, fuhr sich damit unter der Nase herum und schien in seinem Nachdenken Nichts davon zu wissen, und öfters machte er dabei noch eine Grimasse mit dem Munde ... Auch sonst war er immer in Bewegung mit Händen und Füssen, spielte immer mit Etwas, z. B. mit seinem Chapeau, Taschen, Uhrband, Tischen, Stühlen gleichsam Clavier."

Wie exzentrisch der Bewegungsdrang des meist auch noch zu Scherzen aufgelegten Mozart auf seine Umgebung gewirkt haben muß, geht aus einer Erinnerung der Schriftstellerin Karoline Pichler hervor, die in der „Allgemeinen Theaterzeitung" am 15. Juli 1843 in Wien veröffentlicht wurde: „Als ich einst am Flügel sass, und das ‚Non più andrai' aus ‚Figaro' spielte, trat Mozart, der sich gerade bei uns befand, hinter mich, und ich mußte es ihm wohl Recht machen, denn er brummte die Melodie mit und schlug den Tact auf meine Schulter; plötzlich aber rückte er sich einen Stuhl heran, setzte sich, hieß mich im Basse fortspielen und begann so wunderschön aus dem Stegreife zu variieren, daß Alles mit angehaltenem Atem den Tönen des deutschen Orpheus lauschte. Auf einmal aber ward ihm das Ding zuwider, er fuhr auf und begann in seiner närrischen Laune, wie er es öfters machte, über Tisch und Sessel zu springen, wie eine Katze zu miauen, und wie ein ausgelassener Junge Purzelbäume zu schlagen ..."

Wahrscheinlich stellten solche trivialen Scherze einen notwendigen Ausgleich dar, um seinen während der Komposition eines größeren Werkes jenseits der Grenzen eines normal Sterblichen arbeitenden Geist wieder auf die Erde zurückzuholen.

Sein Schwager Josef Lange wiederum beschreibt Mozart in seinen Erinnerungen von 1808 so: „... Nie war Mozart weniger in seinen Gesprächen und Handlungen als großer Mann zu erkennen, als wenn er gerade mit einem wichtigen Werk beschäftigt war. Dann sprach er nicht nur verwirrt durcheinander, sondern machte mitunter Späße einer Art, die man an ihm nicht gewohnt war, ja er vernachlässigte sich sogar absichtlich in seinem Betragen. Dabei schien er doch über nichts zu brüten und zu denken. Entweder verbarg er vorsätzlich aus nicht zu enthüllenden Ursachen seine innere Anstrengung unter äußerer Frivolität, oder er gefiel sich darin, die göttlichen Ideen seiner Musik mit den Einfällen platter Alltäglichkeit in scharfen Kontrast zu bringen durch eine Art von Selbstironie sich zu ergötzen. Ich begreife, daß ein so erhabener Künstler aus tiefer Verehrung für die Kunst seine Individualität gleichsam zum Spotte herabziehen und vernachlässigen könne." Mit diesem Augenzeugenbericht wird ein Genie beschrieben, dessen schöpferische Potenz über alles Vorstellbare hinausging. Andererseits konnte er seine Umwelt mit seiner unberechenbaren und vielfach ungebändigten Reaktionsweise geradezu schockieren. Die Sprunghaftigkeit seines Wesens und die motorische Unrast, die bereits in seiner Jugend auftraten, wurden mit den auf den Porträts seiner Wiener Zeit zu erkennenden hervorstehenden Augen vor einigen Jahrzehnten mit dem Vorliegen einer Schilddrüsenüberfunktion medizinisch zu erklären versucht. Es wurde sogar vermutet, daß er an einem Morbus Basedow gestorben sei. Inzwischen konnte allerdings bewiesen werden, daß die etwas hervortretenden Augen Mozarts erblich waren, da sie auch bei anderen Mitgliedern der Familie Mozart beobachtet wurden. Außerdem hätte eine Überfunktion der Schilddrüsentätigkeit eine rapide Abmagerung Mozarts zur Folge gehabt. Da er aber in den letzten Jahren als „korpulent" beschrieben wurde, erübrigt sich jede Diskussion darüber.

Dafür stellten dänische Autoren beim letzten Weltkongreß für Psychiatrie in Wien eine neue Theorie auf: Mozart soll an einem sogenannten Gilles-de-la-Tourette-Syndrom gelitten haben. Bei diesem Krankheitsbild treten nicht nur motorische, sondern auch sprachliche „Tics" in Erscheinung, die gelegentlich in eine „Coprolalie" münden – also sich eines Wortschatzes bedienen, der sich mit Vorliebe menschlichen Exkrementen zuwendet. Da Mozart in seinen „Bäsle Briefen" Kraftausdrücke oft in verschiedenen Wortkombinationen einbaut, glaubte man absurderweise dieses seltene Krankheitsbild auch Mozart zuordnen zu können.

Wenn er schließlich am 7. Oktober 1791 sein Reitpferd, das er sich weniger aus eigener Begeisterung als vielmehr auf medizinische Anordnung seines befreundeten Arztes Dr. Barisani als Ausgleich zu seiner vorwiegend sitzenden Arbeitsweise seinerzeit ange-schafft hatte, um „14 duckaten" verkaufte, dann geschah auch dies wieder einmal nicht krankheitshalber, sondern einfach aus Gründen der Geldknappheit. Wieviel Kraft und Lebensfreude seine Seele noch knapp vor seinem Tod beflügelte, kann man übrigens auch aus seiner letzten zu Ende geführten Komposition, der „Freimaurerkantate" (KV 623), erahnen, die er zur Eröffnung der Loge „Zur neugegründeten Hoffnung" schrieb und am 18. November 1791, also siebzehn Tage vor seinem Tod, mit großem Erfolg noch selbst zur Aufführung brachte. Der in strahlendem C-Dur gehaltene, jubelnde Schluß dieser Kantate müßte eigentlich jeden überzeugen, daß es sich hier nicht um einen chronisch kranken, dem Tod geweihten Mozart gehandelt haben konnte.

Wenn man Spekulationen, die Mozart – zumindest in seinen letzten Lebensmonaten – eine chronische Krankheit andichten wollen, beiseite läßt und man sich an glaubhaft überlieferte Tatsachen und Dokumente hält, dann kommt man zu der Überzeugung, daß Mozart im Herbst 1791 seelisch und körperlich gesund gewesen sein muß.

Erst am 20. November, nur zwei Tage nach der von ihm dirigierten Aufführung seiner „Freimaurerkantate", wurde Mozart krank. Die ausführlichste Schilderung von Mozarts letzter Krankheit ist dem Bericht seiner Schwägerin Sophie vom 7. April 1825 zu entnehmen. Sie schreibt an Georg Nikolaus Nissen, den zweiten Ehegatten Konstan-zes: „... Nun, als M. erkrankte, machten wir beyde ihm die Nacht-Leibel, welche er vorwärts anziehen konnte, weil er sich vermög Geschwulst nicht drehen konnte; und weil wir nicht wußten, wie schwer krank er seye, machten wir ihm auch einen wattirten Schlafrock ..., dass wenn er aufstehete, er gut versorgt sein möchte, und so besuchten wir ihn fleissig; er zeigte auch, eine herzliche Freude an dem Schlafrock zu haben. Ich ging alle Täge in die Stadt, ihn zu besuchen, und als ich einmahl an einem Sonnabend hineinkam, sagte M. zur mir: Nun, liebe Sophie, sagen Sie der Mama, dass es mir recht sehr gut gehet, und dass ich ihr noch in der Octave zu ihrem Namensfeste kommen werde, ihr zu gratuliren. Wer hatte eine grössere Freude als ich, meiner Mutter eine so frohe Nachricht bringen zu können, nachdeme selbe die Nachricht immer kaum erwar-ten konnte; ich eilte dahero nach Hause, sie zu beruhigen, nachdem er wirklich auch selbsten sehr heiter und gut zu sein schien.

Den andern Tag war also Sonntag; ... ich sagte ... zu unserer guten Mutter: Liebe Mama, heute gehe ich nicht zu Mozart – er war ja gestern so gut, so wird ihm wohl heute noch besser sein, und ein Tag auf oder ob, das wird wohl nichts machen. Sie sagte dar-auf: ... gehe hinein, und bringe mir aber gleich Nachricht, wie es ihm gehet. Halte dich aber nicht lange auf. Ich eilte, so geschwinde ich nur konnte. Ach Gott, wie erschrak ich nicht, als mir meine halb verzweifelnde, und doch sich moderiren wollende Schwester entgegen kam, und sagte: Gott Lob, liebe Sophie, dass du da bist; heute Nacht ist er so schlecht gewesen, daß ich schon dachte, er erlebt diesen Tag nicht mehr. Bleibe doch nur heute bey mir, denn wenn er heute wieder so wird, so stirbt er auch diese Nacht.

Gehe doch ein wenig zu ihm, was er macht. Ich suchte mich zu fassen und ging an sein Bette, wo er mir gleich zuruffte: Ach gut, liebe Sophie, dass Sie da sind. Sie müssen heute Nacht da bleiben, Sie müssen mich sterben sehen. Ich suchte, mich stark zu machen und ihm es auszureden, allein er erwiederte mir auf alles: Ich habe ja schon den Todten-Geschmack auf der Zunge, und: Wer wird denn meiner liebsten Constance beystehen, wenn Sie nicht hier blieben. Ja, lieber M., ich muss nur noch zu unserer Mutter gehen, und ihr sagen, dass sie mich heute gerne bey sich hätten, sonst gedenkt sie, es seie ein Unglück geschehen. Ja, das tun Sie, aber kommen Sie ja bald wieder. – Gott, wie war mir da zu Muthe. Die arme Schwester ging mir nach und bat mich um Gottes willen, zu denen Geistlichen bey St. Peter zu gehen, und [einen] Geistlichen zu bitten, er möchte kommen, so wie von ungefär. Das tat ich auch, allein selbe weigerten sich lange, und ich hatte viele Mühe, einen solchen geistlichen Unmenschen dazu zu bewegen. – Nun lief ich zu der mich angstvoll erwartenden Mutter; es war schon finster ... und ich lief wieder, was ich konnte, zu meiner trostlosen Schwester. Da war der Sissmaier bei M. am Bette; dann lag auf der Decke das bekannte Requiem, und Mozart explicirte ihm, wie seine Meinung seie, dass er es nach seinem Todte vollenden sollte. Ferner trug er seiner Frau auf, seinen Todt geheim zu halten, bis sie nicht vor Tag Albregtsberger davon benachrichtigt hätte; denn diesem gehört der Dienst vor Gott und der Welt. Glosett, der Doktor, wurde lange gesucht, auch im Theater gefunden; allein er musste das Ende der Piece abwarten – dann kam er und verordnete ihm noch kalte Umschläge über seinen glühenden Kopfe, welche ihm auch so erschütterten, dass er nicht mehr zu sich kam, bis er nicht verschieden. Sein Letztes war noch, wie er mit dem Munde die Pauken in seinem Requiem ausdrücken wollte, das höre ich noch jetzt. Nun kam gleich Müller aus dem Kunst Cabinett und drückte sein bleiches erstorbenes Gesicht in Gips ab. Wie grenzenlos elend seine treue Gattin sich auf die Knie warf und den Allmächtigen um seinen Beystand anrufte, ist mir, lieber Bruder, unmöglich zu beschreiben. Sie konnte sich nicht von ihm trennen, so sehr ich sie auch bat; wenn ihr Schmerz noch zu vermehren gewesen wäre, so müsste er dadurch noch vermehrt worden sein, dass den Tag auf die schauervolle Nacht die Menschen scharenweise vorbey gingen, und laut um ihn weinten und schrien ...“

Für die Beurteilung von Mozarts letzter Krankheit sind aber noch einige weitere Berichte von Bedeutung, so etwa die ergänzende Darstellung Sophie Haibels aus dem Jahr 1828, die Nissen ebenfalls in seiner Mozart-Biographie in vollem Wortlaut wiedergegeben hat: „Die Schwägerin meynt“, schrieb Nissen, „Mozart sey in seiner Krankheit nicht zweckmäßig genug behandelt worden, denn statt daß man auf andere Weise das Friesel noch mehr heraustreiben sollte, hätte man ihm zur Ader gelassen und kalte Umschläge auf den Kopf gemacht, worauf die Kräfte zusehens geschwunden und er in Bewußtlosigkeit gefallen sey, aus der er nicht wieder zu sich kam. Selbst in seiner schweren Krankheit sei er nie ungeduldig geworden und zuletzt sey sein feines Gehör und Gefühl nur noch gegen den Gesang seines Lieblings, eines Kanarienvogels, der sogar aus dem Nebenzimmer entfernt werden mußte, weil er ihn zu stark angriff, empfindlich gewesen.“ Und dem Ehepaar Vincent und Mary Novello gegenüber, das vom 14. bis zum 17. Juli anläßlich ihrer Reise auf den Spuren Mozarts in Salzburg weilte, fügte sie noch hinzu, daß ihre Schwester Konstanze befürchtet habe, die plötzliche Kälte der Umschläge mit Essig und kaltem Wasser, die Doktor Closset verordnet hatte, habe dem Kranken, „dessen Arme und Beine sehr entzündet und geschwollen waren“, sicher geschadet. Da dieser Hinweis auf entzündliche Schwellungen von einigen voreingenommenen Medizinern immer noch ignoriert wird, um die Schwellung einem anderen

Krankheitsbild besser einordnen zu können, soll an dieser Stelle die Aussage des Mozart-Schülers Joseph Eybler in seiner Selbstbiographie hinzugefügt werden, die eindeutig auf eine starke Schmerzhaftigkeit der entzündlichen Schwellungen Bezug nimmt, wenn er schreibt: „Ich habe das Glück gehabt, seine Freundschaft bis zu seinem Tode unversehrt zu behalten, so daß ich ihn auch in seiner schmerzvollen Todeskrankheit gehoben, gelegt und warten geholfen habe."

Zum Verlauf des letzten Tages im Leben Mozarts gibt es weniger verläßliche Schilderungen, weil sie nicht von Augenzeugen stammen. Immerhin geht aus Passagen eines Briefes von Ignaz von Seyfried, einem ehemaligen Schüler Mozarts und späteren Kapellmeister am Theater an der Wien, hervor, daß Mozart in seiner Todesnacht wahrscheinlich im Fieberdelirium lag. In dem um das Jahr 1840 verfaßten Brief an Georg Friedrich Treitschke, den Textbearbeiter der Oper „Fidelio", heißt es: „... Am Abend des 4ten Dec: lag M: schon in Fantasien u: wähnte im Wiednertheater der Zauberflöte beizuwohnen; fast die letzten, seiner Frau zugeflüsterten Worte waren: ‚Still! still! jetzt nimmt die Hofer das hohe F; – jetzt singt die Schwägerin ihre zweyte Arie: ‚Der Hölle Rache'; wie kräftig sie das B anschlagt, u: aushält: ‚Hört! hört! hört! der Mutter Schwur!'" Diese im Befinden Mozarts offenbar akut aufgetretene Verschlechterung würde auch erklären, warum die Angehörigen plötzlich noch spät am Abend nach dem Hausarzt schickten.

Unglaubwürdig ist die in fast allen Biographien wiedergegebene Geschichte von der Gesangprobe des Requiems am Krankenbett Mozarts, die noch am letzten Nachmittag vor seinem Tod stattgefunden haben soll. In einem anonymen Bericht aus München, der in einem Nachruf für den verstorbenen und mit Mozart befreundeten Sänger Benedikt Schack in der „Allgemeinen Musikalischen Zeitung" vom 25. Juli 1827 in Leipzig zum Abdruck gelangte, heißt es dazu: „Den grössten Theil seines Requiem schrieb er auf der Laimgrube in dem Trattnerschen Garten. Sobald er eine Nummer vollendet hatte, liess er sie sogleich singen und spielte dazu die Instrumentation auf seinem Piano. Selbst an dem Vorabende seines Todes liess er sich die Partitur des Requiem noch zum Bette hinbringen und sang (es war zwey Uhr Nachmittags) selbst noch die Altstimme; Schack, der Hausfreund, sang, wie er es denn vorher immer pflegte, die Sopranpartie, Hofer, Mozart's Schwager, den Tenor, Gerle, später Bassist beym Mannheimertheater, den Bass. Sie waren bey den ersten Takten des Lacrimosa, als Mozart heftig zu weinen anfing, die Partitur bey Seite legte, und eilf Stunden später um ein Uhr Nachts, verschied."

Nach dem Bericht von Sophie Haibel erscheint es völlig undenkbar, daß Mozart an seinem letzten Tag an einer Gesangprobe mitgewirkt hat. Man muß vielmehr annehmen, daß am Beginn seiner letzten Krankheit diese Requiemprobe angesetzt worden war, um so mehr, als von einer vorübergehenden Besserung im Bericht von Sophie Haibel zu lesen ist. Auch die dem Ehepaar Novello gegenüber geäußerte Darstellung Sophie Haibels muß angezweifelt werden: „Gerade am Tage, an dem er starb, hatte er einen Teil des Requiems geschrieben und einem Freund Anweisungen gegeben, wie er bestimmte Stellen vervollständigt wünsche." Mary Novello hatte die Aussage Haibels in ihren eigenen Tagebucheintragungen etwas anders und sicher richtiger interpretiert: „Noch am selben Tag verlangte er das Requiem und diktierte Süssmayr, was getan werden sollte." Bei diesen Anweisungen handelte es sich zweifellos um Fragen der Instrumentation und um einige Ergänzungen zu den bereits vorhandenen Skizzen des Werks, die Mozart mündlich mit Süßmayer besprechen konnte. Das Notenschreiben im Krankenbett war Mozart angesichts der schmerzhaften entzündlichen Schwellungen im Bereich seiner

Arme sicher unmöglich. Die Studien der Notenschrift des Requiems haben außerdem zu dem Resultat geführt, daß die letzten eigenhändigen Eintragungen bis zur Stelle „homo reus" im Lacrymosa spätestens am 19. November an seinem Schreibtisch erfolgten.

Mozarts Todeskrankheit

Nissen hat die letzte Krankheit Mozarts so zusammengefaßt: „Seine Todeskrankheit, wo er bettlägerig wurde, währte 15 Tage. Sie begann mit Geschwulst an Händen und Füßen und einer beynahe gänzlichen Unbeweglichkeit: derselben, der später plötzliches Erbrechen folgte, welche Krankheit man ein hitziges Frieselfieber nannte. Bis zwey Stunden vor seinem Verscheiden blieb er bey vollkommenem Verstande." Er ahnte nicht, wie viele romantische Legenden, abergläubische Spekulationen und mehr oder weniger seriöse medizinische Fachdiskussionen er mit dieser Schilderung auslösen sollte. Die Krankheitsbezeichnung „hitziges Frieselfieber" ist natürlich keine exakte ärztliche Diagnose. Es handelt sich um ein Symptom oder – wie sich die ältere medizinische Schule Wiens auszudrücken pflegte – um eine „zufällige" Nebenerscheinung, die bei den verschiedensten fieberhaften Zuständen auftrat. Das beschriebene Frieselfieber entsprach wahrscheinlich Epidemien grippaler bzw. viraler Infekte, bei denen es durch die schlechten hygienischen Verhältnisse und durch die während der Fieberperiode auftretenden starken Schweißabsonderungen häufig zu bläschenartigen, teilweise vereiternden Hautausschlägen kam. Da diese Frieselausschläge vorwiegend an den bedeckten Körperpartien, also am Stamm, am Gesäß und an den Oberschenkeln auftraten, während Arme und Gesicht meist frei davon blieben, ist es verständlich, warum dieses von Dr. Closset erwähnte Frieselexanthem den Angehörigen gar nicht auffiel.

Aus der Abhandlung über das „Faulfieber", die Dr. Thomas Franz Closset 1783 in Leipzig veröffentlichte, und aus der Beschreibung in dem 1791 in Wien erschienenen, dem Freund Dr. Closset gewidmeten Werk „Historia Naturalis Morborum" von Dr. Mathias von Sallaba geht hervor, daß beide behandelnde Ärzte den diagnostischen Stellenwert der Bezeichnung „hitziges Frieselfieber" genau kannten. Sallaba war am 28. November 1791 wegen des besorgniserregenden Zustandes Mozarts als Konsiliarius zugezogen worden. Wenn der Hausarzt Dr. Closset trotzdem die Formulierung „Frieselfieber" für die Eintragung im Totenbeschauprotokoll und im Sterberegister der Domkanzlei zu St. Stephan vom 5. Dezember 1791 verwendete, dann sicher deshalb, weil nach einem k. k. Erlaß vom 24. Februar 1784 ein von der Medizinischen Fakultät geprüfter Totenbeschauer der Behörde eine allgemeinverständliche „kurze Anmerkung der Todesart" in deutscher Sprache abzuliefern hatte. Daß die behandelnden Ärzte Dr. Closset und Dr. Sallaba kein ärztliches Attest über Mozarts tatsächliche Krankheit ausstellten, war damals üblich.

Als Mozart am 5. Dezember 1791, fünf Minuten vor ein Uhr morgens, starb, war Konstanze angeblich halb von Sinnen vor Schmerz über den Verlust ihres Gatten, und in der Nacht vom 5. zum 6. Dezember soll sie sich in Mozarts Bett gelegt haben, beseelt von dem Wunsche, an der gleichen infektiösen Krankheit zu sterben. Nach Verabreichung beruhigender Mittel durch Dr. Closset wurde sie, wahrscheinlich zusammen mit ihren beiden kleinen Söhnen, zu einer befreundeten Familie gebracht.

Offiziell erfuhren die Wiener erst am 7. Dezember durch eine Notiz in der „Wiener Zeitung" vom Tod Mozarts: „In der Nacht vom 4. zum 5. d. M. verstarb allhier der K. K. Hofkammerkomponist Wolfgang Mozart. Von seiner Kindheit an durch das seltenste musikalische Talent schon in ganz Europa bekannt, hatte er durch die glücklichste Entwicklung seiner ausgezeichneten Naturgaben und durch die beharrlichste Verwendung die Stufe der größten Meister erstiegen; davon zeugen seine allgemein beliebten und bewunderten Werke, und diese geben das Maß des unersetzlichen Verlustes, den die edle Tonkunst durch seinen Tod erleidet." Auch in vielen Zeitungen aller größeren Städte Europas wurde der Tod Mozarts betrauert, womit wieder einmal jene Behauptungen widerlegt werden, wonach Mozart zum Zeitpunkt seines Todes bereits weitgehend in Vergessenheit geraten war.

Eine unheilvolle Rolle unter den ausländischen Nachrichten spielte dabei ein Bericht im Berliner „Musikalischen Wochenblatt" vom 12. Dezember 1791, in welchem ein Prager Korrespondent in einem Postskriptum folgenden Nachtrag brachte: „Mozart ist – tot. Er kam von Prag kränklich heim, siechte seitdem immer: man hielt ihn für wassersüchtig, und er starb in Wien, Ende voriger Woche. Weil sein Körper nach dem Tode schwoll, glaubt man gar, daß er vergiftet worden." Abgesehen davon, daß in diesem Bericht fast alle Details falsch sind, enthält er die erste Erwähnung jenes Gerüchtes, das sehr bald zu der an abenteuerlichen Spekulationen besonders reichen Giftmordthese beitrug, die in ihrer Absurdität mit der in einer englischen Zeitung am 18. Mai 1983 veröffentlichten Gerichtsverhandlung im Rahmen von Musikfestspielen in Brighton einen einsamen Gipfel von Geschmacklosigkeit und Ignoranz erreichte.

Obwohl der Prager Korrespondent selbst, nach seinen Worten zu schließen, offenbar nicht an das Gerücht, Mozart sei keines natürlichen Todes gestorben, geglaubt hat, schwelte es hartnäckig weiter – wohl auch deshalb, weil dieses romantische Zeitalter für alle geheimnisvollen Vorgänge eine besondere Vorliebe an den Tag legte. War es doch im 18. Jahrhundert üblich, jedes unvermutete Ableben einer prominenten Persönlichkeit sofort mit einer unnatürlichen Todesursache in Verbindung zu bringen. So begann auch die Vergiftungslegende um Mozarts Tod die Gemüter der Nachwelt immer mehr zu erregen, und das nun einmal aufgekommene Gerücht war nicht mehr zum Verstummen zu bringen. Neuen Zündstoff erhielt es durch Konstanze selbst, die den Ausspruch, „Gewiß, man hat mir Gift gegeben", den Mozart im Oktober 1791 während eines Spazierganges im Wiener Prater gemacht haben soll, wiedergab. Obwohl Niemetschek wie auch Nissen wußten, daß Konstanze nicht daran glaubte und deshalb schon damals versuchte, ihrem Gatten „... das Grundlose seiner schwermüthigen Vorstellungen zu beweisen", nahmen beide diese Äußerung Mozarts in ihre Biographie auf, wodurch sie dem Gerücht neue Nahrung lieferten. Prompt findet man schon im Jahr 1799 – also ein Jahr nach Erscheinen der ersten Mozart-Biographie Niemetscheks in Prag – in dem von Wieland herausgegebenen „Neuen teutschen Merkur" ein von Johann Isaak von Gerning verfaßtes Gedicht auf den Tod Mozarts mit dem Wortlaut: „Zur Ehre der Menschheit und der Tonkunst will man Hoffen, daß dieser Orpheus doch eines natürlichen Todes gestorben seyn möge!"

Der erste Hinweis auf das angeblich verwendete Gift findet sich in einer Tagebucheintragung von Sulpiz Boisserée vom November 1815 bei einem Besuch des Kapellmeisters Franz Seraph von Destouches, der für kurze Zeit Schüler Haydns in Wien war und Einzelheiten aus dem Leben Mozarts erzählte: „... er soll aqua toffana bekommen haben", heißt es da, und wahrscheinlich geht auch diese Vermutung auf eine Bemerkung Konstanzes zurück, die sie gegenüber dem englischen Ehepaar Novello anläßlich einer Pilgerfahrt nach Salzburg und Wien geäußert haben soll und wonach Mozart während seiner letzten Lebensmonate nicht von dem Gedanken loskam, daß er mit Aqua toffana vergiftet worden sei. Bei diesem Gift handelt es sich übrigens um eine Mischung aus

Antimon, Blei und weißem Arsenik, die von der Sizilianerin Theophania di Adamo im 17. Jahrhundert angegeben wurde und angeblich von ihrer Tochter Julia Tofana erstmals auch zu Mordzwecken verwendet worden war.

In Wien scheint man diese Vergiftungslegenden zunächst nicht ernst genommen zu haben. Erst 1819, also fast dreißig Jahre nach Mozarts Tod, wurde durch die Veröffentlichung eines Artikels in der Leipziger „Allgemeinen Musikalischen Zeitung" das Interesse auf dieses sensationelle Thema gelenkt. Hier wurde aufgrund einer Aussage eines Musikers namens Sievers ganz offen die Vermutung geäußert, daß Mozart einem Anschlag der Italiener in Wien zum Opfer gefallen sein könnte. Zunächst wurden noch keine Namen genannt; das geschah erst im Jahr 1823, als man den Wiener Hofkapellmeister Antonio Salieri namentlich mit dem Gerücht eines Giftmordes in Zusammenhang brachte. In einem Korrespondentenbericht aus Wien in der Leipziger „Allgemeinen Musikalischen Zeitung" vom 25. Mai 1825, also bereits achtzehn Tage nach Salieris Tod, heißt es in einer verspäteten Notiz vom April: „Unser würdiger Salieri kann – nach dem Volksausdrucke – halt nicht sterben. Der Körper leidet alle Schmerzen der Altersgebrechen, und der Geist ist entflohen. In einer Phantasiezerrüttung soll er sich wirklich zuweilen als Mitschuldigen an Mozarts frühem Tode anklagen: ein Irrwahn, dem wahrlich niemand Glauben beymisst, als der arme, sinnverwirrte Greis."

In Wirklichkeit aber dürften viele Zeitgenossen diesen Irrwahn doch für eine Realität gehalten haben. As sich Salieri im Herbst 1823 in einem Zustand geistiger Umnachtung mit einem Rasiermesser die Kehle durchschneiden wollte, kursierte in Wien das Gerücht, der greise alte Mann habe sich selbst bezichtigt, Mozart vergiftet zu haben. Im Bericht des Wiener Redakteurs Johann Schickh vom November 1823 steht dazu: „Salieri hat sich den Hals abgeschnitten, lebt aber noch. Es sind hundert auf eins zu wetten, daß die Gewissensäußerung Salieri's wahr ist! Die Todesart Mozarts bestätigt diese Äußerung!" Auch Anton Schindler, der spätere Biograph Beethovens, schrieb damals: „Mit Salieri geht es wieder sehr schlecht, er ist ganz zerrüttet. Er phantasiert stets, daß er an dem Tode Mozarts schuld sei, und ihn mit Gift versehen habe. Dies ist Wahrheit – denn er will dies als solche beichten –, so ist es wahr, daß alles seinen Lohn erhält." Ähnliches schrieb Beethovens Neffe Karl in das Konversationsheft Anfang 1824: „Salieri behauptet, er habe Mozart vergiftet ..."

Aus insgesamt achtzehn Briefstellen der Briefsammlung der Familie Mozart geht hervor, daß das Verhältnis zwischen Mozart und Salieri häufig gespannt war. Der Grund für negative Äußerungen Mozarts über Salieri lag in der bevorzugten Stellung des letzteren am Hof Josefs II., die diesem großen Einfluß auf das Musikleben in Wien verschaffte. Wenn Mozart in einem Brief an Michael Puchberg vom Dezember 1789 verspricht, diesem von „Cabalen von Salieri" zu erzählen, dann dürfte es sich dabei wohl um eine der Intrigen Salieris gegen Mozart gehandelt haben. Daß es ihm auf diese Weise gelang, Werke großer Komponisten vom Kaiser fernzuhalten, beweisen Dokumente, aus denen hervorgeht, daß Salieri gemeinsam mit anderen Musikern am Hof die Aufführung von Haydns Streichquartetten sowie von Mozarts Kammermusik verhindert hat. Nach all dem wäre eigentlich zu folgern, daß nicht Mozart von Salieri, sondern viel eher Salieri von Mozart hätte beseitigt werden müssen, da es ja Mozart war, der im Bestreben um Anerkennung am Hof auf verlorenem Posten stand und dem der bedeutend weniger begabte Salieri im Wege stand. Liefen doch alle Fäden im musikalischen Wien beim Wiener Hofkapellmeister und Präsidenten der Tonkünstlersozietät zusammen und hat doch selbst als Opernkomponist Salieri dem Publikumsgeschmack damals viel mehr entsprochen als Mozart.

Das Verhältnis zwischen Salieri und Mozart kann aber nicht ganz so schlecht gewesen sein, wie immer dargestellt wird. Wie sehr die Musik Mozarts von den Vertretern der italienischen Hofpartei geschätzt wurde und gelegentlich auch zur Aufführung kam, beweist allein die Tatsache, daß Salieri am 17. April 1791 Mozarts große g-Moll-Sinfonie selbst dirigierte. Aber auch die Opern Mozarts standen bei Salieri hoch im Ansehen: Als Mozart seinen angeblichen „Widersacher" und dessen Geliebte Cavalieri persönlich in der Kutsche zu einer Aufführung der „Zauberflöte" abholte, berichtet er in einem Brief vom 14. Oktober 1791 überschwenglich: „Gestern Donnerstag den 13:ten … um 6 Uhr hohlte ich Salieri und die Cavalieri mit dem Wagen ab, und führte sie in die Loge … Du kannst nicht glauben, wie artig beide waren, wie sehr ihnen nicht nur meine Musick, sondern das Buch und alles zusammen gefiel. Sie sagten beide ein Opera – würdig bey der größten festivität vor dem größten Monarchen aufzuführen – und Sie würden sie gewis sehr oft sehen, den sie habe noch kein schöneres und angenehmeres Spectacel gesehen. Er hörte und sah mit aller Aufmerksamkeit und von der Sinfonie bis zum letzten Chor, war kein Stück, welches ihm nicht ein bravo oder bello entlockte, und sie konnten fast nicht fertig werden, sich über diese Gefälligkeit bei mir zu bedanken … Nach dem Theater ließ ich sie nach Hause führen …“

Schon diese wenigen Hinweise lassen es völlig widersinnig erscheinen, in der Person Salieris den Giftmörder Mozarts sehen zu wollen. Ebenso haben sich auch mehrere Zeitgenossen entschieden gegen dieses Gerücht gewendet. Johann Nepomuk Hummel, ein ehemaliger Schüler Mozarts, nimmt in seiner Mozart-Biographie zu dieser Frage Stellung: „Ebenso widerstreite ich die Sage, Mozart sey von Salieri vergiftet worden, geradezu; wenn schon Letzterer auch eifersüchtig auf des Ersteren großes Genie war, das dem damals herrschenden italienischen Geschmack großer Eintrag thuen mußte, so war Salieri jedoch ein zu rechtlicher, real denkender und allgemein geachteter Mann, als daß ihm im entferntesten Sinn so etwas zugemuthet werden könnte." Und im gleichen Sinn äußerte sich zwei Jahre später Mosel in seiner 1827 veröffentlichten kleinen Biographie Salieris. Das wichtigste Zeugnis für die Entlastung Salieris, der neben Beethoven, Schubert, Liszt und Bruckners Lehrer Simon Sechter auch Mozarts zweiten Sohn Xaver Wolfgang zu seinen Schülern zählte, ist aber der Bericht des bekannten Musikers Ignaz Moscheles über seinen letzten Besuch bei seinem todkranken alten Lehrer Salieri im Herbst 1823. In der Moscheles-Biographie, die 1872/73 herausgegeben wurde, heißt es: „Das Wiedersehen war ein trauriges; denn sein Anblick schon entsetzte mich, und er sprach nur in abgebrochenen Sätzen von seinem nahe bevorstehenden Tode; zuletzt aber mit den Worten: ‚Obgleich dies meine letzte Krankheit ist, so kann ich doch auf Treu und Glauben versichern, daß nichts Wahres an dem absurden Gerücht ist; Sie wissen ja, – Mozart, ich soll ihn vergiftet haben. Aber nein, Bosheit, lauter Bosheit, sagen Sie es der Welt, lieber Moscheles; der alte Salieri, der bald stirbt, hat es Ihnen gesagt.'"

Dieses Bekenntnis Salieris schließt aus, daß er – wie das Gerücht besagte – sein Schuldgeständnis gebeichtet habe; in diesem Sinn ist auch die Aussage der beiden Wärter Salieris, die bezeugten, daß außer seinem Arzt niemandem der Zutritt zu ihm gestattet war, zu werten. Diese Aussage fand eine Bestätigung in dem erst 1957 veröffentlichten Reisetagebuch des polnischen Komponisten Karol Kurpinsky, in dem man am 27. November 1823 folgende Eintragung findet: „Ich wollte mich Salieri vorstellen, aber man sagte mir bei Artaria, daß er niemanden, auch seine besten Freunde nicht, zu sich lasse. Es heißt, daß er sich den Hals durchschnitten habe."

Die Welle der Verdächtigungen, wonach Salieri am gewaltsamen Tod Mozarts die

Schuld trage, erreichte am 23. Mai 1824 ihren Höhepunkt. An diesem Tag wurden im Redoutensaal Beethovens neunte Sinfonie und Teile der „Missa solemnis" aufgeführt. Von der Galerie flatterten Blätter mit einem vom Sohn des Wiener Opernsängers Bassi verfaßten Gedicht an Beethoven herab, in dem unzweideutige Anspielungen enthalten waren. Diese ehrenrührige Verleumdung vor einem breiten Publikum war letztlich Veranlassung dafür, daß Salieris Freund Giuseppe Carpani, ein in Wien lebender Schriftsteller, im August 1824 in einem Mailänder Monatsjournal seine berühmte Verteidigungsschrift veröffentlichte. Voll Empörung schreibt Carpani in dieser in italienischer Sprache abgefaßten Brandrede: „Schweigt, ihr Böswilligen! ... Sagt uns erst einmal, woher ihr von solch schrecklicher Missetat wißt ... Ist die Geschichte nicht wahr, so ist sie wenigstens gut erfunden. Im kleinen Kreis entsteht sie, ein größerer Kreis wirft schon das Echo zurück und in der großen Menge ist das Verbrechen fertig – Salieri hat Mozart vergiftet." Die Verteidigung stützte sich vor allem auf ein Dokument, das von medizinischer Seite jeden Zweifel an einem Giftmord an Mozart beseitigen sollte und das heute deshalb von so großem Wert ist, weil es das einzige medizinische Gutachten über die letzte Krankheit Mozarts ist, das von einem Arzt verfaßt wurde, dessen Reputation unanfechtbar ist und der Mozart selbst noch am Totenbett gesehen hat, nämlich vom damaligen Protomedicus von Wien, Dr. Guldener von Lobes.

Die deutsche Übersetzung des Gutachtens lautet: „Gerne teile ich Euer Gnaden alles mit, was mir über die Krankheit und den Tod Mozarts bekannt ist. Er erkrankte im vorgerückten Herbst an einem rheumatisch-entzündlichen Fieber, das damals fast allgemein unter uns umging und viele Menschen befiel. Ich erfuhr davon indessen erst einige Tage später, als sich sein Zustand bereits verschlimmert hatte. Ich besuchte ihn um verschiedener Rücksichten willen nicht, aber ich erkundigte mich über ihn beim Herrn Dr. Closset, mit dem ich sozusagen alle Tage zusammentraf. Dieser hielt die Krankheit Mozarts für gefährlich und fürchtete von Anfang an einen schlimmen Ausgang, insbesondere eine Absetzung im Kopfe. Eines Tages traf er den Dr. Sallaba und sagte ihm auf das bestimmteste: ‚Mozart ist verloren, es ist nicht mehr möglich, die Absetzung aufzuhalten.' Sallaba teilte mir diese Bemerkung sofort mit, und in der Tat starb Mozart einige Tage danach mit den gewohnten Symptomen einer Absetzung im Kopfe. Sein Tod erweckte allgemeine Anteilnahme, aber niemand kam es in den Sinn, auch im entferntesten den Verdacht einer Vergiftung anzunehmen. Viele Menschen sahen ihn während seiner Krankheit, viele erkundigten sich über ihn, seine Familie stand ihm mit viel Fürsorge bei, sein von allen hochgeschätzter Arzt, der begabte und erfahrene Closset, hat ihn mit all der Aufmerksamkeit eines verantwortungsvollen Arztes und mit der Anteilnahme eines jahrelangen Freundes behandelt, so daß ihm sicher nicht entgangen wäre, wenn auch nur die geringste Spur einer Vergiftung zu entdecken gewesen wäre. Die Krankheit nahm ihren gewohnten Verlauf und hatte ihre gewohnte Dauer. Closset hatte sie so richtig beobachtet und erkannt, daß er den tödlichen Ausgang fast auf die Stunde genau vorausgesagt hatte. Die Krankheit befiel zu gleicher Zeit verschiedene Einwohner Wiens und hatte bei manchen den gleichen tödlichen Ausgang und die gleichen Symptome wie bei Mozart. Die genaue Besichtigung der Leiche zeigte nichts Außergewöhnliches. Das ist alles, was ich im Stande bin, über Mozarts Tod zu sagen. Es würde mir ein hohes Vergnügen sein, wenn ich dazu beitragen könnte, die schreckliche Verleumdung des hervorragenden Salieri zu entkräften ...

Döbling, 10. Juni 1824   Ihr ergebener Diener Guldener."

Außer an Giuseppe Carpani übersandte Dr. Guldener von Lobes ein fast gleichlautendes Gutachten an den damals in Paris weilenden ehemaligen Schüler Michael und Joseph Haydns, Sigismund Neukomm, das dieser offenbar als Unterlage für seinen im „Journal des débats" veröffentlichten Artikel zur Entlastung Salieris benötigte. Von den wenigen Ergänzungen oder Abweichungen dieses Gutachtens, die das an Carpani abgesandte Attest zu bereichern vermögen, erscheint im Zusammenhang mit dem Vergiftungsgerücht folgender Satz von Bedeutung: „... Ich sah den Körper nach dem Tode und er zeigte keine Erscheinungen außer denen, die in solchen Fällen gewöhnlich". Mit diesen Worten wird nämlich klar ausgesprochen, daß Dr. Guldener persönlich, also mit eigenen Augen, Mozart am Totenbett gesehen hat – möglicherweise als amtlicher Totenbeschauer.

Eine Totenbeschau war durch die damals geltenden Sanitätsgesetze obligatorisch vorgeschrieben; die entsprechende Gesetzesstelle hiezu lautete folgendermaßen: „Ein jeder entseelte Körper soll vor dem Begräbnis besichtigt werden, um sicher zu sein, ob nicht etwa ein gewaltthätiger Todesfall sich ereignet ... ob die Person eines natürlichen Todes verstorben, oder gewaltthätiger Weise ihr Leben geendet, ein solches alsogleich der Behörde zu weitern legalen Untersuchung anzeigen sollen indem über die Menschenmorde, Selbstmorde, Verbrechen gerichtliche Inquisition geschehen muß." Wenn somit Dr. Guldener feststellte, daß nach dem Tod Mozarts „... die genaue Besichtigung der Leiche nichts Außergewöhnliches zeigte", dann konnte es sich bei den postmortalen Schwellungen, von denen das „Musikalische Wochenblatt" im Dezember 1791 berichtete, nur um die schon zu Lebzeiten beschriebenen Schwellungen an Mozarts Armen und Beinen gehandelt haben. Die für das Vergiftungsgerücht verantwortliche Formulierung in dem Wochenblatt: „Weil sein Körper nach dem Tode schwoll ...", ist sicher eine subjektive und laienhafte Darstellung, die der Prager Korrespondent auf Umwegen von den medizinisch ungebildeten Weberschen Töchtern Konstanze und Sophie gehört hatte.

Aber auch unabhängig von der Aussage Dr. Guldeners ist es undenkbar, daß die behandelnden Ärzte Mozarts eine Quecksilbervergiftung nicht erkannt hätten, wie selbst heute noch manche Autoren annehmen. Seit nämlich Gerard van Swieten Lues mit Sublimat, also mit Quecksilberchlorid behandelte, waren die verschiedenen klinischen Erscheinungsformen einer Quecksilbervergiftung durch gelegentliche Überdosierung den damaligen Ärzten viel besser bekannt als heute. Dies gilt ganz besonders für Dr. Closset, der in seiner „Abhandlung über das Faulfieber" zur Quecksilberdosierung schreibt: „... der länger fortgesetzte Gebrauch desselben [des Quecksilbers. Anm. d. Verf.] löset unsere Säfte auf, und macht sie zur Fäulnis fähig. Dies erkennt man aus dem stinkenden Athem und Schweiße derjenigen Personen, die sich durch längere Zeit des Quecksilbers bedient haben; überdies ist ihr Harn trübe, und dem sogenannten Harn der Lastthiere ... ähnlich."

In Wien gab es darüberhinaus damals einen Arzt, der sich besonders eifrig mit den verschiedenen Vergiftungen beschäftigte und im April 1791 die Errichtung eines eigenen Lehrstuhls für Gerichtsmedizin an der Universität Wien anregte. Dieser Arzt war niemand anderer als der Freund und Konsiliarius Dr. Clossets am Krankenbett Mozarts, Dr. Mathias von Sallaba.

Die sogenannte Giftmord-These ist also nicht beweisbar, und die Verdächtigung Salieris hält keiner Prüfung stand. Selbst Mozarts Angehörige und Freunde waren von dessen Unschuld überzeugt. Weder Konstanze noch ihre beiden Söhne machten jemals eine derartige Andeutung. Der Hinweis des Ehepaars Novello, daß Mozarts Sohn Wolfgang bestritten habe, sein Vater hätte sich von Salieri bedroht oder gar vergiftet gefühlt, bestätigt diese Annahme. Auch Johann Nepomuk Hummel, der als Schüler längere Zeit bei der Familie Mozart wohnte, bezieht in seiner Mozart-Biographie aus dem Jahr 1825 zu dieser Frage eindeutig Stellung, wie bereits erwähnt wurde.

Legenden haben bekanntlich eine stärkere Wirkung als historische Wahrheiten, daher blieb auch die unsinnige Vergiftungslegende Mozarts weiterhin lebendig. Ein Musterbeispiel dafür ist das Bühnenfragment „Mozart und Salieri" von Alexander Puschkin aus dem Jahr 1830, in welchem Salieri als Mörder Mozarts abgetan wird. Dieses „Werk" wurde durch Rimski-Korsakows Vertonung im Jahr 1898 noch populärer und erfuhr durch eine Schallplattenaufnahme zusätzlich Verbreitung. Das aus historischen Unwahrheiten bestehende Poem, das auf Gerüchten beruht, die der deutsche Botschafter in St. Petersburg aus Wien erfuhr, kann noch mit „dichterischer Freiheit" entschuldigt werden. Schwerwiegender hingegen ist der Informationsmangel des Biographen Edward Holmes, der in seiner 1845 veröffentlichten Mozart-Biographie über ein angebliches Geständnis der Mordtat Salieris berichtet.

Waren all diese Gerüchte und Legenden von Mozarts Vergiftung, wie sie von O. E. Deutsch chronologisch dargestellt wurden, lange Zeit wenig ernst zu nehmen, so änderte sich 1861 der Stil der Argumentationen, denn plötzlich wurden böswillige Unterstellungen erfunden. In der Mainzer Zeitschrift „Aus der Mansarde" erschien ein Aufsatz von Georg Friedrich Daumer – dem Textdichter zahlreicher Lieder von Brahms – mit dem Titel „Loge und Genius", in dem für die angebliche Vergiftung Lessings und Mozarts zum erstenmal die Freimaurer zur Verantwortung gezogen wurden, wobei hier auch erstmals die „Grabfrage" mit dem Ritual eines „Logenmordes" in Verbindung gebracht wurde. Historisch noch weniger haltbar sind Jahre später die Angriffe des Berliner Schulrektors Hermann Ahlwardt gegen die „mörderischen Umtriebe" der Freimaurer, der Jesuiten und der Juden. In seinem 1910 erschienenen Buch „Mehr Licht" nannte er nicht nur Lessing und Mozart als Opfer, sondern auch Schiller und sprach sogar von einer „Schiller-Lessing-Mozart-Schwindsucht". Die wohl tendenziöseste Darstellung von Mozarts Tod stammt jedoch von der Nervenärztin Mathilde Ludendorff, der Gattin des bekannten Generals. In ihrem 1928 veröffentlichten Werk „Der ungesühnte Frevel an Luther, Lessing, Mozart und Schiller", noch eindringlicher aber in dem später erweiterten Kapitel über Mozart, das 1936 unter dem Titel „Mozarts Leben und gewaltsamer Tod" in Buchform herausgegeben wurde, spricht sie von einem Schauerbegräbnis nach jüdischem Ritual, das gleichzeitig auch charakteristische Anzeichen eines typischen Logenmordes hatte. Nach Ansicht von Frau Ludendorff hätten die Freimaurer mit voller Absicht den Mordverdacht auf Salieri gelenkt, um nicht selbst verdächtig zu erscheinen. Auf diese wissenschaftlich wertlosen Darstellungsversuche braucht nicht näher eingegangen werden. Befanden sich doch unter Mozarts Freunden und Bekannten auch viele Juden, und wir wissen, daß er sich offenbar herzlich wenig darum kümmerte, ob er sich durch die Freundschaft mit Juden – man denke nur an die Beziehungen zu Nathan und vor allem zu Fanny Arnstein – gesellschaftlich schaden könnte. Dabei wußte er sicher um den Judenhaß Maria Theresias Bescheid, die noch kurz vor ihrem Tod sagte: „Ich kenne keine ärgere Pest vom Staat als diese Nation."

Ähnlich loyal verhielt er sich den Freimaurern gegenüber, und wie ernst sich Mozart im Herbst 1791 für die Erneuerung des Freimaurergedankens einsetzte, ist aus dem Gedankengut der „Zauberflöte" und seiner „Kleinen Freimaurerkantate" zu erkennen. Solche Überlegungen zeigen, daß Mozart weder den Juden noch den Freimaurern Anlaß zu Feindseligkeiten irgendwelcher Art gegeben hätte. Die Maurerrede auf den

Widmung eines Notenbuches von Leopold Mozart an Wolfgang zu dessen Namenstag (31. Oktober 1762)

Ölbild von J. Zoffany (eigentlich Zauffely), London, 1764-65, genannt „Mozart mit dem Vogelnest".

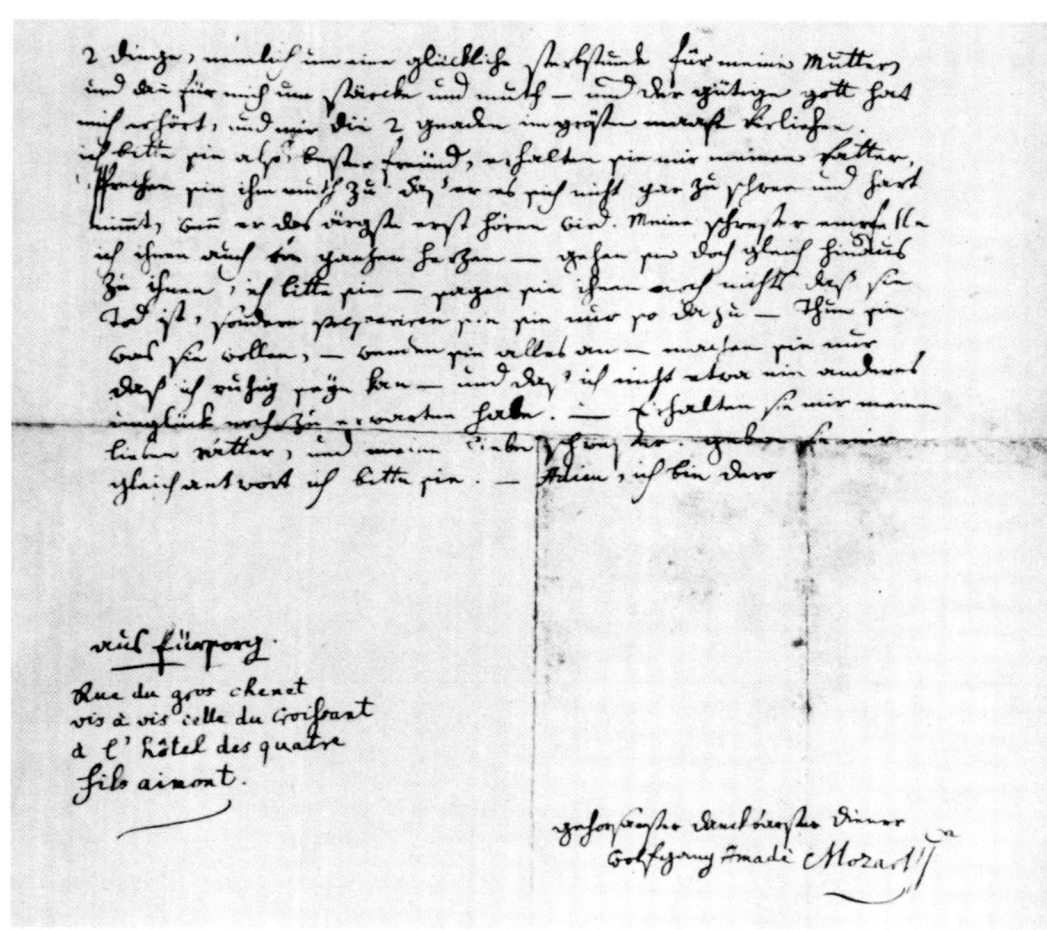

Ende des Briefes Mozarts an Abbé Joseph Bullinger, 3. Juli 1778.

Eintragung Wolfgang Amadeus Mozarts als Mitglied der Freimaurerloge „Zur Neugekrönten Hoff-
nung" im Stammbuch des Johann Georg Kronauer.

Patience and tranquillity of mind contribute more to cure our Distempers as the whole art of Medecine. —

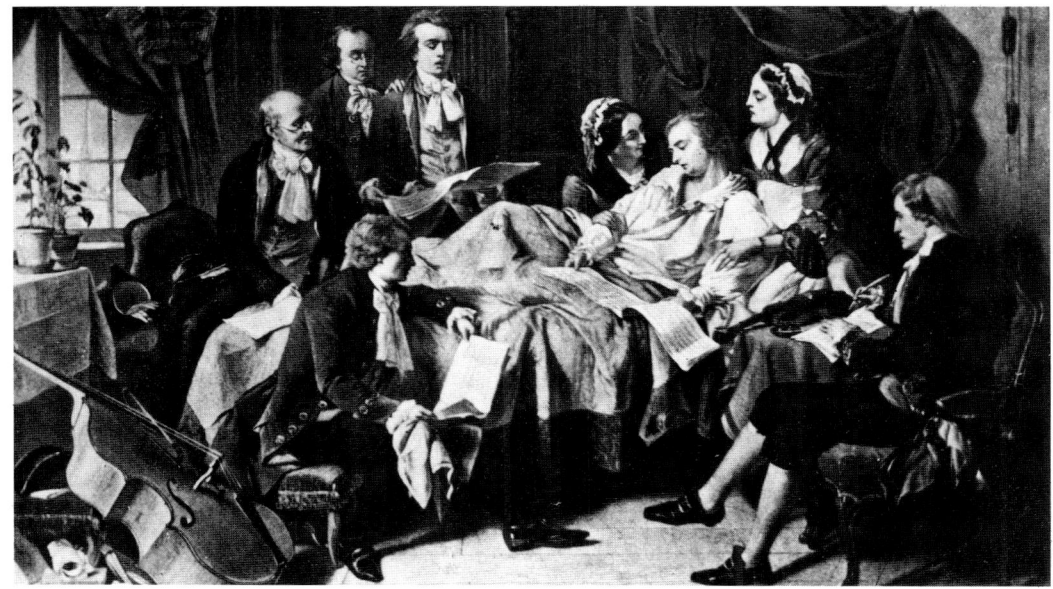

Letzte Seite in Mozarts Handschrift aus dem Autograph des Requiems: „Lacrymosa ..."

Mozarts Tod. (Gemälde von Nelson O'Neil)

Französische Darstellung eines Armenbegräbnisses aus der Zeit Mozarts. (Stich von Pierre Roch Vigneron)

Grabmal Mozarts am St. Marxer Friedhof in Wien (30. Oktober 1945).

Tod Mozarts, die anläßlich einer Trauerloge in der ehrwürdigen St.-Johann-Loge „Zur gekrönten Hoffnung" vorgelesen und 1792 beim Bruder Ignaz Alberti gedruckt wurde, spricht für sich: „Dem ewigen Baumeister der Welt gefiel es, eines unserer geliebtesten, unserer verdienstvollesten Glieder aus unserer Bruderkette zu reissen. Wer kannte ihn nicht? – Wer schätzte ihn nicht? – Wer liebte ihn nicht? – unseren würdigen Bruder Mozart – Kaum sind einige Wochen vorüber, und er stand noch hier in unserer Mitte, verherrlichte noch durch seine zauberischen Töne die Einweihung unseres Maurertempels.

Wer von uns, meine Brüder! hätte ihm dazumahl den Faden seines Lebens so kurz zugemessen? – Wer von uns hätte gedacht, dass wir nach drey Wochen um ihn trauern würden? ... Mozarts früher Tod bleibt für die Kunst ein unersetzlicher Verlust – seine Talente, die er schon im frühesten Knabenalter äusserte, machten ihn schon dazumahl zum seltensten Phänomen seines Zeitalters – halb Europa schätzte ihn, die Grossen nannten ihn ihren Liebling und wir nannten ihn – Bruder ... Liebe für seine Brüder, Verträglichkeit, Einstimmung zur guten Sache, Wohltätigkeit, wahres, inniges Gefühl des Vergnügens, wenn er einem seiner Brüder durch seine Talente Nutzen bringen konnte, waren Hauptzüge seines Charakters – er war Gatte – Vater – Freund seiner Freunde – Bruder seiner Brüder – nur Schätze fehlten ihm, um nach seinem Herzen Hunderte glücklich zu machen –." Solche Worte führen mehr als alle sachlichen Argumentationen die Verdächtigungen ad absurdum, wonach die Freimaurer Mozart durch Gift ins Jenseits befördert hätten mit der naiven Begründung, Mozart hätte mit seiner Oper „Die Zauberflöte" die Logenriten preisgegeben.

Aber auch Salieri geriet im Zusammenhang mit Mozarts Tod nochmals ins Kreuzfeuer, als Igor Belza 1953 ein Buch veröffentlichte, in dem er sich mit Puschkins Bühnenfragment „Mozart und Salieri" und mit Mozarts angeblicher Vergiftung durch Salieri auseinandersetzte. Igor Belza berief sich auf die angebliche Entdeckung des Musikwissenschaftlers Guido Adler, der in einem Wiener geistlichen Archiv eine schriftliche Beichte Salieris mit allen Einzelheiten des Giftmordes und der Enthebung des Beichtvaters von seiner Schweigepflicht gefunden haben soll. Adler hat diesen sensationellen Fund angeblich nur dem 1928 in Wien zu Besuch weilenden Russen Boris Assafiev mitgeteilt, nicht jedoch seinen wissenschaftlichen Mitarbeitern. Da dieses groteske Pamphlet Belzas bereits in der staatlichen Moskauer Musikzeitschrift durch Dr. Boris Steinpress widerlegt wurde, erübrigt sich jede weitere Diskussion über diese unglaubwürdige Hypothese.

Nur zwei deutsche Ärzte, Dr. Duda und Dr. Kerner, glaubten diese Enthüllungen bedingungslos, offenbar weil sie darin eine Stütze ihrer unzählige Male vorgetragenen These vom Giftmord an Mozart erblickten. In seinem mit vielen historischen Irrtümern ausgeschmückten Mozart-Kapitel des 1963 erschienenen Bestsellers „Krankheiten großer Musiker" schrieb Dr. Kerner über das Ergebnis der „wissenschaftlichen Studien": „Die moderne medizinische Forschung hat zweifelsfrei den Nachweis erbracht, daß W. A. Mozart einer Quecksilber-Intoxikation mit Sublimat zum Opfer fiel." Abgesehen davon, daß das überlieferte klinische Bild der letzten Krankheit Mozarts überhaupt nicht mit dem einer Quecksilbervergiftung übereinstimmt, nennen die beiden Autoren in verschiedenen Hypothesen immer neue in Frage kommende Giftmörder. Zunächst war für Dr. Duda und Dr. Kerner Salieri – vielleicht im Auftrag dunkler Geheimbünde etwa der Freimaurer – der Hauptverdächtige, doch bald wurde der Kreis möglicher Täter erweitert. Um die Theorie einer langsamen Vergiftung mit Quecksilber zu untermauern, wurde sogar der Freund und langjährige Förderer der Familie Mozart, Gottfried van Swieten, der Sohn des kaiserlichen Leibarztes Gerard van Swieten, verdächtigt. Duda und Kerner weisen darauf hin, daß Gottfried van Swieten über die Wirkung des Quecksilbers, das als in Branntwein gelöstes Sublimat von seinem Vater 1754 zur Behandlung der Syphilis inauguriert wurde, genau informiert gewesen sein mußte und daß Mozart im Verlauf der sonntäglichen musikalischen Akademien bei van Swieten das Gift verabreicht bekommen haben könnte. Daß allerdings diese Veranstaltungen schon mehr als ein Jahr vor Mozarts Tod gar nicht mehr stattfanden, war wie viele andere historische Fakten den beiden Autoren nicht bekannt. Die Mutmaßungen gipfelten sogar in der Hypothese, Mozart hätte sich unbeabsichtigt selbst mit Quecksilber vergiftet, als er eine in der „schlechten Gesellschaft des Theaterdirektors Schikaneder" erworbene Syphilis zu behandeln versuchte.

Die Wertlosigkeit dieser skurrilen wissenschaftlichen Untersuchungen wird durch die symbolischen Deutungen Dr. Kerners und seine kabbalistische Zahlenakrobatik noch deutlicher, wie sie in dem 1966 erschienenen Buch „W. A. Mozart: Die Dokumentation seines Todes" von Dalchow, Duda und Kerner nachzulesen ist, noch verstärkt. Als ein Beispiel für viele, eine Passage aus Kerners Mozart-Kapitel: „Interessant ist im Hinblick auf das Wissen um dieses Todesgeschehen, daß der Titelkupfer zum ersten Textbuch der „Zauberflöte" auf einer linkerhand abgebildeten Hermessäule acht Merkurallegorien erkennen läßt (8 ist die heilige Zahl von Hermes = Merkur!), welche der Alchemie des Mittelalters und anderen entsprechenden Symbolen (Ibis, Schlange, Widderkopf, Leier) entstammen. Selbst die österreichische Mozartsonderbriefmarke von 1956 hat am Rande wieder 8 Merkurallegorien aufzuweisen, welche an den Eckpunkten von den Sonnenrädern abgehen: nämlich viermal zwei Leiern und Caducei ... Besonders wichtig ist hierbei die Tatsache, daß nach den Vorstellungen der Alchemie des Mittelalters sowohl die Zahl 8 als auch die Farbe grau dem Planeten Merkur zugewiesen sind, was wieder lebhafte Gedankenverbindungen weckt zum „Grauen Boten", der Mozart vor seinem Ende in Wien öfter in Schrecken versetzte und eine Seelenmesse bestellte ..."

Wie diese Sondermarke in Wahrheit entstanden ist, erfuhr O. E. Deutsch von Professor Chmielowski, der sie entworfen hat: „Die Zeichen, die angeblich symbolischen Charakter haben, stammen teils von einer Empire-Uhr und teils von einem Sessel aus ebenderselben Zeit und sind im Besitze meines Cousins, des Grafen Csaky; sie sind jederzeit zu besichtigen, falls Zweifel bestehen sollten." So wie die Deutung der Sonderbriefmarke fallen auch alle übrigen Argumente, die der Arbeitskreis um Kerner für seine Giftmord-These herangezogen hat, bei genauer – vor allem auch medizinischer – Überprüfung in nichts zusammen, wie bei der Besprechung der sogenannten Quecksilber-Niere noch zu zeigen sein wird.

Vor wenigen Jahren – 1983 – haben Francis Carr und Horace Fitzpatrick, zwei britische Mozart-Experten, anläßlich eines Festivals im englischen Seebad Brighton unter dem Titel „Das letzte Jahr im Leben Mozarts" in einer gespielten „gerichtlichen Untersuchung" als Zeugen eine neue Theorie über den Tod Mozarts in sensationeller Aufmachung vorgestellt: Neben dem neidischen Rivalen Antonio Salieri und Mozarts Schüler Franz Xaver Süßmayer, der so nebenbei einer Affäre mit Konstanze verdächtigt wird, käme als möglicher Giftmörder der eifersüchtige Konsistorialrat Franz Hofdemel in Frage, der von der Hälfte der „Jury-Mitglieder" dieses eigenartigen Gremiums auch tatsächlich als Täter verurteilt wurde. Auch hier stützt sich diese unglaubliche Anschuldigung nur auf eine Vermutung der obengenannten „Mozart-Experten", wonach Maria Magdalena, die junge Gattin Hofdemels und wahrscheinlich Schülerin Mozarts, mit

ihrem Lehrer in einer Liebesbeziehung gestanden hätte. Hofrat Hofdemel war ein Logenbruder Mozarts und im April 1789 auch einmal vorübergehend dessen Gläubiger. In Hofdemels vornehmer Wohnung in der Grünangergasse in Wien wurde unter Mozarts Mitwirkung auch häufig Hausmusik gepflegt. Am 6. Dezember 1791, also einen Tag nach Mozarts Tod, richtete Hofdemel ein schreckliches Blutbad an, indem er zunächst seiner Frau Maria Magdalena mit einem Rasiermesser lebensgefährliche Schnittwunden am Hals zufügte und anschließend mit dem gleichen Instrument Selbstmord verübte. Maria Magdalena, die zu diesem Zeitpukt im fünften Monat schwanger war, überlebte durch das rechtzeitige Eingreifen des Chirurgen Dr. Rossmann, während Hofdemels Leichnam – wie damals bei Selbstmördern üblich – in eine Kuhhaut eingenäht vom Henker in einer unbezeichneten Grube verscharrt wurde. Der erste Bericht über diesen Mordanschlag und den anschließenden Selbstmord erschien zunächst noch ohne Namensnennung am 7. Dezember, und zwar in der „Preßburger Zeitung", während im gleichen Blatt erst eine Woche später eine angebliche Eifersuchtsszene zwischen Herrn und Frau Hofdemel erwähnt wurde. In der Ausgabe vom 21. Dezember 1791 hieß es: „Die Witwe des Selbstmörders, welcher, wie man jetzt weiß, sich mehr aus Kleinmuth als aus Eifersucht entleibt hat, lebt noch, und nicht nur viele Damen sondern Se. Majest. die Kaiserin selbst haben dieser Frau, deren Aufführung als untadelhaft bekannt ist, Unterstützung zugesichert." Obwohl aus diesen Zeilen herauszulesen ist, daß Frau Hofdemel offenbar einen vorbildlichen Lebenswandel aufzuweisen hatte und ihr Gatte die schreckliche Tat nicht aus Eifersucht, sondern eher im Zustand einer seelischen Krise verübt haben dürfte, machte der Wiener Klatsch wegen des zeitlichen Zusammenfallens mit dem Tod Mozarts sehr bald eine angebliche Liebesaffäre zwischen Mozart und Maria Magdalena Hofdemel zum Motiv des Mordanschlags. Welchen Eindruck dieses Ereignis vom 7. Dezember 1791 auf die Zeitgenossen und darüber hinaus auch auf die Nachwelt machte, ist allein daraus ersichtlich, daß nicht nur Beethoven über diese tragische Affäre informiert war, sondern daß auch später die Wiener noch mehrmals daran erinnert wurden, etwa durch das Singspiel „Wolfgang und Konstanze" von Franz von Suppé oder durch die 1932 veröffentlichte Novelle „Franz Hofdemel" von Wolfgang Götz. Die Geschmacklosigkeit, durch aus der Luft gegriffene Vermutungen den bedauernswerten Hofrat Hofdemel posthum in einer geradezu lächerlichen Maskerade des Verbrechens eines Giftmordes an Mozart zu zeihen, blieb den erwähnten Veranstaltern des Musikfests in Brighton 1983 vorbehalten.
Nur eine völlige Unkenntnis des klinischen Bildes einer Quecksilbervergiftung sowie eine bewußte oder unbewußte Manipulation der biographischen und der historischen Fakten im Zusammenhang mit Mozarts Tod könnte heute noch den Glauben an die unsinnige Giftmordlegende aufrechterhalten. Man sollte deshalb endlich aufhören, immer wieder über diese medizinisch einwandfrei zu widerlegende Hypothese zu diskutieren oder gar weitere potentielle „Mörder Mozarts" ausforschen zu wollen.
Unter den verschiedenen Vermutungen über Mozarts Todesursache kommt der These einer Nierenerkrankung eine besondere Bedeutung zu, weil sie von einem profunden Mozart-Kenner, dem Dermatologen Professor Dr. Aloys Greither, vertreten wird.
Als erster hat der französische Kliniker Dr. J. Barraud aus Bordeaux 1905 in der „Chronique médicale" die Ansicht vertreten, Mozart sei bereits in seiner Jugend an einem Nierenleiden erkrankt gewesen. Es soll allmählich in ein chronisches Stadium übergegangen sein und schließlich zum Tod im urämischen Koma geführt haben. Schon damals wurden die Schwellungen an Händen und Füßen mit einer Nierenentzündung im Anschluß an einen Scharlach in Zusammenhang gebracht; inzwischen weiß man, daß

der „scharlachähnliche Ausschlag" Mozarts im Oktober 1762 kein Scharlach, sondern eine Knotenrose, also ein Erythema nodosum war. 1939 stellte H. Holz in seiner Dissertation die Anginen und Zahnabszesse als Ursache im Sinn der damals vorherrschenden Herdinfektlehre in den Vordergrund. Der eifrigste Vertreter der Nierenthese ist aber ohne Zweifel Greither. Er legt den Beginn dieser ominösen Nierenerkrankung in die Zeit der ersten Italienreise Mozarts, also in die Jahre 1769 bis 1771. Dabei stützt er sich auf eine briefliche Notiz von Maria Anna Reichsfreiin von Berchtold zu Sonnenburg, also dem Nannerl, vom 2. Juli 1819, in der es heißt: „... dasjenige [Bild. Anm. d. Verf.] so gemalt wurde, wie er von der Italienischen Reise zurückkam ist das älteste, da ware er erst 16 Jahre alt, aber da er von einer sehr schweren Krankheit aufstand, so sieht das Bild kränklich und sehr gelb aus ...". Dieser Bericht bezieht sich – wie bereits erwähnt – auf die Zeit nach der Rückkehr von der zweiten Italienreise im Dezember 1771, als Mozart wenige Wochen später sechzehn Jahre alt wurde. Damals erst, nämlich nach Beendigung seiner Sinfonie KV 114 Ende Dezember, bekam er die „welsche gelbe Farbe", die ihn ganz unkenntlich machte und die, wie schon früher ausgeführt, mit größter Wahrscheinlichkeit durch eine vielleicht aus Italien mitgebrachte Gelbsucht im Rahmen einer Virusinfektion der Leber verursacht wurde. Da sich diese Datierung recht genau festlegen läßt, muß sich Greither geirrt haben, wenn er in seiner Pathographie Mozarts 1971 feststellte: „In dieser ersten Italienreise ... während der er längere Zeit unterschwellig krank war und nach der er ein längeres Krankenlager in Salzburg durchmachte, scheint der Schlüssel zu Mozarts eigentlicher Todeskrankheit zu liegen. Es wird später zu belegen sein, daß diese lange Krankheit wohl eine schwere Glomerulonephritis darstellte, die nicht ausheilte und rund 25 Jahre später zu dem frühen Tode Mozarts führte." Es gibt wohl kaum eine Nierenentzündung, bei der die Gelbfärbung des Patienten so stark ist, daß derselbe fast unkenntlich wird. Im akuten Stadium einer Nierenentzündung ist die Gesichtsfarbe eher blaß, und selbst in fortgeschrittenen Stadien einer chronischen Nierenentzündung beobachtet man nur eine schmutzig-gelbliche Verfärbung der Haut. Die weiteren Argumente Greithers zeigen, wie bei einer einmal vorgefaßten Meinung alle späteren Ereignisse in die medzinische Hypothese eingebaut werden, auch wenn die vorliegenden Unterlagen den unvoreingenommenen Arzt in eine ganz andere Richtung weisen würden. Greither schreibt in seiner Pathographie weiters: „Will man ... die schwere, lange Krankheit danach [gemeint ist nach der ersten Italienreise. Anm. d. Verf.] als Glomerulonephritis ... anzweifeln, so wird die Nierensymptomatik spätestens im September 1784 manifest. Durch einen ausführlichen Brief des Vaters an seine Tochter vom 14. September 1784 wissen wir, daß Mozart eine schwere Krankheit durchmachte, in der eine Zystopyelitis [also eine Blasen- und Nierenbeckenentzündung. Anm. d. Verf.] im Vordergrund stand, die ihn der Gefahr der Urosepsis [von den Harnwegen ausgehende Blutvergiftung. Anm. d. Verf.] nahebrachte."
In diesem schon zitierten Brief Leopold Mozarts wird von einer akuten fieberhaften Erkrankung Wolfgangs berichtet, die in Wien grassierte und vier Tage lang mit rasenden Koliken und Erbrechen verbunden war. Da der Ausdruck „Kolik" damals, wie Daniel Langhans in seiner Beschreibung der gefährlichsten Krankheiten 1762 betonte, vorwiegend als Ausdruck für Gallen- und Darmkrämpfe verwendet wurde und die Erkrankung eindeutig epidemischen Charakter besaß, handelte es sich mit an Sicherheit grenzender Wahrscheinlichkeit dabei um einen schweren, fieberhaften, mit Erbrechen einhergehenden Darminfekt. Derartige meist virusartige Darminfekte decken sich in ihren klinischen Erscheinungsformen weitgehend mit der von Leopold Mozart gegebenen Beschreibung, während eine fieberhafte Zystopyelitis – vor allem in Anbetracht

des epidemischen Charakters – nach heutiger Kenntnis als Diagnose dieser Erkrankung auszuschließen ist. Im übrigen läßt sich zwischen einer vor vielen Jahren vermuteten „Nierenentzündung" und einer akuten „Entzündung der Blase und des Nierenbeckens" erfahrungsgemäß kein Zusammenhang herstellen.

Vollends unverständlich wird aber die versuchte Beweisführung am Schluß der so kurzen Lebensspanne Mozarts. Wenn Greither die Ansicht vertritt, daß Mozart während seiner letzten Lebensmonate „nachweislich schwer krank war", so paßt diese Krankheit nicht zu seiner enormen Aktivität und Arbeitsleistung, mit der er neben der Beschäftigung mit seinem Requiem den „Titus", die „Zauberflöte", das Klarinettenkonzert, die „Freimaurerkantate" und verschiedene kleinere Kompositionen fertigstellte. Die Annahme stimmt auch nicht mit Mozarts letzten Briefen an Konstanze überein, aus denen sprühende Heiterkeit bis zum Übermut, Zuversicht und echte Lebensfreude und ein mit dem Endstadium einer Schrumpfniere unvereinbarer ausgezeichneter Appetit spricht.

Am deutlichsten aber wird die vorgefaßte Meinung bei der Interpretation der in den vorliegenden Berichten geschilderten Schwellungen an Händen und Füßen. Sie werden zur Aufrechterhaltung der Diagnose einer chronischen Nierenerkrankung und einer Urämie als Todesursache als „Nierenwassersucht" angeführt. Diese Argumentation einer generalisierten Wassersucht unterstellt den behandelnden Ärzten Mozarts, daß sie Schwellungen an Armen und Beinen im Rahmen einer rheumatischen Gelenkentzündung nicht von Ödemen infolge einer Nierenkrankheit unterscheiden konnten. Hier unterliegen die Vertreter der Nierenthese allerdings einem großen Irrtum, wie die entsprechenden Kapitel in der 1791 von Dr. Sallaba herausgegebenen „Historia Naturalis Morborum" zeigen. Hier heißt es unter dem Titel „Hydrops", also der Wassersucht aufgrund einer Erkrankung des Herzens oder der Nieren: „Die Krankheit ist außergewöhnlich häufig ... Wen aber die Wassersucht befällt, der klagt über längere Zeit hauptsächlich über Trockenheit des Halses, der Zunge, mit oder ohne unstillbarem Durst, über Trockenheit der Haut und Verminderung der Harnausscheidung ... Die Krankheit befällt den ganzen Körper, oft auch nur einen Teil. Der Körper schwillt weich an, am meisten an den herunterhängenden Teilen, an den Unterschenkeln und an den Füßen. Wenn man die Schwellung mit dem Finger eindrückt, bleibt eine Grube zurück, die sich nachher wieder auffüllt. Desgleichen schwellen die Augenlider an ... Das Fieber ist gering ...".

Das rheumatisch-inflammatorische Fieber, für das sich Sallaba besonders interessierte und bei dem für ihn die Ablagerung des krankheitverursachenden Stoffs in den Gelenken im Vordergrund stand, wurde folgendermaßen beschrieben: „Das rheumatische Fieber tritt selten als einfaches Fieber auf, sondern befällt meistens einen bestimmten Teil des Körpers, sei es innen, sei es außen. Es bevorzugt die membranösen, sehnigen Teile, nämlich Bänder und Gelenke, wobei es besonders den Knie- und Handgelenken gefährlich ist. Nachdem sich das entzündliche Rheuma an einem bestimmten Ort niedergelassen hat, entstehen außerordentlich starke Schmerzen, die sich weit ausbreiten, menschliche Tragbarkeit fast überschreiten und von der geringsten Körperbewegung oder Berührung des erkrankten Teiles grausam verschärft werden. Die Krankheit ist mit Schwellungen verbunden, die meist einen größeren Umfang, jedoch geringere Überwärmung und stärker verteilte Rötung zeigen als eine echte Phlegmone. Die Entzündung ist weiter von wandernder Art und verläßt den Ort, den sie zuerst besetzt gehalten hat, entweder spontan, durch Kälteapplikation oder sonstwie entzündungswidrige Maßnahmen. Sehr häufig wandert sie zu inneren Teilen, vor allem zum Kopf oder zur Brust, und schneidet so den Lebensfaden ab, welches die gewöhnlichste Todesursache ist, die aus dieser Krankheit entsteht."

Da Dr. Sallaba im Vorwort zu seinem Buch ausdrücklich darauf hinweist, daß er in allen wesentlichen medizinischen Fragen mit seinem Freund Dr. Closset übereinstimme, darf man mit Sicherheit annehmen, daß sowohl Dr. Closset wie auch Dr. Sallaba die beschriebenen entzündlichen Schwellungen an Händen und Füßen sehr genau von den Ödemen bei vorliegender Nierenwassersucht zu unterscheiden in der Lage waren. Wenn sie deshalb ein rheumatisches Entzündungsfieber diagnostizierten und nicht eine Wassersucht als Ausdruck einer Nierenerkrankung, dann deshalb, weil bei Mozart eben keine allgemeinen Körperschwellungen vorlagen, sondern – wie Sophie Haibel in der Darstellung der Novellos erzählte – seine Gliedmaßen hochentzündet und geschwollen waren und – laut Eybler in seiner Autobiographie – derartige Schmerzen verursachten, daß Mozart „gelegt, gehoben und gewartet" werden mußte infolge „fast gänzlicher Unbeweglichkeit" der geschwollenen Hände und Füße.

Dieses klinische Bild paßt nicht in den Rahmen einer chronischen, im Stadium der Urämie befindlichen Nierenerkrankung, bei der so gut wie niemals ausgeprägte Ödeme angetroffen werden. Zieht man noch in Betracht, daß Mozart gleichzeitig mit den schmerzhaften Schwellungen an Händen und Füßen das Bild eines „hitzigen Frieselfiebers" – also einen fieberhaften Zustand mit starker Schweißbildung und daraus resultierendem Frieselausschlag auf der Haut aufwies – etwas, was bei chronischer Nierenkrankheit im urämischen Stadium, wo die Haut wegen des Wassermangels in den Geweben auffallend trocken ist, niemals beobachtet wird und berücksichtigt man den Hinweis Guldener von Lobes' auf ein eher epidemisches Auftreten ähnlicher Erkrankungen im Herbst 1791 in Wien –, dann kann man eigentlich nicht verstehen, warum von manchen Ärzten auch heute noch die „Nierenthese" als Todesursache angenommen wird.

Zur Rechtfertigung ihrer These leugnen sie zunächst den entzündlichen und schmerzhaften Charakter der Schwellungen mit der Begründung, daß die Beschreibung des englischen Ehepaares Novello „much inflamed and swollen" eine falsche Auslegung des Berichts von Sophie Haibel sei, die auf Novellos ungenügende Kenntnis der deutschen Sprache zurückgeht. Liest man das Tagebuch der Novellos, dann kann man dieser Behauptung keinen Glauben schenken; können doch so einfache Adjektive wie „swollen" und „inflamed" nicht unkorrekt übersetzt werden! Ebenso wird auch Josef Eybler vorgeworfen, daß er der deutschen Muttersprache nicht ganz mächtig gewesen sei, da Greither annimmt, er habe in seiner Selbstbiographie mit der Bezeichnung von Mozarts „schmerzvoller" Todeskrankheit, in der er „gelegt, gehoben und gewartet" werden mußte, den Ausdruck „schmerzvoll" nur in psychischem Sinn verstanden wissen wollen. Diese Auslegung ist ebenfalls abzulehnen, da auch in anderen Primärquellen Hinweise auf körperliche Schmerzen zu finden sind. Nissen schreibt in seiner Biographie Mozarts von einer „fast gänzlichen Unbeweglichkeit" der geschwollenen Hände und Füße; und wenn Sophie Haibel berichtet, daß sich Mozart „vermög der Geschwulst" nicht drehen und bewegen konnte, so daß man ihm deswegen sogar ein „Nacht-Leibel, das er von vorn anziehen konnte", anfertigte, dann kann dies sicher nicht als Ausdruck einer schmerzvollen psychischen Situation aufgefaßt werden.

Noch unverständlicher sind die Argumente der Vertreter der Vergiftungslegende, die für eine in Urämie endende Nierenschädigung infolge einer Quecksilbervergiftung als Todesursache Mozarts eintreten. Abgesehen davon, daß sie sich über die in den Primärquellen angeführten Symptome während der Todeskrankheit Mozarts hinwegsetzen, zeigen sie auch noch eine Unkenntnis des klinischen Bildes einer Quecksilbervergiftung mit Nierenschaden. Ähnlich wie bei der Schrumpfniere anderer Genese werden nämlich im Stadium der Urämie auch bei der Quecksilbervergiftung Ödeme so gut wie stets vermißt. Trotzdem wird in der Beweisführung immer wieder das Vorhandensein von Ödemen in den Vordergrund gestellt. Als Beweis für die „massiven Körperschwellungen" wurde unter anderem auf die sogenannte Totenmaske Mozarts, die 1947 in Wien auftauchte, hingewiesen. Man weiß aus zwei Mitteilungen, daß eine solche Totenmaske tatsächlich existierte. Konstanze teilte am 17. Februar 1802 dem Verlag Breitkopf und Härtel mit: „... Ich gebe Ihnen daher die Nachricht, daß der hiesige K. K. Kämmerer Graf von Dehm [Deym] – der sich vor einigen Jahren Müller nannte und eine Kunstgallerie aus eigner Arbeit eingerichtet hat – den Kopf Mozarts gleich nach seinem Tode in Gips abgeformt hat, und ferner, daß der Hofschauspieler Lange, ein sehr guter Maler, ihn groß, aber en profil, gemalt hat, welches Gemählde er wahrscheinlich durch hülfe des Dehmschen Abgusses, besonders da er M. gut gekannt hat, zu einem vollkommen ähnlichen En-face machen kann."

Nach Sophie Haibels Bericht erschien Graf Joseph Deym unmittelbar nach Mozarts Tod und „drückte sein bleiches erstorbenes Antlitz in Gips ab". Leider ist das Original nicht erhalten geblieben, und die für Konstanze angefertigte Kopie der Totenmaske zerbrach durch eine Unvorsichtigkeit, was sie angeblich mit der abfälligen Bemerkung abtat, daß Gott sei's gedankt „das häßliche Ding endlich entzwei" sei. Inzwischen konnte der sensationelle Fund eines angeblichen Bronzeabgusses der Totenmaske Mozarts einwandfrei als Irrtum nachgewiesen und die Entstehung dieses Bronzegusses durch zwei wissenschaftliche Kommissionen dem 20. Jahrhundert zugeschrieben werden.

Bei einer chronischen Quecksilbervergiftung wird die Niere nur selten in Mitleidenschaft gezogen. Neben verstärktem Speichelfluß findet man eher krankhafte Symptome des Nervensystems, wobei als erstes ein charakteristischer feinschlägiger Tremor, also ein Zittern der Hände auftritt, der anhand von Schriftproben erkennbar wird. Dieser Nachweis konnte bei Mozart nicht erbracht werden, da von Wissenschaftlern weder im Schriftbild noch im Duktus seiner Notenschrift – einschließlich der letzten von ihm geschriebenen Noten im „Lacrymosa" des Requiems – auch nur eine Andeutung eines Fingertremors entdeckt werden konnte. Wie wenig kompetent aus medizinischer Sicht die Vertreter der Vergiftungslegende dabei vorgehen, zeigt die von Dr. Kerner vertretene These, Mozarts Todeskrankheit mit einer sogenannten „Kalomel-Krankheit" in Verbindung bringen zu müssen. Man versteht darunter eine allergische Überempfindlichkeitsreaktion gegenüber diesem früher als dünndarmwirksames Abführmittel verwendeten Quecksilberchloridsalz, so wie man sie auch heute gegenüber vielen Drogen kennt und die schon durch sehr kleine Dosen gewisser Medikamente ausgelöst werden kann. Der Verlauf einer derartigen Überempfindlichkeitsreaktion, die typischerweise nach etwa zehn Tagen mit Fieber und allergischen Ausschlägen beginnt, ist meist gutartig, daher ist die Kalomel-Krankheit entgegen der Meinung Dr. Kerners schon rein theoretisch nicht mit einer zum Tod führenden Quecksilbervergiftung der Niere in Verbindung zu bringen.

In den letzten Jahren kamen zur Nierenthese noch zwei weitere Versionen dazu, und zwar aus Übersee. Der australische Kliniker Peter Davies vertrat 1983 die Meinung, daß es sich bei der Erkrankung Mozarts im Spätsommer 1784 um eine sogenannte „Schönlein-Henoch Purpura" mit weiteren Krankheitsschüben in den Jahren 1787 und 1790 gehandelt habe, die zu einer chronischen Glomerulonephritis, also einer beidseitigen

Nierenentzündung, geführt hätten und mit chronischem Nierenversagen endeten. Mozart hätte sich demnach am 18. November 1791 während einer Grippewelle bei einer Logensitzung eine Streptokokkeninfektion zugezogen, die nach wenigen Tagen zu einer Überempfindlichkeitsreaktion mit kleinen Blutungen in der Haut einem Hautausschlag und zu einer akuten Gelenkentzündung führte. Da weder Konstanze noch Sophie Haibel diese punktförmigen Hautblutungen bemerkten, nimmt der Autor einfach an, daß die Blutungen wahrscheinlich nur auf die untere Körperhälfte beschränkt blieben. Davies sieht in der chronischen Nierenentzündung aber nur indirekt die Todesursache Mozarts, da er von keinem Koma im Stadium der Urämie berichtet. Er glaubt, daß die Schönlein-Henoch Purpura zu einer Verschlimmerung seines Bluthochdrucks – der hier aus unerfindlichen Gründen vorausgesetzt wird – führte und durch eine massive Gehirnblutung den Tod zur Folge hatte.

Um die Hypothese zu untermauern, wurden verschiedene Berichte in den Primärquellen entsprechend ausgelegt. So nimmt er die „fast gänzliche Unbeweglichkeit" der geschwollenen Hände und Füße, wie sie Nissen beschrieb, und die Darstellung Eyblers, wonach Mozart in seiner schmerzvollen Krankheit „gehoben, gelegt und gewartet" werden mußte, als Indizien für eine halbseitige Lähmung. Dazu wurde auch eine Schilderung Sophie Haibels vom 7. April 1825 herangezogen: „Glosset, der Doktor, wurde lange gesucht, auch im Theater gefunden; allein er musste das Ende der Piece abwarten – dann kam er und verordnete ihm noch kalte Umschläge über seinen glühenden Kopfe, welche ihm auch so erschütterten, dass er nicht mehr zu sich kam, bis er nicht verschieden. Sein Letztes war noch, wie er mit dem Munde die Pauken in seinem Requiem ausdrücken wollte, das höre ich noch jetzt." Auch das Aufblähen der Wangen beim Atmen in tiefer Bewußtlosigkeit, in der sich Mozart bereits seit dem letzten Aderlaß zwei Stunden vor seinem Tod befand, wurde mit einer Gehirnblutung in Zusammenhang gebracht, wobei Davies hier eine Lähmung des siebenten Hirnnervs, eines sogenannten motorischen Gesichtsnervs, diagnostizierte. Diese unhaltbare Argumentation dürfte allerdings selbst für medizinische Laien zu durchschauen sein: die Unbeweglichkeit eines gelähmten Menschen nach einem Schlaganfall ist niemals durch „Geschwulst an Händen und Füßen und einer beynahe gänzlichen Unbeweglichkeit derselben" gleichzusetzen, und es gibt auch kein Beispiel eines Gelähmten, der „sich vermög Geschwulst nicht drehen konnte" oder wegen „seiner schmerzvollen Todeskrankheit gehoben, gelegt und gewartet" werden müßte. In den Primärquellen gibt es weitere Hinweise, die eine Gehirnblutung mit nachfolgender Lähmung mit Sicherheit als unzutreffend aufdecken. Im Brief vom 7. April 1825 von Sophie Haibel an ihren Schwager Nissen steht folgendes: „. . . Nun als M. erkrankte, machten wir beyde ihm die Nacht-Leibel, welche er vorwärts anziehen konnte . . . und weil wir nicht wussten, wie schwer krank er seye, machten wir ihm auch einen wattirten Schlafrock . . . dass, wenn er aufstehete er gut versorgt sein möchte . . ." Allein aus diesen wenigen Sätzen ist ersichtlich, daß Mozart nicht gelähmt gewesen sein konnte. Weiter lautete es in dem Brief: „. . . als ich . . . an einem Sonnabend [knapp zwei Tage vor Mozarts Tod! Anm. d. Verf.] hineinkam, sagte M. zu mir: Nun, liebe Sophie, sagen Sie der Mama, dass es mir recht sehr gut gehet, und dass ich ihr noch in der Octave [gemeint ist: in einer Woche. Anm. d. Verf.] zu ihrem Namensfeste kommen werde, ihr zu gratulieren . . ." Ein gelähmter Patient könnte wohl kaum annehmen, daß er bereits in wenigen Tagen imstande wäre, aufzustehen und seine Schwiegermutter zu besuchen. Schließlich kann auch der schon zitierte Satz Sophie Haibels, der die letzten zwei Stunden im Leben Mozarts betrifft, nicht für die Diagnose einer Lähmung des siebenten Gesichtsnervs ausgelegt werden. Wenn sie schildert, wie Dr. Closset noch kalte Kopfumschläge verordnete, die Mozart dann so erschütterten, „dass er nicht mehr zu sich kam, bis er nicht verschieden", so bedeutet dies, daß er knapp vor dem Tod in eine tiefe Bewußtlosigkeit verfiel, die wahrscheinlich durch den vorausgegangenen Aderlaß ausgelöst worden war und bei der die tonuslosen schlaffen Wangen während der im Koma meist vertieften Atmung wie Segel aufgebläht wurden. So beschrieb es auch Haibel: „Sein Letztes war noch, wie er mit dem Munde die Pauken in seinem Requiem ausdrücken wollte . . ."

In Anbetracht des dokumentarisch belegbaren Krankheitsbildes erscheint es abwegig, die an sich originelle Vermutungsdiagnose einer Schönlein-Henoch Purpura weiter zu diskutieren: es sei denn, man will gewaltsam die Symptome so umdeuten, bis sie in das Bild der schon aus der Anamnese der Krankengeschichte unwahrscheinlichen, aus der Analyse des klinischen Bildes von Mozarts letzter Erkrankung aber sicher unzutreffenden Diagnosekonstruktion passen.

Abschließend muß noch auf eine neue und bisher noch nicht veröffentlichte Theorie eingegangen werden, die Mozarts Tod auf eine genetische, also erblich bedingte pathologisch anatomische Basis zu stellen versucht. Professor A. Rappoport aus Florida, ein rückhaltloser Bewunderer Mozarts und prominenter Pathologe, geht dabei von Beobachtungen amerikanischer und schweizerischer Wissenschaftler aus, wonach zahlreiche Mißbildungen im Bereich der Nieren und der abführenden Harnwege mit gleichzeitigen Abnormitäten an den Ohren einhergehen sollen, wobei das Spektrum der Nierenanomalien von der Zystenniere bis zur fehlenden Anlage einer Niere reichen kann. Da schon 1957 von den italienischen Urologen Professor Cacchi und Professor Marini die Meinung vertreten wurde, daß Mozart an einer erblichen Anomalie der Nieren in Form einer Zystenniere laborierte und an Nierenversagen im urämischen Koma starb, wurde Professor Rappoport auf die Möglichkeit aufmerksam, daß hier vielleicht eine gleichzeitige erbliche Mißbildung der Nieren und des äußeren Ohrs vorliegen könnte. Er stützt sich dabei auf eine Stelle in Nissens Biographie, wo es auf Seite 586 heißt: „Die Gesichtszüge und Ohren des Sohnes Wolfgang sind denen des Vaters ähnlich. Was ausserordentlich merkwürdig zu seyn scheint, ist der Bau von Mozarts Ohren, ganz verschieden von den gewöhnlichen, und die, im Vorbeygehen gesagt, nur sein jüngster Sohn von ihm geerbt hat." Nun hat allerdings schon 1965 O. E. Deutsch, der profundeste Kenner der Mozart-Literatur, darauf hingewiesen, daß von niemandem eine solche Beschreibung von Mozarts Ohren überliefert worden war, und jenes Aquarell in Salzburg, das aus dem 19. Jahrhundert stammt und ein solches Ohr zeigt, längst als das des jüngsten Sohnes Mozarts erkannt wurde. Zu diesem Ergebnis kam soeben auch ein Team englischer Autoren um Alex Paton. Damit ist aber eine der beiden Voraussetzungen für Rappoports Hypothese in sich zusammengefallen. Aber auch die zweite Voraussetzung, nach der Mozarts Tod im urämischen Koma als Folge eines Nierenversagens erfolgt sei, hält heute bei Berücksichtigung aller biographischen und medizinischen Fakten einer ernstzunehmenden Kritik nicht mehr stand.

Es ist auffallend, daß sich alle Vertreter der verschiedenen Thesen über Mozarts letzte Krankheit darüber einig zu sein scheinen, daß der Tod durch Nierenversagen eingetreten sei. Dies ist für den vorurteilslosen Betrachter deshalb so erstaunlich, weil ein urämisches Koma ein völlig anderes klinisches Bild bietet als jenes, das bei Mozart während seiner letzten Krankheit von den Augenzeugen beschrieben und durch seine behandelnden Ärzte mündlich an Dr. Guldener von Lobes weitergegeben wurde. Sein in einem Brief an Giuseppe Carpani abgefaßtes Gutachten ist das einzige ärztliche Attest über die letzte Krankheit Mozarts, weshalb seine Bedeutung gar nicht hoch genug eingeschätzt werden kann. Guldener, der laufend von seinem befreundeten Kollegen Closset über Mozarts Krankheit informiert wurde und dessen Informationen mit den von Laien überlieferten Augenzeugenberichten übereinstimmen, kommt in seinem Gutachten – das im vollen Wortlaut an anderer Stelle bereits wiedergegeben wurde – zur Diagnose eines „rheumatischen Entzündungsfiebers".

Diese aufgrund der Aussagen von Dr. Closset vorgenommene Diagnose wurde verschiedentlich, zuletzt von Professor H. Franken, einer strengen Kritik unterzogen. Vor allem wurde darauf hingewiesen, daß man zur Zeit Mozarts unter dieser Krankheitsbezeichnung etwas ganz anderes verstand als heute. Man verwendete den laienhaften Ausdruck „rheumatisches Entzündungsfieber" auch für Erkrankungen des Herzens oder der Lungen, des Darms, der Ohren und sogar der Zähne. Ärzte wie Dr. Closset oder Dr. Sallaba aber verstanden unter diesem Begriff bereits ein recht gut definierbares Krankheitsbild, wie der an früherer Stelle wiedergegebenen Übersetzung der entsprechenden Stelle in Sallabas Lehrbuch „Historia Naturalis Morborum" aus dem Jahr 1791 zu entnehmen ist. Diese Darstellung von der „inflammatio rheumatica", bei der nach Meinung Sallabas die Ablagerung des Krankheitsstoffes in den Gelenken im Vordergrund steht, ist inhaltlich fast ident mit der Beschreibung des rheumatischen Fiebers in den modernen Lehrbüchern der Rheumatologie und beweist, daß diese von Mozarts Ärzten konstatierte Diagnose bereits auf einer genauen Kenntnis dieses Krankheitsbildes basierte.

Zugegebenermaßen stellt die Diagnose Guldeners nach heutigen Begriffen eine zu allgemeine Definition dar. Berücksichtigt man hingegen auch die Vorerkrankungen Mozarts und fügt man die von Angehörigen und Freunden übermittelten Krankheitssymptome hinzu, dann kann man unter Einbeziehung der Kenntnisse der älteren „Wiener Medizinischen Schule" ein präziseres Bild formen, wie dies von Carl Bär in besonders gründlicher Weise unternommen wurde. In seiner 1972 erschienenen Monographie gelangte er durch genaue Erfassung aller erreichbaren Quellen und unter Berücksichtigung des zeitgeschichtlichen Hintergrunds, vor allem aber der so wichtigen medizinhistorischen Aspekte, zu jener Diagnose, die nach heutigen medizinischen Kenntnissen den höchsten Grad von Wahrscheinlichkeit für sich beanspruchen kann, nämlich der eines akuten rheumatischen Fiebers.

Analyse der Krankengeschichte

Wie sehr diese Diagnose auf die letzte Erkrankung Mozarts zutrifft, soll eine kurze Rekapitulation seiner Krankengeschichte erhärten. Schon aus der Jugendzeit Mozarts lassen sich drei Perioden eines rheumatischen Fiebers dokumentarisch belegen, dazu kommen noch mehrere und zum Teil schwere Anginen sowie Zahneiterungen. Wiederholt kam es zu Infekten der oberen Luftwege, wahrscheinlich mit Streptokokken, also jenen Bakterien, deren Stoffwechselprodukte mit der Entstehung rheumatischer Erkrankungen in ursächlichem Zusammenhang stehen. Schließlich kam es im November 1791 zu einer Krankheit, die aufgrund der vorliegenden Beschreibung eindeutig auf einen neuerlichen Schub eines rheumatischen Fiebers mit akutem Gelenkrheumatismus hinweist. So zu deuten sind, gekürzt wiedergegeben, folgende an anderer Stelle bereits ausführlich zitierte Berichte von Angehörigen oder Freunden Mozarts: „... Die Krankheit begann mit Geschwulst an Händen und Füßen und einer beinahe gänzlichen Unbeweglichkeit derselben ..." Offenbar wurde jede Bewegung seiner geschwollenen

Hände und Füße streng gemieden, so daß selbst das Anziehen Schwierigkeiten bereitete, „... weil er sich vermög Geschwulst nicht drehen konnte .." Da die Symptomatik eines unbehandelten akuten Gelenkrheumatismus, die den damaligen Ärzten sehr genau bekannt war, eine eventuelle Verwechslung mit schmerzlosen Schwellungen bei Nierenkrankheiten unmöglich macht, sei auszugsweise die Schilderung dieses Krankheitsbildes aus dem renommierten „Lehrbuch der praktischen Medizin innerer Krankheiten" von H. Eichhorst aus dem Jahr 1899, also bereits nach der 1876 eingeführten Behandlung mit Salizylpräparaten, angefügt. Dort heißt es unter anderem: „... Das konstanteste Symptom ist der Schmerz, der schon spontan in der Ruhelage vorhanden ist und sich bei der leisesten Bewegung zu größter Heftigkeit steigern kann ... So können die Kranken, wenn eine größere Zahl von Gelenken befallen ist, einen äußerst hilflosen Eindruck machen ... Die notwendigsten Veränderungen der Lage, so beim Umbetten oder bei der Defäkation verursachen die quälendsten Schmerzen..." Diese Schilderung zeigt, was Eybler mit der „schmerzvollen Todeskrankheit" Mozarts gemeint hat.

In dem Lehrbuch findet man noch andere Symptome beschrieben, die bei Mozart beobachtet wurden. So heißt es etwa: „... Außerordentlich charakteristisch für die Krankheit ist die Neigung zu starkem Schwitzen. Beständig fließt ein eigentümlich säuerlich riechender ... Schweiß, ohne daß dabei etwa Temperatureinflüsse wie bei anderen Infektionskrankheiten eine Rolle spielen..." Die starke Schweißbildung wird wohl der Grund dafür gewesen sein, warum Konstanze und ihre Schwester Sophie gleich mehrere Nachthemden für Mozart unmittelbar nach Beginn seiner Krankheit anzufertigen begannen. „... Die Gelenkerkrankung lokalisiert sich in der Regel zuerst an einem oder mehreren der größeren Extremitätengelenke ... am häufigsten werden Knie- und Fußgelenke befallen, dann rangieren der Häufigkeit nach die Handgelenke, die Schulter- und Hüftgelenke und schließlich die Fingergelenke ... Das erkrankte Gelenk ist meist geschwollen, die Haut darüber ist gerötet und fühlt sich heiß an." Die Rötung und Überwärmung der geschwollenen Gelenke konnte von jedem Laien erkannt werden; es ist daher unverständlich, warum die von Mary Novello wiedergegebene Befürchtung Sophie Haibels, daß die von Dr. Closset zuletzt noch verordneten kalten Umschläge „... dem Kranken, dessen Arme und Beine sehr entzündet und geschwollen waren, schaden würden" von Greither und anderen voreingenommenen Autoren als eine durch Übersetzungsschwierigkeiten bedingte unrichtige Deutung dieser Schwellung abgetan wird.

Die Beschreibung des akuten Gelenkrheumatismus wird von Eichhorst so fortgesetzt: „Die Gelenkerkrankung geht stets mit Fieber einher. Die Temperatur erreicht selten hohe Grade, steigt in der Regel nicht höher als 39,5 Grad ... Das Sensorium ist auch in schweren Fällen meist klar. Bisweilen kommen Erregungszustände vor. Nur bei unbehandelten Fällen kann man trockene, selbst fuliginöse [braun-schwärzlich belegte. Anm. d. Verf.] Zungen zu sehen bekommen." Diese Zungenbeläge könnten eine Erklärung für den oft zitierten Satz sein, den Mozart am Vorabend seines Todes zu Sophie Haibel sprach: „Ich habe ja schon den Todten-Geschmack auf der Zunge, ..."

Das Fieber muß, zumindest gegen Ende von Mozarts Krankheit, ziemlich hoch gewesen sein, da Sophie Haibel berichtet, daß vom Arzt „kalte Umschläge über seinen glühenden Kopfe" verordnet wurden. Daß trotz hoher Temperatur das Sensorium, also das Bewußtsein, bei Mozart klar blieb, kann aufgrund der Schilderung Nissens mit Sicherheit ebenfalls angenommen werden, denn Nissen schreibt hierzu: „... Bis zwey Stunden vor seinem Verscheiden blieb er bey vollkommenem Verstande."

Von Eichhorst wurde auch zu den verschiedenen Hautveränderungen im Rahmen eines akuten Gelenkrheumatismus Stellung genommen: „... Die starke Neigung des Gelenkrheumatismus zum Schwitzen wurde schon erwähnt; damit in Zusammenhang steht das häufige Auftreten von Schweißbläschen ..." Diese bei verschiedenen fieberhaften Erkrankungen beobachteten bläschenartigen Hautausschläge wurden schon damals für ein unspezifisches Symptom gehalten und mit dem Ausdruck „Frieselausschläge" bezeichnet. Daraus erklärt sich auch die allgemein gehaltene Krankheitsbezeichnung „hitziges Frieselfieber", das im Spätherbst 1791 in Wien offensichtlich bei vielen Menschen konstatiert wurde. Schreibt doch Dr. Guldener in seinem Gutachten ausdrücklich: „... Die Krankheit befiel zu gleicher Zeit verschiedene Einwohner Wiens und hatte bei manchen den gleichen tödlichen Ausgang und die gleichen Symptome wie bei Mozart."

Mit dieser Formulierung wollte Guldener sicher nicht aussagen, daß zu jener Zeit ein großer Teil der Wiener Bevölkerung an akutem Gelenkrheumatismus erkrankt gewesen sei; vielmehr wollte er damit offenbar nur auf eine Situation hinweisen, die man heute als Grippewelle, beziehungsweise virusbedingte fieberhafte Erkrankungen bezeichnen würde. Nur so kann man jenen Satz: „... Ein Entzündungsfieber, das damals so vorherrschend war, daß nur wenige Personen ganz seinem Einfluß entgingen ..." interpretieren, der sich in dem Brief an Sigismund Neukomm nach Paris findet. Da derartige unspezifische Vorerkrankungen unter den damaligen hygienischen Verhältnissen für die Auslösung eines rheumatischen Schubes ungleich häufiger als heute verantwortlich waren, überrascht es nicht, wenn nach Aussage Dr. Guldeners in den Jahren 1786 und 1791 auch die Sterblichkeit durch rheumatisches Entzündungsfieber erhöht war.

Das von Nissen erwähnte Erbrechen am Ende von Mozarts letzter Erkrankung ist ein Symptom, das die Gegner der Rheumathese gerne in das klinische Bild eines urämischen Komas als Endstadium einer akuten oder chronischen Nierenerkrankung einordnen. In Nissens Biographie steht: „Seine Todeskrankheit ... begann mit Geschwulst an Händen und Füßen ..., der später plötzliches Erbrechen folgte ..." Um dieses Symptom richtig einordnen zu können, muß man die damals übliche Behandlungsmethode des rheumatischen Fiebers kennen, wie sie von Dr. Closset und Dr. Sallaba als den beiden berühmtesten Schülern des weltbekannten Klinikers Maximilian Stoll angewandt wurde. Stoll empfahl im April 1777 folgende Maßnahmen: „Meine Heilmethode war: nach vorhergehendem Aderlaß, wenn es erforderlich war, gab ich viel auflösende salzige Getränke, worauf ich ein Brechmittel anwendete, welches ich bisweilen wiederholte. Nach dem Brechen suchte ich den Leib offen zu halten ..." Maximilian Stoll, wichtigster Vertreter der Säftelehre – der sogenannten „Humoralpathologie" –, hielt noch streng an den Grundsätzen Galens fest. Er sah als wesentlichste Maßnahme die Entfernung der krankmachenden Stoffe – der materia peccans – aus dem Magen durch Verabreichung eines Brechmittels. Nach Empfehlung Stolls wurden „... Vier Gran Brechweinstein in einem Pfund Wasser aufgelöst, davon bekommt der Kranke alle Viertelstunden den vierten Theil. Nach dem Erbrechen ließ ich, um das Brechen zu erleichtern, laues Wasser trinken ..." Als Schüler und Nachfolger Stolls dürfte Dr. Closset seinen prominenten Patienten Mozart auf eben dieselbe Weise behandelt haben. Das von Nissen erwähnte Erbrechen scheint somit kein Symptom von Mozarts Krankheit, sondern eher die Folge der Behandlungsmethode gewesen sein.

Faßt man all diese für die Erstellung der Diagnose von Mozarts letzter Krankheit wichtigen Ausführungen zusammen, dann kommt man aus der Sicht der heutigen Medizin zu jener Diagnose, die Carl Bär aufgrund seiner gründlichen medizinhistorischen

Untersuchungen wissenschaftlich begründen konnte und die mit jener der behandelnden Ärzte Mozarts übereinstimmt, nämlich zur Diagnose eines „rheumatischen Fiebers".

Von den Kritikern der Rheumathese wird entgegengehalten, daß es sich im Fall Mozarts bei einem solchen akuten rheumatischen Fieber um ein erstmaliges Auftreten der Erkrankung gehandelt haben muß, die – wie Franken bemerkte – im Erwachsenenalter relativ selten vorkommt und unbehandelt auch heute noch in wenigen Wochen zum Tod führen kann. Heute weiß man allerdings, daß im mittleren Erwachsenenalter das Auftreten eines akuten rheumatischen Fiebers keineswegs immer dem erstmaligen Aufscheinen dieser Erkrankung entsprechen muß, sondern daß in diesem Alter durchaus auch Rezidive, also Rückfälle eines rheumatischen Fiebers auftreten können. Man konnte nämlich feststellen, daß die krankheitverursachenden Streptokokken so artverschieden sein können, daß nach einer überstandenen Infektion keine Immunität gegen andere Arten dieser Bakteriengruppe entwickelt werden muß, weshalb Patienten, die als Jugendliche, so wie Mozart, derartige streptokokkenbedingte Schübe eines rheumatischen Fiebers mit akuten Gelenkentzündungen durchmachten, als Erwachsene sogar überempfindlich auf eine neuerliche Infektion reagieren können. Da heute durch wirksamere Behandlungsmöglichkeiten mit Antibiotika, Kortisonpräparaten und antirheumatischen entzündungshemmenden Mitteln ein Spätrezidiv bei Erwachsenen selten vorkommt, können Rückschlüsse auf den Verlauf dieser Erkrankung zu Mozarts Lebzeiten kaum gemacht werden. Zieht man zur Beantwortung dieser Frage wieder H. Eichhorst zu Rate, so erfährt man, daß die Rezidivhäufigkeit im vergangenen Jahrhundert zum Unterschied von heute erheblich gewesen sein dürfte: „... Noch häufiger aber ist die Neigung des einmal an Gelenkrheumatismus Erkrankten, nach einiger Zeit ein Rezidiv aller Krankheitserscheinungen zu bekommen. Durch die einmalige Erkrankung an Polyarthritis [rheumatische Entzündung mehrerer Gelenke. Anm. d. Verf.] wird geradezu eine Disposition zur Wiedererkrankung erworben, so daß solche Leute drei-, fünf- und achtmal an Gelenkrheumatismus erkranken können." Da Mozart bereits in seiner Jugend mindestens drei Schübe eines akuten rheumatischen Fiebers erlitt, darf man wohl annehmen, daß es sich bei dem im mittleren Lebensalter stehenden Mann tatsächlich um einen neuerlichen Schub eines rheumatischen Fiebers handelte.

Für den weiteren Verlauf dieser Krankheit, die schon nach der kurzen Zeit von nur fünfzehn Tagen zum Tode führte, ist zum besseren Verständnis die Kenntnis zweier wichtiger Faktoren unabdingbare Voraussetzung: nämlich jene der Pathomorphose, also der Wandlung dieses Krankheitsbildes während der vergangenen zwei Jahrhunderte einerseits und den dem damaligen Stand der Medizin entsprechenden Vorstellungen einer wirksamen Behandlung andererseits.

Man weiß heute, daß unter den damals bestehenden sozialen und hygienischen Verhältnissen das akute rheumatische Fieber nicht nur rund dreißigmal häufiger auftrat als heute, sondern sicher auch wesentlich schwerer verlief. Ähnliche Verhältnisse finden sich heute noch in den sogenannten Entwicklungsländern, wo das rheumatische Fieber nicht nur außerordentlich häufig angetroffen wird, sondern auch eine erschreckend hohe Sterblichkeit aufweist. J. B. Bouillaud hat schon in seinem 1836 herausgegebenen Werk als erster darauf hingewiesen, daß alle seine tödlich geendeten Fälle von rheumatischem Fieber eine begleitende Herzentzündung [Entzündung des Herzmuskels, der Herzklappen oder des Herzbeutels. Anm. d. Verf.] aufwiesen und sie zu den häufigsten Komplikationen eines akuten Gelenkrheumatismus gehörte. Carl Bär hat deshalb auch in Erwägung gezogen, daß Mozart möglicherweise bereits in der Jugend während seiner drei Rheumaschübe einen Herzschaden erworben haben könnte. Wir wissen ja, daß etwa bei einem bestehenden Herzklappenfehler durch einen neuerlichen Schub eines akuten Gelenkrheumatismus relativ leicht ein Rezidiv einer Entzündung im Bereich der betroffenen Herzklappen oder auch des Herzmuskels ausgelöst werden kann, wenngleich die Schilderung der Symptome während Mozarts letzter Krankheit keinerlei Hinweise auf eine derartige Komplikation gibt. Gegen eine solche Annahme spricht auch die Tatsache, daß die körperliche Leistungsfähigkeit Mozarts in keiner Weise beeinträchtigt gewesen sein dürfte. Mozart konnte seiner Tanzleidenschaft ganz ohne Schwierigkeiten nachkommen und setzte auch bis knapp vor seinem Tod seine morgendlichen Ausritte zu Pferd fort.

Der nach nur etwas mehr als zwei Wochen dauernder Krankheit erfolgte Tod Mozarts dürfte somit doch durch andere Faktoren bedingt gewesen sein. Einen Hinweis auf eine mögliche andere Ursache findet man im Gutachten Dr. Guldener von Lobes: „. . . Closset hielt die Krankheit Mozarts für gefährlich und fürchtete von Anfang an einen schlimmen Ausgang, insbesondere eine Absetzung im Kopfe. Eines Tages traf er den Dr. Sallaba und er sagte ihm auf das bestimmteste: Mozart ist verloren, es ist nicht mehr möglich, die Absetzung aufzuhalten . . ." Als direkte Todesursache wurde also eine „deposito alla testa", eine „Ablagerung im Kopf" verantwortlich gemacht. Hier muß an die damals vorherrschende Humoralpathologie erinnert werden, nach der die verschiedenen Symptome bei rheumatischen Krankheiten durch Ablagerung einer krankheitverursachenden – heute würde man sagen toxischen – Substanz in verschiedenen Geweben des Organismus zustandekommen. Findet die Anhäufung einer solchen Materie vorwiegend in den Gelenken statt, dann entsteht das bekannte Bild eines akuten Gelenkrheumatismus. Sie kann sich aber auch an anderen Körperregionen ansammeln, wobei nach Ansicht der damaligen Medizinlehre der Brustraum bevorzugt wurde. Nach der medizinischen Lehrmeinung des ausklingenden 19. Jahrhunderts gelangten Rippenfellergüsse bei akuten Gelenkentzündungen als sogenannte larvierte Form der Erkrankung relativ häufig zur Beobachtung, während Entzündungen im Bereich des Bauchfells und vor allem der Hirnhäute für eine seltene Komplikation gehalten wurden. Wenn somit die gefürchtete „deposito alla testa" Ende des 18. Jahrhunderts meist dann diagnostiziert wurde, wenn die Krankheit einen bedrohlichen Verlauf nahm oder zum Tod führte, dann darf dieser medizinische Ausdruck sicher nicht mit „Hirnhautentzündung" übersetzt werden. Eher kann man nach der Säftelehre Stolls die Formulierung „deposito alla testa" als begleitende Hirnentzündung auffassen, wie sie bei jedem mit hohem Fieber einhergehenden entzündlichen Prozeß vorkommen kann und die Stoll als „zufällige Hirnentzündung" bezeichnete.

Man muß auf die Erfahrung von Ärzten des 19. Jahrhunderts zurückgreifen, die selbst nach Einführung der Salizylbehandlung noch solche dramatisch verlaufenen Fälle erlebt haben und die vielleicht auch eine Erklärung für den so überraschend schnell erfolgten Tod Mozarts geben könnten. Jochmann schreibt noch 1911 über die Beteiligung des Gehirns beim akuten rheumatischen Fieber folgendes: „. . . Von Erscheinungen seitens des Zentralnervensystems sind zunächst Erregungszustände zu nennen, die bei empfindlichen Personen als Folge der heftigen Schmerzen und der damit verbundenen Schlaflosigkeit, vielleicht aber auch unter dem Einfluß von toxischen Einwirkungen zustande kommen . . . Bemerkenswert jedenfalls sind jene eigentümlichen, glücklicherweise nur seltenen Fälle von Gelenkrheumatismus, die man wegen ihrer schweren Gehirnsymptome Zerebralrheumatismus oder wegen des exzessiven Fiebers als hyperpyretischen Gelenkrheumatismus bezeichnet. In jedem Stadium der Krankheit, ganz gleichgültig, ob es sich um einen leichten oder um einen schweren Fall handelt, kann dieser gefürchtete Zustand eintreten, wobei das Fieber unaufhaltsam auf 40, 41 oder 42 Grad und noch höher steigt. Dabei kommt es zu größter motorischer Unruhe und zu Delirien, oft auch zu motorischen Reizerscheinungen bis zu Krämpfen oder auch zu einer Hirnhautreizung. Der Puls wird jagend und klein, und unter Kollapserscheinungen erfolgt der Tod. Die Dauer dieses Zustands beträgt oft nur wenige Stunden, kann sich aber auch über Tage erstrecken. Da die anatomische Untersuchung des Gehirns solcher Fälle gar keinen Aufschluß gibt, so bleibt nichts übrig, als eine ungemein schwere Giftwirkung des Gelenkrheumatismus-Erregers auf das Zentralnervensystem und die wärmeregulierenden Zentren anzunehmen."

Diese ausführliche Darstellung erscheint in mehrfacher Hinsicht aufschlußreich: Sie deckt sich im wesentlichen mit den Erfahrungen der Ärzte des ausgehenden 18. Jahrhunderts und ihren Vorstellungen über das Zustandekommen einer „deposito alla testa", wobei als krankmachende Materie hundert Jahre später eine Giftwirkung des hypothetischen Erregers des akuten Gelenkrheumatismus angenommen wurde. Und tatsächlich ist ja nach der heute gültigen Ansicht das rheumatische Fieber Folgeerscheinung einer Infektion mit Bakterien der Gattung Streptokokken. Die auszugsweise wiedergegebene Darstellung deckt sich aber auch in auffallender Weise mit verschiedenen Angaben über den Verlauf von Mozarts Krankheit kurz vor seinem Tod. Nach den bereits ausführlich wiedergegebenen Schilderungen von Sophie Haibel dürfen wir annehmen, daß Mozart kurz vor seinem Tod sehr hohes Fieber gehabt haben muß, denn sie spricht dezidiert von „kalten Umschlägen über seinen glühenden Kopfe". Tatsächlich schien ja Mozart zuletzt in eine Art Fieberdelirium verfallen zu sein, denn in Seyfrieds Bericht heißt es wörtlich: „Am Abend des 4ten Dec: lag Mozart schon in Fantasien ..." Wir verfügen aber noch über eine weitere Quelle, die von einer rasch bedrohlich werdenden Wendung des Krankheitsverlaufes berichtet und die bisher wegen ihres nicht immer unbedingt verläßlichen Aussagewertes unerwähnt blieb, nämlich den sogenannten „Deiner-Bericht". Es handelt sich dabei um die Erinnerungen des 1823 verstorbenen Joseph Deiner, der Hausmeister in einem von Mozart in seinem letzten Lebensabschnitt angeblich häufig besuchten Bierlokal war und dessen persönliche Erinnerungen von einem anonymen Verfasser anläßlich des hundertsten Geburtstages Mozarts 1856 in der „Wiener Morgenpost" veröffentlicht wurden. In diesem Bericht heißt es unter anderem: „Am 28. November hielten die Ärzte über Mozart's Zustand ein Konsilium. Der damals renommierte Dr. Elossek [gemeint ist Dr. Closset. Anm. d. Verf.] und Dr. Sallaba, Primararzt des allgemeinen Krankenhauses, waren zugegen ... Da Mozarts Krankheit mit jeder Minute einen bedenklicheren Charakter annahm, ließ seine Gattin am 5. Dezember 1791 abermals den Dr. Sallaba holen. Er kam und bald darauf auch der Kapellmeister Süssmeyer, welchem Sallaba im Stillen vertraute, daß Mozart diese Nacht nicht überleben werde ..."

Man kann ziemlich sicher annehmen, daß sich zu Mozarts Gelenksymptomen kurz vor seinem Tod extrem hohe Körpertemperaturen und schließlich auch Delirien eingestellt haben, Symptome also, die in das noch um die Jahrhundertwende beschriebene klinische Bild eines „Zerebralrheumatismus" bzw. eines „hyperpyretischen Gelenkrheumatismus" eingefügt werden können und die in kurzer Zeit Mozarts Tod zur Folge gehabt haben könnten. So gesehen kann man sich auch ungefähr vorstellen, welchen Wert die Feststellung einer „Absetzung im Kopfe" für die Beurteilung des weiteren Krankheitsverlaufs eines Patienten mit rheumatischem Fieber für die Ärzte im 18. Jahrhundert besaß, und so verstehen wir vielleicht auch besser, wieso sie mitunter das tödliche Ende

genau vorauszusagen imstande waren. Zur Ehrenrettung der behandelnden Ärzte sei noch auf den Vorwurf von Sophie Haibel eingegangen, der sich in Nissens Biographie findet: „Die Schwägerin meynt, Mozart sey in seiner Krankheit nicht zweckmäßig genug behandelt worden, denn statt dass man auf andere Weise das Friesel noch mehr heraustreiben sollte, hätte man ... kalte Umschläge auf den Kopf gemacht ...", ein Nachtrag, der sich auf Sophies frühere Aussage bezog, wonach Dr. Closset „noch kalte Umschläge über seinen glühenden Kopfe verordnete, welche ihn auch so erschütterten, dass er nicht mehr zu sich kam, bis er nicht verschieden ...."
Wenn nun auch an der Wende vom 18. zum 19. Jahrhundert bei besonders schwer verlaufenen Fällen eines rheumatischen Fiebers infolge einer komplizierenden Herzklappenentzündung oder eines sogenannten Zerebralrheumatismus ein tödlicher Ausgang nach nur wenigen Wochen offenbar nichts Ungewöhnliches gewesen sein dürfte, so hat wahrscheinlich noch ein anderer Umstand am unerwartet plötzlichen Ableben Mozarts entscheidend mitgewirkt, nämlich der deletäre Einfluß der damals üblichen Behandlung mit ausgiebigen Aderlässen. Als erster hat von Bokay schon 1906 auf diesen Umstand hingewiesen, und beim Studium der Schriften von Dr. Closset und Dr. Sallaba gewinnt man die Überzeugung, daß die Aderlaßbehandlung auch für ihren Patienten Mozart die Methode der Wahl gewesen sein dürfte. Sallaba schrieb 1791 in seiner „Historia Naturalis Morborum" über die Bedeutung des kräftigen Blutentzugs bei rheumatischen Entzündungen: „Die Notwendigkeit des Aderlasses ist hier am größten und größer als bei einer echten Entzündung, und es ist keine andere Krankheit bekannt, die größere Aderlaßmengen ebenso leicht erträgt." Demgemäß verordnete er bei entzündlichen Krankheiten in der ersten Woche mindestens sechs bis acht Aderlässe zu je einem Viertelliter und mehr, ein Blutverlust, der sich bei dem kleinen, von Fieber und Schweißausbrüchen geschwächten Körper Mozarts katastrophal ausgewirkt haben müßte. Daß Mozart tatsächlich in den Genuß dieser Aderlaßtherapie gekommen ist, kann aus zwei unterschiedlichen Quellen erschlossen werden: Zunächst berichtete Sophie Haibel, daß „... der noch am letzten Lebensabend eingetroffene Hausarzt Dr. Closset einen Aderlaß vornahm ...", doch findet sich auch aus späterer Zeit, noch dazu von einem Arzt, ein Hinweis auf diese Behandlungsmethode. In einer Tagebucheintragung des aus St. Petersburg stammenden Arztes Dr. Carl von Bursy aus dem Jahr 1816 heißt es: „Der berühmteste Arzt der Stadt hielt Mozarts Krankheit für entzündlich und ließ die Ader öffnen ..." Hält man die Angabe im Deiner-Bericht für wahr, wonach am 28. November 1791 ein Konsilium zwischen Dr. Closset und seinem Freund Dr. Sallaba in der Rauhensteingasse stattfand, dann würde diese Tatsache indirekt dafür sprechen, daß wahrscheinlich eine Intensivierung der Aderlaßtherapie in Erwägung gezogen wurde. Wir wissen ja, daß sich die beiden befreundeten Kollegen in schwierigen Entscheidungen gegenseitig zu Rate zogen. Aus der Bemerkung in der Biographie von Niemetschek darf man allerdings schließen, daß dieses Konsilium nicht so sehr wegen diagnostischer Unklarheiten, sondern viel eher aus therapeutischen Überlegungen einberufen wurde. Auf jeden Fall war der Grund der bedrohliche Anstieg der Körpertemperatur. Aus den Schriften Sallabas und aus den Lehrsätzen seines Lehrers Maximilian Stoll erfährt man, daß bei fehlender Fiebersenkung oder gar weiterem Temperaturanstieg häufigere Aderlässe empfohlen wurden. In diesem Sinn spricht die Anweisung im Lehrbuch Stolls über die medizinischen Heilmethoden aus dem Jahr 1794. Demnach „... sind Entzündungsfieber gefährlich, welche ... nach dreymaligem Aderlaß sich nicht merklich vermindern. Denn wenigstens auf die dritte Aderlaß sollte doch die Krankheit nicht mehr steigen, wenn man einige Hoffnung haben will".

112

Bei Mozart dürften die Aderlässe nicht den erhofften Erfolg gebracht haben, weshalb Dr. Closset wohl auch den tödlichen Ausgang der Krankheit vorausgesagt hatte. Heißt es doch im Gutachten von Dr. Guldener von Lobes: „... Eines Tages traf er [Dr. Closset. Anm. d. Verf.] den Dr. Sallaba und sagte ihm auf das bestimmteste: Mozart ist verloren, es ist nicht mehr möglich, die Absetzung aufzuhalten. Sallaba teilte mir diese Bemerkung sofort mit, und in der Tat starb Mozart einige Tage danach mit den gewohnten Symptomen einer Absetzung im Kopfe."

Es steht heute außer Zweifel, daß mit der Behandlung ausgiebiger Aderlässe bei manchen Patienten der Tod durch Entblutungsschock herbeigeführt wurde. Angesichts der direkten und indirekten Hinweise, daß auch bei Mozart die Aderlaßtherapie eingesetzt wurde, könnte diese Todesursache für ihn zutreffen. Bei Nissen findet sich für eine solche Annahme ein bemerkenswerter Hinweis, wenn er schreibt: „... Demgemäß nahm der noch am letzten Lebensabend eingetroffene Hausarzt Dr. Closset einen Aderlaß vor ... worauf die Kräfte zusehends geschwunden und er in Bewußtlosigkeit gefallen sey, aus der er nicht wieder zu sich kam."

Unter Berücksichtigung aller zur Verfügung stehenden Quellen, der damaligen medizinhistorischen Gegebenheiten und nach derzeitiger medizinischer Kenntnis handelte es sich bei der fieberhaften, mit Schweißausbrüchen und Frieselausschlägen einhergegangenen Erkrankung mit entzündlich geschwollenen Extremitäten und Bewegungsunmöglichkeit infolge starker Schmerzen bei Mozart mit an Sicherheit grenzender Wahrscheinlichkeit um ein akutes rheumatisches Fieber mit dem klinischen Bild einer rezidivierenden rheumatischen Gelenkentzündung, deren Diagnose durch die in der Jugend mehrmals vorausgegangenen Schübe eines akuten Gelenkrheumatismus noch erhärtet wird. Für den schon nach etwas mehr als zwei Wochen zum Tod führenden Verlauf dieser Erkrankung, die damals wesentlich gefährlicher war als heute, dürfte die Entwicklung eines mit extrem hoher Körpertemperatur einhergehenden und in Ermangelung jedweder Therapie meist rasch tödlich endenden sogenannten Zerebralrheumatismus mit Lähmung der wichtigsten Hirnzentren entscheidend gewesen sein. Als unmittelbare Todesursache muß aber wohl der zwei Stunden vor seinem Tod angeordnete Aderlaß angesehen werden. Da sich alle berichteten Einzelheiten während Mozarts Erkrankung in dieses Konzept einfügen und kaum eine andere Deutung zulassen, sollten weitere Diskussionen um Mozarts Todeskrankheit endlich verstummen.

Begräbnis

Während man über die letzten Tage und Stunden im Leben Mozarts einigermaßen gut Bescheid weiß, liegen die Tage zwischen seinem Tod und seinem Begräbnis noch immer im Dunkeln. Schon das Datum seines Begräbnistages – im Sterberegister zu St. Stephan ist der 6. Dezember 1791 eingetragen – ist nicht gesichert. Neuere Forschungen sprechen dafür, daß Mozarts Leiche nicht am 6., sondern erst am 7. Dezember eingesegnet und anschließend auf dem St. Marxer Friedhof beerdigt wurde. Da Mozart am 5. Dezember starb, wäre ein früherer Begräbnistermin im übrigen gar nicht denkbar, da nach den damals geltenden strengen Sanitätsverordnungen, die von Josef II. erlassen und von seinem Nachfolger Leopold II. nicht abgeändert wurden, eine Karenzfrist von 48 Stunden unter allen Umständen eingehalten werden mußte. Für die Richtigkeit des auf den 7. Dezember korrigierten Datums für Mozarts Begräbnis sprechen auch einige Erinnerungsberichte, die sich alle übereinstimmend über das an jenem Tag herrschende ungünstige und stürmische Wetter beklagten. So steht etwa im Deiner-Bericht: „... Die Todesnacht Mozarts war finster und stürmisch, auch bei seiner Einsegnung fing es an zu stürmen und zu wettern. Regen und Schnee fielen zugleich, als wollte die Natur mit den Zeitgenossen des großen Tondichters grollen, die sich nur höchst spärlich zu dessen Beerdigung eingefunden hatten. Nur wenige Freunde und drei Frauen begleiteten die Leiche. Mozarts Gattin war nicht zugegen. Diese wenigen Freunde standen mit Regenschirmen um die Bahre, welche sodann durch die große Schullerstrasse nach dem St. Marxer Friedhofe geführt wurde. Da das Unwetter immer heftiger wurde, entschlossen sich auch die wenigen Freunde, beim Stubenthore umzukehren ... Der Hausmeister Deiner war auch bei der Einsegnung zugegen." Karl Friedrich Hirsch, der Enkel des mit Mozart befreundeten Komponisten Johann Georg Albrechtsberger, schreibt: „Endlich ist der Umstand richtig, daß zur Zeit des Leichenbegängnisses von Mozart eine sehr ungünstige Witterung war, daher auch niemand als die Familie Albrechtsberger die Leiche begleitete." Schließlich berichtete noch der 1799 nach Wien gekommene Musiker Johann Dolezalek, daß zwei Schüler Mozarts – Freystädtler und Hatwig – nach ihren eigenen Aussagen „... die Leiche des stürmischen Wetters wegen nicht weiter begleiteten, als bis zum Stubenthore, weil sie dem Wagen, der so schnell fuhr, nicht folgen konnten".

Dieses von Zeitgenossen Mozarts geschilderte ungünstige Wetter, ein Südweststurm, herrschte tatsächlich am Spätnachmittag des 7. Dezember, wie aus Aufzeichnungen der Wiener Sternwarte hervorgeht. Der 6. Dezember hingegen war ein windstiller, leicht nebeliger Spätherbsttag. Daher muß das Datum des Begräbnisses Mozarts nun endgültig mit 7. Dezember 1791 angegeben werden. Daß in den Matrikeln der Domkanzlei zu St. Stephan fälschlicherweise der 6. Dezember eingetragen wurde, kann man nur damit erklären, daß der Begräbnistermin schon am 5. Dezember, nach Meldung des Todesfalles, im voraus auf den 6. Dezember festgelegt wurde.

Die Einsegnung der Leiche dürfte in der Kreuzkapelle links vom Riesentor stattgefunden haben, um anschließend in der als „Todtenkapelle" dienenden Kruzifixkapelle neben der Capistrankanzel bis zum Abend „beigesetzt" zu werden, da der Leichentransport erst am Abend erfolgen durfte. Für die Angehörigen war daher mit der Einsegnung des Verstorbenen im Dom das eigentliche Leichenbegängnis beendet. Die Überführung und Beerdigung selbst fand entsprechend den amtlichen Begräbnisvorschriften ohne jede Feierlichkeiten und ohne Anwesenheit eines Geistlichen statt, wie aus dem Hofdekret Josefs II. vom 23. August 1784 zu ersehen ist; demgemäß sollten alle Verstorbenen „... nach abgesungenen gewöhnlichen Kirchengebetern eingesegnet und beigesetzt, von dannen aus aber hernach ... in die außer den Ortschaften gewählten Freidhöfen zur Eingrabung ohn Gepränge überbracht werden". Für die Überführung der Leichen auf die Vorstadtfriedhöfe wurde am 17. Juli 1790 ein besonderes Dekret herausgegeben mit folgendem Wortlaut: „... wollen Seine Majestät ... verordnet wissen, daß die Leichenwägen zur Sommerszeit von nun an niemals vor 9 Uhr Abends und in Winterszeit nie vor 6 Uhr Abends auf die Todtesäker geführt werden sollen ..." Am 28. Oktober 1790 erfuhr diese Verordnung noch eine Ergänzung, die verschiedenen Mißständen beim Transport Abhilfe verschaffen sollte und in der insbesondere bei Strafe darauf hingewiesen wurde, „... daß die Fuhrknechte sich nicht dem Trunke ergeben, die Leichenwägen vor den Schankhäusern stehen lassen, und sich somit außer Stand sezen, auf dieser kurzen Strecke die Pferde ohne eine Fakel leiten zu können".

Diese von Leopold II. herausgegebenen Vorschriften legen es nahe, daß zu Mozarts Zeiten ein Grabgeleite nicht üblich war. Da der St. Marxer Friedhof mehr als vier Kilometer vom Stephansdom entfernt lag, hätten die Trauergäste Mozarts eine große Wegstrecke auf schlechten Straßen und in völliger Dunkelheit zurücklegen müssen, was bei dem schlechten Wetter außerdem besonders unangenehm gewesen wäre. Es ist deshalb begreiflich, daß selbst seine treuesten Freunde spätestens beim Stubentor umkehrten, um so mehr als die Fuhrknechte wegen des stürmischen Wetters die Pferde offenbar zu größerer Eile trieben. Wenn die Leiche Mozarts ohne Begleitung und in dunkler, stürmischer Nacht in dem von den Angehörigen um drei Gulden gemieteten Leichenwagen, nur von Fuhrknechten begleitet, zum St. Marxer Friedhof überführt wurde, dann geschah dies nicht aus Pietätlosigkeit, sondern entsprechend den Gepflogenheiten der Zeit.

Man darf annehmen, daß die Leiche Mozarts am Friedhof in der sogenannten „Totenhütte" abgestellt wurde – deren Türe übrigens wegen der damals herrschenden Angst vor dem Scheintod niemals verschlossen werden durfte – und der Totengräber Simon Preuschl die eigentliche Beerdigung erst am nächsten Morgen vornahm. Für diese eigentliche Bestattung wurden unter Josef II. Bestimmungen erlassen, die uns heute nicht nur pietätlos, sondern vielfach auch unverständlich erscheinen und die man nur begreifen kann, wenn man sie vor dem Hintergrund der absolutistisch aufklärerischen Vorstellungen Josefs II. betrachtet. Seine Reformen betrafen auch die Begräbniszeremonien, und da seine Weltanschauung ganz der Geisteshaltung der Aufklärung verhaftet war, wurden viele seiner Begräbnisverordnungen aus sehr realistischen, gesundheitspolizeilichen Erwägungen heraus erlassen. Liest man heute diese Vorschriften, dann versteht man auch, warum sie damals bei der Bevölkerung auf Ablehnung gestoßen sind und Josef II. sich gewungen sah, einiges davon zurückzunehmen oder zumindest zu mildern. Besonders typisch für die Handlungsweise des Kaisers ist wohl die Begründung einer Bestattungsverordnung aus dem Jahr 1784, in der es heißt: „Da bei der Begrabung kein anderes Absehen sein könne, als die Verwesung sobald als möglich zu befördern, und solcher nichts hinderlich wäre, als die Eingrabung der Leichen in einem leinenen Sake ganz blos ohne Kleidungsstuken eingenäht, sodann in die Totentruhe gelegt, und in solcher auf dem Gottesacker gebracht werden sollen . . . sollen die dahin gebrachten Leichen aus der Truhe allezeit herausgenommen, und wie sie in den leinenen Sak eingenäht sind, in diese Grube gelegt, mit ungelöschtem Kalk überworfen, gleich mit der Erde zugedekt werden". Diese Beerdigungsart durch Sackbegräbnis wurde schon am 20. Januar 1785 unter dem Druck der öffentlichen Meinung wieder zurückgenommen, so daß mit Ausnahme aller Toten aus den Krankenhäusern, für die bis zum Beginn des 19. Jahrhunderts das Sackbegräbnis Gültigkeit behielt, wieder die Verwendung von Särgen gestattet wurde. Alle übrigen Bestimmungen wurden jedoch ausdrücklich aufrechterhalten, worunter auch das Verbot „aller Ausschweifungen, Gastmähler, der sogenannte Leichenschmaus, alle Illuminationen und Lobreden" fiel. Außerdem galt nach wie vor der Befehl „daß die Leichen von den Pfarrern nicht zu den Grabstätten geleitet . . . und ohne alles Gepräng, ohne Begleitung des Pfarrers zu Grabe gebracht werden". Aus diesen strengen Verordnungen ist ersichtlich, daß es damals einen Trauerzug überhaupt nicht geben durfte. Im übrigen wäre die Teilnahme an einem Leichenzug wegen der großen Entfernung der meist weit außerhalb der Stadt gelegenen Friedhöfe, der schlechten Straßenverhältnisse und der Dunkelheit der Nacht nicht nur für die meisten Trauergäste unzumutbar, sondern auch völlig sinnlos gewesen, da auf dem unbeleuchteten Friedhof keine Grabzeremonie erlaubt war. Wenn also Mozarts Begräbnis ohne Beisein seiner Freunde und Verwandten vor sich ging, dann nicht deshalb, weil sie es aus mangelnder Anteilnahme nicht anders wollten oder weil das Wetter ein Begleiten des Leichenwagens unmöglich machte, sondern weil es zu dieser Zeit in Wien nicht anders üblich war.

Unter Kaiser Leopold II. wurden die meisten dieser Verordnungen Josefs II. nicht nur bestätigt, sondern zum Teil sogar noch verschärft.

Will man die ganze Absurdität der Wiedergabe vom „Armenbegräbnis" Mozarts bis zum Verscharren in einem „Massengrab" und ihre Entstehung aufgrund fehlender Kenntnisse der zeitgeschichtlichen Umstände erfassen, dann muß man sich über die entsprechenden Bestimmungen für die eigentliche Bestattung informieren. Die Mehrfachbelegung eines sogenannten Schachtgrabes war in der Zeit des aufgeklärten Absolutismus selbstverständlich und die häufigste Art der Bestattung. In der Verfügung vom 4. Juni 1796 über die „Beerdigung der Leichen in Wien" vom damaligen Sanitätsmagister Guldener von Lobes heißt es: „In die Gräber der Todten mit Särgen dürfen vorschriftsgemäß nur vier große Leichen und zwey Kinder, in Ermangelung der Kinder aber, fünf große Leichen gelegt werden, es ist daher gar keine Ursache vorhanden, warum zwey Gräber mit Leichen zugleich offen seyn sollten ... Eine Grube muß nach der Vorschrift 6 Schuhe lang, 4 Schuhe breit und 6 Schuhe tief seyn." Aus diesem Dekret geht ganz klar hervor, daß das mehrfach belegte Grab mit fünf bis sechs Leichen zwingend vorgeschrieben war, wobei die Einhaltung dieser Vorschriften streng überwacht wurde. Machte sich der Totengräber einer Übertretung schuldig, so war er „ohne weiteres der Polizeyoberdirektion zu melden, welche den Schuldigen sogleich in das Polizeyhaus zu schaffen hat, wo er nach Befund seines Vergehens auf der Stelle gezüchtiget werden wird".

Vor diesem historischen Hintergrund erscheint es wohl nicht statthaft, aus dem kurzen Hinweis in der Biographie Nissens auf ein „schändliches Armengrab" oder gar auf ein „Verscharren in einem Massengrab" schließen zu wollen, wenn es dort heißt: „Mozarts sterbliche Hülle wurde auf dem Todtenacker vor der St. Marxer Linie bey Wien begraben. Weil van Swieten dabey die größtmöglichste Ersparnis für die Familie berücksichtigte, so wurde der Sarg nur in ein gemeinschaftliches Grab eingesenkt und jeder andere Aufwand vermieden." Das in dieser Darstellung erwähnte „gemeinschaftliche Grab" entsprach ganz dem damals üblichen Begräbnis der Wiener Bürger.

Ein völlig anderes Problem ist die Frage, warum für Mozart jenes einfache, bürgerliche Begräbnis dritter Klasse gewählt und nicht eine prunkvollere Bestattung ins Auge gefaßt wurde. Es ist bekannt, daß neben dem für die Wiener Bevölkerung selbstverständlichen fünffach belegten Grab schon in der josefinischen Zeit für Persönlichkeiten von außergewöhnlicher Berühmtheit ausnahmsweise auch Einzelgräber und Trauerzüge außerhalb der Stadtmauern Wiens bewilligt wurden. So wurde Christoph Willibald Gluck, der im Alter von 73 Jahren 1787 starb, unter großer Anteilnahme der Wiener Bevölkerung auf dem Matzleinsdorfer Friedhof in einem Einzelgrab bestattet. Wie selten zur Zeit Mozarts derartige Ausnahmen waren, geht schon daraus hervor, daß erst 1807 durch ein Dekret vom 2. Oktober, offenbar unter dem Druck der öffentlichen Meinung, „für Personen höheren Ranges und Verdienstes" in Einzelfällen die Errichtung eigener Gräber bewilligt wurde, wobei je nach Ausstattung des Grabes zehn bis dreißig Gulden zu bezahlen waren.

Unter diesem Aspekt drängt sich die Frage auf, warum nicht von höchster Stelle auch für Mozart die Bestattung in einem Einzelgrab veranlaßt wurde. Das selbst von dem sonst so kritischen Carl Bär angeführte Argument, Mozart wäre zum Zeitpunkt seines Todes schon weitgehend der Vergessenheit anheimgefallen, ist nicht nur unverständlich, sondern auch völlig haltlos. Wurden ihm doch vom Ausland, wo in allen größeren europäischen Städten seine Opern immer öfter aufgeführt wurden, gerade in seinen letzten Lebenswochen beträchtliche Geldsummen in Aussicht gestellt. Auch innerhalb der Erblande war sein Ruhm als Künstler während seines Todesjahres unbestritten, was neben der außerordentlich erfolgreichen Aufführung seiner „Zauberflöte" vor allem dadurch dokumentiert wird, daß man ihm den ehrenvollen Auftrag der böhmischen Stände zur Komposition einer Festoper anläßlich der Krönung Leopolds II. zum König von Böhmen erteilte. Es kann nicht die Rede davon sein, daß „sein Stern" in Wien schon längst verblaßt gewesen sei, sondern es dürfte eher der umgekehrte Fall zutreffen, daß nämlich sein unvorstellbares Genie, mit dem er alle seine künstlerischen Zeitgenossen überragte, deren Neid und Mißgunst erregte, wie einer Stelle in Niemetscheks Biographie zu entnehmen ist: „. . . Mozart hatte auch Feinde, zahlreiche, unversöhnliche Feinde. Wie hätten ihm auch diese mangeln können, da er ein so großer Künstler und ein so gerader Mann war?" Mit seinen Aussprüchen wie etwa „Das Herz adelt Menschen" machte er sich bei den maßgebenden adeligen Kreisen nicht gerade beliebt, und auch vom Wiener Hof wurde er nicht gerade mit Wertbezeugungen überschüttet, wenn man von Josef II. absieht, der ihn 1787 zum k. k. Kammerkompositeur mit einem Jahresgehalt von 800 Gulden ernannte. Ein Zeugnis besonderer Geringschätzung und Teilnahmslosigkeit dem damals bereits in halb Europa bekannten und bewunderten jungen Mozart gegenüber stellte ja schon der Brief Maria Theresias an Erzherzog Ferdinand, der Wolfgang bei sich anstellen wollte, dar. Mit Datum vom 12. Dezember 1771 geruhte Kaiserliche Hoheit folgende Antwort zu geben: „Sie erbitten von mir, daß Sie den jungen Salzburger in Ihren Dienst nehmen dürfen. Ich weiß nicht, als was, da ich nicht glaube, daß Sie einen Komponisten oder unnütze Leute nötig haben . . . Was ich sage, ist, daß Sie sich nicht mit unnützen Leuten beschweren, und niemals Titel an solche Leute, als stünden sie in Ihren Diensten! Das macht den Dienst verächtlich, wenn diese Leute dann wie Bettler in der Welt herumreisen . . ." Aber auch Maria Louise, die Gattin Leopolds II., hielt von der Kunst Mozarts wenig, oder besser, sie verstand wenig, sonst hätte sie wohl nicht nach der Aufführung der Oper von „Don Giovanni" in Prag anläßlich der Krönungsfeierlichkeiten im September 1791 von einer „porcheria tedesca" gesprochen.

Man braucht sich nach dem eben Zitierten nicht wundern, daß nach dem Tod Mozarts weder einflußreiche Kollegen noch einflußreiche Kreise am Hof zu Wien sich veranlaßt fühlten, für den aus bürgerlichen Kreisen stammenden und – verglichen etwa mit Christoph Willibald Gluck – noch recht jungen Komponisten ein Ausnahme-Begräbnis zu erwirken. Unklar erscheint zunächst hingegen das Verhalten van Swietens, der Jahre hindurch ein aufrichtiger Bewunderer und Freund Mozarts war. Möglicherweise spielt hier eine zufällige Koinzidenz eines schicksalsschweren Tages im Leben van Swietens mit dem Zeitpunkt von Mozarts Tod eine gewisse Rolle. Gottfried van Swieten erhielt von Josef II. die wichtige Stellung des Leiters der Studienhofkommission, womit ihm das gesamte Unterrichtswesen unterstellt war und die Verwirklichung zahlreicher Reformmaßnahmen in seine Hände gelegt wurde. Da mit der Regierungsübernahme durch Leopold II. eine Abkehr vom josefinischen Reformprogramm eingeleitet wurde und neben der Wiederherstellung der alten Privilegien für Kirche und Adel auch eine völlig neue Unterrichtsverfassung geplant war, war es nur mehr eine Frage der Zeit, bis der als konsequenter Josefiner geltende van Swieten aus diesem Amt entfernt werden mußte. Und gerade am Tag nach Mozarts Tod wurde dessen Abberufung von allen seinen Ämtern offiziell verkündet – ein Umstand, der die Bestellung eines bürgerlichen Begräbnisses durch van Swieten, der in diesen Tagen sicher mit seinen eigenen Problemen mehr als belastet war, verständlich machen würde. Ganz bestimmt war es nicht der Geiz van Swietens, von dem in so vielen Biographien immer wieder die Rede ist. Man weiß, daß er es war, der über viele Jahre die Erziehung der beiden Söhne Mozarts finanzierte, und auch bei der Auflösung der Schuldkonten, die sich nach Mozarts Tod auf rund 1 000 Gulden beliefen, dürfte er Konstanze finanziell zur Seite gestanden sein. In dieser Summe ist übrigens die an Michael Puchberg bestehende Schuld, die inzwischen ebenfalls auf rund 1 000 Gulden angelaufen war, nicht enthalten. Puchberg, der später diesen Betrag vollständig zurückbezahlt erhielt, stundete diese beträchtliche Summe bis auf weiteres, womit der Witwe zunächst geholfen war, und daher versteht man vielleicht besser, warum unter den Freunden Mozarts selbst Puchberg keine Veranlassung sah, sich für ein prunkvolleres Begräbnis zu verwenden – ganz abgesehen von den Angehörigen, die angesichts der Schuldenlast an eine solche Möglichkeit gar nicht denken konnten.

Bleibt am Schluß noch die Frage zu klären, wo sich die Grabstätte Mozarts auf dem St. Marxer Friedhof befindet – eine Frage, die lange Zeit leidenschaftlich diskutiert wurde und inzwischen mit einiger Sicherheit zu beantworten ist. Es soll auch hier wieder vorweggenommen werden, daß zur Zeit Mozarts es den Angehörigen keineswegs freistand, die Grabstelle eines Verstorbenen durch ein entsprechendes Grabmonument zu kennzeichnen, es sei denn, es handelte sich um den Ausnahmefall eines Einzelgrabes oder eine ausgemauerte, ebenfalls mehrfach belegte Familiengruft. Da der für die Gräber zur Verfügung stehende Raum durch die Ummauerung der Friedhöfe sehr begrenzt war, war die Abneigung der Behörden gegen eine platzraubende Bestattungsweise verständlich, und die vorhandene Raumknappheit war auch dafür verantwortlich, daß die Gräber nach längstens acht Jahren wieder neu belegt werden mußten. Diese Maßnahme brachte es mit sich, daß mit der Neubelegung eines Reihengrabes auch ein eventuell vorhandener Denkstein oder ein beschriftetes Holzkreuz, das für die Mehrzahl der Wiener Bevölkerung zur Kennzeichnung eines Schachtgrabes Verwendung fand, spätestens nach acht Jahren wieder entfernt werden mußte. Wahrscheinlich um dem Wunsch der Bevölkerung entgegenzukommen, ihren Verstorbenen ein bleibendes Denkmal setzen zu dürfen, wurde durch ein Dekret eingeräumt, es „solle den Anverwandten oder Freunden, welche der Nachwelt ein besonderes Denkmal der Liebe, der Hochachtung oder der Dankbarkeit vor den Verstorbenen darstellen wollen, allerdings gestattet sein, diesen ihren Trieben zu folgen, und diese wären lediglich an dem Umfang der Mauern zu errichten, nicht aber auf den Kirchhöfen zu setzen, um allda keinen Platz zu benehmen".

Da somit Reihengräber im allgemeinen unbezeichnet blieben und Gedenksteine üblicherweise nur an der Friedhofsmauer angebracht werden durften und überdies die Schachtgräber nach längstens acht Jahren wieder neu belegt wurden, konnte man eine Grabstelle oft schon nach wenigen Jahren nicht mehr genau angeben. Da auch Mozarts Grabstelle ohne jeden Hinweis auf seinen Namen blieb und Konstanze nicht einmal ein Holzkreuz auf die Grabstätte setzen ließ, war die Grabstelle bald in Vergessenheit geraten. Auf diese unbegreifliche Nachlässigkeit wurde zum erstenmal von Christoph Martin Wieland im „Neuen Teutschen Merkur" 1799 hingewiesen, und auch Joseph Haydn soll sich 1805 bitter darüber beklagt haben, daß Mozarts Grabstelle noch immer nicht gekennzeichnet war. So sehr man auch in jüngster Zeit versucht hat, Konstanze zu rehabilitieren, so bleibt doch jener Makel auf ihrer Person, daß sie erst siebzehn Jahre nach dem Tod Mozarts den Wunsch äußerte, sein Grab zu besuchen.

Als anläßlich der 50. Wiederkehr von Mozarts Todestag die Frage nach seiner Grabstelle aktuell wurde und man im Rahmen der Nachforschungen von Johann Ritter von Lucam die Witwe Konstanze um Auskunft bat, berichtete sie in einem Brief vom 14. Oktober 1841 über das Ergebnis ihres ersten Besuchs des St. Marxer Friedhofs im Jahr 1808, den sie gemeinsam mit dem Legationsrat und späteren Biographen Haydns, Georg August Griesinger, unternommen hatte. In diesem Schreiben bedauerte sie, „. . . sich in der Lage zu befinden, dem ihr bekannt gegebenen Wunsche nicht so ganz nachgehen zu können, da sie, leicht zu ermessen, von allzu großem Schmerze durchdrungen, krank geworden und auch des damals überaus strengen Winters wegen der teuren Hülle des unaussprechlich geliebten Gatten nicht zu folgen vermochte, als dies jedoch in der Folge möglich geworden, nicht säumte, mit mehreren Freunden nach dem St. Marxer Friedhof zu gehen, um das Grab des unvergeßlichen Mannes zu besuchen." – Wohlgemerkt siebzehn Jahre nach dem Tod ihres Gatten! – Und sie fährt fort: „Doch ach! Vergebens war alle Bemühung. Der Todtengräber sagte mir, daß sein Vorfahr vor kurzem gestorben wäre, er aber, wer vor seinem Eintritt an dieser Stelle begraben wurde, nicht wissen könne." Diese Aussage steht in Widerspruch zu einer Bemerkung Franz Gräffers in seinen 1845 erschienenen „Kleinen Wiener Memoiren", auf die erst kürzlich Professor Komorzynski hingewiesen hat: „Neulich erhielt ich folgende Zeilen von ehrenwerter Hand: Ihr Mozart-Aufsatz veranlaßt mich, Ihnen bekanntzumachen, daß der Totengräber in St. Marx genau die Stelle weiß, wo Mozart begraben wurde, und wo viele Jahre eine alte Musikus-Witwe jährlich betete. Er hat es, da so viel darüber geschrieben wurde, bekanntgemacht, doch ist noch niemand zu ihm gekommen, was ihn sehr böse macht". Wie man heute weiß, handelte es sich bei der „Musikus-Witwe" um die Gattin Johann Georg Albrechtsbergers, dem Lehrer Beethovens und Freund Mozarts, der nach Aussage von Sophie Haibel auf Wunsch Mozarts als erster von seinem Tod benachrichtigt werden sollte. Die Richtigkeit der Aussage des Totengräbers wurde vom Enkel Albrechtsbergers, dem Rechnungsoberoffizial Karl Hirsch, anläßlich der neuerlichen Nachforschungen über Mozarts Grabstelle im Jahr 1856 bestätigt. Er konnte nämlich berichten, daß er von seiner Mutter bis zu seinem 15. Lebensjahr regelmäßig nicht nur zum Grab seines 1809 verstorbenen Großvaters geführt wurde, sondern daß sie bei dieser Gelegenheit häufig auch die Grabstelle Mozarts besucht hätten. Da er diese Besuche auch später noch pflegte, konnte er sozusagen als Kronzeuge die Lage der Grabstätte Mozarts recht genau angeben. Es klingt rührend zu erfahren, daß der zur Kennzeichnung des Grabes angegebene Weidenbaum von einem einfachen Mann aus dem Volke, einem Schneidermeister, aus eigenem Antrieb und, wie Hermine Cloeter schreibt, sogar gegen den ursprünglichen Willen des Totengräbers gepflanzt wurde, der sich auf ein Dekret berief, wonach „. . . auf ein allgemeines Grab kein Baum gepflanzt werden soll". Von nun an sorgte der Wiener Magistrat sowohl für die Pflege dieses „länglichen Vierecks, welches mit einem Weidenstrauch bezeichnet ist" als auch für die Errichtung des von Gasser entworfenen Grabdenkmals im Jahr 1859. Leider wurde dieses Denkmal aus Anlaß des hundertsten Todestages Mozarts auf den Wiener Zentralfriedhof versetzt, wodurch die so mühsam wiederaufgefundene Grabstätte neuerlich in Vergessenheit zu geraten drohte. Doch wieder war es ein einfacher Mann aus dem Volk, der Ende des 19. Jahrhunderts auf dem St. Marxer Friedhof beschäftigte Friedhofsaufseher Alexander Kugler, der aus verschiedenen Überresten ehemaliger Grabdenkmäler liebevoll ein stimmungsvolles, kleines Grabdenkmal errichtete: einen Säulenstumpf, eine Marmorplatte mit eingemeißeltem Namen und Jahreszahlen und ein kleiner, nachdenklich blickender Engel mit Augen, deren vergossene Tränen durch die Zeit schon längst getrocknet wurden. Leider sollte jene Stelle, die Mozarts sterbliche

Hülle aufnahm, noch einmal aus ihrer verträumten Ruhe gerissen werden durch einen Bombenangriff während des letzten Weltkriegs, der Beschädigungen durch Granatsplitter zurückließ. Am 3. Dezember 1950 wurde im Rahmen einer schlichten Feier die wiederhergestellte, jedoch etwas ihrer ursprünglichen Romantik beraubte Grabstelle wieder der Pflege der Gemeinde Wien übergeben.

Der Zauber, der von jener Stätte in der abgeschiedenen Stille des Gottesackers von St. Marx ausgeht, läßt uns wie von fern den Hauch jenes unbegreiflichen Geistes spüren, der über dem traumhaften Larghetto seines letzten Klavierkonzerts mit seiner „franziskanischen Milde" schwebt – einer Musik, welche durch die nur von Mozart erreichte Kunst des bloßen Andeutens jenen eigenartig verklärten, schmerzhaft-tränenlosen Charakter gewinnt, der uns zu jenen Sphären entführt, in denen man keinen Schmerz mehr vernimmt. In solchen Bereichen letzter geistiger Reife hat Mozart, wie Edwin Fischer einmal so treffend sagte, „im Leben das Leben überwunden und gleich Shakespeare das Tragische in jenes Licht erhoben, in welchem es die Götter sehen – unbeschwert".

LUDWIG VAN BEETHOVEN

Ludwig van Beethoven zählt zu jenen herausragenden Persönlichkeiten unserer abendländischen Kultur, deren unbegreifliche Vollkommenheit nach einem Ausspruch Goethes „... man erst recht empfindet, wenn sie dahingegangen sind, wenn ihre Eigenheiten uns nicht mehr stören und das Eingreifende ihrer Wirkungen uns noch täglich und stündlich vor Augen tritt". Seine unvergänglichen Werke sind so sehr vom Fluidum der Unantastbarkeit und der Unsterblichkeit umgeben, daß sich bis heute nicht die leiseste Spur einer abwertenden Kritik an sie herangewagt hat. Beethovens Musik erfüllt uns mit Ehrfurcht ähnlich wie beim Betreten eines Heiligtums, unabhängig davon, ob man ein gläubiger Mensch ist oder nicht. Wir können mit unserer Vernunft seine wie aus einer höheren Welt stammende Sprache zwar nicht unmittelbar verstehen, aber wir empfinden dafür um so tiefer das Göttliche in seiner Musik, die unangefochten zu den höchsten in der Kunst erreichbaren Sphären vorgedrungen ist. Am deutlichsten tritt uns dies in seinen Spätwerken mit ihrer unübertroffenen Ausdrucksintensität entgegen, die er durch konzentrierte Bändigung seiner musikalischen Ideenwelt zu einer in sich geschlossenen vollkommenen Einheit erreichte; sie gipfelt im Schlußchor seiner neunten Sinfonie, wo sich seine Menschenliebe zum Begrifflichen des Wortes verdichtet. Diese Reinheit der Musik Beethovens hat Albert Apponyi mit den Schlußworten seiner Festrede anläßlich einer Beethoven-Gedenkfeier 1927 besonders treffend charakterisiert, als er sagte: „Wen die Beethovensche Inspiration ergriffen hat, der überblickt das ganze Höhensystem, die Bergkette, die Zusammengehörigkeit der religiösen, der sittlichen, der philosophischen und der künstlerischen Hochgipfel; er atmet die Einheit ihrer Atmosphäre und genießt in dieser Einheit die vollständigste Harmonie und die höchste Würde menschlichen Daseins."

Den Erkrankungen Beethovens galt von jeher das besondere Interesse der Öffentlichkeit. Uns berührt seine Taubheit deshalb so sehr, weil man glauben könnte, daß das Gehör bei einem schöpferisch tätigen Musiker durch keinen anderen Sinn ersetzt werden kann. Um so unvorstellbarer ist es deshalb, wie vollkommen sein inneres Klangvorstellungsvermögen offensichtlich erhalten blieb und wie er es seelisch verkraftete, seine reifsten Schöpfungen akustisch nicht mehr aufnehmen und kontrollieren zu können. Die flammende Leidenschaft, mit der er „dem Schicksal in den Rachen griff", und die Art, wie aus diesem für ihn so furchtbaren Leiden sogar noch tiefere Stimmungsfarben in seiner Musik entstehen konnten, werden deshalb wohl immer eindrucksvollstes Zeugnis menschlicher Willenskraft bleiben. Unter dem Eindruck dieses Schicksals wurden allerdings andere chronische Leiden, mit denen er Jahrzehnte hindurch zu kämpfen hatte und die ihm oft stärker als seine Taubheit körperlich und psychisch zusetzten und seine schöpferische Tätigkeit erheblich beeinträchtigten, in den Hintergrund gedrängt. Es sind dies neben seinem späteren Leberleiden hartnäckige, immer wiederkehrende Bauchbeschwerden, über die in allen Biographien meist nur unklare Vermutungen angestellt wurden und die erst in neueren medizinischen Abhandlungen einer wenn auch widersprüchlichen näheren Betrachtung unterzogen wurden.

Beethovens Vorfahren

Zum Verständnis der psychischen Entwicklung Beethovens erscheint zunächst eine Rückblendung in die Vergangenheit der Familie von nicht zu unterschätzender Bedeutung. Mit Akribie durchgeführte Nachforschungen haben ergeben, daß der Name Beethoven in den Chroniken flämischer Städte schon im 13. Jahrhundert auftauchte, wobei die Schreibweise von Piethoffen bis Bethof recht wahllos variierte. Fest steht weiters, daß das „van" nur ein Zeichen niederländischer Herkunft ist und kein adeliges Prädikat darstellt. Sieht man von der tragischen Geschichte ab, wonach die Frau eines „van Beethoven" im Jahr 1595 als Hexe öffentlich auf dem Scheiterhaufen verbrannt wurde, dann finden sich in der Familiengeschichte bis ins 18. Jahrhundert keinerlei Besonderheiten. Erst beim Großvater, Louis van Beethoven, kamen musikalische Anlagen deutlicher zum Vorschein. Dieses erste musikalisch begabte Familienmitglied gilt als die ausgewogenste und positivste Persönlichkeit unter den Vorfahren; schon im März 1733 wurde er vom Kurfürsten Clemens August an die Hofkapelle in Bonn berufen und stieg 1761 zum offiziellen Kapellmeister auf. Er wird von seinen Zeitgenossen als ein gerechter und charakterfester Mann geschildert, der großes Ansehen am Hof genoß und im Haus der Bäckerfamilie Fischer eine komfortabel ausgestattete Wohnung besaß, wie den später veröffentlichten „Erinnerungen" des jüngsten Sohnes Gottfried Fischer zu entnehmen ist. Wahrscheinlich sah Ludwig van Beethoven in der Person dieses Großvaters mit seinem ausgeprägten Gerechtigkeitssinn ein leuchtendes Vorbild, wenngleich ihn mit dem bereits am 24. Dezember 1773 verstorbenen Mann kaum persönliche Beziehungen verbunden haben konnten. Es dürfte vielmehr das in der Familie lebendig gebliebene Andenken gewesen sein, denn – wie sein Bonner Jugendfreund Franz Gerhard Wegeler berichtet – „seine fromme und sanfte Mutter, die er weit mehr als den nur strengen Vater liebte, mußte ihm viel vom Großvater erzählen. Das Bild desselben, vom Hofmaler Radoux verfertigt, ist das einzige, was er sich von Bonn nach Wien kommen ließ und was ihm bis zu seinem Tode Freude machte." Leider dürfte das Familienleben seines Großvaters, der sein Einkommen übrigens durch Weinhandel aufzubessern versuchte, dadurch stark belastet worden sein, daß seine Frau Josepha zu trinken begann. Sie wird als eine nervenkranke, erblich belastete Frau geschildert, die „sich gerne dem Weingenuß widmete und damit dem Ehemann viele, verheimlichte Seelensqualen bereitete, so daß der Gatte schließlich auf den Gedanken kam, die Frau in Köln einer Familie in Kost und Verpflegung zu geben". Als ihr Mann starb, soll sie bereits seit längerer Zeit in einem Kloster eingesperrt gelebt haben.

Der drittgeborene und einzig überlebende Sohn dieses Ehepaars, Johann, war der Vater Ludwig van Beethovens, der sich schon früh durch eine hervorragende Musikalität auszeichnete. Ludwig wurde vom Vater unterrichtet und erhielt über dessen Vermittlung beim Kurfürsten eine Anstellung als Sänger, nachdem er bereits „13 jahr lang ohne Gehalt mit seiner singstim den sopran, Conteralt und tenor in jeden vorfallenden nothwendigkeiten abgesungen", wie es in der Bittschrift hieß. Johann wurde von jeher als überstrenger, ja grausamer Vater dargestellt, der die Talente seines Sohnes Ludwig nur ausbeuten wollte. Auch Wegeler sprach von einem „geistig und sittlich wenig ausgezeichneten Vater". Darüber hinaus wurde stets seine Trunksucht hervorgehoben; tatsächlich schrieb schon Fischer in seinen Erinnerungen: „Johann van Beethoven verstand sich auch früh auf die Weinproben", und bei seinem Tod soll der Kurfürst gesagt haben: „Beethovens Tod wird eine Abnahme der Getränkesteuereinnahmen zur Folge haben." Diese Vorwürfe können allerdings nur für Johanns letzte Lebensjahre aufrechterhalten werden. Bis zum Tod seiner Frau übte er nämlich mit „zimlicher Aufführung", wie es in einem kurfürstlichen Bericht aus dem Jahr 1784 heißt, sein Amt als Hofmusiker aus, und die vornehmen und adeligen Eltern hätten ihre Kinder wohl kaum einem Trunkenbold zum Musikunterricht anvertraut, den Johann zur Verbesserung seiner finanziellen Lage erteilte. Schließlich berichtet auch Fischer, daß sich Johann trotz der vielen Weingeschenke, die er als Musiklehrer laufend erhielt, durch „Bescheidenheit" auszeichnete, und dieser Bericht endet sogar mit den Worten: „Herr Johann van Beethoven war ohnehin ein ernsthafter Mann." Als jedoch Johanns Frau Maria Magdalena mit erst vierzig Jahren an tuberkulöser Schwindsucht starb, schien das Leben für ihn sinnlos geworden, und er begann immer mehr der Trunksucht zu verfallen, jenem Laster, das er wahrscheinlich von seiner Mutter Josepha geerbt hatte.

Wenn man davon ausgeht, daß die seelische und geistige Disposition eines Menschen nicht ausschließlich durch Erbfaktoren bedingt ist, sondern durch familiäre und soziale Umwelteinflüsse mitbestimmt wird, dann kann man bei Ludwig van Beethoven sicher sein, daß sowohl die rauhe und sanguinische Verhaltensweise wie die Neigung zu Passivität und Melancholie auch bei manchen seiner Vorfahren anzutreffen waren. Ähnliches gilt vom reichlichen Alkoholkonsum. Es ist heute erwiesen, daß an der erblichen Übertragung einer Depression viele Gene beteiligt sind und das Risiko eines neuerlichen Auftretens einer Depression in einer erblich belasteten Familie mit etwa fünfzehn bis zwanzig Prozent anzusetzen ist. Neuere Studien, insbesondere die Zwillingsforschung, haben ergeben, daß auch für den chronischen Alkoholismus genetische Faktoren verantwortlich sind, die entweder zur Sucht hinführen oder davor schützen. Damit wurde die schon lange beobachtete Tatsache, daß der Alkoholismus familiär gehäuft vorkommt, auf eine neue wissenschaftlich begründete Basis gestellt. Wenn auch nach wie vor unbestritten bleibt, daß bei der Entstehung von chronischem Alkoholismus Umweltbedingungen, vor allem die Trinkgewohnheiten in der engsten Umgebung, eine entscheidende Rolle spielen, so bestimmen doch oft erst die genetischen Anlagen, in welchem Maß der einzelne wehrlos gegenüber einer Alkoholsucht ist oder erfolgreich dagegen ankämpfen kann. Welche Bedeutung diesen genetischen Faktoren zukommt, erhellt aus einer dänisch-amerikanischen Studie der letzten Jahre, wonach Söhne von Alkoholikern, die bald nach ihrer Geburt von ihren Eltern getrennt und von nichttrinkenden Familien adoptiert worden waren, später genausooft Alkoholprobleme bekamen wie die zu Hause aufgewachsenen Alkoholikersöhne. Für Ludwig van Beethoven sind diese Überlegungen deshalb von Bedeutung, weil immerhin seine Großmutter und sein Vater in die Gruppe der alkoholgefährdeten Menschen, die später der manifesten Trunksucht verfielen, eingereiht werden müssen.

Von den sieben Kindern, die der Ehe Johann und Maria Magdalena Beethovens entsprangen, blieben nur drei am Leben: der zweitgeborene Ludwig und seine beiden um fünf bzw. sechs Jahre jüngeren Brüder Caspar Anton Carl und Nikolaus Johann. Das genaue Datum der Geburt Ludwigs konnte nie eruiert werden. Sein Taufschein wurde auf den 17. Dezember 1770 ausgestellt, und da nach katholischem Ritus die Kinder damals spätestens vierundzwanzig Stunden nach ihrer Geburt getauft werden mußten, darf mit gutem Recht angenommen werden, daß Ludwig van Beethoven am 16. Dezember 1770 das Licht der Welt erblickte. Aus seiner Kindheit sind nur wenige und vielfach recht widersprüchliche Einzelheiten bekannt. In der Fischerschen Chronik heißt es, daß der kleine Ludwig lange Zeit an einem „Fehler" laborierte, den die Mutter mit einfachen Hausmitteln zu behandeln versuchte. Ob es sich allerdings dabei um jene Infektionskrankheit gehandelt hat, die später zu einer Hörnerventzündung und so allmählich zur Taubheit führte, wie F. Zobeley vermutet, erscheint wohl mehr als fragwürdig. Sicher ist hingegen, daß er in seiner Kindheit an Pocken erkrankte, jener heute so gut wie ausgestorbenen Infektionskrankheit, die im 18. Jahrhundert ohne Unterschied der sozialen Umstände ihre Opfer ebenso aus der kaiserlichen Familie wie aus der ärmlichen Familie eines Taglöhners holte. Ähnlich wie Gluck, Haydn und Mozart überstand auch Beethoven diese Geißel der damaligen Zeit; es blieben lediglich einige wenige Narben zurück.

Kindheit und Jugend

In seiner frühesten Kindheit blieb Ludwig gemeinsam mit anderen Kindern sich selbst überlassen. Um den Eltern nicht im Weg zu sein, verbrachte er auch bei regennassem kalten Wetter häufig seine Zeit im gepflasterten Hof, was ihm wiederholt Erkältungen eintrug und angeblich auch den Grundstein für seine spätere Ertaubung gebildet haben soll – eine Annahme, die allerdings als falsch zurückgewiesen werden muß. Im übrigen war der junge Ludwig zwar ein fröhliches und zu allerlei Späßen aufgelegtes Kind, auf der anderen Seite aber offenbar schon ein außergewöhnlich ernster und nachdenklicher Junge. Wenn er, den Kopf in seine Hände gestützt, aus dem Fenster blickte, konnte es vorkommen, daß er in so tiefe Gedanken versunken war, daß er auf eine Anrede gar nicht reagierte, wofür er sich dann auch sofort entschuldigte. Man bezeichnete ihn deshalb wohl auch als „verschlossen", „schüchtern und wortkarg" oder „mürrisch".
Schon früh zeigte sich sein Interesse für Musik, ohne Zweifel genährt durch den Vater, dem das verlockende und gewinnbringende Beispiel des Wunderkindes Mozart vor Augen geschwebt haben dürfte. „Seit meinem vierten Jahr begann die Musik die erste meiner jugendlichen Beschäftigungen zu werden", bestätigte Ludwig später selbst, und wenn Vater Johann auch nicht annähernd die pädagogischen Fähigkeiten eines Leopold Mozart besaß, so war es doch schließlich er, der die ersten musikalischen Schritte des Kindes lenkte, den Kleinen auf seine Knie setzte und ihm, wenn auch unregelmäßig und vielfach mit unnötiger Strenge, den ersten Unterricht erteilte. Ob es dabei wirklich derartige Entgleisungen gab, wie uns jene erst nach seinem Tod überlieferte Erzählung weismachen will, wonach der „trunksüchtige Vater das schlafende Büblein aus dem Bett ans Klavier zerrte, um es bis in die frühen Morgenstunden mit Übungen zu foltern", muß dahingestellt bleiben. Die Gefühle Ludwigs seinem Vater gegenüber sind nicht bekannt, da er sich darüber nie äußerte; an seine Mutter jedoch erinnerte er sich stets mit großer Zärtlichkeit. Seine schulische Ausbildung beschränkte sich auf den damals üblichen Elementarunterricht, den er mit elf Jahren beendete und in dessen Lehrplan außer Lesen, Schreiben und Rechnen nur noch Religion, Gesang und etwas Latein enthalten war. Dementsprechend war seine Orthographie zeitlebens miserabel, und das Rechnen blieb bis ans Ende seiner Tage für ihn überhaupt ein spanisches Dorf. Am meisten lernte der junge Beethoven von seinem Lehrer Christian Gottlob Neefe, dem Beethoven nicht nur seine ungewöhnliche Virtuosität im Klavierspiel verdankte, sondern der auch großen Anteil an seiner theoretischen Ausbildung hatte. Schon sehr bald bot Neefe seinem jungen Schüler an, ihn bei den Frühmessen der kurfürstlichen Kapelle als Organist zu vertreten, und 1782 ernannte er den erst Zwölfjährigen zum „Cembalisten im Orchester", eine Schlüsselstelle bei allen Proben und Aufführungen. Schließlich war es auch Neefe, der nach der Widmung von drei „Sonaten fürs Klavier" des dreizehnjährigen Beethoven an den Kurfürsten die erste Empfehlung für

einen Studienaufenthalt im Ausland gab, indem er in Cramers „Magazin der Musik" schrieb: „... Dieses junge Genie verdiente Unterstützung, daß er reisen könnte. Er würde gewiß ein zweiter Wolfgang Amadeus Mozart werden, wenn er so fortschritte, wie er angefangen."

Im Alter von dreizehn Jahren scheint der Name Ludwig van Beethoven jedenfalls erstmals auf einer aus dem Juni 1784 stammenden Liste als besoldetes Mitglied der kurfürstlichen „Hofkapelle und Musik" auf; in den Erinnerungen Fischers findet man auch einen Hinweis darauf, wie der neue Musikus mit seinem „kräftigen, beinahe plumpen Wuchs" seinen Kollegen erschienen sein mag: „... kurz gedrungen, breit in den Schultern, kurz von Hals, dicker Kopf, runde Nase, schwarzbraune Gesichtsfarbe; er ging immer was vornübergebückt. Man nannte ihn, im Hause, ehemal noch als Jungen der Spangol". Schon damals fiel seinen Zeitgenossen seine ungewöhnlich starke und breitgewölbte Stirn auf, eine Eigentümlichkeit, die bei der Erörterung der seine Taubheit betreffenden medizinischen Diagnosen noch von Bedeutung sein wird.

Inzwischen war als Nachfolger in der Kurwürde von Köln der Bruder Josefs II., Erzherzog Maximilian Franz, gewählt worden, der neues Leben und einen fortschrittlichen neuen Geist nach Bonn mitbrachte. Er war ein aufgeschlossener Herrscher, der schon sehr bald in Bonn eine Universität errichtete und vor allem auch zur Musik echte Liebe empfand. Der Musikbetrieb an seinem Hof wurde intensiviert, und er nahm seine Musiker auch auf seinen Staatsbesuchen mit. Anläßlich eines solchen Besuchs erfährt man von einem begeisterten Zuhörer, welchen Eindruck Beethoven als junger Pianist damals auf ihn machte: „Man kann die Virtuosengröße dieses lieben, leisegestimmten Mannes, wie ich glaube, sicher berechnen, nach dem beinahe unerschöpflichen Reichthum seiner Ideen, nach der ganz eigenen Manier des Ausdrucks seines Spiels und nach der Fertigkeit, mit welcher er spielt ... Sein Spiel unterscheidet sich so sehr von der gewöhnlichen Art das Klavier zu behandeln, daß es scheint, als habe er sich einen ganz eigenen Weg bahnen wollen, um zu dem Ziel der Vollendung zu kommen, an welchem er jetzt steht."

Vielleicht durch die Empfehlung Neefes angeregt, erteilte Maximilian Franz, der sich gerade intensiv mit der Reorganisation des Musikbetriebs an seinem Hof beschäftigte, 1787 Beethoven die Erlaubnis, zu Studienzwecken nach Wien zu reisen. Leider stand diese Reise unter keinem guten Stern; Kaiser Josef II. befand sich gerade vor der Abreise nach Rußland, um Katharina der Großen einen Besuch abzustatten, weshalb Beethovens Empfehlungsschreiben für eine Audienz beim Kaiser seinen Zweck verfehlte. Aber auch das so sehr herbeigesehnte Zusammentreffen mit Mozart, der soeben aus Prag zurückgekommen und mit der Auftragskomposition des „Don Giovanni" beschäftigt war, verlief enttäuschend für Beethoven. Otto Jahn berichtet dazu: „Beethoven, der als vielversprechender Jüngling im Frühjahr 1787 nach Wien kam, aber nach kurzem Aufenthalt wieder nach Hause reisen mußte, wurde zu Mozart geführt und spielte ihm auf seine Aufforderung etwas vor, das dieser, weil er es für ein eingelerntes Paradestück hielt, ziemlich kühl belobte. Beethoven, der das merkte, bat ihn darauf um ein Thema zu einer freien Phantasie und, wie er stets vortrefflich zu spielen pflegte, wenn er gereizt war, dazu noch angefeuert durch die Gegenwart des von ihm hochverehrten Meisters, erging er sich nun in einer Weise auf dem Klavier, daß Mozart, dessen Aufmerksamkeit und Spannung immer wuchs, endlich sachte zu den im Nebenzimmer sitzenden Freunden ging und lebhaft sagte: ,Auf den gebt acht, der wird einmal in der Welt noch von sich reden machen.'"

Möglicherweise nahm Beethoven bei Mozart einige Unterrichtsstunden, wenngleich es darüber keine gesicherten Berichte gibt. Daß sein Aufenthalt in der Kaiserstadt nur knapp zwei Wochen dauerte – vom 7. bis zum 20. April –, hatte seinen Grund jedoch darin, daß Ludwig wegen des sich rapid verschlechternden Gesundheitszustands der Mutter von seinem Vater eiligst nach Bonn zurückgerufen wurde. Ein Brief vom 15. September 1787 an den Rechtsanwalt Dr. von Schaden in Augsburg, den er auf seiner Rückreise kurz besuchte, schildert nähere Einzelheiten und gibt zugleich den ersten Hinweis auf eine eigene Erkrankung Beethovens: „Ich muß ihnen bekennen, daß, seitdem ich von augspurg hinweg bin, meine freude und mit ihr meine gesundheit begann aufzuhören; je näher ich meiner vaterstadt kam, je mehr briefe erhielte ich von meinem Vater, geschwinder zu reisen als gewöhnlich, da meine mutter nicht mehr in günstigen gesundheitsumständen wär; ich eilte also, so sehr ich vermochte, da ich doch selbst unpäßlich wurde: das verlangen meine kranke mutter noch einmal sehen zu können, sezte alle hindernße bej mir hinweg, und half mir die gröste beschwerniße überwinden. ich traf meine mutter noch an, aber in den elendesten gesundheitsumständen; sie hatte die schwindsucht und starb endlich ungefähr vor sieben wochen, nach vielen überstandenen schmerzen und leiden ... so lange ich hier bin, habe ich noch wenige vergnügte stunden genossen; die ganze zeit hindurch bin ich mit der engbrüstigkeit behaftet gewesen, und ich muß fürchten, daß gar eine schwindsucht daraus entstehet; dazu kömmt noch melankolie, welche für mich ein fast eben so großes übel, als meine krankheit selbst ist." Diese von Beethoven als „Engbrüstigkeit" beschriebene Erkrankung wurde von den Biographen sehr unterschiedlich ausgelegt, von Asthma bis Tuberkulose. Wenn er selbst die Befürchtung hegte, es könnte sich bei ihm eine Schwindsucht entwickeln, dann geschah dies wohl unter dem Eindruck der tödlich verlaufenen Lungentuberkulose seiner Mutter; außerdem neigte Beethoven in seinem späteren Leben zur Hypochondrie. Daß er selbst nicht an Lungentuberkulose litt, beweist sein Autopsiebefund, in dem seine Lungen und das Rippenfell als unauffällig beschrieben wurden: „Die Brusthöhle zeigte, so wie ihre Eingeweide, die normgemäße Beschaffenheit." Da in Beethovens Krankengeschichte auch nie von asthmaartigen Zuständen die Rede war, muß es sich bei der erwähnten „Engbrüstigkeit" um eine längeranhaltende Bronchitis gehandelt haben, wie sie im Rahmen verschiedenartiger Infektionen der Atemwege – insbesondere etwa bei der sogenannten Parainfluenza, aber auch bei anderen viralen Infekten – anzutreffen ist. Im übrigen erzählte Beethoven später seinen Freunden von wiederholten „Erkältungen" und „rheumatischen Beschwerden", und im Juli 1816 litt er an einem „krankhaften Brustzustand", der wohl ebenfalls einer Bronchitis entsprach. Nur einmal, 1817, soll sein Leiden von seinem Arzt „nun endlich für Lungenkrankheit" erklärt worden sein.

Wenn Beethoven in dem zitierten Brief schreibt, daß sich nach der Rückkehr nach Bonn zu seiner Krankheit noch eine „Melankolie" hinzugesellte, dann darf dies angesichts der dramatischen Ereignisse in der Familie nicht überraschen: Nach dem tragischen Tod seiner Mutter, die am 17. Juli im Alter von vierzig Jahren starb, mußte er schon am 25. November desselben Jahres das Ableben seiner erst einnhalb Jahre alten Schwester Maria Margarethe beklagen. Überdies geriet die Familie auch finanziell arg in Bedrängnis, wie einer Bittschrift des Vaters an den Kurfürsten zu entnehmen ist: „Hofmusikus van Beethoven stellt gehorsamst vor, daß er durch die langwierige und anhaltende Krankheit seiner Frau in sehr mißliche Umstände gerathen und bereits genöthigt worden seye, seine Effecten zu verkaufen, theils zu versetzen und daß er sich dermalen mit seiner kranken Frau und vielen Kindern nicht mehr zu helfen wisse." Aufgrund der vielen Schicksalsschläge verfiel Vater Johann mehr und mehr dem Alkohol, so daß Ludwig nicht nur mit seinen siebzehn Jahren für den Unterhalt der Familie sorgen, sondern auch den wiederholt betrunkenen Vater einmal sogar vor dem Arrest bewahren mußte. Daß sich unter diesen Umständen ein melancholischer Zustand eingestellt haben mag, ist mehr als begreiflich, wie Beethoven in dem erwähnten Brief vom 15. September 1787 schrieb: „Denken Sie sich jetzt in meine Lage ... das Schicksal hier in Bonn ist mir nicht günstig."

Der einzige Lichtblick für Ludwig war der Freundeskreis in Bonn, der nicht nur auf seinen wunden psychischen Zustand heilsamen Einfluß ausübte, sondern auch entscheidende Impulse für seine geistige Entwicklung und Persönlichkeitsbildung gab. Das Gegengewicht zu seiner bedrückenden häuslichen Lage war sein inniges Verhältnis zur Familie Breuning, deren stattliches Wohnhaus der Treffpunkt der bedeutendsten Persönlichkeiten in Bonn war. Franz Gerhard Wegeler, der spätere Professor für Medizin an der Bonner Universität, hatte Beethoven in dieses Haus eingeführt und berichtete später: „Hier fühlte er sich frei, hier bewegte er sich mit Leichtigkeit. Alles wirkte zusammen, um ihn heiter zu stimmen und seinen Geist zu entwickeln." Tatsächlich behandelte man Ludwig schon sehr bald wie ein Kind des Hauses, und die Atmosphäre eines glücklichen, ungetrübten Familienlebens, das die Hausfrau zu schaffen verstand, ließ ihn jene Liebe und Geborgenheit fühlen, die er in seiner eigenen Familie so sehr vermißte.

An der Entwicklung der Persönlichkeit des jungen Beethoven waren aber nicht nur der Breuningsche Familienkreis, sondern auch andere geistige Zentren in Bonn ganz wesentlich beteiligt. Neben Mainz zählte Bonn zu den Hochburgen der Aufklärung am Rhein; schon 1787 wurde hier mit Zustimmung des liberalen Kurfürsten Maximilian Franz eine sogenannte „Lesegesellschaft" gegründet, deren Mitglieder zum Großteil aus Illuminaten bestand. Harry Goldschmidt, einer der bedeutendsten Musikwissenschaftler der Gegenwart, hat wohl mit Recht darauf hingewiesen, daß der Kontakt Beethovens zu diesem „Sturmtrupp der Aufklärung", zu dem so befreundete Mitglieder der Bonner Hofkapelle wie Nikolaus Simrock, Franz Ries und Christian Gottlob Neefe gehörten, seine spätere Geisteshaltung ganz entscheidend geprägt haben dürfte. Dieser Illuminatenbund hatte in den neun Jahren, in denen er geduldet wurde, sogar die von ihm ebenfalls infiltrierten Freimaurergesellschaften vorübergehend an Bedeutung überflügelt, ohne übrigens revolutionäre Umsturzpläne im Sinn gehabt zu haben, wie ihnen von ihren Feinden unterstellt wurde. Ihre Ziele sind in der Dokumentensammlung von R. van Dülmen vielmehr so zusammengefaßt: „Die Illuminaten wollten keinesfalls eine Volksherrschaft, so sehr Gleichheit und Freiheit zu ihrem Programm gehörte, sondern eine Aristokratie des Geistes, die sich prinzipiell mit dem Programm des aufgeklärten Absolutismus vertrug." Beethoven traf sich mit Freunden aus dem Kreis dieser Illuminaten häufig in der Wein- und Bücherstube „Zum Zehrgarten", und als Ausdruck seiner freundschaftlichen Verbundenheit mit dieser Zehrgartenrunde faßte er den Entschluß, die von Friedrich Schiller 1785 gedichtete Ode „Freude, schöner Götterfunken" in allen Strophen zu vertonen – eine Idee, an der er bis in seine späten Lebensjahre festhielt und die er mit äußerster Programmatik in seiner neunten Sinfonie schließlich auch verwirklichte. Dieser Begriff der Freiheit, verbunden mit Humanität und unbeugsamer Wahrheitsliebe, wie er sich in der „Ode an die Freude" manifestiert, hat seine tieferen Wurzeln somit sicherlich in der Illuminatensphäre seiner Bonner Jugendzeit.

In seinen letzten vier Jahren in Bonn komponierte Beethoven bereits eine stattliche Zahl von Klavier- und Kammermusikwerken, Variationen und Liedern, wenngleich alle diese Kompositionen traditionell noch ganz dem Stil des 18. Jahrhunderts verhaftet sind. Die bedeutendsten Werke aus diesen Jahren sind ohne Zweifel die beiden Kantaten „Auf den Tod Josefs II." und „Auf die Erhebung Leopolds II. zur Kaiserwürde" (WoO 87 und 88), die Beethoven dem auf der Heimreise aus London befindlichen Joseph Haydn im Juni 1792 während dessen Zwischenaufenthalts in Bonn vorspielte. Haydn dürfte davon sehr beeindruckt gewesen sein, und es war wohl Haydns Intervention zu danken, daß der Kurfürst dem Plan zustimmte, Beethoven in Wien bei Haydn studieren zu lassen. Der Aufenthalt in Wien, zu dem der Kurfürst neben den fortlaufenden Bezügen noch weitere 500 Gulden beisteuerte, dürfte zunächst mit einem Jahr befristet worden sein. Sicher befand sich aber auch Graf Ferdinand Ernst Gabriel Waldstein, ein enger Freund des Kurfürsten und früher Förderer Beethovens, unter den Mäzenen. Seine Eintragung in das Stammbuch, das Beethovens Freunde mit mehr oder weniger sinnvollen Sprüchen versahen und das bezeichnenderweise keine Zeile von seinem Vater enthält, beweist die hohe Meinung, die der Graf von seinem Schützling hatte: „Lieber Beethoven! Sie reisen itzt nach Wien zur Erfüllung ihrer so lange bestrittenen Wünsche ... Durch ununterbrochenen Fleiß erhalten Sie: Mozart's Geist aus Haydens Händen."

Am 2. oder 3. November 1792 verließ Beethoven mit zahlreichen musikalischen Entwürfen im Gepäck seine rheinische Heimat und seine Freunde. Aus seinem Reisetagebuch erfährt man, daß er zunächst mit einer Dachstube als Quartier vorliebnehmen mußte. Aber schon einige Zeit später zählte man ihn in der Musikmetropole Wien zu den interessantesten und originellsten Erscheinungen, wobei er vor allem durch die neuen technischen Dimensionen und die neuartigen Ausdrucksmöglichkeiten seines Klavierspiels Aufsehen erregte. So kam es, daß er bald als Freund und Lehrer Zutritt zu höchsten Adelskreisen fand und ihm Fürst Carl Lichnowsky, der für die ersten Wiener Jahre sein wichtigster Förderer sein sollte, eine Wohnung in seinem Palais anbot. Dieser Aufenthalt im fürstlichen Palais von Ende 1794 bis Mitte 1796 brachte ihm nicht nur die mütterliche Fürsorge der Fürstin Christiane und gab ihm ein Gefühl der familiären Geborgenheit, sondern bot ihm auch willkommene Gelegenheit, mit vielen für seine weitere Zukunft wichtigen Persönlichkeiten aus den Adelskreisen und aus dem Wiener Musikleben Bekanntschaft zu machen. Beethoven dankte dem Fürsten für die erwiesenen Gunstbezeigungen mit der Widmung seines Opus 1, den drei Klaviertrios. Anfang 1793 nahm Beethoven seinen Unterricht bei Joseph Haydn auf. Als dieser 1794 seine zweite Englandreise antrat, ging Beethoven zu Johann Georg Albrechtsberger, einem ehemaligen Freund Mozarts und Verfasser einer „Gründlichen Anweisung zur Komposition", nachdem er schon vorher wegen angeblich oberflächlicher Korrekturen Haydns vorübergehend bei Johann Schenk, dem Komponisten des „Dorfbarbiers", unentgeltlich Stunden erhielt. Aber auch mit dem „Musikpedanten" Albrechtsberger, der Beethoven einen „exaltierten musikalischen Freigeist, der nie etwas ordentliches machen wird", bezeichnete, war er nicht zufrieden, weshalb er schließlich bei Antonio Salieri landete, mit dem er bis 1809 in freundschaftlicher Verbindung blieb. Ihm widmete Beethoven die drei Violinsonaten op. 12. Daneben beschäftigte er sich mit Gesellschaftsmusik, wie das berühmte Septett in Es-Dur op. 20 zeigt, sowie mit verschiedenen Variationen und Umarbeitungen, unter denen vor allem das nach dem Vorbild Mozarts geschriebene Quintett für Klavier, Oboe, Klarinette, Horn und Fagott in Es-Dur aus dem Jahr 1796 zu erwähnen ist, das er in ein Quintett für Klavier und Streichinstrumente umarbeitete.

Alles in allem herrschte in den ersten Wiener Jahren Zufriedenheit und Hochstimmung.

Beethoven hielt sich ähnlich wie Mozart ein Reitpferd und paßte sich in Kleidung und Lebensstil weitgehend seiner adeligen Umgebung an. Aus einer launigen Komposition aus dieser Zeit erhalten wir einen Hinweis, daß Beethoven schon während der ersten Wiener Jahre zeitweilig Brillenträger gewesen sein muß. Als er nämlich für seinen Freund Nikolaus Zmeskall von Domanovecz, mit dem er häufig Späße trieb und den er gerne mit verschiedenen Scherznamen wie „Baron Dreckfahrer" oder „Freßgraf" bedachte, ein Duett für Bratsche und Violoncello komponierte, versah er dieses mit der Überschrift: „Duett mit 2 obligaten Augengläsern", woraus zu entnehmen ist, daß beide zum Spielen dieses Stückes bereits Augengläser benötigten. Diese Vermutung wird durch eine Angabe Karl Friedrich Hirschs, der als Kind bei Beethoven Unterricht erhielt, bestätigt. „Hin und wieder beim Notenlesen benutzte der Meister Brillen, nicht aber trug er sie beständig."

Erste Krankheitssymptome

Im Jahr 1795 wird zum erstenmal jene Erkrankung erwähnt, die ihn ein ganzes Leben lang begleiten sollte, sein Darmleiden. Sein intimster Freund aus den Bonner Jugendjahren, Franz Gerhard Wegeler, der sich mehrere Jahre in Wien aufhielt, berichtet, daß Beethoven für sein erstes öffentliches Auftreten in Wien als Komponist am 29. März 1795 im Rahmen einer Akademie im Burgtheater die Komposition seines ersten Klavierkonzerts – jenes in B-Dur – fast nicht zeitgerecht abschließen konnte. „Erst am Nachmittag des zweiten Tages vor der Aufführung ... schrieb er das Rondo und zwar unter ziemlich heftigen Kolikschmerzen, woran er häufig litt." Beethoven dürfte somit bereits in früheren Jahren wiederholt an ähnlichen Bauchkoliken gelitten haben, zumindest seit dem Jahr 1790, also noch in Bonn, wie man Aussprüchen Wegelers über Beethovens Erkrankungen entnehmen kann. Dieses frühe Datum des Beginns seines Darmleidens wird für die später zu besprechende Diagnose noch von Wichtigkeit sein.

Mitte der neunziger Jahre dürfte auch Beethovens zweites chronisches Leiden, das Gehörleiden, begonnen haben, wenngleich die auslösende Ursache noch immer nicht festgestellt werden konnte. Beethoven selbst dürfte den Grund dieses Übels in einem Typhus vermutet haben, wie aus einem Bericht des 1814 in Wien weilenden Oberwundarztes am St. Johannspital zu Salzburg, Alois Weissenbach, in seinem 1816 erschienenen Büchlein „Meine Reise zum Kongreß" hervorgeht: „Er hat einmal einen furchtbaren Typhus bestanden; von dieser Zeit an datiert sich der Verfall seines Nervensystems und wahrscheinlich auch der ihm so peinliche Verfall des Gehörs. Oft und lange habe ich darüber mit ihm gesprochen." Den Worten dieses Arztes, der ein glühender Verehrer Beethovens war und den Text zur Kantate „Der glorreiche Augenblick" op. 156 verfaßte, muß wohl Glauben geschenkt werden, wenngleich auch Beethoven in seinen Briefen nie von Typhus sprach. Einen einzigen, vagen Hinweis auf eine derartige schwere Erkrankung findet man im sogenannten Fischhoffschen Manuskript, einer Sammlung von Tagebucheintragungen: „Im Jahre 1796 kam Beethoven an einem sehr heißen Sommertage ganz erhitzt nach Hause, riß Thüren und Fenster auf, zog sich bis auf die Beinkleider aus und kühlte sich am offenen Fenster in der Zugluft ab. Die Folge war eine gefährliche Krankheit, deren Stoß sich bei seiner Genesung auf die Gehörwerkzeuge setzte, von welcher Zeit an seine Taubheit successiv zunahme." Aus diesem Bericht geht zwar eindeutig hervor, daß Beethoven im Sommer 1796 offensichtlich schwer erkrankte, doch dürfte es sich dabei wohl kaum um einen Typhus gehandelt haben, wie er den heutigen Vorstellungen entspricht. Dieser Ausdruck wurde damals für viele hochfieberhaften Erkrankungen verwendet, die mit einer vorübergehenden Trübung des Bewußtseins einhergingen, etwa auch für das Fleckfieber oder andere mit Entzündung der Hirnhäute oder des Gehirns einhergehende bakterielle oder virale Infektionskrankheiten. Für letztere Annahme spräche auch der autoptische Befund Beethovens, in dem eine Verdickung der weichen Hirnhäute an der Basis des Gehirns beschrieben wurde. Leider wurde gerade aufgrund dieses Befunds von unberufener Seite die spätere Taubheit Beethovens wiederholt mit einer luetischen Erkrankung in Zusammenhang gebracht, eine sachlich völlig unkorrekte Darstellung, die sowohl durch den klinischen Verlauf als auch durch die übrigen Organbefunde heute eindeutig widerlegt werden kann und endlich aus der medizinischen Diskussion um Beethovens Erkrankungen verschwinden sollte.

Wenn man auch erst aus Briefen, die Beethoven 1801 verfaßte, von seiner beginnenden Schwerhörigkeit erfährt, so kann man doch aus darin enthaltenen zeitlichen Hinweisen schließen, daß er die ersten Anzeichen dieses Leidens schon 1796 bemerkt haben dürfte. Es ist bemerkenswert, daß diese für einen Musiker doppelt bittere Erkenntnis in seinen Kompositionen zunächst keinen Niederschlag gefunden zu haben scheint. Sind doch gerade in dieser Zeit die eher heiteren Klaviersonaten op. 10 und das geradezu ausgelassene Klaviertrio in B-Dur op. 11 entstanden, dessen vorlautes, keckes Motiv des letzten Satzes diesem Kammermusikwerk den Namen „Gassenhauer-Trio" eingetragen hat. In Wahrheit dürfte Beethoven allerdings zu dieser Zeit psychisch bereits durch Phasen depressiver Stimmungen belastet gewesen sein, denn sein Famulus Schindler wies später darauf hin, daß Beethoven mit dem „Largo emesto" seiner sonst so heiteren Klaviersonate in D-Dur op. 10 die düstere Vorahnung seines kommenden unausweichlichen Schicksals widerspiegeln wollte. Nach einer überlieferten Äußerung Beethovens sollte dieser Satz, der abgesehen vom Lente seines letzten Streichquartetts ohne Zweifel der langsamste all seiner langsamen Sätze ist, den „Seelenzustand eines Melancholischen" beschreiben; tatsächlich werden die in eisiger Monotonie erklingenden ersten sechzehn Oberstimmentöne in der sternenlosen Nacht dieses Largos Ausdruck beispielloser Einsamkeit und Sinnbild düsterer, bei Lebzeiten erstorbener Melancholie. Eine Meditation „über das gequälte Menschenherz", wie sich Wladimir Horowitz einmal ausdrückte!

Die Angst, das Bekanntwerden seines Gehörleidens könnte seiner bisher so erfolgreichen beruflichen Entwicklung und Förderung in Wien schaden, und andererseits die Hoffnung, es könnte doch noch eine Wendung zum Besseren eintreten, veranlaßten ihn, dieses Geheimnis jahrelang niemandem, auch nicht seinen besten Freunden, anzuvertrauen. Erst im Jahr 1801, als ihm das Gespenst drohender Ertaubung zur Gewißheit geworden war, weihte er zwei seiner engsten Freunde in seinen Krankheitszustand ein. Der erste Brief ging am 1. Juni 1801 an Karl Amenda, einem aus Kurland stammenden hervorragenden Geiger, den Beethoven 1798 als Vorleser beim Fürsten Lobkowitz kennengelernt hatte und der 1799 wieder zum Theologiestudium nach Riga zurückgekehrt war. Diesem Freund, dem er zum Abschied von Wien als „kleines Denkmal unserer Freundschaft" sein Streichquartett in F op. 18 widmete und dem er sich in besonderer Weise verbunden fühlte – was ihm übrigens von einigen Psychoanalytikern unserer Zeit in völliger Verkennung des in jener romantischen Zeit gebräuchlichen Briefstils den Hinweis einbrachte, daß Beethoven „eine starke unbewußte homosexuelle Komponente" aufwies –, vertraute er als erstem sein Schicksal an: „. . . wie oft wünsche ich Dich bei mir, denn Dein Beethoven lebt sehr unglücklich, im Streit mit Natur und Schöpfer;

schon mehrmals fluchte ich letzterem, daß er seine Geschöpfe dem kleinsten Zufalle ausgesetzt ... wisse daß mir der edelste Teil, mein Gehör, sehr abgenommen hat, schon damals, als Du noch bei mir warst, fühlte ich davon Spuren, und ich verschwieg's, nun ist es immer ärger geworden; ob es wird wieder können geheilt werden, das steht noch zu erwarten, es soll von den Umständen meines Unterleibs herrühren; was nun den betrifft, so bin ich auch fast ganz hergestellt, ob nun auch das Gehör besser werden wird, das hoffe ich zwar, aber schwerlich, solche Krankheiten sind die unheilbarsten ... Die Sache meines Gehörs bitte ich Dich als ein großes Geheimnis aufzubewahren und niemand, wer es auch sei, anzuvertrauen."

Schon vier Wochen später, am 29. Juni 1801, schrieb er seinem Bonner Jugendfreund Franz Gerhard Wegeler weitere Einzelheiten seines Gesundheitszustands: „... Von meiner Lage willst Du was wissen; nun, sie wäre eben so schlecht nicht ... meine Kompositionen tragen mir viel ein ... Auch habe ich auf jede Sache sechs, sieben Verleger, und noch mehr, wenn ich mir's angelegen sein lassen will: man akkordiert nicht mehr mit mir, ich fordere und man zahlt ... Nur hat der neidische Dämon, meine schlimme Gesundheit, mir einen schlechten Stein ins Brett geworfen, nämlich: mein Gehör ist seit drei Jahren immer schwächer geworden und zu diesem Gebrechen soll mein Unterleib, der schon damals, wie Du weißt, elend war, hier aber sich verschlimmert hat, indem ich beständig mit einem Durchfall behaftet war, und mit einer dadurch außerordentlichen Schwäche, die erste Veranlassung gegeben haben. Frank wollte meinem Leibe den Ton [gemeint ist Tonus. Anm. d. Verf.] wiedergeben durch stärkende Medizinen, und meinem Gehör durch Mandelöl, aber prosit! daraus ward nichts, mein Gehör ward immer schlechter und mein Unterleib blieb immer in seiner vorigen Verfassung; das dauerte bis voriges Jahr im Herbst, wo ich manchmal in Verzweiflung war. Da riet mir ein medizinischer Asinus das kalte Bad für meinen Zustand, ein Gescheiterer das gewöhnliche lauwarme Donaubad; das tat Wunder; mein Bauch ward besser, mein Gehör blieb, oder ward noch schlechter. Diesen Winter ging's mir wirklich elend; da hatte ich wirklich schreckliche Koliken und ich sank wieder ganz in meinen vorigen Zustand zurück, und so blieb's bis vor ungefähr vier Wochen, wo ich zu Vering ging, indem ich dachte, daß dieser Zustand zugleich auch einen Wundarzt erfordere, und ohnedem hatte ich immer Vertrauen zu ihm. Ihm gelang es nun fast gänzlich, diesen heftigen Durchfall zu hemmen; er verordnete mir das laue Donaubad, wo ich jedesmal noch ein Fläschchen stärkender Sachen hineingießen mußte, gab mir gar keine Medizin, bis vor ungefähr vier Tagen Pillen für den Magen und einen Tee für's Ohr, und darauf kann ich sagen, befinde ich mich stärker und besser; nur meine Ohren, die sausen und brausen Tag und Nacht fort. Ich kann sagen, ich bringe mein Leben elend zu, seit zwei Jahren fast meide ich alle Gesellschaften, weil's mir nicht möglich ist den Leuten zu sagen: Ich bin taub. Hätte ich irgendein anderes Fach, so ging's noch eher, aber in meinem Fach ist das ein schrecklicher Zustand; dabei meine Feinde, deren Zahl nicht gering ist, was würden diese hierzu sagen! – Um Dir einen Begriff von dieser wunderbaren Taubheit zu geben, so sage ich Dir, daß ich mich im Theater ganz dicht am Orchester anlehnen muß, um den Schauspieler zu verstehen. Die hohen Töne von Instrumenten, Singstimmen, wenn ich etwas weit weg bin, höre ich nicht; im Sprechen ist es zu verwundern, daß es Leute gibt, die es niemals merkten; da ich meistens Zerstreuungen hatte, so hält man es dafür. Manchmal auch hör' ich den Redenden, der leise spricht, kaum, ja die Töne wohl, aber die Worte nicht; und doch sobald jemand schreit, ist es mir unausstehlich. Was es nun werden wird, das weiß der liebe Himmel. Vering sagt, daß es gewiß besser werden wird, wenn auch nicht ganz. Ich habe schon oft den Schöpfer und mein Dasein verflucht; Plutarch hat mich zu der Resignation geführt. Ich will, wenn's anders möglich ist, meinem Schicksale trotzen, obschon es Augenblicke meines Lebens geben wird, wo ich das unglücklichste Geschöpf Gottes sein werde. Ich bitte Dich, von diesem meinem Zustande niemandem, auch nicht einmal dem Lorchen etwas zu sagen, nur als Geheimnis vertrau' ich Dir's an; lieb wäre mir's wenn Du einmal mit Vering darüber briefwechseltest ... Resignation! welches elende Zufluchtsmittel, und mir bleibt es doch das einzig übrige."

Am 16. November 1801 wandte er sich wieder mit einem ausführlichem Schreiben an seinen Freund Wegeler: „Du willst wissen, wie es mir geht, was ich brauche; so ungern ich mich von dem Gegenstand überhaupt unterhalte, so tue ich es doch noch am liebsten mit Dir. Vering läßt mich nun schon seit einigen Monaten immer Vesikatorien auf beide Arme legen, welche aus einer gewissen Rinde, wie Du wissen wirst, bestehen. – Das ist nun eine höchst unangenehme Kur, indem ich immer ein paar Tage des freien Gebrauchs (ehe die Rinde genug gezogen hat) meiner Arme beraubt bin, ohne der Schmerzen zu gedenken; es ist nun wahr, ich kann es nicht leugnen, das Sausen und Brausen ist etwas schwächer, als sonst, besonders am linken Ohre, mit welchem eigentlich meine Gehörkrankheit angefangen hat, aber mein Gehör ist gewiß um nichts noch gebessert; ich wage es nicht zu bestimmen, ob es nicht eher schwächer geworden. – Mit meinem Unterleibe geht's besser; besonders wenn ich einige Tage das lauwarme Bad brauche, befinde ich mich acht, auch zehn Tage ziemlich wohl; sehr selten einmal etwas Stärkendes für den Magen; mit den Kräutern auf den Bauch fange ich jetzt auch nach Deinem Rate an. – Von Sturzbädern will Vering nichts wissen; überhaupt aber bin ich mit ihm sehr unzufrieden; er hat gar zu wenig Sorge und Nachsicht für so eine Krankheit; komme ich nicht einmal zu ihm, und das geschieht auch mit viel Mühe, so würde ich ihn nie sehen. – Was hälst Du von Schmidt? Ich wechsle zwar nicht gern, doch scheint mir, Vering ist zu sehr Praktiker, als daß er sich viel neue Ideen durchs Lesen verschaffte. – Schmidt scheint mir hierin ein ganz anderer Mensch zu sein und würde vielleicht auch nicht gar so nachlässig sein. – Man spricht Wunder vom Galvanism; was sagst Du dazu? Ein Mediziner sagte mir, er habe ein taubstummes Kind sehen sein Gehör wiedererlangen (in Berlin) und einen Mann, der ebenfalls sieben Jahre taub gewesen und sein Gehör wiedererlangt habe. Ich höre eben, Dein Schmidt macht hiermit Versuche."

Man kann sich angesichts dieses Zustands die Verzweiflung vorstellen, in die Beethoven während dieser Jahre immer wieder geriet und die er vor seiner Umwelt zu verbergen suchte. Wie wenig die Menschen um ihn von der beginnenden Taubheit merkten, zeigt ein Bericht von Czerny, der ihn um diese Zeit kennenlernte und als zehnjähriger Junge folgenden, ziemlich erschreckenden Eindruck von Beethoven hatte: „Zehn Jahre war ich ungefähr alt, als ich ... zum Beethoven geführt wurde ... Beethoven selber war in eine Jacke von langhaarigem dunkelgrauem Zeuge und gleichen Beinkleidern gekleidet ... Das pechschwarze Haar sträubte sich zottig um seinen Kopf. Der seit einigen Tagen nicht rasierte Bart schwärzte den unteren Teil seines ohnehin brünetten Gesichts noch dunkler. Auch bemerkte ich sogleich mit dem bei Kindern gewöhnlichen Schnellblick, daß er in beiden Ohren Baumwolle hatte, welche in eine gelbe Flüssigkeit getaucht schien. Doch war damals an ihm nicht die geringste Harthörigkeit bemerkbar."

Der innere Kampf mit seinem gesundheitlichen Schicksal hat Beethovens charakterliche Eigenschaften, vor allem sein wachsendes Mißtrauen, seine krankhafte Empfindlichkeit und seine Streitsucht, ohne Zweifel mitgeprägt. Es wäre jedoch falsch, die negativen Merkmale im Benehmen Beethovens ausschließlich mit seiner zunehmenden

Taubheit erklären zu wollen, da sich viele Besonderheiten seines Charakters schon in seiner Jugend zu erkennen gaben. Die wesentlichste Ursache seiner überstarken Reizbarkeit, seiner Streitsucht und seines bis an die Grenze der Arroganz gehenden herrischen Wesens dürfte aber wohl in der unvorstellbaren Intensität seiner Arbeitsweise, mit der er durch äußerste Konzentration seine Ideenwelt zu bändigen versuchte und mit der Anstrengung eines Riesen die größtmögliche Verdichtung seiner schöpferischen Einfälle anstrebte, gelegen sein. Eine solche qualvolle, verzehrende Arbeitsweise mußte sein Gehirn und sein Nervensystem zwangsläufig bis an die Grenze des Möglichen in einem ständigen Spannungszustand gehalten haben. Dieser stete Drang zum oft unerreichbaren Besseren äußerte sich auch darin, daß er bestellte Kompositionen oft unnötig lange zurückbehielt, ohne sich um vereinbarte Termine zu kümmern.

Trotz seiner häufigen Unterleibsbeschwerden und der heraufziehenden Taubheit war Beethoven während der ersten zehn Wiener Jahre aber keineswegs ein zurückgezogener Eigenbrötler oder mürrischer Trübsalbläser. Aus Berichten seiner Freunde geht hervor, daß er von übersprudelnder Fröhlichkeit sein konnte und zu allen Späßen aufgelegt war. Ähnlich wie Mozart liebte auch Beethoven Wortspiele mit Silbenverdrehungen und anderen Variationen. Auch in seinen Kompositionen lassen sich keine Hinweise finden, die auf einen Einfluß seiner beginnenden Hörstörung auf die schöpferische Tätigkeit hindeuten würden. Gerade bei Beethoven, bei dem sich die Zeiträume zwischen erstem Gedanken, geistiger Verarbeitung und endgültiger Niederschrift oft über Jahre erstreckte, ist ein derartiges zeitliches Zusammentreffen zwischen einem biographischen Ereignis und einer seiner Kompositionen ja überhaupt kaum jemals aufspürbar. Ein Beispiel, wie haltlos solche Spekulationen sind, ist die vielzitierte „Mondscheinsonate" op. 27, deren klagender Gesang in düsterem cis-Moll wiederholt mit einem vom Mondenschein erzählenden Liebeslied für die schöne Giulietta Guicciardi in Zusammenhang zu bringen versucht wurde, weil Beethoven in den Entstehungsjahren 1800/01 Giuliettas Liebe zu gewinnen trachtete. In Wahrheit dürfte der erste Satz dieser Sonate, wie einem Brief eines gewissen Dr. Grossheim aus dem Jahr 1819 zu entnehmen ist, eher mit dem Tod des von Beethoven sehr verehrten Dichters Johann Gottfried Seume eine Verbindung aufweisen. Es ist allerdings nicht bekannt, ob dieses Adagio nicht auch mit den tiefen Schatten, welche seine Gehörerkrankung in dieser Zeit über sein Gemüt zu werfen begann, im Zusammenhang steht, da Beethoven auffallenderweise in den von Georges de Saint Fox endeckten Skizzen zu diesem Werk unter anderem auch jene traurigen Achteltriolen aus der Musik zum Tod des Komturs in Mozarts „Don Giovanni" notierte, denen man, transponiert, in der Mondscheinsonate wiederbegegnet.

Krisen: 1802 und 1812

Wie sehr ihn zweitweilig sein schwaches Gehör bedrückte, kommt in jenem Brief vom 16. November 1801 an Wegeler zum Ausdruck, wenn er schreibt: „... Du kannst es kaum glauben, wie öde, wie traurig ich mein Leben seit zwei Jahren zugebracht; wie ein Gespenst ist mir mein schwaches Gehör überall erschienen, und ich floh die Menschen, mußte Misanthrop scheinen und bin's doch so wenig." Bei all dieser Verzweiflung bricht im selben Brief aber auch plötzlich eine flammende Begeisterung über seine künstlerische Aufgabe durch: „Für mich gibt es kein größeres Vergnügen, als meine Kunst zu treiben und zu zeigen ... Meine Jugend, ja ich fühle es, sie fängt erst jetzt an; war ich nicht immer ein siecher Mensch? Meine körperliche Kraft nimmt seit einiger Zeit mehr als jemals zu und so meine Geisteskräfte. Jeden Tag gelange ich mehr zu dem Ziel, was ich fühle, aber nicht beschreiben kann. Nur hierin kann Dein Beethoven leben. Nichts von Ruhe! ... ich will dem Schicksal in den Rachen greifen; ganz niederbeugen soll es mich gewiß nicht. – O es ist so schön, das Leben, tausendmal leben! Für ein stilles Leben, nein, ich fühl's, ich bin nicht mehr dafür gemacht." Aber trotz solch edler und hochgemuter Bekenntnisse muß er doch zeitweilig immer wieder von tiefer Verzweiflung erfaßt worden sein, bis seine Depression mit dem Gedanken an Selbstmord mit der Abfassung des „Heiligenstädter Testaments" im Sommer 1802 ihren Höhepunkt erreichte. Dieses erschütternde Dokument, das als eine Art Abschiedsbrief an seine beiden Brüder gedacht war, gibt das ganze Ausmaß seiner Seelenqualen zu erkennen und gestattet wie kein anderes Einblick in das Innerste seines Herzens. Dieses in der ländlichen Abgeschiedenheit von Heiligenstadt entstandene Testament stellt auch eine eingehende Auseinandersetzung mit seinem Krankheitsbild dar:

Für meine Brüder Carl und ... Beethoven   Heiligenstadt, 6. Okt. 1802.

Oh, ihr Menschen, die ihr mich für feindselig, störrisch oder misanthropisch haltet oder erkläret, wie unrecht tut ihr mir, ihr wißt nicht die geheime Ursache von dem, was euch so scheint. Mein Herz und mein Sinn waren von Kindheit an für das zarte Gefühl des Wohlwollens, selbst große Handlungen zu verrichten, dazu war ich immer aufgelegt. Aber bedenket nur, daß seit sechs Jahren ein heilloser Zustand mich befallen, durch unvernünftige Ärzte verschlimmert, von Jahr zu Jahr in der Hoffnung, gebessert zu werden, betrogen, endlich zu dem Überblick eines dauernden Übels (dessen Heilung vielleicht Jahre dauern oder gar unmöglich ist) gezwungen; mit einem feurigen, lebhaften Temperamente geboren, selbst empfänglich für die Zerstreuungen der Gesellschaft, mußte ich mich früh absondern, einsam mein Leben zubringen; wollte ich auch zuweilen mich einmal über alles das hinaussetzen, oh, wie hart wurde ich durch die verdoppelte traurige Erfahrung meines schlechten Gehörs dann zurückgestoßen, und doch war's mir noch nicht möglich, den Menschen zu sagen: Sprecht lauter, schreit, denn ich bin taub; ach wie wär' es möglich, daß ich dann die Schwäche eines Sinnes angeben sollte, der bei mir in einem vollkommeneren Grade als bei anderen sein sollte, einen Sinn, den ich einst in der größten Vollkommenheit besaß, in einer Vollkommenheit, wie ihn wenige von meinem Fache gewiß haben, noch gehabt haben. Oh, ich kann es nicht, drum verzeiht, wenn ihr mich da zurückweichen sehen werdet, wo ich mich gerne unter euch mischte, doppelt wehe tut mir mein Unglück, indem ich dabei verkannt werden muß; für mich darf Erholung in menschlicher Gesellschaft, feinere Unterredungen, wechselseitige Ergießungen nicht statthaben, ganz allein fast nur soviel als es die höchste Notwendigkeit fordert, darf ich mich in Gesellschaft einlassen, wie ein Verbannter muß ich leben; nahe ich mich einer Gesellschaft, so überfällt mich eine heiße Ängstlichkeit, indem ich befürchte, in Gefahr gesetzt zu werden, meinen Zustand merken zu lassen. So war es denn auch dieses halbe Jahr, das ich auf dem Lande zubrachte; von meinem vernünftigen Arzte aufgefordert, soviel als möglich mein Gehör zu schonen, kam er fast meiner jetzigen natürlichen Disposition entgegen, obschon, vom Triebe zur Gesellschaft manchmal hingerissen, ich mich dazu verleiten ließ. Aber welche Demütigung, wenn jemand neben mir stand und von weitem eine Flöte hörte und ich nichts hörte oder jemand den Hirten singen hörte und ich auch nichts hörte; solche Ereignisse brachten mich nahe an Verzweiflung, es fehlte wenig, und ich endigte selbst mein Leben. Nur sie, die Kunst, sie hielt mich zurück, ach, es dünkte mich unmöglich, die Welt eher zu verlassen, bis ich das alles hervorgebracht, wozu ich mich aufgelegt fühlte, und so fristete ich dieses elende Leben – wahrhaft elend, einen so reizbaren Körper, daß eine etwas schnelle Veränderung mich aus dem besten Zustande in den schlechtesten versetzen kann. Geduld – so heißt es, sie muß ich nun zur Führerin wählen; ich habe es. – Dauernd, hoffe ich, soll mein Entschluß sein, auszuharren, bis es den unerbittlichen Parzen gefällt, den Faden zu brechen; vielleicht geht's besser, vielleicht nicht; ich bin gefaßt. Schon in meinem 28. Jahre gezwungen, Philosoph zu werden, es ist nicht leicht; für den Künstler schwerer als für irgend jemand. Gottheit! Du siehst herab auf mein Inneres, du kennst es, du weißt, daß Menschenliebe und Neigung zum Wohltun drin hausen. O Menschen, wenn ihr einst dieses leset, so denkt, daß ihr mir unrecht getan, und der Unglückliche, er tröste sich, einen seinesgleichen zu finden, der trotz allen Hindernissen der Natur doch noch alles getan, was in seinem Vermögen stand, um in die Reihe würdiger Künstler und Menschen aufgenommen zu werden. – Ihr meine Brüder Carl und ..., sobald ich tot bin und Professor Schmidt lebt noch, so bittet ihn in meinem Namen, daß er meine Krankheit beschreibe, und dieses hier geschriebene Blatt füget Ihr dieser meiner Krankengeschichte bei, damit wenigstens soviel als möglich die Welt nach meinem Tode mit mir versöhnt werde. – Zugleich erkläre ich Euch beide hier für die Erben des kleinen Vermögens (wenn man es so nennen kann) von mir. Teilt es redlich und vertragt und helft Euch untereinander. Was Ihr mir zuwider getan, das wißt Ihr, war Euch schon längst verziehen, Dir Bruder Carl, danke ich noch insbesondere für Deine in dieser letzten späteren Zeit mir bewiesene Anhänglichkeit. Mein Wunsch ist, daß Euch ein besseres, sorgenloseres Leben als mir werde, empfehlt Euren Kindern Tugend, sie nur allein kann glücklich machen, nicht Geld, ich spreche aus Erfahrung; sie war es, die mich selbst im Elend gehoben, ihr danke ich, nebst meiner Kunst, daß ich durch keinen Selbstmord mein Leben endigte. ... So wär's geschehen: – mit Freuden eile ich dem Tode entgegen. Kommt er früher, als ich Gelegenheit gehabt habe, noch alle meine Kunst-Fähigkeiten zu entfalten, so wird er mir trotz meinem harten Schicksal doch zu frühe kommen, und ich würde ihn wohl später wünschen – doch auch dann bin ich zufrieden, befreit er mich nicht von einem endlosen leidenden Zustande? Komm, wann du willst, ich gehe dir mutig entgegen – lebt wohl und vergeßt mich nicht ganz im Tode, ich habe es um Euch verdient, indem ich in meinem Leben oft an Euch gedacht, Euch glücklich zu machen, seid es! –

Ludwig van Beethoven.

Dieses Heiligenstädter Testament ist in letzter Konsequenz eine Art Abschied von der Welt. Eigenartigerweise hatte Beethoven nur wenige Monate zuvor in dem erwähnten Brief vom 16. November 1801 an Wegeler einen starken Lebenswillen und eine sehr zuversichtliche Beurteilung seiner Zukunft zum Ausdruck gebracht, die in dem Ausruf gipfelte „o es ist so schön, das Leben, tausendmal leben!" Und in dem selben Brief deutete er Wegeler auch an, daß seine tiefen Empfindungen für Giulietta Guicciardi, der er die Mondscheinsonate widmete, zur Besserung seines misanthropischen Zustands ganz wesentlich beigetragen hätten: „... ein liebes, zauberisches Mädchen, die mich liebt und die ich liebe; es sind seit zwei Jahren wieder einige selige Augenblicke, und es ist das erstemal, daß ich fühle, daß Heiraten glücklich machen könnte; leider ist sie nicht von meinem Stande – und jetzt – könnte ich nun freilich nicht heiraten; ich muß mich nun noch wacker herumtummeln." All diese Äußerungen seinem Jugendfreund Wegeler gegenüber relativ kurz vor der Abfassung des Heiligenstädter Testaments legen die Vermutung nahe, daß Beethoven sich mit diesem Aufschrei seiner Seele und mit dem nochmaligen Durchleben des für einen Musiker besonders intensiven Traumas seiner Ertaubung das Schwerste von seiner gequälten Brust abladen wollte, womit er dieses Trauma zugleich auch zu bewältigen imstande war. Ist es doch auffallend, daß er nach der Niederschrift dieses Dokuments, das sich nach seinem Tod unter seinen Papieren fand, bis über das Jahr 1810 hinaus so gut wie niemals sein Gehörleiden erwähnte und daß er vom Herbst 1802 an in vollem Ausmaß auch seine künstlerische Tätigkeit wieder aufnahm. Ja, fast zur gleichen Zeit, als er in Heiligenstadt den Schmerzensschrei seiner verwundeten Seele in der Art eines Testaments zu Papier brachte, entstand seine unbeschwerte, heitere zweite Sinfonie, die auch nicht die leiseste Spur einer Depression erkennen läßt. Auch dies zeigt wieder, daß die Niederschrift des Heiligenstädter Testaments nur jenen vorübergehenden Augenblick widerspiegelt, in welchem seine depressive Stimmung ihren Tiefpunkt erreichte und der Akt des Niederschreibens seiner Gedanken mehr ein persönliches Selbstbekenntnis und ein therapeutisches Selbstgespräch darstellte, mit dem er seine Seele von der quälenden Depression zu befreien versuchte. Daß sein therapeutisches Ziel, unabhängig vom weiteren Verlauf seines Gehörleidens unbeirrbar weiterzuarbeiten und sich fürderhin von der Geduld leiten zu lassen, erreicht wurde, zeigt gerade seine zweite, sonnige und freudestrahlende Sinfonie.

Ein überwältigender Beweis für seine ungebrochene Schaffenskraft ist der Umstand, daß er nun neben den Arbeiten an der „Eroica" und dem „Fidelio" noch genügend Zeit fand, eine Reihe bedeutender Sonatenwerke zu komponieren – die „Kreutzersonate" 1803 und die „Waldsteinsonate" sowie die „Appassionata" im Jahr 1804. Die Selbstüberwindung seiner Depressionen setzte gewaltige Impulse frei, die zur Entwicklung eines neuen Stils im kompositorischen Schaffen Beethovens führten. So war es auch nicht verwunderlich, daß nach der ersten öffentlichen Aufführung der dritten Sinfonie, der „Eroica", die am 7. April 1805 unter der Stabführung des Komponisten im Theater an der Wien stattfand, das Publikum etwas ratlos war. In der „Allgemeinen Musikalischen Zeitung" konnte man lesen: „... eine ganz neue Sinfonie Beethovens ... ist in einem ganz anderen Stil geschrieben. Diese lange, für die Ausführung äußerst schwierige Komposition ist eigentlich eine sehr weit ausgeführte kühne und wilde Phantasie". Und wie sehr das Selbstbewußtsein Beethovens wieder erstarkt war, zeigt seine Replik an diesen Zeitungsverlag: „Wenn Sie glauben, daß Sie mir damit schaden, so irren Sie sich; vielmehr bringen Sie Ihre Zeitung durch so etwas in Mißkredit." Im übrigen kann es heute als erwiesen gelten, daß für Beethovens heroische Jahre Napoleon Bonaparte seine ideologische Leitfigur war. Wenn tatsächlich der französische Gesandte und nachmalige König von Schweden, Jean Baptiste Bernadotte, anläßlich seines Zusammentreffens mit Beethoven 1798 in Wien den ersten Anstoß zur Entstehung dieser heroischen Sinfonie gab, dann erstaunt es, daß sich Beethoven bis zur Fertigstellung volle sechs Jahre Zeit ließ. Neuere Forschungen lassen es möglich erscheinen, daß dies hauptsächlich mit seinen Pariser Reiseplänen in Verbindung gebracht werden muß. Aus verschiedenen Briefstellen bei seinem Schüler Ferdinand Ries erfährt man nämlich, daß Beethoven die Übersiedlung nach Paris plante und für diesen Zweck die Bonaparte dedizierte Sinfonie zurückbehalten wollte. Um so schlimmer muß der Rückschlag bei der Nachricht von der Kaiserkrönung Napoleons im Mai 1804 gewesen sein. Von Ries erfahren wir hierzu: „... Ich war der erste, der ihm die Nachricht brachte, Buonaparte habe sich zum Kaiser erklärt, worauf er in Wuth gerieth und ausrief: ,Ist der auch nichts anders, wie ein gewöhnlicher Mensch! Nun wird er auch alle Menschen mit Füßen treten, nur seinem Ehrgeize frönen'. ... Beethoven ging an den Tisch, faßte das Titelblatt oben an, riß es ganz durch und warf es auf die Erde." Die erste Seite wurde neu geschrieben, und nun erst erhielt die Sinfonie den Titel: ‚Sinfonia eroica‘." Damit war nicht nur der Widmungsgegenstand vernichtet, sondern auch sein für die weitere künstlerische Entwicklung so wichtiges Projekt einer Übersiedlung nach Paris im Kern getroffen. Beethovens Wutausbruch bei der Nachricht von Napoleons Kaiserkrönung war somit die Resultante nicht nur einer politischen, sondern auch einer höchst persönlichen künstlerischen Komponente.

Nach der Abfassung des Heiligenstädter Testaments hört man zunächst keine weiteren Klagen über sein Gehörleiden. Aus dem Fischhoff-Manuskript ist bekannt, daß Beethoven auf Anraten seines Freundes Zmeskall einen Naturheilkundigen, den Pater Weiss aus der Metropolitan-Kirche von St. Stephan in Wien, aufsuchte. Dieser Geistliche hatte nach Angabe Schindlers „viele glückliche Kuren bewirkt", und zwar nicht nur als Gesundbeter, sondern mit Hilfe verschiedener Heilkräuter. Im Fischhoff-Manuskript heißt es hierzu: „Herr von Zmeskall bewog mit vieler Mühe Beethoven, mit ihm dahin zu gehen. Anfangs befolgte er auch den Rath des Arztes; da er aber täglich zu ihm gehen mußte, um sich eine Flüssigkeit in die Ohren träufeln zu lassen, so war ihm dieses umso unangenehmer, als er bei seiner Ungeduld noch wenig oder gar keine Besserung zu spüren glaubte, und er blieb aus. Der befragte Arzt verständigte Hrn. v. Zmeskall davon, welcher ihn jedoch bat, sich zu dem eigensinnigen Kranken selbst zu verfügen, und seiner Bequemlichkeit entgegen zu kommen. Der Geistliche, gutmüthig besorgt Beethoven zu helfen, ging in dessen Wohnung, aber ebenso war seine Bemühung in einigen Tagen schon vergebens, indem Beethoven sich verleugnen ließ und so eine mögliche Hülfe oder Linderung seines Zustandes vernachlässigte." Wie zu erwarten, blieben die Öl- und Flüssigkeitseinspritzungen, mit denen Pater Weiss die Hörfähigkeit namentlich des linken, noch besser hörenden Ohres zu bessern suchte, ohne jeden Erfolg.

Häufiger ist von fieberhaften Erkrankungen mit Verschlimmerung seines Darmleidens die Rede. So erfährt man von Thayer, dem bedeutendsten Biographen Beethovens, daß er, kaum als er mit seinem Freund Breuning im Mai 1804 eine gemeinsame Wohnung bezogen hatte, „in eine ernstliche Krankheit fiel", die auch nach Überwindung derselben noch lang in Form eines hartnäckigen „intermittierenden" Fiebers weiterschwelte. In einem Brief vom 13. November 1804 an Wegeler berichtete Breuning über diese Erkrankung seines Freundes: „Kaum bei mir, verfiel er in eine heftige am Rande der Gefahr vorübergehende Krankheit, die zuletzt in ein anhaltendes Wechselfieber überging." Von 1805 an wird immer wieder in Briefen über ähnliche Zustände berichtet. Im November 1805 heißt es in einem Schreiben an den Sänger Friedrich Mayer, dem ersten Pizarro im „Fidelio" und Schwager Mozarts: „Ich kann nicht kommen, indem ich seit gestern Kolikschmerzen – meine gewöhnliche Krankheit habe." Ähnliches klagte er im Mai 1806 dem Baron Peter von Braun, jenem Impresario, der den „Fidelio" zur Aufführung brachte. Seit 1807 berichtete Beethoven auch noch über „erschreckliches Kopfweh", wie es etwa in einem Schreiben an den Freiherrn von Gleichenstein im Juni 1807 heißt. Diese Kopfschmerzen dürften Beethoven zeitweilig an der kompositorischen Arbeit erheblich behindert haben, denn als er in einem Brief vom 26. Juni 1807 an Fürst Nikolaus Esterhazy auf diese „Kopfkrankheit" hinwies, fügte er hinzu, daß sie ihm „anfangs garnicht und später und selbst jetzt noch nur wenig zu arbeiten erlaube". Zwischendurch berichtete er dem Dichter Heinrich von Collin, Autor des „Coriolan", von einer „starken Nageloperation", die an einem seiner Finger vorgenommen werden mußte, wahrscheinlich infolge einer Nagelbetteiterung, also eines Panaritiums. Derartige Infektionen, die für gewöhnlich durch Staphylokokken hervorgerufen werden, gehen mit blauroter, schmerzhafter Schwellung des betroffenen Fingers einher und können, sofern nicht rechtzeitig der Eiter durch chirurgische Eröffnung abfließen kann, eine Sepsis, also eine Blutvergiftung, zur Folge haben. Nach Beethovens Beschreibung soll der Finger tags zuvor auch tatsächlich sehr bedrohlich ausgesehen haben.

Was Beethovens Darmleiden betrifft, kann man ein stetes Auf und Ab feststellen mit vorübergehenden Besserungen und immer wieder auftretenden Rezidiven, also wiederkehrendem Aufflackern der Krankheitssymptome. Während Beethoven im März 1808 in dem erwähnten Brief an Heinrich von Collin mitteilte, daß es „seiner Kolik besser gehe", berichtete er schon Ende 1809 an den Verlag Breitkopf und Härtel, daß er von einem durch „Verkältung" entstandenen Fieber tüchtig geschüttelt wurde, und im Jahr 1810 klagte er wiederholt darüber, daß er nicht wohl sei und wieder an heftigen Kolikanfällen zu leiden hätte. Diese stets ähnlich lautenden Klagen über allgemeines Krankheitsgefühl, Kopfschmerzen, Fieber oder „Gedärmentzündung" häufen sich ab 1811 in den vielen Briefen, die er seinem prominenten Schüler, dem Erzherzog Rudolph, schrieb. Offenbar erwartete er vom Erzherzog, der selbst an einem Erbübel der Habsburger Dynastie, an Epilepsie, litt, ein besonderes Verständnis für seine gesundheitlichen Klagen.

Bei einer solchen körperlichen Verfassung ist es nicht verwunderlich, daß Beethovens Grundstimmung häufig melancholisch war. Selbst im Herbst 1806, als er sich in einem förmlichen Schaffensrausch befand, schrieb Stephan von Breuning: „Seine Gemüthsstimmung ist meistens sehr melancholisch." Um so erstaunlicher erscheint uns die unvorstellbare Produktivität Beethovens während der Jahre 1804 bis 1812. So entstanden 1806 die vierte Sinfonie, die „Rasumowsky-Quartette", das herrliche Klavierkonzert in G-Dur und sein Violinkonzert. 1807 und 1808 wurden die fünfte und die sechste Sinfonie fertiggestellt, die beide am 22. Dezember 1808 uraufgeführt wurden. Mit dem Es-Dur-Klavierkonzert erreichte er einen weiteren Höhepunkt; den apotheotischen Charakter verdankt das Werk wohl den Eindrücken während der französischen Belagerung und Besetzung Wiens 1809. Nach einem vorübergehenden Abebben seiner schöpferischen Tätigkeit während der folgenden zwei Jahre, aus denen nur das Klaviertrio op. 97, das „Erzherzogtrio", herausragt, beendete Beethoven schließlich 1812 die siebente und die achte Sinfonie.

Da von Beethoven selbst seit der Niederschrift des Heiligenstädter Testaments kaum Hinweise auf sein Hörvermögen vorhanden sind, können nur die Aussagen seiner Umgebung herangezogen werden. Wie stand es nun wirklich um sein Hörvermögen bis zum Jahr 1812? Bis 1806 dürfte Beethoven noch verhältnismäßig gut gehört haben, wenngleich er bei seiner Dirigententätigkeit hin und wieder doch schon Beschwerden gehabt haben dürfte. So berichtet etwa der Cellist Dolezalek, daß Beethoven bei den Proben zur „Eroica" im Jahr 1804 die Blasinstrumente nicht immer deutlich genug hören konnte, und 1808 berichtet der Hornist Johann Friedrich Nisle, daß er anläßlich eines Besuchs bei Beethoven von dessen Bedientem aufgefordert werden mußte, lauter zu sprechen, da sein Herr nicht gut höre. In diesem Falle war Beethoven allerdings dem Besucher zunächst mit dem Rücken zugewandt, so daß er die gesprochenen Worte nicht von den Lippen ablesen konnte. Saß er seinem Gesprächspartner hingegen gegenüber, so war eine Unterhaltung, wie Franz Grillparzer aus dem selben Jahr berichtet, durchaus noch möglich. Da er fremde Menschen jedoch nicht auf seine Schwierigkeiten aufmerksam machen wollte, ist es verständlich, daß ihn „seine Harthörigkeit menschenscheu machte", wie der Schriftsteller Varnhagen 1811 bemerkte. Menschen, mit denen er häufiger verkehrte, hatten sicherlich einen anderen Eindruck von Beethovens Hörvermögen als fremde, und dies ist wohl auch der Grund, warum Beethovens berühmter Schüler Czerny oder der befreundete Kapellmeister Ignaz von Seyfried übereinstimmend behaupteten, daß Beethoven „bis beiläufig zum Jahre 1812 vollkommen gut gehört" habe. In diesem Zusammenhang soll auch noch auf ein Ereignis hingewiesen werden, das mit dem Beschuß der Donaumetropole durch die Truppen Napoleons am 31. Mai 1809 in Zusammenhang steht; da Beethovens Wohnquartier in der Walfischgasse in der direkten Schußlinie des Granatfeuers lag, suchte er Zuflucht im Keller des Hauses des Dichters Ignaz Franz Castelli; Ries berichtete, daß Beethoven, um seine Ohren vor dem Dröhnen der explodierenden Granaten zu schützen, „noch den Kopf mit einem Kissen bedeckte" – was für die Diagnose des Gehörleidens noch von Bedeutung sein wird.

Seit 1802 stand Beethoven in der ärztlichen Betreuung von Dr. Johann Adam Schmidt, von dessen Behandlung mit galvanischen Strömen er sich eine Besserung erhoffte und dem er zum Dank für seine Bemühungen eine Klaviertrio-Bearbeitung seines berühmten Septetts op. 20 widmete. Nach Schmidts Tod 1809 begab er sich in die Behandlung des Dr. Johann Malfatti, mit dessen Familie sich bald ein vertrauter Verkehr entwickelte. Dabei hatte es ihm vor allem die Kusine seines Arztes, die junge Therese, angetan, der er auch das bekannte „Albumblatt für Elise" dedizierte. Schon im Frühjahr 1810 wagte er sich unter Vermittlung seines Freundes Ignaz von Gleichenstein an einen Heiratsantrag, dessen Ablehnung ihn zutiefst traf, wie aus einem Brief an Gleichenstein vom April 1810 zu ersehen ist: „Deine Nachricht stürzte mich aus den Regionen des Glücks wieder tief herab." Es hatte schon mehrere Versuche gegeben, eine Familie zu gründen, die alle zu nichts führten – neben dem Versuch, 1801 die Liebe Giulietta Guicciardis zu gewinnen, war es vor allem die Werbung um die Liebe Josephine Brunsviks, mit der ihn von 1804 bis zum Herbst 1807 eine enge Beziehung verband. Wie den wiedergefundenen dreizehn Briefen zu entnehmen ist, wurde Beethovens Liebe offensichtlich auch erwidert, doch konnte sich Josephine als Witwe ihren Kindern zuliebe nicht zu einer Heirat durchringen. Aus welch vollem Herzen die Liebe Beethovens kam, verraten seine Briefe, wenn er etwa im Frühjahr 1805 schrieb: „. . . o sie lassen mich hoffen, daß ihr Herz lange für mich schlagen werde – das meinige kann nur aufhören für sie zu schlagen, wenn es gar nicht mehr schlägt – geliebte." Seine Enttäuschung nach dem Abbruch dieser Beziehung war so groß, daß er bis zur Werbung um Therese Malfatti 1810 keine konkreten Heiratspläne mehr gehabt haben dürfte. Durch die Kenntnis der „dreizehn Briefe" wurde überhaupt erst der biographische Hintergrund der Leonore in seiner Oper „Fidelio" beleuchtet. Von Josephines Gegenliebe erwartete sich Beethoven die Kraft zur Beendigung seiner Oper und „In Florestan und Leonore waren die Gegenbilder der unerfüllten Wirklichkeit gefunden", wie Goldschmidt dies formuliert hat.

Neuere Forschungen haben ergeben, daß sich hinter dem berühmten Brief an die „Unsterbliche Geliebte" – neben dem Heiligenstädter Testament ohne Zweifel das bedeutendste biographische Dokument Beethovens – als Adressatin ebenfalls Josephine Brunsvik verbergen dürfte. Unter allen anderen möglichen Frauengestalten um Beethoven käme – allerdings mit geringerem Wahrscheinlichkeitsgrad – höchstens noch Antonia Brentano in Frage. Für Beethoven muß dieser Brief sehr viel bedeutet haben, weshalb er ihn auch bis an sein Lebensende aufbewahrte. Sein Erlebnis mit der „Unsterblichen Geliebten" machte ihm wohl ein für allemal klar, daß es mit seiner

Kunst unvereinbar sei, ein normales bürgerliches Familienleben zu führen. Wie schmerzlich ihn diese Entscheidung zum endgültigen Verzicht traf, zeigt eine Tagebucheintragung aus dem Jahr 1812: „Du darfst nicht Mensch seyn, für dich nicht nur für Andere für dich gibt's kein Glück mehr als in dir selbst, in deiner Kunst. – o Gott! Gib mir die Kraft, mich zu besiegen, mich darf ja nichts an das Leben fesseln."

Die Sommermonate dieses Jahres 1812 verbrachte Beethoven auf Anraten Dr. Malfattis wieder auf Kur in Teplitz, Franzensbad und Karlsbad, um seine heftigen und anhaltenden Kopfschmerzen zu lindern. Während des Kuraufenthalts standen sich am 19. Juli zwei der Größten im Reich der Kunst Aug in Aug gegenüber – Goethe und Beethoven. Diese von Beethoven seit langem ersehnte Begegnung mit dem von ihm hochverehrten Dichterfürsten muß auch auf Goethe, der sich der titanenhaften und elementaren Musik Beethovens gegenüber eher reserviert verhielt, einen gewaltigen Eindruck gemacht haben, denn am 13. Juli schrieb Goethe an seine Frau nach Karlsbad: „Zusammengerafter, energischer, inniger habe ich noch keinen Künstler gesehen. Ich begreife recht gut, wie er gegen die Welt wunderlich stehen muß." Dieser Eindruck stimmt ganz mit dem Ausspruch Beethovens überein, wie er von Bettina von Brentano, die dieses Zusammentreffen vereinbart hatte, überliefert wurde: „Dem Manne muß Musik Feuer aus dem Geiste schlagen." Goethe dürfte aber nicht nur von der Musik Beethovens, sondern auch von seiner ungebändigten Wesensart erschreckt worden sein, denn am 2. September 1812 berichtete er seinem musikalischen Famulus Karl Friedrich Zelter, den er als einzigen von all seinen Freunden mit dem vertraulichen „Du" ansprach: „Beethoven habe ich in Teplitz kennen gelernt. Sein Talent hat mich in Erstaunen gesetzt; allein er ist leider eine ganz ungebändigte Persönlichkeit, die zwar gar nicht unrecht hat, wenn sie die Welt detestabel findet, aber sie freilich dadurch weder für sich noch für andere genußreicher macht. Sehr zu entschuldigen ist er hingegen und sehr zu bedauern, da ihn sein Gehör verläßt, das vielleicht dem musikalischen Teil seines Wesens weniger als dem gesellschaftlichen schadet. Er, der ohnehin lakonischer Natur ist, wird es nun doppelt durch diesen Mangel." Beethoven war bei aller Bewunderung über gewisse Eigenschaften Goethes sichtlich enttäuscht, wie einem Brief vom 9. August 1812 an den Verlag Breitkopf und Härtel zu entnehmen ist: „Goethe behagt die Hofluft zu sehr, mehr als es einem Dichter ziemt. Es ist nicht viel mehr über die Lächerlichkeit der Virtuosen hier zu reden, wenn Dichter, die als die ersten Lehrer der Nation angesehen seyn sollten, über diesem Schimmer alles andere vergessen können." Beethoven erkannte die Eitelkeit und den etwas kalten Egoismus Goethes, und er fand diesen Eindruck viele Jahre später auch in eigener Sache bestätigt. Als nämlich am 8. Februar 1823 der damals bereits völlig ertaubte, einsame und kranke Komponist sich mit der Bitte an Goethe wandte, sich beim Herzog von Sachsen-Weimar für eine Subskription seiner „Missa solemnis" zu verwenden, ließ der deutsche Dichterfürst diese Bitte einfach unbeantwortet – ein Beweis einer bedauerlichen inneren Teilnahmslosigkeit und Gefühlskälte eines verwöhnten, weichgebetteten und von Existenzsorgen unberührten Künstlers, wenn man die Worte dieser ergreifenden Bitte Beethovens liest: „. . . Ich weiß Sie werden nicht ermangeln, einem Künstler, der nur zu sehr gefühlt, wie weit der bloße Erwerb von ihr [der Kunst] entfernt, einmal sich für ihn zu verwenden, wo Noth ihn zwingt, auch wegen andern für andere zu walten und wirken – das gute ist unß allzeit deutlich, und so weiß ich, daß Eure Exzellenz meine Bitte nicht abschlagen werden. Einige Worte von ihnen würden Glückseeligkeit über mich verbreiten. Eure Exzellenz mit der innigsten unbegrenzten Hochachtung verharrender Beethoven."

Das Jahr 1812 markiert für Beethoven eine ähnliche Krisensituation wie das Jahr 1802. War es in diesem das Heiligenstädter Testament, so war es in jenem der Brief an die „Unsterbliche Geliebte". Mit dem definitiven Verzicht auf ein persönliches Liebesglück war eine tiefgreifende Wirkung auf sein privates Leben und auf seine künstlerische Arbeit verbunden. Hatten schon die Erlebnisse während der Sommermonate ungeheure seelische Spannungen hervorgerufen, so wurden sie auf der Rückreise durch den Konflikt mit seinem Bruder Johann, der in Linz mit Therese Obermayer in einem in den Augen Beethovens untragbaren außerehelichem Verhältnis lebte, noch erheblich vermehrt. Erst nach der Verehelichung des Bruders zeigte sich das ganze Ausmaß der aufgestauten seelischen Spannungen: Beethoven geriet in einen verwirrten, depressiven Zustand, der sogar mit Selbstmordgedanken einhergegangen sein dürfte. Offenbar dauerten diese Beschwerden bis zum Sommer 1813 an, denn erst am 4. Juli schreibt er an Joseph von Varena, einen der Begründer der Grazer Musikalischen Gesellschaft, daß es ihm nun gesundheitlich besser gehe. Sein mitgenommener Gemütszustand spiegelte sich auch in der Vernachlässigung seines Äußeren wider, wo er doch sonst peinlich auf sein äußeres Erscheinungsbild Bedacht nahm.

Aber auch seine tugendhaften moralischen Grundsätze dürfte Beethoven in jener Zeit nicht immer eingehalten haben. Aus Briefen an seinen Freund Zmeskall erfährt man, daß er seine sexuellen Bedürfnisse in Prostituiertenkreisen auszuleben versuchte, Kreise, die er als „morsche Festungen" bezeichnete. Dr. Andreas Bertolini, der von 1806 bis 1816 sein Arzt und persönlicher Freund war, schrieb später, daß Beethoven fast ständig in die eine oder andere Liebesbeziehung verwickelt war, und auch Wegeler berichtet: „Die Wahrheit, wie mein Schwager Stephan von Breuning, wie Ferdinand Ries, wie Bernhard Romberg [ein Musiker aus Beethovens Zeit in Bonn] und wie ich sie kennenlernte, ist: Beethoven war nie ohne eine Liebe und meistens von ihr im hohen Grade ergriffen." Man weiß aber auch, daß er all diesen Frauen stets mit besonderer Zärtlichkeit entgegenkam. Wie zwiespältig muß es in Beethoven ausgesehen haben, wenn er sich einmal einer käuflichen Liebe hingab. Im Fischhoff-Manuskript findet sich eine diesbezügliche Tagebucheintragung: „Sinnlicher Genuß ohne Vereinigung der Seelen ist und bleibt viehisch: nach selbem hat man keine Spur einer edlen Empfindung, vielmehr Reue." In ähnlicher Weise äußert er sich gegenüber Karl Holz, dem Freund seiner letzten Jahre, daß er es meist bereute, wenn ihn die „Notwendigkeit" seines Körpers zu etwas verführte, das seiner besseren Natur widerspräche.

Die Krisensituation des Jahres 1812 mit den Zeichen innerer Verstörtheit wirkte sich auch auf sein kompositorisches Schaffen aus. Dazu kamen noch seine alten Unpäßlichkeiten, die bis Mitte 1814 angedauert haben müssen, denn zu dieser Zeit berichtete er Erzherzog Rudolph nähere Einzelheiten: „Ich war die ganze Zeit hindurch krank und leidend, besonders an meinem Kopfe und ich bin es noch ... Ich habe seit gestern abend Vesikaturen auflegen müssen, vermittelst welcher mich der Arzt hofft, in wenigen Tagen nicht allein herzustellen für einige Zeit sondern für immer." Sein Zustand muß damals ziemlich bedenklich gewesen sein, denn er notierte in sein Tagebuch: „Bestimmung der Ärzte über mein Leben. Ist keine Rettung mehr, so muß ich ... brauchen??? Es gehört nur noch geschwinder zu vollenden, was früher unmöglich. Konzilium mit ...". Diese Passage wurde von mehreren Biographen als Hinweis gedeutet, daß Beethoven daran dachte, Gift zu nehmen, um auf diese Weise einem unheilbaren Leiden zu entfliehen, einem Leiden, hinter dem man Syphilis vermutete. Man stützte sich dabei auf den berühmten Beethoven-Biographen Alexander W. Thayer, der behauptete, daß Beethovens „Geschlechtskrankheit vielen Personen bekannt" gewesen sei. Das Original dieses Briefes ist allerdings verschwunden, ebenso wie ein anderes „Beweismittel", von dem Jacobsohn berichtet: „Es gibt in einer Privatsammlung eine der Öffentlichkeit nicht bekannte Aufzeichnung von Beethovens eigener Hand, die mit großer Wahrscheinlichkeit auf eine venerische Krankheit des Meisters hinweist." Ein ähnliches Schicksal widerfuhr einem angeblich für Beethoven ausgestellten Rezept für eine Quecksilbersalbe, das sich ebenfalls in privatem Besitz befunden haben soll, jedoch bis heute nicht ans Tageslicht gebracht werden konnte. Die genaue Analyse von Beethovens Obduktionsbefund bietet keinerlei Hinweise, daß er an Syphilis gelitten hat; solche Deutungsversuche muß man wohl damit erklären, daß es Mode geworden ist, Zusammenhänge zwischen Genie und bestimmten Krankheiten – vor allem dem Irrsinn und der Syphilis – herzustellen. Bei der schweren Erkrankung, die Beethoven in seinem Tagebuch 1814 erwähnt, dürfte es sich wieder einmal um sein Darmleiden gehandelt haben, denn in einem seiner Briefe erwähnt er eine „Gedärmentzündung", die ihn beinahe an die Pforten des Todes gebracht hätte. Dieses Darmleiden dürfte sich von Jahr zu Jahr verschlechtert haben, wobei die „Kolikschmerzen", seine „gewöhnliche Krankheit", vor allem dann in Erscheinung traten, wenn er etwas „Unverdauliches" genossen hatte. Seine Ärzte verordneten ihm deshalb auch eine strenge Diät, etwa Brotsuppe, Makkaroni, Kalbfleisch, Fisch und weichgekochte Eier. Da er allerdings stets auf Hausangestellte angewiesen war, konnte diese Diät nur in den seltensten Fällen genau eingehalten werden. Zudem galt Beethoven als eigenwilliger und schwieriger Patient, der die Vorschriften häufig mißachtete und regelmäßig Wein sowie starken Bohnenkaffee zu sich zu nehmen pflegte.

Seit dem Jahr 1815 tauchten in seinen Briefen auch wieder Klagen über seine zunehmende Schwerhörigkeit auf. Etwa seit 1813 hatte sich auf dem rechten Ohr eine Taubheit entwickelt, während links wohl noch ein Rest einer Hörfähigkeit bestanden haben dürfte. Dies ist auch der Grund dafür, daß Beethoven die verschiedenen mechanischen Hörhilfen vorwiegend für das linke Ohr verwendete. Johann Nepomuk Mälzel, der Erfinder des Metronoms, hatte bereits 1812 vier verschiedene Hörrohre für den Meister gebaut, von denen Beethoven allerdings nur eines akzeptierte. In seiner Verzweiflung fertigte er sich schließlich zusätzlich einen langen Holzstab an, dessen eines Ende er zwischen seine Zähne nahm und mit dem anderen Ende er den Kontakt zum Resonanzboden seines Klaviers herstellte. Alle diese Versuche waren natürlich nur sehr beschränkt imstande, sein Hörvermögen nennenswert zu verbessern. Da ihn die Töne seines Hammerklaviers selbst im Fortissimo kaum mehr erreichen konnten, bat er den Klavierbauer Johann Andreas Streicher, an seinem Flügel einen schallverstärkenden Apparat anzubringen. Durch einen die Schallwellen reflektierenden Aufsatz in der Art eines Souffleurkastens, unter den er sich beim Spielen setzte, versuchte er eine Verstärkung der Töne zu erreichen.

Im Jahr 1814 zeigten sich erste Schwierigkeiten beim Klavierspiel. Seine Virtuosität ging infolge seiner Schwerhörigkeit mehr und mehr verloren. Zum letztenmal konzertierte er 1814 mit seinem Klaviertrio in B-Dur op. 97 öffentlich als Pianist. Über Beethovens Klavierspiel berichtete der Komponist Ludwig Spohr, der ihn 1814 bei einer Probe hörte: „Ein Genuß war es nicht, denn erstens stimmte das Pianoforte sehr schlecht, was Beethoven wenig kümmerte, da er ohnehin nichts davon hörte, und zweitens war von der früher so bewunderten Virtuosität des Künstlers infolge seiner Taubheit fast gar nichts mehr übrig geblieben. Im Forte schlug der arme Taube so darauf, daß die Saiten klirrten und im Piano spielte er wieder so leise, daß ganze Tongruppen ausblieben." So kam es, daß er nur noch im Kreis seiner Freunde mitunter am Klavier improvisierte, aber auch dann nur, wenn er dazu in Stimmung war.

Der Neffe Karl

Eine neue private Krise trat auf, als sich im Oktober 1815 der Gesundheitszustand seines Bruders Caspar Carl rapide zu verschlechtern begann. Dieser hatte schon einige Zeit an Tuberkulose gelitten, die nun in eine galoppierende Lungenschwindsucht überging und am 15. November den Tod herbeiführte. Sein Ende kam so überraschend, daß Beethovens Verdacht, seine Schwägerin Johanna hätte ihren Gatten vergiftet, erst durch eine von Dr. Bertolini vorgenommene Obduktion beseitigt werden konnte. Mit dem Tod seines Bruders begann nun die „Tragödie einer tyrannischen Liebe", nämlich die Problematik des Versuchs Beethovens, durch die Erlangung der alleinigen Vormundschaft über seinen Neffen Karl eine Vater-Sohn-Beziehung aufzubauen. Da im Testament seines Bruders die Vormundschaft über den Neffen Karl sowohl Ludwig van Beethoven wie auch der Mutter des Kindes, Johanna, zugesprochen war, begann Beethoven um das Kind zu prozessieren, wobei er sich immer mehr in die fiktive Rolle eines leiblichen Vaters hineinsteigerte. Als der Gerichtshof am 9. Januar 1816 zugunsten Beethovens als alleinigen Vormund entschieden hatte, schrieb er am 6. September 1816 an den Prager Rechtsanwalt Johann Nepomuk Kanka: „Ich bin wirklich leiblicher Vater von meines verstorbenen Bruders Kind", und ein ähnliches Illusionsbild offenbarte er Ende September 1816 Wegeler: „Du bist Mann, Vater – ich auch, doch ohne Frau", wobei er die moralische Begründung seines Vorgehens damit zu begründen versuchte, daß er „ein armes, unglückliches Kind einer unwürdigen Mutter zu entreißen" versucht hatte. Um die Rolle als Retter des Kindes beweisen zu können, beschuldigte er seine Schwägerin der Vergiftung ihres Mannes und sogar der Prostitution. Die Psychoanalyse hat sich dieses höchst komplizierten Verhältnisses zwischen Beethoven und seiner Schwägerin angenommen und auf die Möglichkeit hingewiesen, daß die Einstufung Johannas als Prostituierte Ausdruck eines sexuellen Verlangens nach dieser Frau gewesen sein und die angebliche Errettung des Knaben sowie die Illusion seiner Vaterschaft nur den Zweck gehabt haben könnte, sich selbst unbewußt vor der Besitzgier nach der Frau seines verstorbenen Bruders zu schützen. Die Schlußfolgerungen der modernen Psychoanalyse zu diesem Fall hat Maynard Solomon so zusammengefaßt: „Der Grundkonflikt in Beethovens Charakter kam durch die ,Polarität zwischen dem männlichen und weiblichen Prinzip' zustande, welche er in seinem Verhalten vergeblich zu versöhnen trachtete. Diese Polarität, zugleich das Grundprinzip seiner Schaffensweise, manifestierte sich teilweise in unbewußten homosexuellen Tendenzen, die früher ihre Objektbesetzung in seiner Hingabe an den Bruder Caspar Carl gefunden hatten, den er auf die Weise einer eifersüchtigen und schutzbeflissenen Mutter zu kontrollieren suchte [ähnliches geschah 1812 mit seinem zweiten Bruder Nikolaus Johann in Linz]. Mit Caspar Carls Tod ergriff Beethoven die Gelegenheit, das Kind ,als geeigneten Ersatz ... als mütterliches Liebesobjekt sich anzueignen'. Um dieses zu erreichen, wurde es nötig, sich an die Stelle der wirklichen Mutter des Knaben zu setzen, die er fortan als Rivalin und Verkörperung alles weiblichen Übels verfolgte. Beethoven arbeitete darum eine Errettungsphantasie aus, mit dem Ziel, einen nahen männlichen Verwandten aus den weiblichen Schicksalsklauen zu befreien. In dem Prozeß überwältigten seine offensichtlich angeborenen aggressiven und sadistischen Tendenzen sein Ich, wodurch sie eine Regression seiner erotischen Entwicklung verursachten und sein psychisches Gleichgewicht in einem solchen Grade störten, daß Komponieren für einige Jahre unmöglich wurde und schließlich, nach Karls Selbstmordversuch, zu seinem Tode führte."

Dieser Darstellungsweise kann man sich nicht unwidersprochen anschließen. Zum einen muß die angebliche Homosexualität Beethovens entschieden in Frage gestellt werden, zum anderen wird bei einem solchen Beethoven-Bild außer acht gelassen, daß die Vaterrolle, die ihm schon in so jungen Jahren zufiel, zutiefst in der Familie Beethoven verankert ist, nicht zuletzt auch in der dominierenden Gestalt des Großvaters. Diese überstarke Vaterbetonung könnte psychoanalytisch aus einem Ödipus-Komplex gegenüber seinen Eltern und seinem Großvater entstanden sein. Nach dem gescheiterten Versuch, mit der „Unsterblichen Geliebten" eine dauernde Verbindung einzugehen und eine Familie zu gründen und der dadurch ausgelösten schweren seelischen Krise, die 1813 zu realen Selbstmordgedanken führte, bot sich nun die Gelegenheit, für seine Aggression – die sich zuerst gegen ihn selbst gerichtet hatte – nun in seiner Schwägerin ein geeignetes Übertragungsobjekt gefunden zu haben. Solomon glaubt, daß gemäß der Ambivalenztheorie von Sigmund Freud der Haß gegenüber Johanna auch von einer unbewußten erotischen Bindung begleitet gewesen sein könnte. Der Hinweis Johannas während einer Gerichtsverhandlung, ihr Schwager sei in sie verliebt, sowie die Namensgebung ihres unehelichen Kindes „Ludivica", das 1820 geboren wurde, würde einer solchen Darstellung entsprechen.

Diese psychoanalytische Betrachtungsweise sieht den verantwortlichen Konfliktpartner Beethovens somit nicht in seinem Neffen, sondern in seiner Schwägerin Johanna. Allerdings muß, wie Goldschmidt sehr richtig bemerkte, die wiederholt unter Beweis gestellte Versöhnungsbereitschaft und die mehrmals angebotene finanzielle Hilfe Beethovens im Rahmen seines ambivalenten Verhaltens seiner Schwägerin gegenüber nicht unbedingt Ausdruck einer unbewußten erotischen Bindung gewesen sein. Ebensogut können nämlich auch starke Schuldgefühle eine solche Verhaltensweise erklären. Daß Beethovens Stellung zur Frau durch seine mystische Konstruktion einer Vaterschaft ohne Mithilfe einer Frau versinnbildlicht wird, wäre eine zu vereinfachte Darstellung. Wenn ihm auch die Erfüllung seiner geheimsten Wünsche durch die jeweilige Auserwählte meist versagt blieb, dann nicht deshalb, weil zu starke Hemmungen seinerseits vorlagen oder seine Männlichkeit zuwenig ausgeprägt gewesen wäre, sondern weil durch die Wahl adeliger, verheirateter oder gar kinderreicher Frauengestalten die Aussichtslosigkeit von vornherein gegeben war. Wahrscheinlich brauchte Beethoven diese Spannungszustände, um sein Leben ganz in den Dienst seines künstlerischen Auftrags zu stellen. So gesehen kann „alles persönlich zugestoßene oder heraufbeschworene Unglück, alles widerfahrene oder provozierte Leid, alle Identifikation mit Odysseus dem ‚Unglücklichsten aller Sterblichen', immer nur als kreativer Stachel verstanden werden ..., die künstlerische Höchstform zu stabilisieren".

Gesundheitlicher Tiefpunkt

Seit dem Sommer 1815 hielt sich Beethoven in Baden bei Wien auf, und schon im Herbst stellten sich neue Krankheitssymptome ein. In einem Brief vom November 1815 an Erzherzog Rudolph heißt es: „Seit Anfang des vorigen Monats fing ich schon in Baden an zu kränkeln, alleine seit 5. Oktober verließ ich das Bett und Zimmer nicht, als seit ohngefähr acht Tagen. Ich hatte einen nicht gefahrlosen Entzündungskatarrh; noch kann ich nur wenig ausgehen." Um welche Erkrankung es sich bei diesem „Entzündungskatarrh" gehandelt hat, ist nicht bekannt, doch dürfte es wohl wieder sein Darmleiden gewesen sein. In den Briefen des Jahres 1816 spricht Beethoven im Zusammenhang mit der Verschlimmerung seines Zustands, der in den Monaten Februar, Mai, Juli und November zu Bettlägerigkeit führte, auch wieder von einem Kolikanfall. Wie sehr ihn diese Koliken beunruhigten, geht aus einer Mitteilung von Fanny Giannastasio del Rio hervor, der Tochter des Leiters jenes Erziehungsinstituts, in dem Beethovens Neffe Karl unterrichtet wurde. Sie notierte am 11. April 1816, daß Beethoven ihr von diesem Übelbefinden erzählt habe und nach seinen Worten „diese Anfälle von Koliken einmal sein Ende sein würden".

Im Februar 1817 wurden neue Klagen laut, wie einem Brief an seinen Freund Franz von Brentano zu entnehmen ist: „Was mich anbelangt, so ist geraume Zeit meine Gesundheit erschüttert"; man muß annehmen, daß es sich dabei um eine langwierige Erkrankung handelte, die schon im Oktober 1816 ihren Anfang genommen haben dürfte. „Seit 15. Oktober war ich sehr krank an einem Entzündungskatarrh, an dessen Folgen ich noch leide und wahrscheinlich bis zum gänzlichen Frühjahr oder Sommer erst geheilt sein werde", heißt es in einem Brief aus dieser Zeit an den Verleger Simrock, und in einem Schreiben an Gräfin Erdödy vom 19. Juni 1817 sind nähere Einzelheiten über diese Erkrankung zu lesen: „Zuviel bin ich die Zeit herumgeworfen, zu sehr mit Sorgen überhäuft und seit dem 6. Oktober 1816 schon immer kränklich, seit 15. Oktober überfiel mich ein starker Entzündungskatarrh, wobei ich lange im Bette zubringen mußte und es mehrere Monate währte, bis ich nur spärlich ausgehen durfte; die Folgen davon waren bisher noch unvertilgbar, ich wechselte mit den Ärzten, da der meinige, ein pfiffiger Italiener, so starke Nebenabsichten auf mich hatte und ihm sowohl Redlichkeit als Einsicht fehlte [gemeint ist hier Dr. Malfatti. Anm. d. Verf.]; dies geschah im April 1817, ich mußte nun den 15. April bis 4. Mai alle Tage sechs Pulver brauchen, sechs Schalen Tee, dies dauerte bis 4. Mai; von dieser Zeit an erhielt ich wieder eine Art Pulver, wovon ich wieder sechs des Tages nehmen mußte, und mich dreimal mit einer volatilen Salbe einreiben mußte. Dabei reiste ich hierher, wo ich die Bäder gebrauche. Seit gestern erhielt ich nun wieder eine Medizin, nämlich eine Tinktur, wovon ich des Tages wieder zwölf Löffel nehmen mußte. Alle Tage hoffe ich das Ende dieses betrübten Zustandes, obschon es sich etwas gebessert hat, so scheint es doch noch lange zu währen, bis ich gänzlich genesen werde. Wie sehr dies alles auf mein Dasein wirken muß, können Sie denken! Mein Gehörzustand hat sich verschlimmert, und schon ehemals nicht fähig, für mich und meine Bedürfnisse zu sorgen . . ., und meine Sorgen sind noch vergrößert durch meines Bruders Kind."

Um welche Art von „Entzündungskatarrh" es sich dabei handelte, geht aus einem Brief vom 15. Juli 1817 an den Dichter Wilhelm Gerhard hervor, der ihn gebeten hatte, einige seiner anakreontischen Lieder in Musik zu setzen und demgegenüber sich Beethoven mit den Worten entschuldigte: „Zum Teil ist meine seit beinahe vier Jahren immerwährende Kränklichkeit schuld, wenn ich so manches mir zukommende nur stillschweigend beantworten kann. Seit vorigen Oktober 1816 hat sich meine Kränklichkeit noch vermehrt, ich hatte einen starken Entzündungskatarrh und daher noch Lungenkrankheit; dies alles, damit Sie mich nicht ungefällig glauben, oder sonst, wie viele andere, mich verkennen." In ähnlicher Weise äußerte er sich gegenüber Nanette Streicher, die ihm wiederholt bei der Bewältigung seines oft recht ungeordneten Haushalts hilfreich zur Seite stand, in einem Brief vom 7. Juli 1817: „Meine werthe Freundin! . . . das schlechte Wetter vorgestern hielt mich, da ich in der Stadt war, ab, zu Ihnen zu kommen; ich eilte gestern morgens wieder hierher, fand aber meinen Bedienten nicht zu Hause, er hatte den Schlüssel zur Wohnung sogar mitgenommen. Es war sehr kühl, ich hatte nichts aus der Stadt als ein dünnes Beinkleid am Leibe, und so mußte ich mich drei Stunden lang herumtreiben, dies schadete mir und machte mich den ganzen Tag übel auf ... hierzu kommt noch die ängstliche Aussicht, daß es sich vielleicht nie mit mir bessert, daß ich selbst zweifle an meinem jetzigen Arzt, er erklärt nun doch endlich meinen Zustand für Lungenkrankheit."

Bei dieser „Lungenkrankheit" dürfte es sich wohl um eine hartnäckige und wiederholt aufgetretene Bronchitis gehandelt haben, deren Entstehung durch seine eigentümlichen Lebensgewohnheiten sicher immer wieder begünstigt wurde. War es doch eine Eigenart Beethovens, nach angestrengter Arbeit am Schreibtisch plötzlich aufzuspringen und – mangelhaft bekleidet – stundenlange Spaziergänge in Kälte oder Regen zu unternehmen, oder aber nach der Rückkehr von einer Wanderung, stark erhitzt, Türen und Fenster aufzureißen und sich zur Abkühlung mit Krügen kalten Wassers zu übergießen. In ähnlicher Weise geschah es auch häufig, daß er während einer anstrengenden kompositorischen Arbeit plötzlich aufstand und seinen erhitzten Kopf mit Wasser übergoß – eine Angewohnheit, deretwegen er wiederholt mit seinen Nachbarn und Mitbewohnern Ärger bekam, weil in solchen Situationen das im Zimmer stehende Wasser durch den Fußboden häufig in die darunterliegenden Räume drang. Möglicherweise wurden die beschriebenen „Entzündungskatarrhe" aber auch durch das oft unmäßige Trinken großer Mengen kalten Wassers, dessen er sich immer wieder befleißigte, oder durch den Aufenthalt in ungenügend beheizten Wohnräumen ausgelöst; klagte er doch wiederholt über ungeheizte Öfen infolge Unzuverlässigkeit seiner Dienstboten, wie aus einem Schreiben an seinen Freund Zmeskall von Domanovecz in diesem Zusammenhang zu entnehmen ist: „Übrigens bin ich in Verzweiflung, durch meinen Gehörzustand verdammt zu sein mit dieser, der verrufensten Menschenklasse mein Leben größtenteils zubringen zu müssen und zum Theil von selben abzuhängen".

Beethoven dürfte sich über die Natur seiner „Lungenkrankheit" beträchtliche Sorgen gemacht haben, weil sowohl die Mutter wie auch der Bruder Carl an galoppierender Lungenschwindsucht gestorben waren. Schon 1816 heißt es im Tagebuch von Fanny Giannastasio: „Dann geschah es, daß er ganze Abende bei uns am runden Tisch, wie es schien, in Gedanken versunken saß ... dabei fortwährend ins Schnupftuch spuckend ... dabei es jedesmal ansehend, so daß ich manchmal dachte, er fürchte Blutspuren zu finden."

Während des Herbsts 1817 ließ Beethovens Gesundheitszustand immer wieder zu wünschen übrig. So schrieb er aus Nußdorf an Nanette Streicher in einer Reihe von Briefen folgende Begebenheiten: „Einige Tage nach Ihrem Besuch mit Winter hatte ich einen fürchterlichen rheumatischen Anfall, so, daß ich erst morgen oder übermorgen wieder ausgehe"; wenige Tage später: „Ich befinde mich nicht wohl und kann daher nicht zu Ihnen kommen – Eben erhalte ich die Medizin und glaube, daß es in einigen Tagen ganz sicher besser würde. Ich danke Ihnen, beste Fr. v. Streicher, recht sehr für Ihre Teilnahme." Auch an seinen Freund Zmeskall schrieb er am 9. September 1817: „Ich befinde mich schon bei meinem Zustande durch eine Erkältung noch übler, konnte hier keinen Wagen erhalten, und zu Fuß, wie gern ich auch sonst gehe, konnte ich eben meiner Umstände wegen nicht." Schließlich mußte er wiederholt auch seinem prominenten Schüler, dem Erzherzog Rudolph, krankheitshalber den Unterricht aufkündigen, wie etwa im Dezember 1817: „Ihro Kaiserliche Hoheit! Ich mußte heute noch Arznei einnehmen, trotzdem glaubte ich doch noch so glücklich sein zu können, I. K. H. heute aufzuwarten; leider aber befinde ich mich schwächer als gestern. Ich habe versucht, auszugehen, mußte aber nach einigen Minuten umkehren; das schlechte Wetter ist wohl mit Schuld daran", oder wenige Wochen später: „Für heute werden Sie mir gnädigst verzeihen, wenn ich I. K. H. nicht aufwarte, da ich bei dieser Witterung wegen meinem Husten nicht ausgehen darf." Besonders schlimm dürfte es zum Jahreswechsel gewesen sein, wie dem Brief vom 28. Dezember 1817 an Nanette Streicher zu entnehmen ist: „Gestern sah ich Ihre liebe gute Tochter bei mir, war aber so krank, als ich mich nicht bald erinnere; . . . die grimmige Kälte, besonders bei mir, machte mich zu sehr erkühlen, und ich konnte beinahe gestern den ganzen Tag kein Glied bewegen. Husten und die fürchterlichsten Kopfschmerzen, welche ich ja gehabt, begleiteten mich den ganzen Tag; schon abends um 6 Uhr mußte ich mich ins Bett begeben. Ich liege noch, unterdessen ist mir besser." Damals dürfte es im Rahmen einer schweren Erkältungskrankheit zu einer begleitenden Nasennebenhöhlenaffektion gekommen sein, die die heftigen Kopfschmerzen verursacht haben dürfte. Wie anfällig Beethoven gegenüber Infektionen der Luftwege war, zeigen Nachrichten an Nanette Streicher zu Beginn 1818: „Ich habe mich wieder erkühlt, und habe starken Schnupfen und Husten" oder „Als ich des Abends nach Haus kam, konnte ich vor Schmerzen nichts anderes tun, als mich niederlegen aufs Kanapee."

Im großen und ganzen war Beethoven in den Jahren 1816 bis zur ersten Jahreshälfte 1818 gesundheitlich am Tiefpunkt. Sein Darmleiden, das sich immer wieder meldete, sowie die Furcht, schwindsüchtig zu sein, machten ihn reizbar und arbeitsunlustig. Die fieberhaften Erkrankungen mit den häufigen bronchitischen Schüben, die mitunter monatelang anhielten und meist mit einer Verschlimmerung seines Darmleidens verbunden waren, führten zeitweilig zu einer derartigen Schwäche und Hinfälligkeit, daß er mitunter längere Zeit sein Bett nicht verlassen konnte. Dazu machte ihn die immer rascher zunehmende Taubheit argwöhnisch und auch ungerecht gegenüber seiner Umgebung.

In psychischer Hinsicht haben ihn aber in dieser Zeit die Streitereien wegen der Vormundschaft über den Neffen Karl zweifellos am meisten belastet. Als dieser endlich durch einen Entscheid des Gerichtshofs von der Mutter getrennt und am 2. Februar 1816 zur weiteren Erziehung in das Institut des Kajetan Giannastasio del Rio kam, bemühte sich Beethoven zwar bis etwa Mitte 1817, zu seiner Schwägerin Johanna einen engeren Kontakt herzustellen, obwohl er dies seiner Umgebung gegenüber geheimzuhalten versuchte. Die ständige Bevormundung Karls durch seinen Onkel sowie der andauernde Leistungsdruck, der auf dem Jungen lastete, führten aber dazu, daß dieser am 3. Dezember 1818 zu seiner Mutter zurückfloh. Als Karl vor Gericht aussagte, daß er Angst vor Mißhandlungen durch seinen Onkel, der ihn einmal zu erdrosseln gedroht hatte, empfand, verlor Beethoven die Vormundschaft über seinen Neffen und erhielt sie erst nach langem Bemühen im April 1820 wieder.

Alle diese Aspekte dienen als Erklärung dafür, daß die schöpferische Produktivität Beethovens ab dem Jahr 1815 auffallend abnahm und in den Krisenjahren 1817 und 1818 zeitweise sogar völlig versiegt sein dürfte. In der Öffentlichkeit entstand der Eindruck, daß von Beethoven keine größeren Kompositionen mehr zu erwarten wären und er sich bereits „ausgeschrieben" hätte. Trotzdem aber wuchs sein Ansehen als Komponist in den folgenden Jahren immer weiter, wie man einer Kritik in der „Wiener Allgemeinen Musikalischen Zeitung" vom Januar 1819 entnehmen kann: „Wir nennen ihn den unsern, den größten Tonsetzer Europas und Wien erkennt dankbar, was es an ihm besitzt." Und in der Tat sollte die Öffentlichkeit bald eines besseren belehrt werden, so wie er es selbst nach Bekanntwerden des Gerüchts, seine Erfindungsgabe reiche bestenfalls noch für Bagatellen, prophezeite: „Wartet nur, ihr sollet bald eines anderen belehrt werden." Wie aus der Tiefe eines unterirdischen Stroms, jahrelang für die Mitmenschen unhörbar, schien Beethoven wieder neue Kraft zu schöpfen; eine neue, gewaltige kreative Phase begann und führte zum Kulminationspunkt seiner „Missa solemnis" und zur neunten Sinfonie.

Die Arbeit an diesen großen Werken wurde ihm allerdings wieder durch private Sorgen erschwert, vor allem im Zusammenhang mit der Vormundschaft seines Neffen, aber auch durch Krankheiten verschiedenster Art. Es ist eigenartig, daß die neuen schöpferischen Impulse schon während der von Krankheit und Leiden gekennzeichneten Jahre 1817 und 1818 ihren Anfang nahmen, in einer Zeit, in der er sich nicht einmal zutraute, eine Einladung nach England anzunehmen. In seiner Verzweiflung schrieb er am 21. August 1817 an Ferdinand Ries: „Gott erbarme sich meiner, ich betrachte mich so gut wie verloren ... Meine Gesundheit fordert Kost im Hause und mehr Gemächlichkeit, hierüber möchte ich ihre Meinung wissen. Wenn der Zustand nicht endigt, bin ich künftiges Jahr nicht in London aber vielleicht im Grab – Gott sei Dank, daß die Rolle bald ausgespielt ist." In dieser depressiven Periode kam es auch zum Bruch mit Dr. Johann Malfatti, der durch den sehr energischen Dr. Staudenheim ersetzt wurde, jenen Arzt, der Beethoven schon damals grundsätzlich jeden Genuß alkoholischer Getränke untersagte. Man kann sich kaum vorstellen, daß in dieser leidvollen Situation, Ende 1817, seine „Hammerklavier-Sonate" op. 106 in Angriff genommen wurde. „Die Sonate ist in drangvollen Umständen geschrieben, denn es ist hart, beinahe um des Brotes willen zu schreiben, und so weit hab ich es nur gebracht", schrieb Beethoven zu diesem Erzherzog Rudolph gewidmeten und 1819 erschienenen Riesenwerk. Die Krönung dieser vielleicht gewaltigsten Klaviersonate der Weltliteratur sah Hugo Riemann im Adagio: „Es ist gewiß der ergreifendste Klagegesang, der je für Klavier geschrieben ist ... All das tiefe Leid, das des Meisters Seele in diesen Jahren in sich aufgenommen hat, ist hier gesammelt und drängt, sich kund zu tun ... Wie dann die Ergebung in das Unabänderliche langsam sich vollzieht und in dem Fis-Dur Akkord ahnungsvoll ausklingt – das kann mit Worten nicht beschrieben werden. Ein schöneres Adagio für Klavier ist nie geschrieben worden, und wir haben auch keine Hoffnung, daß je wieder Ähnliches hervortreten werde." Aber ebensogut könnte man die abschließende Fuge, die vielleicht kühnste und größte jemals für Klavier geschriebene, als den Höhepunkt dieser gewaltigen Komposition bezeichnen. In dieser Fuge erhebt sich die Seele in jene weltentrückten Regionen, in denen irdischer Schmerz unbekannt ist, womit sie den Sieg des Göttlichen über das Elend menschlichen Daseins verkörpert – einen Sieg Beethovens über sich selbst.

Zum Zeitpunkt der Fertigstellung der „Hammerklavier-Sonate", etwa ab dem Jahr 1818, war Beethoven selbst unter Zuhilfenahme von Sprachrohren eine mündliche Konversation allmählich nicht mehr möglich, so daß eine Verständigung mit der Außenwelt von nun an nur noch durch schriftlichen Meinungsaustausch über seine berühmten Konversationshefte möglich war. Diese Konversationshefte, die fast alle Gespräche bis zu seinem Tod festhalten und vor allem die letzten fünfzehn Hefte sehr eindringlich die letzte Lebensperiode, sein Krankenlager und die ärztlichen Maßnahmen beschreiben, sind heute Dokumente von unschätzbarem Wert. Darin findet man Einzelheiten über weitere Versuche zur Besserung seiner Hörstörung; so wurde ihm Ende November 1819 mitgeteilt: „Dr. H. Graff hat ein Mittel um das Gehör herzustellen. Er wünscht, daß man es Ihnen mitteile ... Der Herr gegenüber, ein fremder Graf, hat eine Erfahrung erzählt, die er an seiner Frau machte, die das Gehör verlor und durch ein einfaches Mittel es wieder bekam; er forderte mich auf es Ihnen aufzuschreiben; – Man nimmt nehmlich frischen Kren, Meerrettich, wie er eben aus der Erde gezogen wird, und reibt davon auf

Baumwolle, die schnell umwickelt wird, und die man ins Ohr steckt; – dieses muß so oft als möglich wiederholt werden, immer mit frischem Kren; er war selbst Zeuge, daß durch dieses einfache Mittel seine Frau in 4 Wochen ihr Gehör wieder gewann. Es könnte wenigstens nicht schaden meint der Nebenmann, ein Doktor." Man darf annehmen, daß Beethoven diesen Vorschlag auch tatsächlich aufgriff, da Besuchern immer wieder auffiel, daß der Meister in beiden Ohren Baumwolle stecken hatte. Er selbst meinte hierzu: „Baumwolle in den Ohren am Klavier benimmt meinem Gehör das unangenehme Rauschende."

Nachdem 1816 sein Neffe Karl von Dr. Carl von Smetana einer Bruchoperation unterzogen worden war und dieser Arzt sich auch in der Behandlung von Erkrankungen des Gehörs einen Ruf erworben haben soll, begab sich Beethoven in dessen Behandlung. Er meinte allerdings, daß dieser Arzt mit seinen Medikamenten „den um Linderung seines Gehörs Flehenden nur mit etwas beschäftigen wolle, ohne selber die geringste Hoffnung für Besserung des Leidens zu haben", weshalb er sich schon sehr bald neuerlich an den Naturheilkundigen Pater Weiss wandte, um die von diesem empfohlenen Öleinspritzungen ins Ohr vornehmen zu lassen. Und auch die vorzügliche psychologische Betreuung des Kranken durch den geistlichen Herrn dürfte Beethoven zuversichtlich gestimmt haben, denn Schindler berichtete hierzu: „Rührend war die von dem würdigen Mann ihm bewiesene Teilnahme, und obgleich nichts versprechend, so fühlte sich Beethoven dennoch so wohltuend dadurch gestärkt, daß er selber Hoffnungen auf einigen guten Erfolg gesetzt hatte." Es gab aber auch mehrere eher zweifelhafte Ankündigungen verschiedener Geräte zur Hörverbesserung, die das Interesse Beethovens weckten. So beschäftigte er sich 1819 mit einer sogenannten Electro-Vibrationsmaschine, die von einem Dr. Carl Josef Mayer, Leiter der Schwefelräucherungsanstalt auf der Landstraße im Elisabethiner Haus Nr. 317, in einer Wiener Zeitung zur erfolgreichen Behandlung von Ohrensausen, Schwerhörigkeit und Taubheit angepriesen wurde; im Konversationsheft vom 29. Februar 1820 ist von einer anderen technischen Neuheit des Wiener Mechanikers Wolffsohn zu lesen: „Die Kopfmaschine für Schwerhörende. Eine sinnreiche Vorrichtung in Form eines flach gedrückten Diadems, die, von einer Haartour, unbemerkt getragen werden kann. Wolffsohn versichert, daß sich unser unsterblicher Beethoven mit entschiedenem Vorteile derselben bediene."

Auftreten neuer Symptome

Im übrigen dürfte es Beethoven ab der zweiten Jahreshälfte 1818 gesundheitlich besser gegangen sein, wie einer Bemerkung in einem Brief an seinen Freund Vinzenz Hauschka zu entnehmen ist: „Übrigens ist meine Gesundheit sehr gebessert." Dementsprechend hatte sich auch seine Stimmung gehoben, denn in demselben Brief bricht bereits ein frischer, wenn auch etwas derber Humor durch: „Nun leb' wohl, bester Hauschkerl, ich wünsche Dir einen offenen Stuhlgang und den schönsten Leibstuhl." Die Besserung hielt offenbar bis einschließlich 1820 weiter an, da in den Jahren dazwischen nur vereinzelt über Unpäßlichkeiten wie Schnupfen, Husten oder seine üblichen Schmerzanfälle in Zusammenhang mit seinem Darmleiden berichtet wird. Meist sind diese Klagen an Erzherzog Rudolph gerichtet, wie etwa im Januar 1819, wo von einem „starken Katarrh" die Rede ist, oder in einem Brief vom 15. Juli 1819, in dem es hieß: „Ich befinde mich schon, seit ich zum letztenmal in der Stadt E. K. H. meine Aufwartung machen wollte, sehr übel." Nur im August 1819 dürfte sein „katarrhalischer

Zustand" und sein Darmleiden länger angehalten haben, da er am 31. August 1819 dem Erzherzog aus Mödling berichtete: „Ich hoffe, es wird wohl bald auch mit mir besser gehn. So vieles Übel hat wieder nachteilig auf meine Gesundheit gewirkt, und ich befinde mich gar nicht gut, indem ich schon wieder seit einiger Zeit medizinieren muß, wo ich kaum einige Stunden des Tages mich mit dem teuersten Geschenk des Himmels, meiner Kunst und mit den Musen abgeben kann." Wie anfällig sein Körper war, geht aus dem nächsten Brief an Erzherzog Rudolph hervor: „Ich war gestern zum erstenmal ausgegangen und befand mich ziemlich wohl; allein als genesender Patient hatte ich vergessen oder außeracht gelassen, mich wieder früh nach Hause zu begeben, und habe dadurch wieder einen Anfall ausstehen müssen." Schließlich ist noch über eine weitere Unpäßlichkeit in einem Schreiben an den Erzherzog vom 2. September 1820 aus Mödling zu hören: „Seit Dienstag abends befand ich mich nicht wohl, glaubte aber Freitags gewiß wieder so glücklich zu sein, bei I. K. H. zu erscheinen. Es war jedoch ein Irrtum, und heute erst bin ich imstande, I. K. H. zu sagen, daß ich sicher hoffe, künftigen Montag oder Dienstag wieder I. K. H. aufwarten zu können ... Meine Unpäßlichkeit schreibt sich daher, daß ich ein offenes Postkalesch nahm."

Abgesehen von solchen „Unpäßlichkeiten" blieb Beethoven anscheinend das ganze Jahr 1820 von Krankheiten verschont. Doch schon das nächste Jahr begann wieder mit verschiedenen „rheumatischen Zufällen", über deren wahre Natur mangels genauerer Beschreibung nichts bekannt ist. In einem Schreiben vom 7. März 1821 an den Verleger Schlesinger nach Berlin heißt es, daß Beethoven wegen „rheumatischer Anfälle" offenbar längere Zeit bettlägerig war: „Sie mögen wohl nachteilig von mir denken, allein Sie dürften bald davon zurückkommen wenn ich Ihnen sage, daß ich sechs Wochen lang an einem starken rheumatischen Anfall darniedergelegen bin, doch geht es nun besser. Sie können denken, daß manches stocken mußte." Dieses Jahr 1821 brachte aber noch eine neue Krankheit, die sich bald als schicksalhaft herausstellen sollte, nämlich eine Gelbsucht, über die Beethoven Erzherzog Rudolph am 18. Juli 1821 folgendes schrieb: „Ich hörte gestern von Höchstdero Ankunft hier, welches, so erfreulich es mir wäre, nur ein trauriges Ereignis für mich geworden, da es ziemlich lange werden dürfte, bis ich so glücklich sein kann, I. K. H. aufzuwarten. Schon lange sehr übel auf, entwickelte sich die Gelbsucht vollständig, mir eine höchst ekelhafte Krankheit. Ich hoffe wenigstens, daß ich doch so weit hergestellt werden werde, daß ich I. K. H. noch hier vor Ihrer Abreise sehe. Auch den vergangenen Winter hatte ich die stärksten rheumatischen Zufälle ... Wie traurig bin ich, daß mich die Gelbsucht, der ich unterliege, verhindert, sogleich zu I. K. H. zu eilen."

Diesem Brief ist zu entnehmen, daß sich die Gelbsucht zu Sommerbeginn einstellte und zwei bis drei Monate anhielt, wie er am 12. November 1821 an seinen Freund Franz von Brentano schrieb: „Schon seit vorigem Jahr bis jetzt war ich immer krank, den Sommer über ebenfalls ward ich mit der Gelbsucht befallen. Das dauerte bis Ende August. Staudenheimers Verordnung zufolge mußte ich noch im September nach Baden. Da es in der dortigen Gegend bald kalt wurde, ward ich von einem so heftigen Durchfall überfallen, daß ich die Kur nicht aushalten konnte und wieder hierher flüchten mußte. Nun geht es gottlob! besser und endlich scheint mich Gesundheit wieder neu beleben zu wollen, um wieder neu auch für meine Kunst zu leben, welches eigentlich seit zwei Jahren nicht der Fall, sowohl aus Mangel an Gesundheit, wie auch so vieler anderen menschlicher Leiden wegen."

Die Schilderung läßt vermuten, daß Beethoven im Sommer 1821 eine Virushepatitis, also eine durch ein Virus hervorgerufene Leberentzündung, durchmachte. Diese

Erkrankung klingt in unkomplizierten Fällen durchschnittlich nach drei bis vier Monaten ab und kündigt sich häufig schon Wochen vor Ausbruch durch eine Reihe von Allgemeinsymptomen an: Appetitlosigkeit, Müdigkeit, Unwohlsein, Kopfschmerzen und vor allem auch durch Muskel- und Gelenkschmerzen, die auch heute noch gelegentlich als „rheumatische" Entzündungszeichen fehlgedeutet werden können, bis durch die Entwicklung der Gelbsucht die Ursache dieser Beschwerden klar wird. In diesem Sinn müssen wohl auch die von Beethoven berichteten „rheumatischen" Beschwerden vom Frühjahr 1821 sowie sein Bericht an Erzherzog Rudolph vom 18. Juli –" „schon lange sehr übel auf, entwickelte sich endlich die Gelbsucht vollständig" – gedeutet werden. In verschiedenen Pathographien Beethovens wurde immer wieder vermutet, daß diese Gelbsucht das erste Zeichen einer Leberzirrhose war. Aufgrund der heutigen medizinischen Kenntnisse kann dieser Ansicht nicht zugestimmt werden, da beim Zirrhotiker mit zunehmendem Leberschaden zunächst eine Flüssigkeitsansammlung an den Beinen und im Bauch sowie eine Drucksteigerung im Bereich der Venen der Speiseröhre in Form von Blutungen in Erscheinung treten, während eine Gelbsucht in der Regel ein Spätsymptom ist. Außerdem bleibt eine einmal eingetretene Gelbsucht beim Zirrhotiker mit mehr oder weniger ausgeprägten Schwankungen meist bestehen. Bei Beethoven hat sich die Gelbsucht jedoch nach wenigen Wochen wieder vollständig zurückgebildet.

Die Hoffnung Beethovens, wieder völlig gesund zu werden, erfüllte sich nicht. Schon am 6. April 1822 schreibt er an Ferdinand Ries: „Liebster, bester Ries! Schon über ein ganzes halbes Jahr wieder kränklich, konnte ich Ihr Schreiben niemals beantworten . . . Noch immer hege ich den Gedanken, doch noch nach London zu kommen, wenn es nur meine Gesundheit leidet, vielleicht kommendes Frühjahr?", und ähnlich klagte er während der nächsten Monate, so etwa in einem Brief vom 19. Mai 1822 an Franz von Brentano: „. . . ich bin schon wieder vier Monate immer mit Gicht auf der Brust behaftet . . ."

Daß sich dieser kränkliche Zustand hemmend auf seine kreative Tätigkeit auswirken mußte, ist verständlich, wie Beethoven in einem Brief an Georg August Griesinger, den Biographen Joseph Haydns, am 20. Juni 1822 auch hinwies: „Schon seit 5 Monaten kränklich, kann ich nur sparsam mit der Ausbeute meiner Kunst sein." Neben der Anwendung verschiedener Medizinen wurden ihm mineralische Wässer und Bäder ärztlich verordnet, wie er im August 1822 an den Verleger Peters schrieb. Über seine Behandlung mit Trinkkuren und Bädern, die in Wien damals Mode waren, erfährt man durch Berichte an seinen Bruder Johann: „Meine Gesundheit betreffend, so geht es besser, ich muß seit einigen Tagen Johannesbrunnenwasser trinken, die Pulver des Tags viermal nehmen, und nun soll ich nach Baden, dort 30 Bäder brauchen . . . mittlerweile hat mich die Josefstadt hier in Arbeit gesetzt, welches mir bei meiner Wasser- und Badekur wirklich beschwerlich fällt, umso mehr da Staudenheim mir nur 1 ½ Stunden zu baden riet." Offenbar wurde diese Trink- und Bäderkur wegen seines Unterleibsleidens verordnet und dürfte ihm auch eine gewisse Linderung gebracht haben, wie er Bruder Johann am 8. September 1822 schrieb: „Über meinen Gesundheitszustand läßt sich nicht mit Gewißheit von einer wirklichen Besserung sprechen, ich glaube aber doch, daß durch die Kraft der Bäder das Übel, wenn nicht gehoben, doch unterdrückt werden wird."

1823 plagten Beethoven nicht nur sein Darmleiden mit immer wieder auftretenden Durchfällen, sondern auch eine langwierige, schmerzhafte Augenentzündung, die im April einsetzte, bis zum August andauerte und im Jahr darauf nochmals rezidivierte. Die erste Mitteilung darüber findet sich in einem Brief an Ferdinand Ries vom 25. April

1823: „Meine beständig traurige Lage fordert aber, daß ich augenblicklich das schreibe, welches mir so viel Geld bringt, daß ich es für den Augenblick habe. Welche traurige Entdeckung erhalten Sie hier!! Nun bin ich auch von vielen erlittenen Verdrießlichkeiten jetzt nicht wohl, ja sogar wehe Augen! Sorgen Sie unterdessen nicht; Sie erhalten die Symphonie nächstens." Ähnliches berichtete er Anton Schindler: „Ich muß meine Augen nachts verbinden und soll sie sehr schonen, sonst, schreibt mir Smettana, werde ich wenig Noten mehr schreiben … Diabelli erhält hier das Alte und eine Portion Neues. Meine Augen, die noch eher schlimmer als besser, lassen nur alles langsam verrichten." Am stärksten behinderte Beethoven dieses Augenleiden – wohl eine Iridocyclitis, also eine Entzündung der Augenbindehäute und der Regenbogenhaut – bei der Fertigstellung der „Missa solemnis", die ursprünglich für die Inthronisation Erzherzog Rudolphs als Erzbischof von Olmütz geplant gewesen war. Wegen der Verzögerung wandte er sich mehrmals in diesem Sommer an den Erzherzog: „Seit der Abreise I. K. H. war ich meistens kränklich, ja zuletzt von einem starken Augenweh befallen, welches nur insoweit sich gebessert hat, daß ich seit acht Tagen meine Augen wieder, jedoch mit Schonung noch brauchen kann", berichtete er am 1. Juli 1823, und zwei Wochen später schrieb er: „Meine Augen betreffend, geht es zwar besser, aber doch langsam … Brauchte ich nur keine Augengläser, so würde es geschwinder besser." Schließlich erwähnt er noch einmal am 3. Juli 1823 sein Augenleiden, als er dem Erzherzog schrieb: „Ich höre eben hier, daß I. K. H. morgen hier ankommen. Wenn ich noch nicht den Wünschen meines Herzens folgen kann, so bitte ich dieses meinen Augen zuzuschreiben. Es geht viel besser, aber noch mehrere Tage darf ich die Stadtluft nicht einatmen, deren Wirkung auf meine Augen noch nachteilig wirken würde." Wahrscheinlich vertrugen seine Augen den Staub schlecht, der durch die vielen Fuhrwerke und Kaleschen in den Straßen der Stadt aufgewirbelt wurde.

Angesichts seines beständigen Darmleidens und dieses neu aufgetretenen Augenleidens, das ihn in seiner schöpferischen Arbeit erheblich behinderte, schrieb er seinem Bruder Johann resigniert: „Auf Staudenheims Verordnung muß ich noch immer Medizin nehmen, und darf mich eben nicht zu viel bewegen. Ich bitte Dich, statt heute in den Prater zu fahren, den Weg zu mir zu nehmen mit Deiner Frau und Tochter … Friede sei mit uns, Gott gebe nicht, daß das natürlichste Band zwischen Brüdern wieder unnatürlich zerrissen werde; Ohnehin dürfte mein Leben nicht mehr von langer Dauer sein. Ich sage noch einmal, daß ich nichts gegen Deine Frau habe … ohnehin bin ich durch meine jetzt schon dreieinhalbmonatliche Kränklichkeit sehr, ja äußerst empfindlich und reizbar." Während sich das Augenleiden allmählich besserte, meldete sich wieder verstärkt sein Unterleibsleiden, weshalb er im Juli 1823 aus Hetzendorf Anton Schindler folgende Zeilen sandte: „Ich befinde mich sehr übel, heute einen starken Durchfall. Unter diesen lebenden Hottentotten ist alles möglich, nehme Medizin für meinen armen zugrund' gerichteten Magen. Unterdessen erwarte Sie morgen so früh möglich."

Am 13. August 1823 übersiedelte Beethoven nach Baden, von wo aus er schon am 16. August seinem Neffen Karl die Vielfalt seiner körperlichen Beschwerden mitteilte, nebst vielen gutgemeinten Ermahnungen: „Eher wollte ich Dir nichts sagen, als bis ich mich hier besser befinden würde, welches noch nicht ganz der Fall ist; mit Katarrh, Schnupfen kam ich hierher, beides arg für mich, da der Grundzustand noch immer katarrhalisch ohnehin ist, und ich fürchte, dieser zerschneidet bald den Lebensfaden, oder was noch ärger, durchnaget ihn nach und nach. Auch mein zugrunde gerichteter Unterleib muß noch durch Medizin und Diät hergestellt werden, und dies hat man den treuen Dienstboten zu danken!" Wie sehr Beethoven davon überzeugt war, daß sein

Darmleiden hauptsächlich der mangelhaften Betreuung und Versorgung durch seine Dienstboten zuzuschreiben war, geht noch deutlicher aus einem Brief vom 19. August 1823 an seinen Bruder Johann hervor: „Was mich betrifft, so sind meine Augen noch nicht ganz hergestellt, und hierher kam ich mit einem verdorbenen Magen und einem schrecklichen Katarrh, den ersteren von dem Erzschwein, der Haushälterin, den zweiten von einem Vieh als Kuchelmagd, welche ich schon einmal fortgejagt und sie selbe doch wieder angenommen hab'." Wenige Tage später weist er auch in einem Brief an Erzherzog Rudolph auf sein Unterleibsleiden hin: „Am 13. dieses kam ich hier an sehr übel; doch geht es jetzt besser. Ich war neuerdings von meiner schon gebesserten katarrhalischen Affektion befallen worden, nebstdem noch mein Unterleib im elendsten Zustande, nebst meinem Augenübel, kurz meine Organisation war gänzlich zerrüttet. ... Gottlob! die Augen haben sich so gebessert, daß ich bei Tag selbe schon ziemlich wieder anstrengen kann. Mit meinen übrigen Übeln geht es auch besser." Diese Besserung schien tatsächlich voranzuschreiten, denn wenige Tage später schrieb er wieder an den Erzherzog: „Mein Arzt versicherte mir gestern, daß es sich mit meiner Krankheit bessere, jedoch muß ich noch immerfort eine ganze Mixtur binnen 24 Stunden ausleeren, welche, da sie abführt, mich äußerst schwächt."

Über die manchmal offenbar heftigen Diarrhoen während des ganzen Jahres 1823 erfährt man auch einiges aus den Konversationsheften, in die sein Bruder Johann im Januar folgende Eintragung machte: „Hast Du denn Dein Abweichen noch nicht verloren? Du solltest etwas Rhabarber-Pulver nehmen und dabei gute Diät halten, durchaus keine Fische essen. Es ist nichts als vom Essen und vielen Wassertrinken." Tatsächlich war Beethoven ein großer Freund von Fischen, und ganz besonders dürfte er Austern geschätzt haben. In den Konversationsheften liest man wiederholt von frisch eingetroffenen Austern: „Die Austern sind heut mit Extrapost gekommen – Morgen und alle Mittwoche kommen frische Venezia-Austern an – Wir werden bestimmt frische und gebratene Austern essen und Champagner trinken etc. etc." Diese seine Vorliebe für frische Austern könnte ihm die virale Leberentzündung mit Gelbsucht eingetragen haben, da nach heutigem Wissensstand Austern infolge ihrer Fähigkeit, Hepatitisviren aus dem Wasser auf das rund Tausendfache in ihrem Körper konzentrieren zu können, eine häufige Infektionsquelle für eine Hepatitis A darstellen. Aber auch deftige Speisen aß Beethoven mit Vorliebe, wobei ein besonderes Lieblingsgericht Blutwurst mit Kartoffeln, aber auch Schwartenmagen waren. So wundert es nicht, wenn sein Hausarzt Dr. Smetana 1823 in das Konversationsheft schrieb: „Für den Katarrh dürfen Sie nichts anderes als unter Tage ein paar mal Gerstenschleim nehmen; das Abweichen wird sich stillen, wenn Sie nichts Fettes, Unverdauliches einige Tage essen und zur Tafel gewässerten roten Wein trinken wollen." Daraus kann man schließen, daß es sich bei den von Beethoven wiederholt geäußerten katarrhalischen Beschwerden nur teilweise um Erkrankungen der oberen Luftwege, häufiger wahrscheinlich jedoch um einen sogenannten Darmkatarrh gehandelt haben dürfte.

Es ist schwer vorstellbar, wie Beethoven in all den Jahren überhaupt imstande war, konsequent an seiner „Missa solemnis" weiterzuarbeiten und gleichsam als Nebenprodukte seine drei letzten großen Klaviersonaten zu komponieren. In diesen Sonaten denkt man kaum noch an Technik des Klavierspiels, hier ist alles nur mehr Ausdruck – Ausbrüche wildester Leidenschaft und innigste Verklärung der Seele. Vor allem in der 1821 vollendeten As-Dur Sonate op. 110 erschließt sich uns in dem mit „Klagender Gesang" bezeichneten langsamen Satz eine Welt des Schmerzes, die wohl als Ausdruck seiner eigenen Leiden aufgefaßt werden darf. Im Rezitativ dieses Satzes glaubt man förmlich, seine tiefe Resignation herauszuhören. Wie im Dialog mit Gott scheint er in dieser auch als „Passionsrezitativ" bezeichneten Passage die Worte „Eli Lama Asabthani" (Oh Herr, warum hast du mich verlassen) aus der Matthäuspassion von J. S. Bach auszusprechen, um anschließend wie in einem Anfall von Verzweiflung das zweigestrichene A immer lauter und schneller anzuschlagen, bis er – da alles stumm um ihn herum bleibt – in ermattender Resignation mit dem klagenden Gesang des „Arioso" das Gambensolo zur Alt-Arie „Es ist vollbracht" aus der Johannespassion von J. S. Bach anzustimmen beginnt. Wie sich dann aus diesem Klagegesang die dreistimmige Fuge entwickelt und bis zur sieghaften Verklärung steigert, ist eine Meisterschöpfung kontrapunktischer Kunst, wie sie nur noch im Finale der Jupiter-Sinfonie Mozarts und in jenem der fünften Sinfonie Anton Bruckners wiedergefunden werden kann. Seine letzte Klaviersonate in c-Moll op. 111 schließlich ist mit ihrem zweiten, in himmlische Höhen verströmenden Variationensatz die Schöpfung eines Mannes, „der seinen Stab bricht und tiefer, als ein Senkblei je geforscht, sein Buch versenkt". Nach einem solchen Satz gab es ähnlich wie nach dem langsamen Satz der h-Moll Sinfonie Schuberts, der „Unvollendeten", oder dem verklärten Adagio aus Anton Bruckners Neunter Sinfonie nichts mehr zu sagen.

Die am 19. März 1823 Erzherzog Rudolph übergebene „Missa solemnis", über deren Kyrie er die Worte schrieb: „Von Herzen – möge es wieder zu Herzen gehen", war nach Beethovens eigener Meinung die Schöpfung in Vollendung, mit der er beabsichtigte, „sowohl bei den Singenden als bei den Zuhörenden religiöse Gefühle zu erwecken und dauernd zu machen". Er widmete sich der Arbeit an dieser Messe mit einer solchen Inbrunst, daß man ernsthaft um seine Gesundheit bangte. Wenn sich Beethoven mit diesem wahren Riesenwerk zum Metaphysischen, Religiösen hinwendet, dann tut er dies als Einzelwesen, das sich mit seinem Gott auseinanderzusetzen versucht. Es geht ihm nicht um die institutionalisierte Macht der Kirche, sondern es ist ein Ringen um seinen Glauben, den Glauben an die Unsterblichkeit und die Bitte um Frieden, nicht nur im Tod, sondern auch unter den Menschen. Die „Missa solemnis" ist deshalb zwar ein kirchliches Kunstwerk, nicht aber eine musikalische Verbrämung des Textes einer Messe.

Gewissermaßen eine Ergänzung stellt die neunte Sinfonie dar, in der er mit der Vertonung der Ode „An die Freude" von Friedrich Schiller den programmatischen Charakter dieses Werks, als eine Art Gegenentwurf zur Politik der Restauration, unterstreichen wollte. Die Uraufführung der neunten Sinfonie, die mit der Ouvertüre „Die Weihe des Hauses" und mit Teilen der „Missa solemnis" am 7. Mai 1824 im Kärntnertortheater stattfand, ist zugleich die letzte, zutiefst erschütternde Funktionsprüfung seiner inzwischen völligen Gehörlosigkeit. Es wurde zwar bekanntgegeben: „Herr Ludwig van Beethoven selbst wird an der Leitung des Ganzen Antheil nehmen", doch hatte man vorher alle Musiker und Sänger instruiert, auf Beethoven selbst nicht zu achten und nur den Tempoanweisungen des an seiner rechten Seite stehenden Kapellmeisters Umlauf zu folgen. Schon nach dem originellen Paukeneinsatz im Scherzo, vor allem aber am Ende der Sinfonie, brachte das Publikum Ovationen dar, so daß Anton Schindler anschließend in Beethovens Konversationsheft notierte: „Ich habe nie im Leben so einen wüthenden und doch herzlichen Applaus gehört als heute." Die Leute klatschten, trampelten mit den Füßen, daß das Haus erdröhnte – doch Beethoven hörte von alledem nichts. In seiner Welt undurchdringlicher Stille verharrte er, mit dem Rücken zum Publikum, in rührender Hilflosigkeit und blickte immer noch auf die Musik, bis ihn die Sängerin Caroline Unger zart am Ärmel zupfte und ihn sanft zum Publikum drehte. Nun verdoppelte sich der Begeisterungssturm der entfesselten Zuhörer, und Beethoven mußte sich immer wieder verbeugen.

So überwältigend der musikalische Erfolg dieses Konzerts war, so enttäuschend war der finanzielle Ertrag, der kaum die Auslagen deckte. Der durch seine Taubheit ohnedies immer mißtrauischer gewordene Meister glaubte sich betrogen und sah ungerechterweise in Schindler den Schuldigen. Ende August klagt Beethoven seinem Neffen Karl wieder über Leibschmerzen: „Mein Magen ist schrecklich verdorben und keinen Arzt! ... Ich nehme seit gestern nichts als Suppe und ein paar Eier und bloß Wasser; meine Zunge ist ganz gelb, und ohne Abführen und Stärken wird sich mein Magen nie, trotz dem Komödiendoktor, nie erholen." Im November teilte er seinem Verleger Nägeli mit, daß er „überhäuft und bei der späten Jahreszeit mich nicht genug schützend, wieder kränklich" war, und auch Erzherzog Rudolph berichtete er am 18. November 1824: „Krank von Baden hierher kommend, war ich verhindert, meinen Wünschen gemäß mich zu I. K. H. zu begeben, indem mir das Ausgehen verboten war; erst gestern war der erste Tag, wo ich mich in der freien Luft wieder ergehn durfte."

Das Leberleiden kündigt sich an

1825 traten erstmals Symptome auf, die auf ein schweres chronisches Leberleiden zurückzuführen waren und darauf hindeuteten, daß seine Lebenserwartung nur mehr kurz bemessen war. Da er den Glauben an Dr. Staudenheim verloren hatte, wandte er sich nun ganz dem Professor der allgemeinen Naturgeschichte und praktischen Arzt Dr. Anton Braunhofer zu, dem er am 18. April 1825 schrieb: „Ich befinde mich übel und hoffe, Sie werden mir Ihre Hilfe nicht versagen, da ich große Schmerzen leide. Ist es möglich, daß Sie mir noch heute einen Besuch geben können, so bitte ich innigst darum." Im Mai 1825 kam es zum erstenmal zu einer Blutung aus der Speiseröhre, wahrscheinlich aus gestauten, erweiterten Venen, wie dies bei Leberzirrhose im Spätverlauf der Erkrankung häufig zu beobachten ist. Dieser Blutung waren offenbar schon seit Ende 1824 Blutungen aus der Nase vorausgegangen, die wohl auch verschluckt oder ausgehustet wurden, weshalb Beethoven aus Angst vor einer tuberkulösen Schwindsucht regelmäßig sein Sputum in seinem Taschentuch inspizierte – ungeachtet etwa anwesender Personen. Zumindest seit dieser ersten Blutung aus den Speiseröhrenvenen dürfte sich Beethoven jedenfalls über den Ernst der Situation klar gewesen sein. Wir besitzen eine sehr anschauliche Darstellung seiner Symptome in Form eines schriftlichen Zwiegesprächs vom 13. Mai 1825 zwischen Beethoven und Dr. Braunhofer, das der Meister in einem launigen Brief seinem Arzt übersandte:

„Verehrter Freund!

Doktor: Wie geht's, Patient!

Patient: Wir stecken in keiner guten Haut, noch immer sehr schwach, aufstoßen usw. Ich glaube, daß endlich stärkere Medizin nötig ist, die jedoch nicht stopft, weißen Wein mit Wasser sollte ich schon trinken dürfen! denn das mephitische Bier kann mir nur zuwider sein. Mein katarrhalischer Zustand äußert sich hier folgendermaßen: nämlich ich speie ziemlich viel Blut aus, wahrscheinlich nur aus der Luftröhre; aus der Nase strömt es aber öfter, welches auch der Fall diesen Winter öfter war. Daß aber der Magen schrecklich geschwächt ist, und überhaupt meine ganze Natur, dieses leidet keinen Zweifel. Bloß durch mich selbst, soviel ich meine Natur kenne, dürften meine Kräfte schwerlich wieder ersetzt werden.

Doktor: Ich werde helfen, bald Brownianer, bald Stollianer sein.

Patient: Es würde mir sehr lieb sein, wieder mit einigen Kräften an meinem Schreibtisch sitzen zu können. Erwägen Sie dieses!

Finis. P. S. Sobald ich in die Stadt komme, sehe ich Sie, – nur Karl sagen, wann ich Sie treffe. Können Sie aber Karl selbst angeben, was noch geschehen soll (die letzte Medizin nahm ich nur einmal und habe sie verloren), so wäre dies ersprießlich. Mit Hochachtung und Dankbarkeit Ihr Freund Beethoven."

Dieser Dialog wurde mit dem Kanon „Doktor sperrt das Tor dem Tod, Note hilft auch aus der Not" abgerundet, den er dem Brief beifügte. Auf diesen Kanon bezieht sich auch eine Bemerkung in einem seiner Konversationshefte aus dem Jahr 1825: „Mein Arzt half mir, denn ich konnte keine Noten mehr schreiben, nun aber schreibe ich Noten, welche mir aus den Nöten helfen."

Beethoven hatte Dr. Braunhofer schon 1820 das „Abendlied unterm gestirnten Himmel" gewidmet und fühlte sich ihm gegenüber immer zu Dank verpflichtet, wenngleich Dr. Braunhofer eher barsch und streng war und zu jenen Ärzten gehörte, die keinen Unfug und keine Disziplinlosigkeit duldeten. Nun war allerdings gerade Beethoven alles andere als ein bequemer oder folgsamer Patient. Anton Schindler erzählt in seiner Biographie: „Da steht geschrieben: ‚alle Stunden einen theelöffel voll zu nehmen'. Ei, was vermag ein Theelöffel voll für Wirkung hervorzubringen! Ein Eßlöffel voll, muß es heißen. So wird die Medizin genommen." Aber angesichts der im Befehlston gegebenen Anordnungen Dr. Braunhofers wurde Beethoven denn doch etwas kleinlaut und schien zu gehorchen. In den Konversationsheften findet man folgende Anweisungen: „Kein Wein, kein Kaffee, nichts von Gewürzen. Mit Einnehmen werde ich Sie nicht lange mehr plagen, wohl aber mit der vorgeschriebenen Diät, bei der Sie nicht verhungern werden. Ein jedes Fieber hat eine kurze Zeit, das Ihre ist schon im Abnehmen. Wenn Sie ganz gesund werden und noch lange leben wollen, müssen Sie der Natur gemäß leben. Sie sind sehr zu Entzündungen geneigt, und es hat nicht viel gefehlt, so hätten Sie eine tüchtige Gedärmentzündung bekommen. Noch steckt die Anlage im Körper. Ich werde Ihnen ein Pulver geben. Ich wette, wie Sie etwas geistiges nehmen, so liegen Sie in einigen Stunden matt und schwach." Auch hier wird erwähnt, daß die Leibschmerzen und Durchfälle von Fieber begleitet waren.

Ging es Beethoven allerdings wieder schlechter, so konnte sein Vertrauen zu Dr. Braunhofer rasch getrübt werden. Am 18. Mai 1825 schrieb er eine Woche nach dem launigen Dialog zwischen Arzt und Patient seinem Neffen folgende Zeilen: „Morgen werde ich wohl Kaffee trinken müssen, wer weiß, ob nicht besser als die Schokolade, denn die Verordnungen dieses Braunhofers sind schon mehrmals schief gewesen, und überhaupt scheint er mir sehr beschränkt und dabei doch ein Narr zu sein; von dem Spargel hat er gewiß gewußt. – Nach dem Essen vom Wirtshaus habe ich heute ziemlich Durchfall – weißer Wein ist keiner da." Diese Zeilen belegen wieder einmal, wie wenig er die diätetischen Vorschriften seines Arztes – Verbot von Kaffee und alkoholischen Getränken – beachtete.

Wie verzweifelt Beethoven über seine körperliche Verfassung seit April war, geht aus einem Schreiben an seinen Neffen Karl vom 9. Juni hervor: „Wie ich hier lebe, weißt Du, noch dazu bei der kalten Witterung. Das beständige Alleinsein schwächt mich nur noch mehr, denn wirklich grenzt meine Schwäche oft an Ohnmacht. Oh kränke (dich) nicht mehr, der Sensenmann wird ohnehin keine lange Frist mehr geben." Die Krankheit wirkte sich natürlich auch in psychischer Hinsicht aus, und sein reizbares und aufbrausendes Wesen machte sich in mitunter peinlicher Weise immer stärker bemerkbar. Als ihn etwa sein Kopist Wolanek auf einen möglichen Fehler hinwies, schrieb er ihm folgende Antwort: „Schreib-Sudler! Dummer Kerl! Korrigieren Sie Ihre durch Unwissenheit, Übermuth, Eigendünkel und Dummheit gemachten Fehler, dies schickt sich besser, als mich belehren zu wollen, denn das ist gerade, als wenn die Sau die Minerva lehren wollte." Er konnte in momentaner Aufwallung aber auch seinen Schreibtischstuhl seiner Haushälterin entgegenwerfen, und einmal geschah es in einem Gasthaus, daß ihm der Kellner die unrechte Schüssel brachte; als dieser in etwas vorlauter Art antwortete, warf ihm Beethoven ohne Umschweife die Schüssel an den Kopf, so daß dem Armen die Suppenbrühe das Gesicht herunterlief.

Trotz dieser schlechten körperlichen und seelischen Verfassung entstanden solche Meisterwerke wie die Steichquartette op. 130 und 132, die beide 1825 vollendet wurden. Man darf allerdings nicht übersehen, daß Beethoven seine Kränklichkeit mitunter etwas düsterer geschildert hat, um beim Erzherzog Verständnis für das häufige Fernbleiben vom Unterricht zu wecken oder um bei Verlegern durch die Schilderung seiner Not höhere Honorare zu erwirken. Eine diesbezügliche Äußerung im Brief vom 15. Juli 1825 an seinen Neffen muß so gedeutet werden, wenn er schreibt: „Übrigens laß immer merken, daß meine Kränklichkeit usw. und Umstände mich zwingen, mehr als sonst auf meinen Nutzen zu sehen; schwer ist mir das Handeln, es muß aber sein."

Andererseits weiß man, daß Beethoven den Herbst des Jahres 1825 in recht guter Stimmung zubrachte. Wie heiter und ausgelassen er zusammen mit Freunden sein konnte, gibt ein Brief an den Komponisten Friedrich Kuhlau vom 2. September 1825 wieder: „Ich muß gestehen, daß auch mir der Champagner gar sehr zu Kopf gestiegen, und ich abermahls die Erfahrung machen mußte, daß dergleichen meine Wirkungskräfte eher unterdrücken als befördern; denn so leicht ich sonst doch auf der Stelle zu antworten imstande bin, so weiß ich doch gar nicht mehr, was ich gestern geschrieben habe." Wir dürfen uns überhaupt den kranken Beethoven des Jahres 1825 nicht nur als einen depressiven, übelgelaunten und gereizten Menschen vorstellen; so fand zum Beispiel der aus Paris angereiste Verleger Moritz Schlesinger bei seinen Verhandlungen über eine geplante Gesamtausgabe der Werke Beethovens einen gelösten Gesprächspartner vor, der durch „bezaubernde Freundlichkeit" bestach. Künstlerisch spiegeln sich die Ereignisse dieses Jahres in seinem a-Moll Quartett op. 132 wider. Die beiden Teile des dritten Satzes tragen eine eigenhändige Überschrift: „Heiliger Dankgesang eines Genesenden, in der lydischen Tonart" – ein Choral von eigenartiger Schönheit –, dem unmittelbar anschließend das hoffnungsvoll aufklingende Andante folgt mit den Worten überschrieben: „Neue Kraft fühlend" als Ausdruck für seinen neugewonnenen Lebensmut. Das zweite 1825 entstandene Streichquartett ist jenes in B-Dur op. 130, das als eine Art „Seelentagebuch" bezeichnet werden könnte, in welchem alle seelischen Schattierungen an uns vorbeiziehen, vom trotzigen Unmut gegen das Schicksal über einen humorvollen Tanz bis zur wundervollen Kavatine, aus der all seine Leiden und Schmerzen herausklingen.

Im Oktober 1825 kehrte Beethoven wieder nach Wien zurück, um seine letzte Wohnstätte, das sogenannte Schwarzspanierhaus, zu beziehen. Da gegenüber sein Bonner Jugendfreund Stephan von Breuning wohnte, entwickelte sich zwischen den beiden bald ein reger Kontakt. Das Befinden Beethovens dürfte in diesem Herbst zufriedenstellend gewesen sein, wenn er auch seinen Freunden gegenüber über seinen „schlechten Magen" hin und wieder klagte. Doch schon zu Beginn des verhängnisvollen Jahres 1826 begannen sich wieder Beschwerden einzustellen, die er Ende Januar als „Gichtschmerzen" bezeichnete. Er schrieb im Februar 1826 an Dr. Braunhofer: „Ich bitte nur um einen Besuch, schon eine Weile mit einem rheumatischen oder gichtischen Zustande behaftet." Die Autorität Dr. Braunhofers schien zu bewirken, daß Beethoven jetzt dessen Anordnungen recht folgsam nachkam, wie einem Brief vom 23. Februar 1826 zu entnehmen ist: „Wie sehr bin ich Ihnen verbunden für Ihre Sorge für mich. Soviel mir immer möglich, habe ich mich an Ihre Verordnungen gehalten; Wein, Kaffee, alles nach Ihrer Anordnung. Es ist schwer sogleich zu beurteilen, inwieweit die Wirkung hiervon in diesen paar Tagen zu verspüren; der Schmerz im Rücken zwar nicht stark, zeigt aber, daß das Übel noch da ist; ..."

Alle Ereignisse dieser Monate wurden aber überschattet von den zunehmenden Spannungen im Verhältnis zu seinem Neffen Karl. Die ständige Bevormundung, Beaufsichtigung und Bespitzelung Karls durch seinen Onkel führten dazu, daß sich der erst Zwanzigjährige von den Fesseln dieser „tyrannischen Liebe" zu befreien versuchte, wobei es immer häufiger zu heftigen Auseinandersetzungen, ja sogar zu Tätlichkeiten zwischen den beiden kam. Überdies hatte Karl auch wieder heimlich Kontakt mit seiner Mutter aufgenommen, wobei Beethovens Bruder Johann seine Hand mit im Spiel gehabt haben dürfte. Damals schrieb Beethoven am 31. Mai 1825 bereits einen erzürnten Brief an den Neffen mit den Worten: „Gott ist mein Zeuge, ich träume nur von Dir und von diesem elenden Bruder und dieser mir zugeschusterten abscheulichen Familie ganz entfernt zu sein. Gott erhöre meine Wünsche, denn trauen kann ich dir nie mehr. Leider Dein Vater oder besser nicht Dein Vater." Durch solche Ausbrüche kam es immer mehr zur Verhärtung ihrer Beziehungen, bis die Spannung schließlich im Juni 1826 einen dramatischen Höhepunkt erreichte und Karl im Begriff stand, eine unüberlegte folgenschwere Handlung zu begehen. Beethoven schrieb ihm damals beschwichtigend: „Mache ja keinen Schritt, der dich unglücklich macht und mir das Leben früher raubte. Erst gegen 3 Uhr kam ich zum Schlafe, denn die ganze Nacht hustete ich ... mach' mir nur keinen Kummer und keine Angst mehr, leb indessen wohl. Dein wahrer und treuer Vater."

Aber auch durch solche Briefe konnte das einmal eingetretene Mißtrauen nicht mehr aus der Welt geschafft werden. Der verwirrte Jüngling konnte die „Gefangenschaft bei Beethoven", wie er sich später ausdrückte, nicht mehr ertragen, und so entfloh er am 30. Juli 1826 nach Baden, nicht ohne sich vorher zwei Pistolen gekauft zu haben. Nachdem er zwei Briefe, einen an seinen Freund Niemetz und einen an seinen Onkel geschrieben hatte, stieg er zur Ruine Rauhenstein hinauf und schoß mit beiden Pistolen auf seine linke Schläfe. Ein Fuhrmann fand den nur Verwundeten, und Karl wurde zu seiner Mutter gebracht. Beethoven schickte eilends folgende Botschaft an Dr. Carl Smetana, der Karl seit seiner Bruchoperation kannte: „Ein großes Unglück ist geschehen, welches Karl zufällig selbst an sich verursacht hat; Rettung hoffe ist noch möglich, besonders von Ihnen, wenn Sie nur bald erscheinen. Karl hat eine Kugel im Kopfe, wie, werden Sie schon erfahren. Nur schnell, um Gottes willen schnell." Karl erholte sich relativ rasch im Allgemeinen Krankenhaus von der Verwundung. Für Beethoven aber war nun endgültig jede Illusion dahin, mit dem als Sohn angenommenen Neffen jemals eine Art Familienleben aufzubauen. In seinem Konversationsheft aus dieser Zeit findet man die Eintragung: „Auf den Tod. Von dem verstorbenen Beethoven", und an Karl Holz schrieb er am 9. September 1826: „Ich bin ermüdet und lange wird mich die Freude fliehen".

Eine gewisse Entspannung trat erst ein, als durch Vermittlung Stephan von Breunings Beethoven sich mit Karls Wunsch, zum Militär zu gehen, einverstanden erklärte. Man kann sein Mitleid nicht verbergen, wenn man liest, daß selbst in dieser leidgeprüften

Zeit Beethoven noch immer nicht die Hoffnung aufgegeben hat, eine Verbesserung seines Hörvermögens zu erlangen. Im August 1826 findet man in seinem Konversationsheft folgende Eintragung: „Linke weiß von einem ganz neu entdeckten Mittel für das Gehör, welches bei einem seiner Freunde vortreffliche Wirkung macht. Grüne Nußschalen in hahnwarmer Milch gesotten; und hervon täglich einige Tropfen ins Ohr". Wenige Tage später findet sich ein Vermerk: „Mittwoch am 16ten aug. +neues Gehörrohr" und die letzte Mitteilung betreffend die Behandlung seiner Taubheit wurde Anfang September 1826 im Konversationsheft festgehalten mit der Notiz: „2 Gehör Maschinen".

Nach Karls Selbstmordversuch beschloß Beethoven, mit ihm zur Erholung zu seinem Bruder Johann auf dessen Landsitz Gneixendorf zu fahren, einem in der Nähe von Krems im Donautal gelegenen weitläufigen Gut. In Gneixendorf, wo sie am 29. September eintrafen, fand Beethoven die Ruhe, sich nervlich zu entspannen und sein seelisches Gleichgewicht wiederzufinden. Die Gedanken, die ihn damals bewegten, seine Sehnsucht nach Freundschaft und Familie sowie seine Rückerinnerungen an die Bonner Jugendzeit kommen am eindruckvollsten in dem Brief vom 7. Oktober 1826 an seinen Freund Dr. Franz Wegeler zum Ausdruck: „Ohnehin ergreift mich die Erinnerung an die Vergangenheit und nicht ohne viele Tränen erhältst Du diesen Brief . . . Von Deiner Lorchen habe ich noch die Silhouette, woraus zu ersehen, wie mir alles Gute und Liebe aus meiner Jugend noch teuer ist . . . Leider kann ich heute Dir nicht soviel schreiben, als ich wünschte, da ich bettlägerig bin . . . Du schreibst, daß ich irgendwo als natürlicher Sohn des verstorbenen Königs von Preußen angeführt bin; man hat mir davon vor langer Zeit ebenfalls gesprochen. Ich habe mir aber zum Grundsatz gemacht, nie wieder etwas über mich selbst zu schreiben, noch irgend etwas zu beantworten, was über mich geschrieben worden. Ich überlasse Dir daher gerne, die Rechtschaffenheit meiner Eltern und meiner Mutter insbesondere der Welt bekanntzumachen . . . Es heißt übrigens bei mir immer: Nulla dies sine linea, und lasse ich die Muse schlafen, so geschieht es nur, damit sie desto kräftiger erwache. Ich hoffe, noch einige große Werke zur Welt zu bringen und dann wie ein altes Kind irgendwo unter guten Menschen meine irdische Laufbahn zu beschließen."

Tatsächlich fühlte sich Beethoven in Gneixendorf schon bald wieder zum Komponieren aufgelegt. Als erstes wurde das bereits Anfang Juli konzipierte Streichquartett in F-Dur op. 135 fertiggestellt, das wesentlich schlichter als das vorausgegangene cis-Moll-Quartett ausfiel und dessen Analyse manche Musikologen annehmen ließ, daß in dieser Schlichtheit „eine instinktive Vorahnung des Todes" zum Ausdruck käme. Vielleicht mag auch der Titel über dem letzten Satz: „Der schwer gefaßte Entschluß. Muß es sein? Es muß sein" zu falschen Interpretationen verleiten. In Wahrheit hat diese Überschrift alles andere als einen ernsten Hintergrund. Als nämlich ein reicher Musikliebhaber in Wien, der die erste Aufführung des B-Dur-Quartetts von Beethoven versäumte und prahlerisch vorgab, er könne sich dieses Werk jederzeit privat in seinem Heim mit den von Beethoven geliehenen Stimmen vorspielen lassen, ließ ihm Beethoven antworten, daß er dafür 50 Gulden als Entschädigung zahlen müsse. Der etwas überraschte Herr soll erwidert haben: „Wenn es sein muß!", worauf Beethoven laut lachen mußte und einen scherzhaften Kanon verfaßte auf den Text, „Es muß seyn, ja, ja heraus mit dem Beutel!", und dieses Motiv war dann auch die humorvolle Grundlage für das Finale des letzten Streichquartetts. Diese kleine Geschichte lehrt wieder einmal, wie vorsichtig man in der Rückschau sein sollte mit Versuchen, verschiedene Ereignisse im Leben eines Künstlers mit seinem physischen Zustand oder seiner kreativen Tätigkeit in Verbindung zu bringen.

So angenehm die ersten Wochen in Gneixendorf für alle Beteiligten verlaufen waren, so führten nach und nach Beethovens Reizbarkeit, seine Abneigung gegen die Schwägerin und die Spannungen mit seinem Bruder Johann, der ab der dritten Aufenthaltswoche Bezahlung für Kost und Quartier verlangte, zu Konfliktsituationen. Dazu kam noch die rapide Verschlechterung von Beethovens Gesundheitszustand und der ab Herbst unverkennbare rasche körperliche Verfall. Bruder Johann berichtete dazu folgendes: „Bei schlecht zubereiteten Speisen aß er nichts als mittags einige weiche Eier, trank aber dann mehr Wein, so daß er öfter an Durchfällen litt; dabei wurde sein Bauch die letzte Zeit immer größer, dagegen er auch längere Zeit Binden trug." Auch die Beine waren immer stärker geschwollen, und er muß auch zeitweilig bettlägerig gewesen sein. Trotzdem begann er Ende 1826 an einem Streichquintett in C-Dur zu arbeiten, von dem allerdings nur die langsame Einleitung fertiggestellt wurde.

Beethovens Ende

Als schließlich nach einer Auseinandersetzung mit Johann dieser Ende November schriftlich unmißverständlich zu erkennen gab, daß er den Bruder samt Neffen gerne loswerden wollte, beschloß Beethoven, sofort nach Wien abzureisen. Aufgrund seiner fortgeschrittenen Erkrankung wurde die am 1. Dezember 1826 unter höchst ungünstigen Bedingungen angetretene Reise zu einer echten Katastrophe. Da kein öffentliches Verkehrsmittel zur Verfügung stand, fuhren Beethoven und sein Neffe in einem offenen Wagen, „das elendste Fuhrwerk des Teufels, ein Milchwagen", wie Beethoven später schrieb. In der Krankengeschichte von Beethovens letztem Arzt, Professor Dr. Andreas Wawruch, sind Einzelheiten über diese verhängnisvolle Reise zu finden: „Der Dezember war rauh, naßkalt und frostig, Beethovens Bekleidung nicht weniger als der unfreundlichen Jahreszeit angemessen, und doch trieb ihn eine innere Unruhe, eine düstere Unglücksahnung fort. Er war bemüßigt, in einem Dorfwirtshause zu übernachten, worin er außer dem elenden Obdach nur ein ungeheiztes Zimmer ohne Winterfenster antraf. Gegen Mitternacht empfand er den ersten erschütternden Fieberfrost, einen trockenen, kurzen Husten, von einem heftigen Durst und Seitenstechen begleitet. Mit dem Eintritt der Fieberhitze trank er ein paar Maß eiskalten Wassers und sehnte sich in seinem hilflosen Zustande nach dem ersten Lichtstrahl des Tages. Matt und krank ließ er sich auf den Leiterwagen laden und langte endlich kraftlos und erschöpft in Wien an. Erst am dritten Tage wurde ich gerufen."

Tatsächlich hatten es seine bisherigen Ärzte Dr. Braunhofer und Dr. Staudenheim, nach denen man sofort nach der Ankunft in Wien schickte, abgelehnt, an Beethovens Krankenbett zu kommen. Ludwig Nohl meint dazu, daß Dr. Braunhofer in Kenntnis der Diagnose einer tödlichen Krankheit es nicht über sich brachte, die Verantwortung für den zu erwartenden baldigen Tod Beethovens auf sich zu nehmen: So wurde, wie Holz im Konversationsheft mitteilte, der Primararzt der Wiener Medizinischen Klinik Professor Dr. Wawruch „als einer der geschicktesten Ärzte hier bekannt" gebeten, sich des schwerkranken Beethovens anzunehmen. Dr. Wawruch, den der Patient bisher nicht kannte, stellte sich im bereitliegenden Konversationsheft mit folgenden Worten vor: „Ein großer Verehrer Ihres Namens wird alles Mögliche anwenden, bald Erleichterung zu schaffen. Prof. Wawruch". In der am 20. Mai 1827 abgefaßten, aber erst nach dem Tod Dr. Andreas Wawruchs in seinem Nachlaß gefundenen und 1842 in der „Allgemeinen Wiener Musikzeitung" veröffentlichten Krankengeschichte

Letzte Seite des Heiligenstädter Testaments.

Letzte testamentarische Verfügung Beethovens.

Lebendmaske Ludwig van Beethovens von Franz Klein.

Kanon im Brief vom 13. Mai 1825 an Dr. Braunhofer.

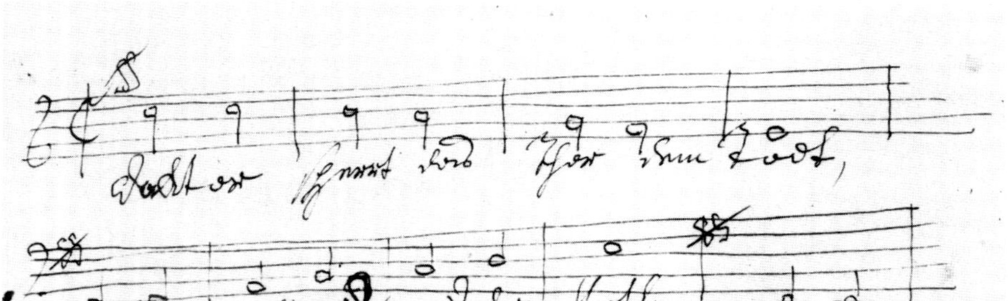

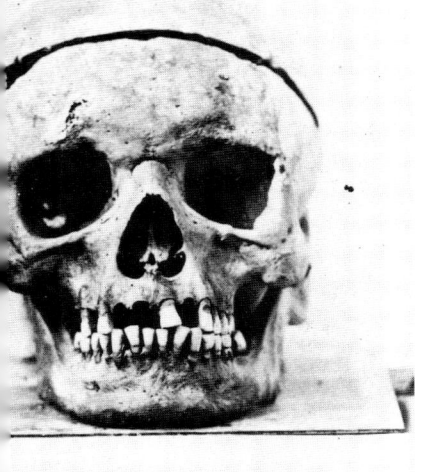

Schädelskelett Beethovens von J. B. Rottmayer im Oktober 1863 anläßlich der ersten Exhumierung.

Rechts unten: Ludwig van Beethoven. (Bleistift-Zeichnung von J. P. Th. Lyser)

Links unten: Ludwig van Beethoven von hinten. (Zeichnung von J. D. Böhm)

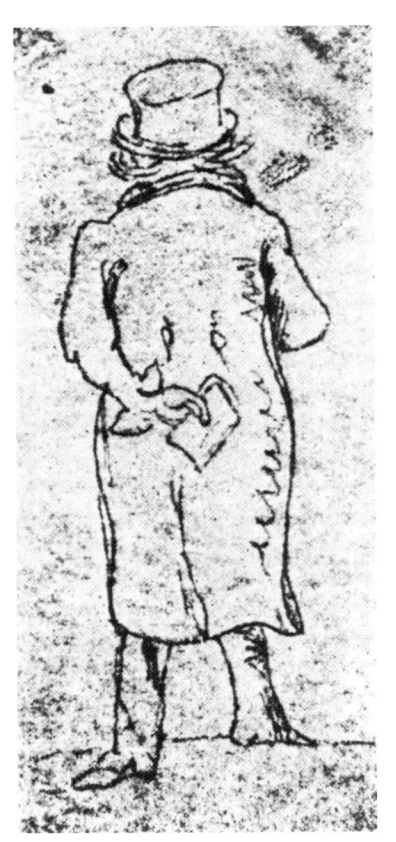

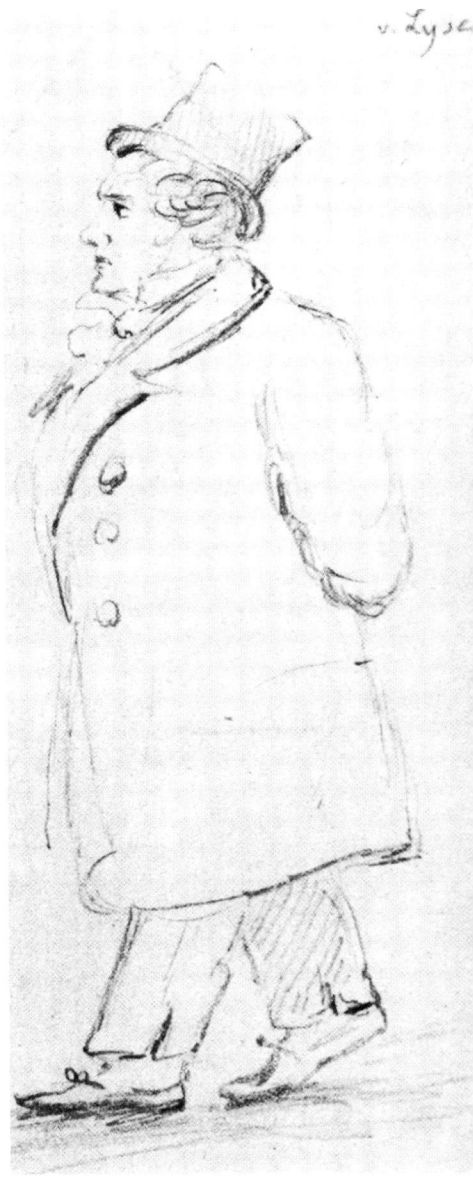

Beethoven in Agonie. (Zeichnung von Joseph Eduard Teltscher)

Leichenbegängnis Ludwig van Beethovens am 29. März 1827. (Aquarell von Franz Stöber)

Beethovens erfährt man aus erster Quelle Einzelheiten über den weiteren Verlauf der Erkrankung:

„Ich traf Beethoven mit den bedenklichsten Symptomen einer Lungenentzündung behaftet an; sein Gesicht glühte, er spuckte Blut, die Respiration drohte mit Erstikkungsgefahr, und der schmerzliche Seitenstich gestattete nur eine quälende Rückenlage. Ein streng entzündungswidriges Heilverfahren schaffte bald die erwünschte Linderung; seine Natur siegte und befreite ihn durch eine glückliche Krise von der augenscheinlichen Todesgefahr, so daß er am fünften Tage sitzend imstande war, mir sein bisher erlittenes Ungemach mit tiefer Rührung zu schildern. Am siebzehnten Tage fühlte er sich erträglich wohl, daß er aufstehen, herumgehen, lesen und schreiben konnte. Doch am achten Tage erschrak ich nicht wenig. Beim Morgenbesuche fand ich ihn verstört, am ganzen Körper gelbsüchtig; ein schreckbarer Brechdurchfall drohte ihn die verflossene Nacht zu töten ... Zitternd und bebend krümmte er sich vor Schmerzen, die in der Leber und den Gedärmen wüteten, und seine bisher nur mäßig aufgedunsenen Füße waren mächtig geschwollen. Von diesem Zeitpunkte an entwickelte sich die Wassersucht; die Aussonderung wurde sparsamer, die Leber bot deutlich Spuren von harten Knoten, die Gelbsucht stieg ... Schon in der dritten Woche stellten sich nächtliche Erstickungsanfälle ein; das enorme Volumen der Wasseransammlung forderte schnelle Hilfe, und ich fand mich bemüßigt, den Bauchstich vorzuschlagen, um dadurch der plötzlichen Berstungsgefahr vorzubeugen. Nach ein paar Augenblicken ernsten Nachsinnens willigte Beethoven in die Operation ein, um so mehr, da der zur ärztlichen Beratschlagung erbetene Ritter von Staudenheim dasselbe Mittel als unerläßlich dringend empfahl. Der Primarwundarzt des Allgemeinen Krankenhauses Mag. Chir. H. Seibert machte den Bauchstich mit der ihm gewöhnlichen Kunstfertigkeit, so daß Beethoven beim Erblicken des Wasserstromes mit einem freudigen Gefühl ausrief, der Operateur komme ihm wie Moses vor, der mit seinem Stabe auf den Felsen schlug und demselben Wasser entlockte. Die Erleichterung trat bald ein. Die Flüssigkeit betrug 25 Pfund, doch der Nachfluß gewiß fünfmal soviel. Eine Unvorsichtigkeit, die den Wundverband des Nachts löste, vermutlich, um alles enthaltene Wasser schnell zu entfernen, hätte beinahe die Freude des Besserbefindens ganz verleidet. Eine heftige rotlaufartige Entzündung stellte sich ein und wies die ersten Brandspuren, doch das sorgfältige Trockenhalten der Wundlippen setzte dem Übel bald Schranken."

Man muß annehmen, daß Beethoven in eine Klinikeinweisung nicht einwilligte, da sonst wohl kaum diese Operation unter den mehr als unhygienischen Bedingungen seines Wohnzimmers vorgenommen worden wäre. Allerdings war damals das Auftreten eines Erysipels, also eines Rotlaufs, der durch Bakterien vom Stamm der Streptokokken hervorgerufen wird, infolge Fehlens jedweder Asepsis, also einer Keimfreiheit, nach Bauchpunktionen zwecks Entleerung eines Aszites (sezernierte Flüssigkeit in der Bauchhöhle) auch im Krankenhaus nicht allzu selten, um so mehr, als ja die Aszitesflüssigkeit einen günstigen Nährboden für das Wachstum der Streptokokken-Bakterien abgibt. Mangels einer wirksamen Schmerzbetäubung muß der Einstich bzw. Einschnitt in die Bauchwand und das anschließende Einführen einer Glaskanüle äußerst schmerzhaft gewesen sein, doch dürfte sich Beethoven sehr tapfer verhalten haben, wie der Eintragung Dr. Wawruchs ins Konversationsheft zu entnehmen ist: „Sie haben sich ritterlich gehalten!"

Nach dieser am 20. Dezember 1826 vorgenommenen Bauchpunktion hoffte der Patient auf eine baldige Wiederherstellung, und als am 2. Januar 1827 der Neffe Karl, der sich übrigens in aufopfernder Weise um seinen Onkel gekümmert hatte. zu seinem Regiment nach Iglau abreiste, schien Beethoven, von der Last der Sorge um ihn befreit, eine Art Erlösung empfunden zu haben. Gleich am nächsten Tag verfaßte er ein Testament und setzte Karl zu seinem Erben ein; auch begann er sich wieder mit Plänen für noch auszuführende Kompositionen wie etwa einer zehnten Sinfonie zu beschäftigen. Man versuchte auch, den Kranken durch Berichte über Aufführungen seiner Werke abzulenken und durch Neuigkeiten verschiedenster Art aufzuheitern. Beethoven selbst, der stets ein eifriger Leser war, suchte auf seinem Krankenlager Trost bei den Dichtern, wobei er sich nach Aussage Schindlers vor allem „mit seinen ältesten Freunden und Lehrern aus Hellas, mit Plutarch, Homer, Platon, Aristoteles und andern derlei Gästen" umgab. Unter den vielen Besuchern dürfte ihm zweifellos Gerhard, der Sohn seines Freundes Breuning, der liebste geworden sein, da dieser durch seine kindliche Unbefangenheit den Kranken am besten aufzuheitern verstand. Die köstlichen Zwiegespräche zwischen Kind und Beethoven verschaffen manche Einblicke in die trostlose Situation, in der sich der Kranke damals befand. Einige Passagen in den Konversationsheften sollen dies näher beleuchten:

> „Ist der Bauch kleiner geworden?
> Brauchst du diese Noten noch? Wenn du sie nicht mehr brauchst, so gib sie mir, ich hebe sie mir auf.
> Da muß ich dir aber einwenden, daß die Schinkennudeln nicht gut werden konnten, indem, wenn so wenig Schinken gekauft wird, man nur ein schlechtes Stück bekommt.
> Das muß ein Heuriger sein, er zieht einem den Mund ganz zusammen, so sauer ist er.
> Ich habe doch viele Hoffnung, daß es zum Sommer besser mit dir wird. Ich werde dich heute nicht viel mit reden anstrengen."

Ein in seiner kindlichen Offenheit besonders ergreifender Satz, der die tristen Verhältnisse Beethovens vor Augen führt, steht an einer anderen Stelle der Konversationshefte: „Ich hörte heute, daß dich die Wanzen so sehr quälen und beunruhigen, daß du alle Augenblicke aus dem Schlaf geweckt wirst, da doch der Schlaf jetzt für dich gut ist; ich werde daher dir etwas, um die Wanzen zu vertreiben, bringen."
Schon in der ersten Januarwoche sammelte sich wieder soviel Flüssigkeit in der Bauchhöhle, daß Dr. Wawruch die Notwendigkeit einer zweiten Operation erwog, die dann auch am 8. Januar vorgenommen wurde. Der Primarchirurg Johann Seibert sagte bei dieser Gelegenheit zwar, daß das Bauchwasser diesmal schon viel klarer und in weit größerer Menge floß als das erstemal, doch konnte man den Kranken durch derlei Beschwichtigungen nicht mehr über den Ernst der Lage hinwegtäuschen. In Anbetracht der zunehmenden Verschlechterung seines Zustands verlor Beethoven auch zusehends das Vertrauen zu seinem Arzt; bei der Nennung von Dr. Wawruchs Namen soll er immer mit zur Wand gedrehtem Gesicht geseufzt haben: „O dieser Esel!" Seine Freunde versuchten deshalb, seinen ehemaligen Freund Dr. Johann Malfatti, mit dem er sich vor Jahren entzweit hatte, dem er aber stets größtes Vertrauen entgegengebracht hatte, zu einem Krankenbesuch zu bewegen. Malfatti wollte sich anfangs nicht in die Behandlung durch Dr. Wawruch einmengen und schrieb: „Sagen Sie Beethoven, daß er als Meister der Harmonie wissen werde, daß ich mit meinen Collegen auch in Harmonie leben muß." Schließlich erbarmte er sich doch, konzentrierte sich aber anscheinend angesichts der hoffnungslosen Lage Beethovens nur darauf, ihm subjektive Erleichte-

rung zu verschaffen und ihn seelisch etwas aufzurichten. Das erklärt, warum er ihm alkoholische Getränke erlaubte, gewissermaßen als eine Art Betäubungsmittel. Wenn Johann Baptist Jenger in einem Brief an Maria Pachler-Koschak, eine mit einem Grazer Rechtsanwalt verheiratete Pianistin und seinerzeitige „herbstliche Liebe" Beethovens aus dem Jahr 1817, berichtete, daß nach Aussage Dr. Malfattis Beethoven bisher durch Professor Wawruch ganz falsch behandelt wurde, dann kann dies nur in psychologischer Hinsicht gemeint sein. Beethoven jedenfalls gab Malfattis Verordnung alkoholischer Getränke einen enormen Auftrieb. Euphorisch schrieb er seinem Faktotum Schindler: „Wunder, Wunder! Die hochgelehrten Herren sind beide geschlagen. Nur durch Malfattis Wissenschaft werde ich gerettet." In der von Wawruch verfaßten Krankenge-schichte ist dazu folgendes zu lesen: „Daher kam Dr. Malfatti, der von nun an mich mit seinem Rathe unterstützte und als langjähriger Freund Beethovens vorherrschende Neigung für geistige Getränke zu würdigen verstand, auf den Einfall, Punschgefrornes anzurathen. Ich muß eingestehen, daß diese Verordnung wenigstens ein paar Tage trefflich wirkte. Beethoven fühlte sich durch das weingeisthältige Gefrorne so mächtig erquickt, daß er gleich die erste Nacht ruhig durchschlief und mächtig zu schwitzen anfing ... Doch dauerte, was vorauszusehen war, seine Freude nicht lange. Er fing an, die Verordnung zu mißbrauchen und sprach dem Punsche wacker zu. Das geistige Getränk verursachte bald einen heftigen Andrang des Blutes nach dem Kopfe; er wurde soporös [benommen] und röchelte gleich einem in tiefem Rausche sich Befindenden, fing an irre zu reden und einige Mal gesellte sich ein entzündlicher Halsschmerz, mit einer Heiserkeit, ja sogar mit Stimmlosigkeit dazu. Er wurde stürmischer, und als nun von der Verkühlung der Gedärme Kolik und Durchfall entstand, war es hoch an der Zeit, ihm diese köstliche Labung zu entziehen."

Aber auch sonst war der berühmte Dr. Malfatti wohl nicht unfehlbar. Noch am 24. Januar erklärte er den zunehmenden Bauchumfang Beethovens entgegen der Mei-nung Dr. Wawruchs, der Bauch fülle sich wieder stark mit Flüssigkeit, mit Winden und Blähungen. Wie sehr Dr. Wawruch im Recht war, bestätigte die am 2. Februar 1827 vor-genommene dritte Operation, die Beethoven wieder ruhig über sich ergehen ließ, wie denn überhaupt nach Aussage Gerhard von Breunings in seinen Erinnerungen „selten ein Laut der Klage über des schwer Leidenden Lippen kam". Wie geduldig er alles hin-nahm, geht auch aus einem Brief vom 17. Februar 1827 an seinen Freund Wegeler in Bonn hervor, in welchem er schreibt: „Mit der Genesung, wenn ich es so nennen darf, geht es noch sehr langsam. Es läßt sich vermuten, daß noch eine vierte Operation zu erwarten sei, obwohl die Ärzte noch nichts davon sagen. Ich gedulde mich und denke: alles Üble führt manchmal etwas Gutes herbei." Ähnlich äußerte er sich auch in einem Schreiben an den zu diesem Zeitpunkt ebenfalls bettlägerigen Freund Nikolaus von Zmeskall vom 18. Februar: „Ich verzage nicht, nur ist alle Aufhebung meiner Tätigkeit das Schmerzhafteste."

Beethoven dürfte von der Verordnung alkoholischer Getränke eine günstige Wirkung erwartet haben, wie verschiedenen Briefen aus seinen letzten Lebenswochen zu entneh-men ist. So heißt es etwa in einem Schreiben vom 22. Februar an den Verlag Schott's Söhne in Mainz: „Mein Arzt verordnet mir sehr guten alten Rheinwein zu trinken. So etwas hier unverfälscht zu erhalten, ist um das teuerste Geld nicht möglich. Wenn ich also eine kleine Anzahl von Bouteillen erhielt, so würde ich Ihnen meine Dankbarkeit für die Cäcilia bezeigen." Als Antwort wurde prompt die Absendung von zwölf Fla-schen „kostbaren Rüdesheimer Bergweins von 1806" bestätigt, mit den Zeilen: „Damit Ihnen jedoch noch früher eine Labung gereicht werden kann, so sandten wir heute per

Postwagen ein kleines Kistchen sowie ein kleines Päckchen [das nebst einer Gebrauchsanweisung Kräuter enthielt, die bei Wassersucht wirksam sein sollten. Anm. d. Verf.] mit Ihrer Adresse ab." Leider traf dieses Kistchen zu spät ein, um Beethoven noch eine Freude bereiten zu können.

Auch an Johann Freiherr von Pasqualati, dem Besitzer jenes Hauses auf der Mölkerbastei, in welchem Beethoven mehrmals gewohnt hatte, schrieb er, daß ihm die Ärzte Champagner erlaubt hätten, er beim Wein aber auf bestimmte Sorten achten müsse: „Nun den Wein betreffend; Malfatti wollte gleich mir Moselwein; allein er behauptete, daß kein echter hier zu haben sei, er gab also selbst Gumpoldskirchner mehrere Flaschen und behauptete, daß dieser der beste sei für meine Gesundheit, da nun einmal kein echter Moselwein zu haben sei." Über diesen Gumpoldskirchner belehrt er Pasqualati noch einmal am 16. März: „Den Wein betreffend, so finden sie [gemeint sind seine Ärzte. Anm. d. Verf.] den Grinzinger vorteilhaft für mich, allen anderen ziehen sie aber alten Gumpoldskirchner vor."

Ob Dr. Malfatti ab Ende Februar Beethoven wirklich krankheitshalber nicht mehr besuchte und sich fortan durch seinen Assistenten Dr. Röhrich vertreten ließ oder ob er befürchtete, Beethoven würde ihm Vorhaltungen machen wegen der trotz seiner verschiedenen Behandlungsversuche fortschreitenden Entwicklung seiner Krankheit, muß dahingestellt bleiben.

Bereits am 27. Februar wurde die vierte Operation notwendig, bei der „7 Maaß 1 Seitl" entleert wurden. Eine viel größere Menge Flüssigkeit entleerte sich jeweils nach diesen Operationen noch viele Tage später durch die offene Wunde, wenngleich jedesmal ein Verband angelegt wurde. Im Konversationsheft vom 27. Februar notierte Dr. Seibert: „Wir haben ja immer nach der Operation den Bauch eingebunden, das Wasser wird schon fließen, wenn Sie nur immer auf der rechten Seite liegen und beym Kopf nicht zu hoch. Morgen werden wir den Verband abnehmen." Dieses massive Nachfließen von Bauchwasser brachte es mit sich, daß sich Beethoven in der völlig durchnäßten Unterlage mehr und mehr aufliegen mußte. Wie bemitleidenswert der Patient war und welche Mengen von Flüssigkeit aus der Wunde nachströmten, kann man aus den Eintragungen im Konversationsheft der letzten Februartage ermessen, die Schindler aufschrieb: „Das Mädl wird ein hölzernes Geschirr unters Bett stellen, damit das Wasser nicht ins Zimmer fließen kann ... Jetzt bleiben Sie nur in diesem Bette und lassen Sie noch unterlegen. Es ist jetzt kein Stroh noch zu Hause, um das andere Bett in Ordnung zu bringen. Das Stroh war schon ganz verfault. Auf den Abend wird der andere gefüllt, und Sie können ihn noch heute haben ... Mir hat jemand heute dringend empfohlen Ihnen zu rathen, sich auf eine Rehaut zu legen, die nur allein vor dem Wundliegen schützen soll ..." Es muß auch wieder zu Blutungen aus den Schleimhäuten des Nasen-Rachen-Raumes gekommen sein, denn Schindler notierte im Konversationsheft: „Malfatti vermutet, daß die Erscheinung des Blutes aus der Nase vom Kopfe herkomme und fragte mich, ob Sie gar nie über Kopfweh klagen."

Beethovens Zuversicht schien allmählich zu schwinden, wie den Beschwichtigungen und dem Trostzuspruch Schindlers und Stephan von Breunings im Konversationsheft Ende Februar zu entnehmen ist: „Es ist höchst nöthig, daß Sie sich diese Besorgnisse so viel Sie nur können aus dem Kopfe schlagen, denn ändern läßt sich doch nichts, und zur Beförderung der Genesung ist dies kein Mittel ... Wer wird denn der Kleinmuth Raum geben? Du mußt bessern Muthes seyn, denn die Traurigkeit hemmt deine Genesung." Trotz all dieser Aufmunterungsversuche erkannte Beethoven, daß es nichts als frommer Betrug war. Die mehrfachen massiven Flüssigkeitsverluste durch die vier Bauchpunktionen, die gleichzeitig enormen Eiweißverlust mit sich brachten, ließen ihn rapide abmagern und immer schwächer werden, wozu noch die Sorge über seine schlechte finanzielle Lage kam. War doch kaum noch genug Geld vorhanden, um die laufende Miete bezahlen zu können. Es war deshalb wohl Beethovens letzte große Freude, daß ihm die Philharmonische Gesellschaft in London, nachdem sie durch den Harfenfabrikanten Johann Andreas Stumpff, durch Ignaz Moscheles und Sir George Smart auf die beschämend schlechte finanzielle Situation Beethovens aufmerksam gemacht wurde, unverzüglich hundert Pfund Sterling an den todkranken Meister überweisen ließ und großzügig weitere Hilfe ankündigte. Tief gerührt diktierte Beethoven einen ergreifenden Dankesbrief an die Gesellschaft mit dem Versprechen „daß, wenn mir Gott meine Gesundheit wieder wird geschenkt haben, ich mein Dankgefühl auch durch Werke werde zu realisieren trachten ... Möge mir der Himmel nur recht bald wieder meine Gesundheit schenken, und ich werde den edelmütigen Engländern zeigen, wie sehr ich ihre Teilnahme an meinem traurigen Schicksale zu würdigen weiß."

In Wahrheit hatte er schon Wochen früher jede Hoffnung aufgegeben, seine Pläne jemals noch realisieren zu können, wie in den Erinnerungen Gerhard von Breunings zu lesen ist, zu dem Beethoven sagte: „Ich habe noch vieles schreiben wollen. Jetzt die zehnte Symphonie, auch ein Requiem wollte ich komponieren und die Musik zu Faust ... Nun dazu komme ich nicht mehr." Voll Ungeduld, Mutlosigkeit und Verzweiflung, unter elenden äußeren Umständen, von Ungeziefer gequält und vom Durchliegen auf dem ständig durchnäßten Leintuch über faulendem nassen Stroh gepeinigt, gab der langsam Sterbende allmählich jeden Gedanken an Rettung auf. Auch sein Glaube an Dr. Malfatti wurde durch die Anordnung von Schwitzbädern mit Birkenlaub, die wegen katastrophaler Unverträglichkeit sofort wieder abgesetzt werden mußten, erschüttert, wie Gerhard von Breuning berichtet: „... eine Art Dunstbad verschlimmerte des sehnsüchtig Hoffenden Zustand derartig augenfällig, daß es nach nur einmaliger Anwendung allsogleich weggelassen werden mußte. Mit heißem Wasser gefüllte Krüge waren in einer Wanne geschichtet, darüber Birkenlaub dicht gelegt, und darauf der Kranke gesetzt worden, während Wanne und Körper – mit Ausnahme des Kopfes – mit einem Laken zugedeckt wurden. Malfatti meinte hierdurch bethätigend auf die Haut einwirken und den Organismus in ergiebigen Schweiß versetzen zu können; doch stellte sich gerade das Gegenteil als unmittelbare Wirkung heraus; der gleich einem Salzblocke den sich entwickelnden Wasserdunst mächtig an sich ziehende Körper, welcher durch die kaum gemachte Anzapfung seines Wassers eben erst entledigt worden war, quoll noch im Apparat sichtlich an, und machte schon nach wenigen Tagen die erneute Einführung der Operationscanüle in die noch nicht verheilte Operationswunde erforderlich."

Hält man sich an die Konversationshefte, dann fand dieses Dunstbad am 27. oder 28. Januar statt. Abweichend von der Schilderung Breunings liest man dort, daß es sich nicht um ein Dunstbad auf Birkenlaub, sondern um ein Heublumenbad gehandelt habe, von dem sich Malfatti eine schweiß- und flüssigkeitstreibende Wirkung erwartet hatte: „Das trockene Heublumenbad soll Sie in Transpiration bringen, denn Malfatti sagt, man muß dieß jetzt versuchen, da innere Mittel nicht die gehörige Wirkung machen ... Es ist nichts als Heublumen in zwei Schichten, worauf warme Plüzer [Krüge] kommen, jedoch das erste Mahl nicht länger als eine halbe Stunde in der Wanne bleiben ... Wenn Sie morgen früh das Bad genommen haben ..., so sorgen Sie nur selbst dafür, daß, wie Sie aus dem Bade steigen, Sie sich alsogleich ins Bett legen, damit Sie recht in Dunst kommen." Dr. Wawruch schildert die Resignation des Kranken so: „Beethoven prognostizierte sich in trüben Stunden des Selbstgefühls nach der vierten Paracentese

[Bauchstich] seine herannahende Auflösung und er irrte nicht. Mein Trost vermochte ihn nicht mehr aufzurichten, und als ich ihm mit der herannahenden belebenden Frühlingswitterung Linderung seiner Leiden tröstend verhieß, entgegnete er mir lächelnd: ‚Mein Tagewerk ist vollendet. Wenn hier noch ein Arzt helfen könnte, his name shall be called wonderful‘ [sein Name müßte als wunderbar gepriesen werden]. Diese betrübende Anspielung auf Händels ‚Messias‘ ergriff mich so mächtig, daß ich in meinem Innern die Wahrheit des Ausspruches mit tiefer Rührung bestätigen mußte.“

Zu seinen letzten Besuchern zählten Johann Nepomuk Hummel und dessen Schüler Ferdinand Hiller, in dessen Tagebuch die letzten Eindrücke vom sterbenden Beethoven nachzulesen sind. Als er am 8. März 1827 den Besuch Hummels angekündigt bekam, soll er gesagt haben: „Ich darf ihn nicht im Bette empfangen.“ Er stand auf, zog seinen Schlafrock an und setzte sich ans Fenster. Der knapp sechzehnjährige Hiller, der klopfenden Herzens dem Augenblick des ersten persönlichen Zusammentreffens mit Beethoven entgegenfieberte, notierte in sein Tagebuch: „Wir waren nicht wenig erstaunt, den Meister, dem Anscheine nach ganz behaglich am Fenster sitzend zu finden ... Abgemagert von der bösen Krankheit, erschien er mir, als er aufstand, von hoher Statur, er war nicht rasirt, sein volles, halb graues Haar fiel ungeordnet über die Schläfen ... Über sein Befinden klagte der arme Beethoven gar sehr. ‚Da liege ich nun schon vier Monat‘, rief er aus, ‚man verliert zuletzt die Geduld!‘“

Am 13. März fanden sie seinen Zustand wesentlich verschlimmert. „Er lag zu Bette, schien starke Schmerzen zu haben und stöhnte zuweilen tief auf, trotzdem sprach er viel und lebhaft. Nicht geheirathet zu haben, schien er sich jetzt sehr zu Herzen zu nehmen. Schon bei unserem ersten Besuche scherzte er mit Hummel hierüber ... ‚Du‘, sagte er diesmal lächelnd zu ihm, ‚du bist ein glücklicher Mensch; du hast eine Frau, die pflegt Dich, die ist verliebt in Dich – aber ich Armer!‘ – und er seufzte schwer.“ Als die beiden ihn am 20. März wieder besuchten, fanden sie ihn bereits überaus schwach, nur leise und in abgebrochenen Sätzen sprechend und sich nur mühsam von Zeit zu Zeit aufrichtend. Bei der Begrüßung flüsterte er: „Ich werde wohl bald nach oben machen.“

Der letzte Besuch fand am 23. März statt: „Matt und elend lag er da, zuweilen tief seufzend. Kein Wort mehr entfiel seinen Lippen – der Schweiß stand ihm auf der Stirn. Als er zufällig sein Schnupftuch nicht gleich zur Hand hatte, nahm Hummels Gattin ihr feines Batistläppchen und trocknete ihm mehrmals das Antlitz damit. Nie werde ich den dankbaren Blick vergessen, mit welchem sein gebrochenes Auge dann zu ihr hinansah.“ Niemand konnte sich mehr einer Täuschung hingeben – sein unmittelbarer Tod stand bevor. Dr. Wawruch schreibt in seinem ärztlichen Rückblick auf Beethovens letzte Lebenstage: „Nun rückte der unglücksschwere Tag immer näher heran. Meine schöne und oft so schwere Berufspflicht als Arzt hieß mich, den befreundeten Dulder auf den verhängnißvollen Tag aufmerksam zu machen, damit er den Pflichten des Bürgers und der Religion Genüge leiste. Mit der zartesten Schonung schrieb ich die mahnenden Zeilen auf ein Blatt Papier [denn nur so machten wir von jeher uns einander verständlich]. Beethoven las das Geschriebene mit einer beispiellosen Fassung langsam und sinnend, sein Gesicht glich dem eines Verklärten; er reichte mir herzlich und ernst die Hand und sagte: ‚Lassen Sie den Herrn Pfarrer rufen‘. Nun wurde er still und nachdenkend und nickte mir sein: ‚Ich sehe Sie bald wieder‘ freundlich zu. Bald darauf verrichtete Beethoven mit frommer Ergebung, die getrost in die Ewigkeit blickt, seine Andacht und wandte sich zu den ihn umgebenden Freunden mit den Worten: ‚Plaudite amici, comoedia finita est‘.“

Da man aufgrund der immer häufigeren Bewußtseinstrübungen befürchten mußte, daß er bald nicht mehr würde klar denken können, unterbreitete man dem Sterbenden die von Stephan von Breuning aufgesetzten Zeilen einer letzten Testamentserklärung, die er, auf untergeschobenen Kissen von seinen Freunden in halbaufgerichteter Stellung gestützt, mühevoll und mit zittriger Hand abschrieb:

„Mein Neffffe Karll Soll alleini – Erbe sejn, daß Kapital meines Nachlalaßes soll jedoch Seinen natürlichen oder testamentarischschen Erben zufallen.
Wien am 23. März 1827   Luwig van Beethoven".

Am 24. März um die Mittagszeit langte die erbetene Sonderlieferung mit vier Flaschen eines besonderen Weins aus Mainz ein, bei deren Anblick Beethoven nur mehr murmelte: „Schade, schade, zu spät." Seine allerletzten Worte. Gegen Abend verfiel er in ein tiefes Koma, in dem er bis zu seinem Ende am 26. März spätnachmittags lag. Über den langen Todeskampf gibt Gerhard von Breuning in seinen Erinnerungen ein anschauliches Bild: „Am auf den 24. folgenden und zweitfolgenden Tag lag der gewaltige Mann unter weit hörbarem Röcheln, bewußtlos, in voller Auflösung begriffen. Sein kräftiger Körper, seine ungeschwächten ... Lungen kämpften riesenhaft mit dem hereinbrechenden Tode. Der Anblick war ein schrecklicher ... Bereits am 25. März war zu erwarten, daß er während der folgenden Nacht enden würde; dennoch fanden wir ihn am 26. noch am Leben – womöglich noch heftiger röchelnd als tags zuvor. Dem 26. März 1827 nachmittags ward es endlich vorbehalten, die traurige Berühmtheit zu erlangen, Beethovens Sterbetag zu werden ... Man konnte doch schon wahrnehmen, wie das Röcheln allmählich schwächer wurde ... Diesen Nachmittag türmten sich gewaltige Wolkenmassen am Himmel auf. Mein Vater und Schindler ... beschlossen, einstweilen eine geeignete Grabstätte ausfindig zu machen und entfernten sich aus dem Trauerzimmer. Ich war noch bei dem Sterbenden mit Bruder Johann und der Wirtschafterin Sali geblieben; es war zwischen 4 und 5 Uhr, als die allenthalben herangetriebenen dichten Wolkenmassen mehr und mehr das Tageslicht verdunkelten, und mit einemmal entlud sich unter riesigem Schneegestöber und Hagel ein heftiges Gewitter ... Um 5¼ Uhr wurde ich zu meinem Lehrer nach Hause gerufen ... Kaum war ich eine halbe Stunde zu Hause angelangt, kam auch schon die Wirtschafterin, den um 5¾ Uhr erfolgten Tod uns zu melden."
Bei diesem letzten Akt war zufällig Anselm Hüttenbrenner aus Graz anwesend, der dreißig Jahre später die unauslöschliche Erinnerung an die letzten Augenblicke dieses Geistesriesen der abendländischen Musik niederschrieb: „Nachdem Beethoven von 3 Uhr nachmittags an, da ich zu ihm kam, bis nach 5 Uhr röchelnd im Todeskampfe bewußtlos dagelegen war, fuhr ein von einem heftigen Donnerschlag begleiteter Blitz hernieder und erleuchtete grell das Sterbezimmer [vor Beethovens Wohnung lag Schnee]. Nach diesem unerwarteten Naturereignisse, das mich gewaltig frappierte, öffnete Beethoven die Augen, erhob die rechte Hand und blickte mit geballter Faust mehrere Sekunden lang in die Höhe mit sehr ernster, drohender Miene ... Als er die erhobene Hand wieder aufs Bett niedersinken ließ, schlossen sich seine Augen zur Hälfte. Meine rechte Hand lag unter seinem Haupte; meine linke ruhte auf seiner Brust. Kein Atemzug, kein Herzschlag mehr! Des großen Tonmeisters Genius entfloh aus dieser Trugwelt ins Reich der Wahrheit."
In aller Eile wurde mit den Vorbereitungen zur Beerdigung begonnen. Die Todesanzeige, die von Stephan von Breuning verfaßt und in der Musikalienhandlung Tobias Haslingers verteilt wurde, hatte folgenden Wortlaut:

Einladung
zu Ludwig van Beethovens Leichenbegängnis
welches am 29. März um 3 Uhr nachmittags stattfinden wird. Man versammelt sich
in der Wohnung des Verstorbenen im Schwarzspanier-Hause
Nr. 200 am Glacis vor dem Schottentore.
Der Zug begibt sich von da nach der Dreifaltigkeits-Kirche bei den
P. P. Minoriten in der Alsergasse.
Die musikalische Welt erlitt den unersetzlichen Verlust des berühmten Tondichters am
26. März 1827, abends gegen 6 Uhr. Beethoven starb an den Folgen der Wassersucht,
im 56. Jahre seines Alters, nach empfangenen heil. Sakramenten.
Der Tag der Exequien wird nachträglich bekanntgemacht von

L. v. Beethovens
Verehrern und Freunden

Über Veranlassung des Tenors Ludwig Cramolini nahm der junge Maler Josef Danhauser die Totenmaske ab, die jedoch infolge der am 27. März abends vorgenommenen Eingriffe am Schädel bei der von Dr. Wagner durchgeführten Autopsie mit den Gesichtsformen des Lebenden nach Aussage Gerhard von Breunings nur noch wenig Ähnlichkeit aufwies. Auch die auf einer Zeichnung von Danhauser festgehaltenen Züge des toten Meisters entsprachen, weil zu idealisierend dargestellt, nicht ganz der Wirklichkeit.
Die Beerdigung fand am 29. März nachmittags statt, wobei die um das Schwarzspanierhaus versammelte Menge so groß war, daß nur mit Hilfe einer Militärverstärkung der Prozession zur Dreifaltigkeitskirche der Weg gebahnt werden konnte. Nach dem Gottesdienst wurde der Sarg, begleitet von vielen hundert Menschen, zum Währinger Friedhof gefahren, wo am Toreingang – innerhalb der Friedhöfe durften damals keine Ansprachen gehalten werden – von dem berühmten Burgschauspieler Heinrich Anschütz die von Franz Grillparzer verfaßte Grabrede vorgetragen wurde. Sie endete mit den Worten: „Wenn er die Welt floh, so war's, weil er in den Tiefen seines liebenden Gemütes keinen Stützpunkt fand, sich ihr zu widersetzen; wenn er sich den Menschen entzog, so geschah's, weil sie nicht hinauf wollten zu ihm und er nicht herab konnte zu ihnen. Er war einsam, weil er kein Zweites fand. Aber bis zum Tode bewahrte er ein menschliches Herz allen Menschen, ein väterliches den Seinen, Gut und Blut aller Welt. So war er, so starb er, so wird er leben für alle Zeiten."

Obduktionsprotokoll und Exhumierungen

Bevor nun auf die medizinische Besprechung der verschiedenen Leiden Beethovens und ihrer diagnostischen Zuordnung eingegangen wird, soll das für die ärztliche Beurteilung einiger seiner Krankheiten entscheidende Protokoll der am 27. März 1827 vorgenommenen Obduktion in vollem Wortlaut wiedergegeben werden.
Das Original des in lateinischer Sprache abgefaßten Sektionsprotokolls galt nämlich bis vor kurzem als verschollen, weshalb allen Pathographien Beethovens bisher stets nur jene von Seyfried 1832 vorgenommene Abschrift in deutscher Übersetzung zugrunde lag. Inzwischen wurde das Original des Obduktionsprotokolls über die in Beethovens Wohnung privat durchgeführte Leichenöffnung unter verschiedenen ausgelagerten Akten aus dem Pathologisch-Anatomischen Institut der Universität Wien, die vom

Pathologisch-Anatomischen Bundesmuseum Wien übernommen wurden, wiederent-deckt und erstmalig in der 1987 erschienenen Pathographie Beethovens von H. Bankl und H. Jesserer abgebildet.

Die Bedeutung dieses Fundes liegt vor allem darin, daß man nun mit Sicherheit weiß, daß vom Obduzenten Dr. Johann Wagner, der den Befund einem Schriftführer dik-tierte und von eigener Hand nur die Unterschrift unter dieses Protokoll setzte, keine zusammenfassende Diagnose am Schluß des Diktates angegeben wurde. Vielmehr endet das Sektionsprotokoll lediglich mit den Worten:

„Sectio privata die 27. Martii MCCMXXVII
Doktor Joh. Wagner
Assistent beym pathologischen Musäum"

Damit wird all jenen Autoren und Biographen, die im Fehlen einer Abschlußdiagnose in der deutschen Abschrift des Obduktionsprotokolls eine mögliche Manipulation und damit ein weiteres Verdachtsmoment für das Vorliegen einer möglichen luetischen Erkrankung bei Beethoven sehen wollten, endgültig eine Absage erteilt.

Wie ein Vergleich ergeben hat, erfolgte die deutsche Übersetzung durch Seyfried so wortgetreu, daß keine Veranlassung besteht, den Leser mit der lateinischen Original-fassung zu belasten.

Die deutsche Übersetzung lautet: „Obduktionsbericht über den Leichnam des P. T. Herrn Ludwig van Beethoven, welcher in Gegenwart des Herrn Med. Doctors und Pro-fessors Wawruch in seiner Wohnung pathologisch untersucht und hierüber nachstehen-der Befund erhoben wurde.

Der Leichnam war, insbesondere an den Gliedmaßen sehr abgezehrt und mit schwarzen Petechien [kleine Hautblutungen. Anm. d. Verf.] übersät, der Unterleib ungemein wassersüchtig aufgetrieben und gespannt. Der Ohrknorpel zeigte sich groß und regel-mäßig geformt, die kahnförmige Vertiefung, besonders aber die Muschel desselben war sehr geräumig und um die Hälfte tiefer als gewöhnlich; die verschiedenen Ecken und Windungen waren bedeutend erhaben. Der äußere Gehörgang erschien, besonders gegen das verdeckte Trommelfell, mit glänzenden Hautschuppen belegt.

Die Eustachische Ohrtrompete war sehr verdickt, ihre Schleimhaut angewulstet und gegen den knöchernen Theil etwas verengert. Vor deren Ausmündung und gegen die Mandeln bemerkte man narbige Grübchen. Die ansehnlichen Zellen des großen und mit keinem Einschnitte bezeichneten Warzenfortsatzes waren von einer blutreichen Schleimhaut ausgekleidet. Einen ähnlichen Blutreichthum zeigte auch die sämtliche, von ansehnlichen Gefäßzweigen durchzogene Substanz des Felsenbeines, insbesondere in der Gegend der Schnecke, deren häutiges Spiralblatt leicht geröthet erschien.

Die Antlitznerven waren von bedeutender Dicke; die Hörnerven dagegen zusammen-geschrumpft und marklos, die längs derselben verlaufenden Gehörschlagadern waren über eine Rabenfederspule ausgedehnt und knorpelicht. Der linke, viel dünnere Hör-nerv entsprang mit drei sehr dünnen graulichen, der rechte mit einem stärkeren hellwei-ßen Streifen aus der in diesem Umfang viel consistenteren und blutreicheren Substanz der vierten Gehirnkammer.

Die Windungen des sonst viel weicheren und wasserhältigen Gehirns erschienen noch-mals so tief und zahlreicher als gewöhnlich. Das Schädelgewölbe zeigt durchgehend große Dichtheit und eine gegen einen halben Zoll betragende Dicke.

Die Brusthöhle zeigte, sowie ihre Eingeweide, die normgemäße Beschaffenheit.

In der Bauchhöhle waren vier Maß graulich-brauner trüber Flüssigkeit verbreitet. Die

Leber erschien auf die Hälfte ihres Volumens zusammengeschrumpft, lederartig fest, grünlichblau gefärbt und an ihrer höckerichten Oberfläche, sowie an ihrer Substanz mit bohnengroßen Knoten durchwebt; deren sämmtliche Gefäße waren sehr enge, verdickt und blutleer. Die Gallenblase enthielt eine dunkelbraune Flüssigkeit nebst häufigem griesähnlichen Bodensatze. Die Milz traf man mehr als nochmals so groß, schwarz gefärbt, derb; auf gleiche Weise erschien auch die Bauchspeicheldrüse größer und fester; deren Ausführungsgang war von einer Gansfederspule weit. Der Magen war sammt Gedärmen sehr stark von Luft aufgetrieben. Beide Nieren waren in eine zolldicke, von trüber, brauner Flüssigkeit vollgesickerte Zellschicht eingehüllt, ihr Gewebe blaßroth und aufgelockert; jeder einzelne Nierenkelch war mit einem warzenförmigen, einer mittendurchschnittenen Erbse gleichen Kalkcongremente besetzt.

Doctor Joh. Wagner, Assistent beym pathologischen Musäum.“

In den 1874 veröffentlichten Erinnerungen „Aus dem Schwarzspanierhause“ von Gerhard von Breuning heißt es ergänzend zu diesem Protokoll: „Zur genaueren Untersuchung der seit so lange schon verödeten Gehörorgane des Titanen im Reiche der Töne wurden beiderseits die Felsenteile der Schläfenknochen ausgesägt und mitgenommen. Wie Hofrat Hyrtl mir kürzlich erzählte, hatte er diese Gehörorgane damals, als er selbst noch Student war, in einem zugebundenen Glas geraume Zeit hindurch bei dem langjährigen Sektionsdiener Anton Dotter stehen gesehen; später seien sie verschollen.“
Die Glaubwürdigkeit Breunings geht auch aus dem Protokoll hervor, wonach tatsächlich die Felsenbeine Beethovens während der Obduktion herausgesägt wurden. Da in dem genau geführten Verzeichnis des Pathologisch-Anatomischen Museums kein diesbezüglicher Hinweis zu finden ist, dürften wirklich die in einer Konservierungsflüssigkeit aufbewahrten Felsenbeine in jenem „zugebundenen Glas“ beim damaligen Sektionsdiener aufbewahrt worden sein. Als Hinweis für die Richtigkeit des Namens Anton Dotter kann die Selbstbiographie Karl Rokitanskys, der ab 1834 als Professor am Pathologisch-Anatomischen Institut der Universität gleichzeitig auch Kustos des „Pathologischen Musäums“ war, dienen, in welcher er einen eher schlecht beleumundeten Anatomiediener namens A. T. (Anton Totter?) erwähnt. Von diesem kursierte in Wien eine Geschichte, wonach er die konservierten, kostbaren Knochenteile Beethovens gegen ein entsprechendes Entgelt an einen ausländischen Arzt weitergegeben haben soll.
Als man 1863 beabsichtigte, die irdischen Überreste Beethovens und Schuberts „behufs möglicher Erhaltung derselben in ausgemauerte Grüfte und Metallsärge zu überlegen“, wurde am 13. Oktober die erste Exhumierung vorgenommen. Entsprechend der noch immer aktuellen, schon bei Joseph Haydn erwähnten Schädellehre Franz Joseph Galls, der aus den äußerlich wahrnehmbaren Formen des Gehirns und des Schädels eines Menschen auf die mit ihnen begründeten Fähigkeiten und Anlagen schließen wollte, konzentrierte man bei der Exhumierung das Interesse vorwiegend auf den Schädel Beethovens. Da jedoch bei der Obduktion die Felsenbeine als Sitz des Gehörgangs herausgesägt wurden und später im Anatomischen Institut nicht mehr auffindbar waren, konnten keine neuen Erkenntnisse gewonnen werden. Man beschränkte sich deshalb nur auf anatomische Vermessungen der Schädelreste, die übrigens von Gerhard von Breuning während der neun Tage bis zur neuerlichen Einsargung in seinem Schlafzimmer pietätvoll aufbewahrt wurden.
Und noch einmal sollte die Ruhe Beethovens gestört werden, nämlich anläßlich der Überführung seiner Gebeine am 21. Juni 1888 in ein Ehrengrab auf dem Wiener Zen-

170

tralfriedhof. Da für die Untersuchung nur zwanzig Minuten zur Verfügung standen, beschränkte man sich auf die Beurteilung und Messung des Schädels, der allerdings inzwischen so zerfallen war, daß die übriggebliebenen Reste keinen Ausguß des Schädelinneren mehr erlaubten oder sonst „irgendwelche Anhaltspunkte über die Kapazität des Gehirnschädels" zu gewinnen waren. Damit war die wissenschaftliche Ausbeute noch geringer als bei der ersten Exhumierung, von der eine Photographie des Schädels von J. B. Rottmayer sowie ein Gipsabdruck desselben vom Bildhauer A. Wittmann vorhanden sind. Bei der zweiten Exhumierung wurde von Dr. Choulant nur eine einfache Bleistiftzeichnung der Schädelreste angefertigt. Es klingt etwas blasphemisch, wenn man im amtlichen Protokoll der Exhumierung von 1888 liest, „daß der Schädel Beethovens unseren Vorstellungen von Schönheit und Ebenmaß keineswegs entspricht".

Aufgrund der ausführlich geschilderten Krankengeschichte, wie sie aus allen heute erreichbaren Quellen sowie aus den Protokollen der Obduktion und der beiden Exhumierungen zu rekonstruieren ist, soll nun im folgenden versucht werden, nach dem gegenwärtigen Stand der medizinischen Wissenschaft Beethovens Krankheiten sowie die Ursache seines Todes richtig zu deuten. Da sich mit diesen Fragen in unserem Jahrhundert schon wiederholt Mediziner verschiedenster Fachrichtungen beschäftigt haben, muß da und dort auf deren Argumente und Schlußfolgerungen hingewiesen werden, vor allem dann, wenn sie sich nicht mit den eigenen Vorstellungen in Deckung bringen lassen.

Die Taubheit

Die in so frühen Jahren beginnende und sich in der Folge verschlimmernde Schwerhörigkeit, die acht Jahre vor seinem Tod schließlich zu völliger Ertaubung führte, stellt das erschütternde Ereignis schlechthin im Leben Beethovens dar.

Die Entstehung dieser Hörstörung, deren Beginn mit 1795 anzusetzen sein dürfte, war in den letzten hundert Jahren Gegenstand unzähliger hypothetischer Erklärungsversuche, deren chronologische Aufzählung ermüdend wäre, dem interessierten Leser jedoch in der 1956 von Walther Forster veröffentlichten erweiterten medizinhistorischen Dissertation über das Thema „Beethovens Krankheiten und ihre Beurteilung" zur Verfügung steht. Welche Blüten in diesem Garten der Spekulationen von Gärtnern aus dem Laienkreis, aber auch aus dem Kreis von Ärzten mit gelegentlich sogar klingendem Namen gezogen wurden, sei an drei kuriosen Beispielen demonstriert: Der Arzt und bekannte Beethoven-Forscher Theodor von Frimmel etwa behauptete 1880, daß die Taubheit Beethovens durch Schwund der Gehörnerven bedingt gewesen sei und stützte sich dabei auf die von Beethoven selbst dem englischen Pianisten Neate gegenüber geäußerte Entstehungsgeschichte, wonach sich der Meister einmal wütend auf den Fußboden warf: „Als ich wieder aufstand, fand ich mich taub und bin es seitdem geblieben, die Ärzte sagen, der Nerv sei verletzt"; Frimmel vermutete, daß bei diesem heftigen Aufprall kleine Gefäßblutungen im Ursprungsgebiet beider Gehörnerven entstanden seien. Abgesehen davon, daß sich dieses Ereignis um das Jahr 1810 abspielte, die Hörstörung hingegen sich bereits um das Jahr 1795 bemerkbar gemacht hatte, wäre das symmetrische Auftreten solcher Blutungen ausgerechnet in der Gegend des Ursprungs der Hörnerven so unwahrscheinlich, daß sich jede weitere Diskussion erübrigt. Eine andere, geradezu absurde Theorie, die jeder objektiven Grundlage einschließlich des Obduktionsbefunds entbehrt, ist jene von I. Niemack-Charles, der das Ohrenleiden mit einer Arteriosklerose, also einer Gefäßverkalkung, in ursächliche Verbindung zu bringen versuchte und bei dieser Gelegenheit der Einfachheit halber Beethoven auch gleich ein zusätzliches Herzleiden andichtete. In seiner 1908 erschienenen Veröffentlichung erklärte er damit auch mit bewundernswerter Phantasie die Besonderheit der musikalischen Schöpfung Beethovens: „Der bei sklerotischem Mittelohrkatarrh im Labyrinth vorhandene Überdruck wirkt als kontinuierlicher Reiz auf die feinen Nervenenden ein; außerdem aber wird direkt der Pulsschlag der größeren anliegenden Adern gehört. ... Unter anderem ist die häufige Kontrastierung hoher Diskantpassagen gegen tiefe rollende Bässe am einfachsten zu erklären als der unbewußte Versuch, diese aufdringlichen Geräusche los zu werden durch musikalische Formulierung derselben ... Die zweite Art der Geräusche, die rhythmischer Natur sind, und dem Herzschlage entsprechen, sind uns noch besonders wichtig ... Hieraus erklärt sich auch Beethovens von Schindler bezeugte Unfähigkeit, sich an eine feste Metronomisierung seiner eigenen Kompositionen zu halten. Er mußte sich immer nach seinem jeweiligen Herzschlag richten ... Er war täglichen Schwankungen unterworfen, da der Meister an Pulsaderverhärtung (Arteriosklerosis) und Herzfehler litt." Es gehört schon einiger Mut dazu, mit derartigen medizinisch völlig aus der Luft gegriffenen Vorstellungen das uns Unverständliche in Beethovens Werken erklären zu wollen.

Bei der Diskussion des Gehörleidens durfte natürlich auch nicht darauf verzichtet werden, Beethoven in die stattliche Zahl berühmter Syphilitiker einzureihen. Welch berühmter Künstler ist damit bisher auch schon verschont geblieben! Ein Beispiel für mehrere ist das Buch „Die genialen Syphilitiker", in dem der Herausgeber – ein Rechtsanwalt – über Beethoven folgendes schreibt: „Nachdem er die kärgliche Jugendzeit überwunden hatte, brach, als er den Boden Wiens und damit seinen ersten festen Grund betreten hatte, seine Lebenslust in jedem Sinne feurig und zügellos zutage; er verschmähte auch die irdischen Genüsse nicht. Seine kindlich-sorgenlose Hingabe an die Freuden des Daseins fand im Capua der Geister das böseste Ende. Sein Leiden muß früh erworben sein." Aber auch von ärztlicher Seite wurde seit mehr als hundert Jahren die syphilitische Genese der Hörstörung unzählige Male in Betracht gezogen, verschiedentlich sogar noch in der zweiten Hälfte dieses Jahrhunderts, was angesichts des inzwischen gesichteten Quellenmaterials und beim gegenwärtigen Stand der wissenschaftlichen Medizin mehr als unverständlich ist. Im wesentlichen stützen sich die Verfechter der Syphilis-Theorie auf folgende Argumente:

Zunächst versuchen sie, verschiedene von Beethoven hinterlassene schwer interpretierbare Notizen als Hinweise auf das Bestehen einer venerischen Erkrankung zu deuten. So gibt es eine Tagebucheintragung, die in unvollständiger Form im Fischhoffschen Manuskript enthalten ist und in der aus uns heute nicht bekannten Gründen der Kopist dieses Manuskripts zwei Worte durch jeweils drei Sterne ergänzt hatte: „Bestimmung der Ärzte über mein Leben. Ist keine Rettung mehr, so muß ich ✶✶✶ brauchen ??? Es gehört nur noch geschwinder zu vollenden, was früher unmöglich. Konzilium mit ✶✶✶." Eine genaue Rekonstruktion der Anamnese läßt hingegen erkennen, daß dieser aus Anfang 1814 stammende Tagebuchvermerk in einer Zeit schwerer Depression geschrieben wurde, in der Beethoven wiederholt Selbstmordideen geäußert hatte, ähnlich wie in jenem Brief vom 2. Mai 1810 an seinen Freund Dr. Wegeler, den er um die Beschaffung seiner Geburtsurkunde wegen einer geplanten Heiratsbewerbung um Therese Malfatti gebeten hatte: „Ich wäre glücklich ... wenn nicht der Dämon in meinen Ohren seinen Aufenthalt aufgeschlagen. Hätte ich nicht irgendwo gelesen, der Mensch dürfe nicht freiwillig scheiden von seinem Leben, so lange er noch eine gute Tat verrichten kann, längst wär' ich nicht mehr und zwar durch mich selbst." Diese suizidalen Äußerungen, die schon im Heiligenstädter Testament zu lesen sind, zeigen, daß sie durch depressive Anwandlungen aufgrund seines sich verschlechternden Gehörleidens, wahrscheinlich aber auch seines sich immer wieder einstellenden Unterleibsleidens ausgelöst wurden. Schließlich existiert noch eine Notiz Beethovens aus 1819 über die geplante Erwerbung des Buches „L. V. Legunan, L'art de connaître et de guérir toutes les contagions vénériennes" [Die Kunst, alle Geschlechtskrankheiten zu erkennen und zu heilen], die allerdings in deutschen Quellen nicht aufgefunden werden kann und möglicherweise mit der von Jacobsohn erwähnten „der Öffentlichkeit nicht bekannten Aufzeichnung von Beethovens eigener Hand" identisch ist. Bis heute weiß man nicht, ob er jemals im Besitz dieses Buches war und zu welchem Zweck es ihm dienen sollte. Ein naheliegender Grund wäre der, daß er diese Informationsquelle für die Erziehung seines heranwachsenden, damals dreizehnjährigen Mündels Karl, dessen „unwürdige Mutter" er als eine bekannte öffentliche Person bezeichnete, benützen wollte. Im selben Jahr schrieb er an den Wiener Magistrat ausführlich sein geplantes Erziehungsprogramm: „Ohnehin habe ich nur immer auf sein Seelenheil gedacht, d. i. ihn dem Einflusse der Mutter zu entziehen. Glücksgüter lassen sich erwerben, Moralität muß aber früh ... eingeimpft werden." Es ist deshalb naheliegend, daß er die Absicht hatte, seinen „beinah gänzlich moralisch zugrunde gerichteten" Neffen Karl mit dem bevorstehenden Eintritt in die Pubertät über die Gefahren venerischer Krankheiten aufzuklären.

Ein weiteres Verdachtsmoment wurde von Dr. Andreas Bertolini, dem Assistenten Dr. Malfattis geliefert, der seit 1806 mit Beethoven befreundet und seit 1808 auch sein behandelnder Arzt war. Das Verhältnis zwischen den beiden muß ein sehr intimes gewesen sein, und sicher wurden dabei auch privateste Dinge besprochen. Eine Äußerung Dr. Bertolinis über Beethovens Liebesbeziehungen, die im Nachlaß des berühmten Mozarts-Forschers Otto Jahn gefunden wurde, lautet: „Beethoven hatte gewöhnlich Flammen, die Guicciardi, Frau von Frank, Bettina Brentano; daneben miselte er auch gewöhnlich [gemeint sind mit diesem Ausdruck: Liebeleien. Anm. d. Verf.], wobei er nicht immer gut wegkam." Beethovens Bemühungen um Frauen waren nicht gerade von Erfolg gekrönt, sofern es sich um die körperliche Liebe handelte, und dies ist wohl auch der Grund, warum er gelegentlich dem natürlichen Verlangen eines gesunden Mannes entsprechend käufliche Liebe in Anspruch nehmen mußte. Aus obiger Äußerung Dr. Bertolinis einen Verdacht auf eine luetische Infektion ableiten zu wollen, ist absurd. Ein viel schwerer wiegendes Argument sehen die Vertreter der syphilitischen These allerdings darin, daß Dr. Bertolini, als er 1831 an der Cholera erkrankte und mit seinem Ableben rechnete, alle Briefe und Notizen Beethovens verbrennen ließ, „weil einige derselben derart waren, daß er sie nicht in sorglose Hände kommen lassen wollte", wie Ernest Newman schrieb. Zweifellos waren darunter zahlreiche Mitteilungen, die Bertolini als großer Verehrer und Freund Beethovens als sehr vertraulich und nur für den Arzt bestimmt betrachtete. Sicher waren in diesen Dokumenten Angaben, die nur für den behandelnden Arzt bestimmt waren und deren eventuelle Veröffentlichung bei der Berühmtheit des Meisters Bertolini als grobe Verletzung der ärztlichen Schweigepflicht sehen mußte. Ebenso wichtig könnten aber auch private Gründe gewesen sein, da in den vernichteten Briefen erklärende Hinweise enthalten gewesen sein könnten. Von einer planmäßigen Vernichtung der Briefe zwecks Vertuschung von Hinweisen auf eine syphilitische Erkrankung Beethovens zu sprechen, wie Kerner dies tat, ist eine bewußte Unterstellung.

Durch ein besonders langes Leben zeichnen sich jene „Geister" aus, die Thayer, der Verfasser der ersten umfassenden Beethoven-Biographie, der noch persönlich mit Zeitgenossen des großen Komponisten Kontakt aufnehmen konnte, „rief". In einem Brief vom 29. Oktober 1880 an den Beethoven-Forscher Theodor von Frimmel soll er nämlich von einer Geschlechtskrankheit Beethovens gesprochen haben, die vielen Personen bekannt gewesen sei. Es ist jedoch bis heute kein einziger Beweis dafür zu finden. Dies gilt insbesondere auch für jene ominöse in Privatbesitz befindliche angebliche Notiz von Beethovens Hand, die auf eine venerische Erkrankung hinweisen soll. Ähnliches trifft auch für ein Rezept zu, das für Beethoven ausgestellt worden sein soll, und das sich angeblich in einem amerikanischen Museum befindet – der Ort ist bis heute aber unbekannt geblieben. Auch dieses Rezept, das Adam Politzer, der Verfasser der ersten „Geschichte der Ohrenheilkunde", in Händen gehabt haben soll, hat angeblich am Bestehen einer Syphilis keinen Zweifel gelassen. Solange allerdings diese ominösen „Beweismittel" nicht einer Kritik unterzogen werden können – der übrigens eine wissenschaftliche Überprüfung ihrer Echtheit vorausgehen müßte – , wirkt die Geheimhaltung solcher Aufzeichnungen mehr als kindisch, abgesehen davon, daß sich die Eigentümer solcher Dokumente nicht an Beethovens testamentarische Verfügung halten würden, „alles streng getreu der Wahrheit zu berichten, selbst wenn es die eigene Person betrifft". Wie kritiklos und stümperhaft übrigens von unberufener Seite Rückschlüsse von Behandlungsmaßnahmen und Rezepten auf eine luetische Erkrankung gezogen werden können, zeigt das Buch des Anwalts Brunold Springer; beim völlig unkompetenten Versuch, die damalige Medizin am Schicksal Beethovens mitverantwortlich zu machen, schreibt er: „Auch Beethoven scheint noch weit mehr das Opfer der Behandlung geworden zu sein: Erst in jüngster Zeit beginnt die Kritik, die Ärzte an das Tageslicht zu ziehen, die den armen, großen Meister mit übertriebenen Quecksilberkuren zugrundegerichtet haben (volatile Salbe)." Bei dieser Salbe handelt es sich um ein früher recht gebräuchliches Einreibemittel gegen rheumatische und anderweitige Schmerzen, das aus Mohnöl und einem Ammoniumliniment bestand. Wäre diese „volatile Salbe" (volatil = flüchtig) ein Mittel gegen Syphilis gewesen, hätte Beethoven ihre Anwendung wohl kaum in seinem Brief vom 19. Juni 1817 an die mit ihm befreundete und von ihm sehr geschätzte Gräfin Erdödy besonders erwähnt!

Dr. Jacobsohn, ein eifriger Vorkämpfer für die Syphilis-These, weist schließlich noch auf eine Auftreibung an der rechten Schläfe von Beethovens Kopfskelett hin, „wie sie gut auf dem Boden einer Syphilis entstehen könnte". Er behauptet sogar, diese umschriebene Verdickung am rechten Scheitelbein nicht nur auf der photographischen Abbildung des anläßlich der ersten Exhumierung angefertigten Schädelabgusses, sondern auch an der Lebendmaske von Franz Klein feststellen zu können. Inzwischen weiß man längst, daß es sich bei der beschriebenen Vorwölbung auf der Photographie Rottmayers um die Dokumentation eines Gipsabgußfehlers handelt; da bei der Sektion 1827 die Felsenbeine sowie die Kiefergelenke aus dem Schädel herausgesägt worden waren und auch im amtlichen Protokoll der ersten Exhumierung 1863 der Vermerk angegeben wurde, daß „mitten heraus ein Stück aus der Scheitelgegend fehlte", fühlte sich Gerhard von Breuning bemüßigt, nach der Exhumierung die Schädelteile mit Lehm wieder aneinanderzufügen, wodurch die bezeichnete Auftreibung als „Artefakt aus Lehm" entlarvt werden konnte. Die Erhöhung an der Lebendmaske wiederum rührt von dem „kleinen Backenbart vor dem Ohre" her, der die Abformung des Kopfes von Beethoven an dieser Stelle erschwerte. Daß es sich bei der als Hinweis für eine luetische Erkrankung beschriebenen Veränderung an der rechten Schädelhälfte Beethovens tatsächlich nur um Abgußfehler handeln konnte, geht schon daraus hervor, daß sie weder in der gewissenhaften Beschreibung des Schädels anläßlich der Obduktion noch bei der von Pathologen vorgenommenen Untersuchung während der Exhumierung der Leiche Beethovens erwähnt wurde.

Abschließend soll an dieser Stelle bereits vorweggenommen werden, daß sich auch sonst bei Beethoven keinerlei organische Veränderungen, die auf eine Syphilis hinweisen, feststellen ließen. Im Obduktionsbefund wurden weder Erweichungsherde im Gehirn noch luetische Veränderungen an den Hirnhäuten oder gar sogenannte gummöse Knoten, wie sie für die Syphilis charakteristisch sind, beschrieben. Aber auch von klinischer Seite muß ein Zusammenhang der Hörstörung mit einer luetischen Erkrankung entschieden abgelehnt werden. Wie schon der berühmte Wiener Ordinarius der Hals-Nasen-Ohren-Klinik, Professor Dr. Heinrich Neumann, in einer ausführlichen Abhandlung hervorhob, ist bei einer luetischen Erkrankung des Hörnervs so gut wie immer auch der zum Gleichgewichtsorgan ziehende sogenannte Vestibularnerv mitbetroffen, wodurch begleitend zur Hörstörung ein charakteristisches klinisches Bild mit Schwindel und Erbrechen erzeugt wird, Symptome also, von denen der sonst eher empfindliche Patient Beethoven niemals etwas berichtete. Schließlich spricht für den Kliniker auch der schleichend beginnende, langsam fortschreitende und ganz allmählich zur kompletten Ertaubung führende Verlauf gegen eine syphilitische Erkrankung des Hörnervs, da sich die Progression bei letzterer in plötzlich auftretenden Schüben bis zur kompletten Ertaubung abspielt.

Es wurde hier absichtlich etwas ausführlicher auf die Argumente der auch heute noch aktiven Verfechter der These, Beethovens Gehörleiden sei die Folge einer syphilitischen Infektion gewesen, eingegangen. Dem medizinisch nicht Vorgebildeten soll dadurch die Haltlosigkeit einer so schwerwiegenden Behauptung vor Augen geführt werden.

Bevor auf jene Diagnose der Hörstörung eingegangen wird, die den höchsten Grad von Wahrscheinlichkeit besitzt, sollen die wichtigsten Fakten aus der Krankengeschichte in Erinnerung gerufen werden: Der Beginn der Schwerhörigkeit ist nach brieflichen Angaben Beethovens wahrscheinlich schon um 1795 anzusetzen, angeblich als Folge eines schweren Typhus. Ursprünglich war nur sein linkes Ohr betroffen, doch wurde bald auch das rechte Ohr in das Leiden miteinbezogen. Schon bald litt er unter einem fortwährenden Sausen und Brausen in seinen Ohren. Auffallend war von Anfang an, daß er zunächst vor allem die hohen Töne von Stimmen oder Instrumenten nicht mehr hören konnte und er schon in den ersten Jahren seiner Hörstörung laute Töne oder Geräusche, wie etwa die Kanonenschüsse während der Belagerung Wiens durch die Franzosen, als ausgesprochen schmerzhaft empfand. 1802 stellten sich depressive Anwandlungen mit Gedanken an Selbstmord ein. Bis wenige Jahre vor seiner völligen Ertaubung blieb die sogenannte Knochenleitung der Luftschwingungen erhalten, wie die Verwendung von Holzstäbchen zwischen seinen Zähnen und dem Resonanzboden des Klaviers zur Herstellung einer Tonvermittlung zeigte. Die wiederholt beschriebenen Schwankungen seiner Hörfähigkeit könnten mit Erkältungen zusammenhängen, in deren Rahmen es zu begleitendem Tubenkatarrh gekommen sein könnte. Bei den Vorfahren und Geschwistern Beethovens lassen sich keine Gehörerkrankungen eruieren.

In Anbetracht dieser Vorgeschichte steht die von einer Reihe von Autoren vertretene Diagnose einer Otosklerose als Ursache der Hörstörung Beethovens auf sehr schwachen Beinen: Das Fehlen einer derartigen Erkrankung in der Verwandtschaft – vor allem in der weiblichen Linie –, der Beginn nach einer infektiösen Erkrankung, das anfängliche Verschwinden der hohen Töne und die Unverträglichkeit lauter Geräusche, die dem Otoskleotiker meist eine Erleichterung bedeuten, sind Argumente, die alle gegen eine Otosklerose sprechen. Dazu kommt noch, daß die für diese Krankheit charakteristische Versteifung der Gehörknöchelchen anläßlich der Obduktion nicht beschrieben wurde. Einem Pathologen, der so genau, wie Dr. Wagner es tat, das Spiralblatt in der Schnecke beschrieb, hat mindestens so genau auch das Mittelohr und die Steigbügelgegend inspiziert, so daß ihm eine Fixation des Steigbügels, wie sie für eine Otosklerose gefordert werden müßte, unbedingt aufgefallen wäre. Übrigens spricht auch die im Sektionsbefund beschriebene Verdickung der Ohrtrompete mit Wulstung der Schleimhaut und Verengung gegen den knöchernen Teil zu gegen Otosklerose, da bei dieser Krankheit eher eine weite Tube mit zarter Schleimhaut vorgefunden wird.

Während die klassische Form der Otosklerose, die eine Schalleitungsstörung als Folge einer Verlötung der Gehörknöchelchen im Mittelohr darstellt, als Ursache der Hörstörung bei Beethoven somit kaum in Betracht kommt, würden die geschilderten Symptome mit der Verlaufsform des sogenannten Innenohrtyps der Otosklerose recht gut übereinstimmen: der schleichende Beginn in jungen Jahren, die mitunter in Schüben erfolgende allmähliche Progredienz des Leidens, der Verlust der hohen Töne mit Bevorzugung der Konsonanten, die begleitenden Ohrgeräusche und schließlich das sogenannte positive Recruitment, also die Überempfindlichkeit gegenüber lauten Tönen, worüber ja Beethoven vor allem am Beginn seiner Hörstörung wiederholt klagte. Gerade diese Überempfindlichkeit Schwerhöriger gegenüber lauten Tönen ist charakteristisch für eine Schädigung des Labyrinths, während sie bei primären entzündlichen Erkrankungen der Hörnerven nicht angetroffen wird. Daß wir später von Beethoven nichts mehr über diese Überempfindlichkeit lauten Tönen gegenüber hören, würde sich aus der wahrscheinlich inzwischen bereits eingetretenen und im Obduktionsbefund ja auch bestätigten Degeneration der Hörnerven erklären.

In jüngster Zeit hat man auch versucht, die Hörstörung Beethovens mit einer Pagetschen Erkrankung, einer vor allem den Schädel, aber auch das übrige Skelett betreffenden Knochenerkrankung in Zusammenhang zu bringen. Schon Heinrich Neumann hat auf den mächtig verdickten Stirnschädelknochen, der in das Pagetsche Krankheitsbild passen würde, hingewiesen, und Dr. V. S. Naiken aus Philadelphia findet aufgrund eines Studiums der im Beethoven-Haus in Bonn aufliegenden Skizzen von Lyser aus dem Jahr 1823 und von Böhm aus dem Jahr 1820 diese Diagnose bekräftigt. Dabei wird allerdings übersehen, daß Beethoven schon in seiner Jugend eine auffallend gewölbte „olympische" Stirn aufwies und beim Gehen seinen Oberkörper leicht nach vorn geneigt hielt. Breuning berichtete auch, daß Beethoven seinen Hut schon immer weit zurückversetzt, mit der Krempe am Rockkragen aufsitzend, trug, um seine Stirn frei zu haben. Man darf diese Eigenheit deshalb wohl nicht als typisch für einen Paget-Kranken bezeichnen, dem infolge der zunehmenden Verdickung des Schädelknochens die Hüte zu klein werden. Es erscheint auch nicht angebracht, die mit zunehmendem Alter bei jedem Menschen auftretende Vergrößerung und Verbreiterung des Gesichtsschädels gerade bei Beethoven als ein Zeichen einer Pagetschen Erkrankung deuten zu wollen. Der Grund, warum man diese Knochenerkrankung mit so viel Akribie diagnostisch herausarbeiten wollte, ist der, daß man damit eine weitere Hypothese zur Erklärung der Hörstörung Beethovens zur Diskussion stellen konnte. Man hat nämlich beobachtet, daß bei dieser eher seltenen Erkrankung in etwa einem Viertel der Fälle eine Schwerhörigkeit bis hin zur Ertaubung gefunden werden kann, wenngleich der Beginn der Hörstörung fast ausnahmslos erst nach dem vierzigsten Lebensjahr erkennbar wird. Wenn es bei dieser Erkrankung zu Hörstörungen kommt, dann deshalb, weil infolge der durch die Knochenverdickung im Felsenbein verursachten Einengung des inneren Gehörgangs eine durch Druck verursachte Degeneration bzw. Schrumpfung der Gehörnerven einsetzt, die deshalb auch Zeichen einer Innenohrschwerhörigkeit im Sinn einer atypischen Otosklerose zur Folge hat. Abgesehen von der keineswegs zu beweisenden Annahme für das Vorliegen einer Paget-Erkrankung spricht der frühe Beginn der Hörstörung Beethovens in seinem 25. Lebensjahr sowie der in der Krankengeschichte mehrfach erwähnte Hinweis seiner Freunde Dr. Wegeler und Dr. Weissenbach, die ersten Hörstörungen hätten sich nach einem schweren Typhus eingestellt, eindeutig gegen eine atypische Otosklerose im Rahmen einer Pagetschen Erkrankung.

Neueste Untersuchungen von H. Bankl und H. Jesserer an wiederentdeckten Knochenteilen vom Schädel Beethovens lieferten übrigens den endgültigen Beweis, daß der Meister an keinem Morbus Paget litt.

Spannend wie ein Kriminalroman ist die Geschichte der Wiederauffindung jener Schädelknochen.

Schon aus den Protokollen der beiden Exhumierungen war zu entnehmen, daß außer den bei der Obduktion bereits entnommenen Felsenbeinen seit der ersten Exhumierung zusätzlich noch Teile des Hinterhauptbeines und der Scheitelbeine fehlten, ein Faktum, das in Fachkreisen schon lange bekannt gewesen sein dürfte und über welches bereits Theodor von Frimmel auf dem Abdruck der wissenschaftlichen Arbeit C. Langer von Edenbergs „die Cranien dreier musikalischer Koryphäen" aus dem Jahr 1887 folgende handschriftliche Notiz anbrachte:

„Beethovenschädel Hintere Scheitelgegend
schon nahe der Hinterhauptschuppe fehlt
fehlt linkes Scheitelbein
hinten unten fehlen beide Warzenfortsätze."

Damit stand es fest, daß anläßlich der ersten Exhumierung einige der zahlreichen Teile des zerbrochenen Schädels Beethovens entwendet und offenbar als wertvolle Reliquie aufbewahrt wurden. H. Bankl und H. Jesserer gelang es nun durch glückliche Umstände, den derzeitigen Besitzer jener Knochenfragmente ausfindig zu machen; es handelt sich um den Großneffen Adalbert Franz Seligmanns, der die in einer beschrifteten Metallbüchse aufbewahrten Schädelbruchstücke, deren Echtheit außer Zweifel steht, von seinem Vater Franz Romeo Seligmann übernahm. Letzterer war anläßlich der ersten Exhumierung Beethovens an der Untersuchung des Schädels beteiligt und fand dabei wohl Gelegenheit, einige knöcherne Bruchstücke zurückzubehalten.

Freundlicherweise wurden diese aus dem Nachlaß Albert Seligmanns stammenden Schädelbruchstücke den beiden Experten zur Untersuchung zur Verfügung gestellt. Sie kamen dabei zu dem Ergebnis, daß die Knochenfragmente zwar eine Verdickung gegenüber der Norm aufweisen, jedoch völlig normal aufgebaut sind und keinen Hinweis auf krankhafte Veränderungen – insbesondere auf ein etwaiges Vorliegen einer Pagetschen Erkrankung, deren charakteristischer Sitz gerade der Schädel zu sein pflegt – erkennen lassen. Damit konnte die in letzter Zeit wiederholt vorgebrachte Theorie, die Hörstörung Beethovens wäre Ausdruck einer Pagetschen Erkrankung, endgültig widerlegt werden.

Bleibt als letzte Erklärungsmöglichkeit jene einer Innenohr-Hörnerven-Schädigung, die aufgrund der bei Beethoven beschriebenen Symptome den höchsten Grad von Wahrscheinlichkeit besitzt. Diese Diagnose wird gestützt durch die wiederholten Hinweise eines spezifischen Verlusts der hohen Töne schon am Beginn der Hörstörung, die als Sausen und Brausen bezeichneten ständigen Ohrgeräusche, das schmerzhafte Empfinden lauter Töne oder Geräusche, die lange erhalten gebliebene Knochenleitung und der aus der Vorgeschichte rekonstruierbare typische Verlauf. Dieser zeigte den für die Innenohrschwerhörigkeit typischen schleichenden, fast unbemerkten Beginn und, nachdem die Erkrankung einen gewissen Grad erreicht hat, eine Progression, die mitunter jahrelang fast nicht nachweisbar war, sogar stillzustehen schien. Erst dann kommt es Jahre hindurch zu einem unaufhaltsam, jedoch nicht schubweisen Fortschreiten des Prozesses bis zu völliger Ertaubung. Dieser langsam progrediente Verlauf mit den jahrelangen Pausen entspricht ganz dem typischen Verlauf einer chronischen Entzündung der Hörnerven. Die Frage nach der Ursache, die diesen entzündlichen Prozeß ausgelöst hat, führt auf die Spur des von Dr. Weissenbach erwähnten Typhus. Man weiß heute allerdings nicht, wann diese Erkrankung genau stattfand und ob es sich dabei wirklich um einen Typhus abdominalis gehandelt hat. Ebensogut könnte die Krankheit ein Fleckfieber bzw. ein Flecktyphus gewesen sein, in dessen Gefolge ähnlich wie nach einem Bauchtyphus eine Schädigung der Hörnerven keine Seltenheit war. Im Handbuch der historisch-geographischen Pathologie schrieb August Hirsch vor mehr als hundert Jahren: „Die ... schwerste Typhusperiode des 18. Säculums füllt das letzte Decennium desselben aus [jenes Decenniums, in welchem Beethoven an einer derartigen Infektion erkrankt gewesen sein müßte. Anm. d. Verf.]; sie beginnt mit den Revolutionskämpfen auf französischem Boden und endet erst im zweiten Decennium des laufenden Jahrhunderts" und er fügte hinzu, daß „die Kriegsseuchen, und speciell der Typhus ... sich ... über ganz Europa verbreitet hat". Nach Hirsch sei der Bauchtyphus in Europa damals im selben Maße vorgekommen wie der Flecktyphus. Leider weiß man nicht, welcher Art die im Fischhoffschen Manuskript in den Sommer 1796 datierte „gefährliche Krankheit war, deren Stoß sich bei seiner Genesung auf die Gehörwerkzeuge setzte, von welcher Zeit an seine Taubheit sukzessive zunahm", und ob nicht schon vorher jener „furchtbare Typhus" auftrat, von dem Beethoven seinem Freund Dr. Alois Weissenbach später erzählte. Ein Bericht aus dem Jahr 1845 ließe tatsächlich vermuten, daß dieses Ereignis möglicherweise in das Jahr 1787 datiert werden könnte. In der „Wiener Zeitschrift" vom 16. 9. 1845 schreibt nämlich Johann Peter Lyser, Schriftsteller und Illustrator verschiedener Zeitschriften, dessen bürgerlicher Name eigentlich Ludwig Peter August Burmeister lautet, folgende merkwürdige Begebenheit aus dem Leben Beethovens: „Beethoven besuchte seine Mutter in Bonn ein Jahr vor ihrem Tode, wo sich seine Taubheit zeigte. Beethoven war eines Abends bei der Familie Simrock, wo eine junge Anverwandte den Kindern Märchen erzählte. Beethoven saß mit vorgerecktem Kopf, die Hände auf die Knie gestützt und hörte zu, unterbrach aber oft die Erzählerin, indem er fragte wie? was? das sagte der? das tat die?, wobei er dann oft die seltsamsten Reden zitierte, so daß die Kinder über sein Mißverstehen laut lachten. Der verstorbene Sänger Haberkorn rief endlich: ‚Kerl, bist du verrückt oder taub?', worauf Beethoven kein Wort mehr sprach."

Ob die damals offenbar bestandene Hörstörung mit dem Hinweis auf eine überstandene Typhuserkrankung in einem ursächlichen Zusammenhang steht, wissen wir natürlich nicht. Träfe es zu, daß diese Typhuserkrankung in jene Zeit des erwähnten Berichts zu datieren wäre – Schweisheimer verlegte schon 1922 aufgrund der ihm vorgelegenen Unterlagen den Typhus Beethovens in das Jahr 1787 – dann wäre die Hörstörung am ehesten als Innenohrerkrankung nach Typhus aufzufassen, eine Meinung, die bereits 1927 von Neumann vertreten wurde. Mit einer solchen Annahme wäre durchaus die briefliche Bemerkung Beethovens an Dr. Wegeler in Einklang zu bringen, aus der zu schließen ist, daß seine Hörfähigkeit schon vor 1796 merklich abgenommen haben dürfte und die 1796 erwähnte Erkrankung lediglich eine Verschlimmerung nach sich zog. Neueste Untersuchungen haben ergeben, daß bei Infektionen von Kindern und Jugendlichen mit dem Erreger Haemophilus influenzae, die von einer Gehirnhautentzündung begleitet sind, besonders häufig ein Hörverlust beobachtet wird, vor allem wenn verspätet mit der Behandlung begonnen wurde oder – wie dies zu Beethovens Zeiten der Fall war – überhaupt keine wirksame Hilfe möglich war. Die bei der Obduktion beschriebenen Veränderungen der weichen Hirnhaut im Bereich des Ursprungs der Hörnerven würden eine solche Auffassung stützen, da man sich durch den Druck der als begrenzte Verdickung bezeichneten umschriebenen Hirnhautentzündung die Entstehung „zusammengeschrumpfter und markloser Hörnerven" erklären könnte, wie sie im Autopsiebericht geschildert wurden.

Im allgemeinen ist allerdings ein derartiger postinfektiöser Krankheitsprozeß an den Hörnerven nach einer gewissen Zeit abgeschlossen und ein Fortschreiten ist immer nur dann denkbar, wenn neuerliche Schädigungen hinzukommen, wie schon Neumann betonte: „Besteht eine derartige Hörnervenerkrankung, dann wird sie durch alle möglichen Insulte welche den Organismus treffen, immer schwerer und schwerer. Derartige Insulte finden wir gerade in Beethovens Leben sehr zahlreich." Neben mehreren Tubenerkrankungen im Rahmen vieler Erkältungen, die im Obduktionsbericht ihre Spuren erkennen lassen, und seinen häufigen Darmerkrankungen, die sich schädlich auf seinen kranken Hörnervenapparat auswirken konnten, ist es vor allem auch die zunehmende Altersschwerhörigkeit, die das Bild einer fortschreitenden Innenohrschwerhörigkeit mit schließlicher Ertaubung konstruieren läßt.

Das Unterleibsleiden

In den Biographien Beethovens liest man immer wieder von den rätselhaften Unterleibsbeschwerden, die schon in seiner Jugend ihren Anfang nahmen und ihn bis an sein Lebensende begleiten sollten. Viele spekulative, medizinisch mehr oder weniger plausible Erklärungsversuche wurden unternommen, doch keine konnte bisher überzeugend die wahre Natur dieses chronischen Leidens aufzeigen.

Zum erstenmal wird 1789 von einer Erkrankung mit starken Diarrhoen gesprochen, deretwegen er Bettruhe einhalten mußte und von seinem fünf Jahre älteren Freund Wegeler, der eben sein Medizinstudium beendet hatte, betreut wurde. Wegeler berichtet auch, daß Beethoven 1795 und 1796 neuerlich mit Darmbeschwerden erkrankte und seiner Meinung nach „im kranken Unterleib . . . schon 1796 der Grund seiner Übel, seiner Schwerhörigkeit und seiner letztlich tödlichen Wassersucht" lag. Man erinnere sich nur an den 29. März 1795, wo er anläßlich seines ersten öffentlichen Auftretens in Wien wegen starker Bauchkoliken die Komposition seines ersten Klavierkonzerts beinahe nicht rechtzeitig fertigstellen konnte und von Wegeler behandelt werden mußte, der mit einfachen Mitteln auch die Diarrhoen zu lindern versuchte. Dr. Wawruch bezeichnete in seinem Krankenbericht Beethovens chronisches Darmleiden kurzweg nur als ein „Hämorrhoidalleiden", woraus mit Vorsicht auf gelegentliche Blutabgänge geschlossen werden könnte.

Seit 1795 klagte Beethoven immer wieder über fieberhafte Erkrankungen, die mit Verschlimmerung seines Darmleidens einhergingen. So berichtete er am 29. Juli 1801 an Wegeler: „Mein Unterleib, der schon damals, wie Du weißt, elend war, hier aber sich verschlimmert hat, indem ich beständig mit einem Durchfall behaftet war und mit einer dadurch außerordentlichen Schwäche ... blieb immer in seiner vorigen Verfassung ... Das dauerte bis voriges Jahr im Herbst, wo ich manchmal in Verzweiflung war ... Diesen Winter ging's mir wirklich elend, da hatte ich wirklich schreckliche Koliken und ich sank wieder ganz in meinen vorigen Zustand zurück und so blieb's bis vor ungefähr vier Wochen."

Über ein besonders schwer verlaufenes derartiges Ereignis berichtete Stephan von Breuning, bei dem sich Beethoven eben einquartiert hatte, in einem Brief vom 13. November 1804 an Wegeler: „Kaum bei mir, verfiel er in eine heftige, am Rande der Gefahr vorübergehende Krankheit, die zuletzt in ein anhaltendes Wechselfieber überging." Auch in den folgenden Jahren bis 1812, seiner schöpferischsten Periode, weist er in seinen Briefen immer wieder auf seine angeschlagene Gesundheit hin. Seine wiederholten Leibkoliken, die er als „seine gewöhnliche Krankheit" bezeichnete und die häufig auch von Fieber begleitet waren, zwangen ihn nicht selten zu Bettruhe und waren auch die Veranlassung für die verschiedenen Bäderkuren. Da seine Kolikbeschwerden, wie er meinte, vorwiegend durch seine mangelhaft zubereitete Kost ausgelöst wurden, beschloß er 1809, ein Dienerehepaar in seine Dienste aufzunehmen. Er schrieb damals einem Freund: „Zum Kochen muß ich jemand haben; solange die Schlechtigkeit der Lebensmittel so fortdauert, werde ich immer krank."

Besonders ernst dürfte Beethoven im Herbst 1816 erkrankt sein, wie dem Brief an Gräfin Erdödy vom 19. Juni 1817 zu entnehmen ist: „Seit dem 6. Oktober schon immer kränklich, überfiel mich ein starker Entzündungskatarrh, wobei ich lange im Bett zubringen mußte und es mehrere Monate währte, bis ich nur spärlich ausgehen durfte." Auch in dieser Periode wird wiederholt von schweren Koliken berichtet. Während dieser langwierigen und offenbar von Fieberschüben begleiteten Krankheitsphase dürfte auch eine Erkrankung der Atemwege vorgelegen haben, denn Bethoven schrieb am 7. Juli 1817 an Nanette Streicher: „Hiezu kommt noch die ängstliche Aussicht, daß es sich vielleicht nie mit mir bessert, daß ich selbst zweifle an meinem jetzigen Arzt, er erklärt nun doch endlich meinen Zustand für Lungenkrankheit." Desgleichen finden sich mehrere briefliche Hinweise, die von starken rheumatischen Gliederschmerzen und wiederholten Erkältungen sprechen.

1823 kam es neuerlich zum Auftreten von Durchfällen, verbunden mit Koliken und diesmal kompliziert durch eine langwierige und schmerzhafte „Augenentzündung", die im April begann und bis zum August andauerte. Während sich dieses Augenleiden im Sommer allmählich besserte, stellte sich im Juli sein Unterleibsleiden wieder mit verstärkten Beschwerden ein, wie er an Anton Schindler schrieb: „Ich befinde mich sehr übel, heute einen starken Durchfall ... nehme Medizin für meinen armen zugrund' gerichteten Magen." Ende August schrieb er an Erzherzog Rudolph: „Ich war neuerdings von meiner schon gebesserten katarrhalischen Affektion befallen worden, nebstdem noch mein Unterleib im elendsten Zustande." Daß man aus der Bezeichnung „Katarrh" nicht ohne weiteres auf eine katarrhalische Entzündung des Rachens oder der Luftwege schließen darf, sondern daß damit bei Beethoven wahrscheinlich viel öfter eine entzündliche Erkrankung des Darms gemeint war, geht aus einer Eintragung seines Arztes in das Konversationsheft vom Sommer 1823 hervor: „Für den Katarrh dürfen Sie nichts anderes als unter Tage ein paar mal Gerstenschleim nehmen; das Abweichen wird sich stillen." Im Frühjahr 1824 kam es im Rahmen neuerlicher Darmbeschwerden zu einem Wiederaufflackern der Augenentzündung, die mit Lichtscheu und erheblichen Schmerzen verbunden gewesen sein muß. Beethoven schrieb damals: „Ich muß meine Augen nachts verbinden, und soll sie sehr schonen."

Ein Jahr später, im Frühjahr 1825, wird über Blutungen aus der Nase und der Speise-röhre berichtet, auch Symptome seines Darmleidens stellen sich wieder ein. Neben den Koliken und den Durchfällen bestand längere Zeit auch Fieber, wie wir einer Eintra-gung Dr. Braunhofers in das Konversationsheft aus diesen Wochen eindeutig entneh-men können: „Ein jedes Fieber hat eine kurze Zeit, das Ihre ist schon im Abnehmen. Sie sind sehr zu Entzündungen geneigt, und es hat nicht viel gefehlt, so hätten Sie eine tüchtige Gedärmentzündung bekommen. Noch steckt die Anlage im Körper." Beetho-ven erholte sich auch von dieser Attacke, doch blieb seine Neigung zu Koliken und Diarrhoen auch während des folgenden Jahres bestehen. Zum letztenmal ist von krampfartigen Leibschmerzen und Durchfall während Beethovens letzten Lebenswo-chen zu hören, als ihm von Dr. Malfatti, der die hoffnungslose Lage des Kranken erkannt hatte, Eispunsch erlaubt wurde.

Um welches chronische Unterleibsleiden mag es sich nun aber bei Beethoven gehandelt haben? Unter dem Eindruck der Mitteilung des Chirurgen Dr. Alois Weissenbach, der von Beethoven erfahren haben will, daß dieser in seiner Jugend an einem schweren Typhus erkrankt war, vertrat man zunächst die Meinung, daß die beschriebenen Darm-symptome eine Folge des überstandenen Typhus gewesen seien. Abgesehen davon, daß es keine Beweise für einen Typhus gibt, sind derartige Dauerfolgen nach dieser Infek-tionskrankheit nie beobachtet worden. Deshalb kam Dr. Horst Scherf wohl auf den Gedanken, Beethoven hätte möglicherweise an einer Bangschen Krankheit gelitten, einer zu den sogenannten „Brucellosen" zählenden, vielfach chronisch verlaufenden und von häufig wiederkehrenden Fieberschüben gekennzeichneten bakteriellen Infek-tionskrankheit. Leider ist die versuchte Beweisführung, die durch gewaltsame Einbin-dung aller krankhaften Symptome Beethovens in das breite klinische Spektrum der Brucellosen von vornherein „jeden Zweifel an der Richtigkeit der Diagnose Bangs beseitigen" sollte, medizinisch nicht haltbar. Zunächst ist es undenkbar, daß eine solche Infektion noch in Beethovens Bonner Jugendzeit erfolgt war und Jahrzehnte hindurch ihr Unwesen getrieben haben sollte. Aber auch wesentliche Symptome in Beethovens Krankengeschichte stimmen nicht mit dem Bild dieser Infektionskrankheit überein: Beim chronischen „Bang" werden so gut wie niemals Durchfälle beobachtet, und das Allgemeinbefinden solcher Patienten ist trotz Schüben hohen Fiebers fast nicht beein-trächtigt, Beethoven aber fühlte sich während dieser langdauernden Fieberschübe erheblich geschwächt und matt. Schließlich ist es medizinisch nicht vorstellbar, daß sich nach mehr als dreißig Jahren eine akute Leberentzündung mit Gelbsucht entwickeln könnte, wo doch nach heutiger Kenntnis ein solches Ereignis nur im Rahmen einer aku-ten „Bang"-Erkrankung eintreten könnte. Dr. Scherf versuchte, solche Einwände von vornherein zu entkräften, indem er annimmt, daß sich Beethoven immer wieder eine sol-che Infektion zugezogen hätte, wobei er sogar die akute Lungenentzündung Beethovens nach seiner Rückkehr von Gneixendorf für ein „Bang-Rezidiv" hält. Schon diese weni-gen Gegenargumente mögen genügen, die Diskussion über diese These zu beenden.

Bedeutsamer dürften hingegen die in den letzten Jahren wiederholt von verschiedenen Ärzten vorgebrachten Hinweise sein, Beethoven könnte an einer chronischen Entzün-dung der Bauchspeicheldrüse auf alkoholischer Basis gelitten haben, die für die jahr-zehntelangen Bauchbeschwerden verantwortlich gemacht werden könnte. Nachdem erstmals vor mehr als zwanzig Jahren amerikanische Autoren diese Möglichkeit in Betracht zogen, hat sich in jüngster Zeit vor allem Franken um die Beweisführung die-ser These bemüht. Der Obduktionsbefund kommt ihm bei seinen Bemühungen zu Hilfe, denn im Autopsieprotokoll heißt es: „Die Milz traf man mehr als nochmals so groß, schwarz gefärbt, derb; auf gleiche Weise erschien auch die Bauchspeicheldrüse größer und fester; deren Ausführungsgang war von einer Gansfederspule weit." Dieser Befund besagt, daß die Bauchspeicheldrüse derber als normal war und ihr Hauptausführungsgang etwas erweitert gewesen sein dürfte – soweit man dies aus der damals üblichen ungefähren Weitenangabe mit Hilfe von Rabenfedern oder Gänsefedern schließen kann. Damit ist aber auch bereits das Vorliegen einer chronisch-entzündlichen Veränderung der Bauchspeicheldrüse bestätigt, eine Feststellung, die allerdings nur das aussagt, was man heute aus großen Untersuchungsreihen weiß: daß nämlich rund die Hälfte aller Patienten mit alkoholischer Leberzirrhose eine chronisch entzündliche Veränderung der Bauchspeicheldrüse aufweist. Dieser Befund kann jedoch mit Sicherheit nicht das jahrzehntelange Unterleibsleiden Beethovens erklären. Man weiß heute, daß der Entwicklung einer derartigen chronischen Entzündung der Bauchspeicheldrüse eine jahrelange regelmäßige Konsumation beträchtlicher Alkoholmengen vorausgehen muß; da Beethoven aber schon ab seinem zwanzigsten Lebensjahr von Koliken und Durchfällen geplagt wurde, müßte er schon im zarten Schulalter Alkohol getrunken haben. Dazu kommt noch, daß eine chronische Bauchspeicheldrüsenentzündung zwar durch ein in Schüben verlaufendes Auftreten von dumpfen, seltener kolikartigen Schmerzen im Bauch gekennzeichnet ist, daß aber Durchfälle, noch dazu verbunden mit oft langanhaltenden Fieberperioden nicht zum Symptomenbild dieser Krankheit gehören. Erst nach sehr langem Bestehen einer chronischen Bauchspeicheldrüsenentzündung – wenn das Drüsengewebe bereits weitgehend durch Bindegewebe ersetzt oder verdrängt wurde – kann es zum Auftreten sogenannter Fettstühle kommen, die allerdings nichts mit den bei Beethoven beschriebenen „Durchfällen" gemein haben. Stimmt somit schon die Symptomatik nicht überein, so schließt das Vorkommen der Diarrhoen Beethovens vor seinem zwanzigsten Lebensjahr eine damals schon so weit fortgeschrittene Zerstörung der Bauchspeicheldrüse völlig aus. Man darf deshalb mit Sicherheit annehmen, daß weder die Koliken noch die Durchfälle Beethovens zu irgendeiner Zeit seines Lebens durch die bei der Obduktion beschriebene, bei Leberzirrhose häufig anzutreffende chronisch-entzündliche Veränderung an der Bauchspeicheldrüse hervorgerufen wurden.

Der amerikanische Arzt Dr. London versuchte, diese Diskrepanz durch die Diagnose eines sogenannten „Reizdickdarms" auszugleichen, eine auch heute häufig anzutreffende funktionelle Störung der Dickdarmtätigkeit mit Perioden von Durchfällen oder Verstopfung sowie häufig krampfartigen Schmerzen im Bauch, die meist durch psychische Streßsituationen ausgelöst werden. Auch aus Beethovens Krankengeschichte ist herauszulesen, daß sein Darmleiden vor allem in Zeiten seelischer Spannungen auftrat. Was jedoch entschieden gegen die Annahme eines „irritablen Colon", eines Reizdickdarms, spricht, ist der Umstand, daß es bei diesem Krankheitsbild nie begleitende Fieberschübe gibt; auch nehmen die Kolikschmerzen sowie die Durchfälle nie ein solches Ausmaß an, daß sie zu einer solchen Schwäche und Hinfälligkeit führen könnten, wie bei Beethoven zwischen 1800 und 1825 wiederholt beobachtet wurde.

Die einzige Diagnose, auf die sämtliche im Zusammenhang mit Beethovens Darmleiden beschriebenen Symptome zutreffen würden, ist die „Enterocolitis regionalis Crohn", eine chronisch in wiederkehrenden Schüben auftretende eigenartige Entzündung, die im Prinzip an jeder beliebigen Stelle des gesamten Verdauungskanals vorkommen kann, mit Vorliebe aber den Endabschnitt des Dünndarms und den Dickdarm zu befallen pflegt. Die Erkrankung beginnt in der überwiegenden Mehrzahl der Fälle zwischen dem zwanzigsten und dem dreißigsten Lebensjahr, vereinzelt sogar schon bei

Teenagern. Die Frühsymptome sind meist uncharakteristisch und durch die typische Kombination von Diarrhoen, Leibschmerzen und Fieber gekennzeichnet. Die Diarrhoen sind anfangs mild, können aber in späteren Jahren periodenweise so heftig werden, daß sie infolge des Flüssigkeitsverlusts und des Verlusts wertvoller Nahrungsbestandteile zu hochgradiger Schwäche und Hinfälligkeit mit erheblichem Gewichtsverlust führen können. Relativ frühzeitig können sich Schleimhauteinrisse oder lokale Infektionen in der Afterregion entwickeln, die leicht zu Blutungen führen und nicht selten zunächst als Hämorrhoidalleiden gedeutet werden. Die begleitenden Schmerzen können als chronischer Dauerschmerz im rechten Unterbauch oder in der Nabelgegend empfunden werden, nehmen jedoch meist bald einen krampfartigen Charakter an. Die Kolikschmerzen sind dann insbesondere vor dem Einsetzen der Diarrhoe heftig, während sie im Verlauf der Durchfallperiode etwas nachzulassen pflegen. Die Schübe bei dieser Crohnschen Erkrankung sind oft von nicht sehr hohem Fieber begleitet, das in manchen Krankheitsperioden lange Zeit sogar das einzige Symptom sein kann. Überhaupt ist der Verlauf dieser Erkrankung äußerst variabel, und man weiß heute, daß viele Patienten mit „Crohn" oft jahrelang völlig beschwerdefrei bleiben, bis es wieder – mitunter auch durch psychische Streßfaktoren ausgelöst – zu einem neuen Krankheitsschub kommt. In der Mehrzahl führt die Krankheit allerdings zu einer zunehmenden Beeinträchtigung des Allgemeinzustands und zum Auftreten von Komplikationen, unter denen innere und äußere Darmfisteln und vor allem der Darmverschluß gefürchtet sind. Weniger gefährlich, für den Kranken aber immerhin belastend sind begleitende entzündliche Schübe im Bereich der großen Gelenke und der Wirbelsäule, deren Intensität starken Schwankungen unterliegt und zeitlich mit dem Auftreten neuerlicher Darmbeschwerden korreliert. Ähnliches gilt vom Auftreten komplizierender Augenerkrankungen, bei denen es sich meist um eine Entzündung der Bindehaut und der Regenbogenhaut handelt; dieses Augenleiden, das bei einem Schub des „Crohn" plötzlich aufflackern kann, ist durch Lichtempfindlichkeit, Schmerz im Bereich der Augenhöhlen und Kopfschmerzen gekennzeichnet und kann monatelang anhalten. Schließlich können Patienten mit langdauernder Crohnscher Erkrankung eine stark erhöhte Neigung zur Ausbildung von Nierensteinen sowie von Steinen in der Gallenblase aufweisen, eine Erkenntnis, die erst während der letzten Jahre mit zunehmender Erfahrung auf dem Gebiet dieser keineswegs seltenen Erkrankung gewonnen wurde.

Vergleicht man nun diese Schilderung des klinischen Bildes einer Crohnschen Erkrankung mit der Krankengeschichte Beethovens, dann findet man in dieser viele für diese Krankheit typische Symptome wieder: Die in frühester Jugend beginnenden krampfartigen Leibschmerzen, verbunden mit Durchfällen und Fieber, die sich in den folgenden Jahrzehnten häufig wiederholten und mehrmals zu so schwerer Beeinträchtigung des Allgemeinbefindens führten, daß Beethoven selbst jede Hoffnung auf Genesung aufgab; die frühzeitige Erwähnung eines Hämorrhoidalleidens; die häufige Auslösung von Koliken und Durchfällen durch psychische Faktoren, später auch wiederholte Klagen über rheumatische oder gichtische Schmerzen und schließlich das zweimalige Auftreten eines langwierigen und schmerzhaften Augenleidens. In diese Diagnose fügen sich auch noch zwei bisher wenig beachtete Befunde im Obduktionsprotokoll, nämlich die Erwähnung von Nierensteinen in fast jedem Nierenbeckenkelch sowie der körnige, grießähnliche Bodensatz in der Gallenblase.

Es erscheint deshalb naheliegend anzunehmen, daß Beethoven schon in jungen Jahren an einer „Enterocolitis Crohn" erkrankte und daß es dieses Leiden war, das ihn bis zum Tod begleitete und das er wegen der häufigen und oft monatelangen Krankheitsschübe als seine „gewöhnliche Krankheit" bezeichnete. Durch die Nachforschungen von C. Hawkins weiß man, daß schon Anfang des 19. Jahrhunderts in England mehrere, durch Autopsien belegte Fälle einer chronisch entzündlichen Darmkrankheit beschrieben wurden, die man heute als Crohnsche Krankheit interpretieren muß. Die Krankheit existierte also nachweislich zu Beethovens Zeiten!

Was gegen die Annahme einer Crohnschen Erkrankung bei Beethoven zu sprechen scheint, ist der Umstand, daß der Obduzent bei seiner sorgfältigen Sektion nichts über Veränderungen im Bereich des Dünn- oder Dickdarms berichtet hat. Weiß man doch, daß ein Crohn zwar klinisch ausheilen kann, niemals jedoch ohne autoptisch nachweisbare Spuren abgelaufener entzündlicher Veränderungen am Dünn- und Dickdarm. Eine Erklärung dafür könnte sein, daß der Obduzent Dr. Wagner sein Interesse fast ausschließlich auf die Gehörorgane und auf die mit dem Leberleiden im Zusammenhang stehenden Organen konzentrierte, während er dem gesamten Verlauf des Darms kaum Beachtung schenkte – ein Verhalten, das durch die Vornahme einer „privaten Sektion" in der Wohnung Beethovens auch aus anderen naheliegenden Gründen verständlich wäre.

Der Erstbeschreiber dieser Erkrankung, Burril B. Crohn, wies schon 1932 darauf hin, daß selbst die hervorragendsten Pathologen zu Beginn unseres Jahrhunderts die Veränderungen an den meist umschriebenen Darmabschnitten nicht beachtet haben dürften. Den Grund dafür, daß ein so wohlumschriebenes Krankheitsbild so lange Zeit auf diese Weise übersehen wurde, sah Crohn darin, daß dieses Leiden ebensogut wie niemals den Tod eines Menschen herbeiführte und der Pathologe deshalb sein Augenmerk auf andere Ziele richtete.

Mangels eines autoptisch bestätigten morphologischen Substrats kann die Wahrscheinlichkeitsdiagnose Crohn somit nur aufgrund der ausführlich geschilderten klinischen Symptome gestellt werden. Da im Laufe der jahrzehntelang dauernden Erkrankung kein körperlicher Verfall eintrat, ja Beethoven bis kurz vor seinem Todesjahr rüstig blieb, könnte es sich wohl nur um ein Befallensein des Dickdarms gehandelt haben. Eine Colitis ulcerosa, also eine geschwürige Dickdarmentzündung scheidet eher aus, da diese zwar ebenfalls einen mit Schüben einhergehenden langjährigen Verlauf haben kann, selten jedoch mit Fieber einhergeht und durch reichlich Schleim- und Blutabgänge charakterisiert ist. Die Einordnung des Darmleidens Beethovens in den Begriff des Colon irritabile, also eines als psychosomatische Krankheit geltenden Reizdickdarms, erscheint auf den ersten Blick zwar bestechend, läßt jedoch einige wichtige Symptome in Beethovens Krankengeschichte außer acht: Ein Reizdickdarm ist niemals mit Fieberperioden vergesellschaftet und führt niemals zu derartigen Durchfällen über Wochen oder sogar Monate, wie sie Beethoven beschrieben hat.

Somit lassen sich am ehesten alle Symptome einer Darmkrankheit tatsächlich in das Krankheitsbild des „Morbus Crohn" einreihen, weshalb diese Diagnose wohl den höchsten Grad an Wahrscheinlichkeit für sich in Anspruch nehmen darf.

Das Leberleiden

Über die Natur von Beethovens letzter, zum Tod führenden Krankheit herrschte zu keiner Zeit ein Zweifel. Die genaue Beschreibung der klinischen Symptome durch Dr. Wawruch, der bei der Untersuchung neben der Gelbsucht und der Bauchwassersucht auch „deutliche Spuren von harten Knoten" an der Leber feststellen konnte, sowie vor allem der Obduktionsbefund, in welchem die Leber „auf die Hälfte ihres Volumens zusammengeschrumpft, lederartig fest ... und an ihrer höckerichten Oberfläche, sowie an ihrer Substanz mit bohnengroßen Knoten durchwebt" beschrieben wurde, gestatten es, mit Sicherheit die Diagnose einer Leberzirrhose zu stellen. Bei dieser Krankheit werden die absterbenden Leberzellen allmählich immer mehr durch derbe bindegewebige Stränge ersetzt, wodurch der normale Aufbau der Leberläppchen zerstört wird; durch die regenerierenden Knötchen und die vermehrte Bindegewebsbildung wird der Blutfluß durch die immer mehr eingeengten und in ihrem Lauf verzerrten Blutgefäße innerhalb der Leber zunehmend erschwert, was eine beträchtliche Stauung des Blutes in den Venen der Speiseröhre und in der Milz zur Folge hat und zu einem „Abtropfen" von Blutserum in die Bauchhöhle, eben zur Bauchwassersucht, führt. Im Obduktionsbefund sind dementsprechend in der Leber „sämmtliche Gefäße ... sehr enge, verdickt und blutleer", die Milz „nochmals so groß, schwarz gefärbt, derb" und in der Bauchhöhle „vier Maß [etwa acht Liter. Anm. d. Verf.] graulich-brauner trüber Flüssigkeit" festgehalten. Die Speiseröhre wurde leider keiner genaueren Inspektion unterzogen, so daß über das Verhalten der Venen keine direkte Information vorhanden ist, doch gibt es von Beethoven selbst einen indirekten Hinweis auf stark erweiterte Speiseröhrenvenen in jenem aufschlußreichen brieflichen Zwiegespräch mit seinem Arzt. Dr. Braunhofer vom 13. Mai 1825, wo es an einer Stelle heißt: „Ich speie ziemlich viel Blut aus, wahrscheinlich nur aus der Luftröhre; aus der Nase strömt es aber öfter, welches auch der Fall diesen Winter öfter war." Diese Blutung kam nicht, wie Beethoven vermutete, aus der Luftröhre; bei Blutungen aus den Atemwegen kommt es zwar zu Bluthusten, nicht jedoch zu Bluterbrechen. Letzteres hat seine Ursache stets in Blutungen aus dem Magen oder der Speiseröhre; Mangels eines autoptischen Befunds der Speiseröhre weiß man natürlich nicht mit Sicherheit, ob diese Blutung wirklich aus gestauten Venen kam. Da Beethoven offenbar damals auch öfter an Nasenbluten litt, könnte zurücklaufendes Blut aus der Nase verschluckt und so eventuell erbrochen worden sein. Diese verstärkte Blutungsneigung aus der Nase weist im übrigen darauf hin, daß zu diesem Zeitpunkt sein Leberleiden bereits Auswirkungen auf die Blutgerinnung erkennen ließ. Später findet diese Blutgerinnungsstörung auch in zahlreichen kleinen Hautblutungen ihren Ausdruck, ein Befund, der im Obduktionsprotokoll festgehalten wurde: „Der Leichnam war ... mit schwarzen Petechien [punktförmigen Hautblutungen. Anm. d. Verf.] übersäet."

So klar die Aussagen über die Diagnose von Beethovens Leberkrankheit und ihren tödlichen Folgen sind, so widerspruchsvoll sind die Meinungen über deren Ursache. Beethovens Freund Dr. Wegeler war der erste, der „im kranken Unterleib ... schon 1796 den Grund ... seiner letzten tödlichen Wassersucht" sah, weshalb wohl Dr. Schweisheimer später meinte, daß ein in der Jugend durchgemachter Typhus die Ursache der Leberzirrhose gewesen wäre, während Dr. Scherf eher eine seinerzeit erworbene Infektion mit Brucellen – die „Bangsche Krankheit" – ursächlich verantwortlich machen wollte. Während man heute weiß, daß sich aus einem Typhus niemals eine Leberzirrhose entwickeln kann, sind bei der Bangschen Erkrankung Leberveränderungen – von der Leberentzündung bis hin zur Leberzirrhose – bekannt, wenn auch nur in Ausnahmefällen. Da jedoch eine Bangsche Erkrankung klinisch ausgeschlossen werden kann, bedarf es auch keiner weiteren Diskussion über mögliche ursächliche Zusammenhänge mit Beethovens Leberzirrhose.

Ein ursächlicher Zusammenhang des Leberleidens mit einer Crohnschen Erkrankung wäre schon eher denkbar. Bei dieser Krankheit treten nämlich ähnlich wie bei der geschwürigen Dickdarmentzündung in über der Hälfte der Fälle Leberveränderungen verschiedener Art auf. Meist sind es entzündliche Prozesse im Bereich der kleinsten Gallengänge, die vom Patienten selbst meist gar nicht wahrgenommen werden; gelegentlich kann es aber dabei zu Fieber mit Gelbsucht und Oberbauchschmerzen kommen, Symptome, die sich auch meist bald zurückbilden und nur in seltenen Fällen auch einmal zu einer Leberzirrhose führen können.

Schließlich muß noch die Möglichkeit einer kausalen Beziehung zu der 1821 aufgetretenen Gelbsucht diskustiert werden. Mit Sicherheit handelte es sich damals um eine infektiöse Virusentzündung der Leber, wobei als Infektionsquelle neben infiziertem Wasser eventuell auch die Austern in Betracht kämen, die Beethoven besonders gern aß. In diesem Fall würde es sich um eine Infektion mit Hepatitis-Virus A gehandelt haben, die allerdings nie in eine Leberzirrhose übergeht. Dies wäre nur nach einer Infektion mit Hepatitis-B-Virus denkbar, für welche die Zeit von einigen Monaten sprechen würde, die zwischen dem rheumatischen Prodrom (Vorstadium) und dem Ausbruch der Gelbsucht verstrichen ist. Wir wissen nicht, ob es damals bereits eine Hepatitis-B gab, die ja fast ausschließlich nur auf dem Blutweg übertragen wird, oder ob es sich bei dieser Form der Leberentzündung um eine Erkrankung des 20. Jahrhunderts handelt. Gab es sie damals schon, dann müßte sie wohl durch Sexualverkehr übertragen worden sein, eine Möglichkeit, die sich Beethoven offenbar nicht verbaut hat.

Um es gleich vorwegzunehmen: Beethovens Leberzirrhose ist mit an Sicherheit grenzender Wahrscheinlichkeit die Folge einer Schädigung durch regelmäßigen Alkoholkonsum, der seit seiner Bonner Jugendzeit nachgewiesen werden kann und der auch die oben erwähnte chronisch-entzündliche Veränderung an der Bauchspeicheldrüse verursacht haben dürfte. Wie schon erwähnt, variiert die individuelle Empfindlichkeit gegenüber Alkohol sehr stark und wird von einer Reihe genetischer Faktoren bestimmt. Nur rund zwanzig Prozent unserer Bevölkerung sind gefährdet, durch chronischen Alkoholkonsum eine Schädigung der Leber oder der Bauchspeicheldrüse zu erleiden, wobei die Anfälligkeit dieser beiden Organe unterschiedlich ist und von verschiedenen erblichen und umweltbedingten Faktoren abhängt. Diese Eigentümlichkeiten erklären, warum bei entsprechender Disposition eines Menschen schon ein täglicher Alkoholkonsum von nur 60 bis 80 Gramm – zwei Liter Bier oder zwei bis drei Viertel Wein – genügen kann, um im Lauf der Jahre an einer Leberzirrhose zu erkranken. Man braucht also keineswegs ein „Trinker" zu sein, wenn man an einer alkoholischen Leberzirrhose erkrankt. Bei entsprechender genetischer Belastung reichen dazu schon relativ kleine, über den Tag verteilte Mengen von Bier oder Wein aus. Unter diesen Aspekten erscheint es deshalb unverständlich, warum es ein Sakrileg sein sollte, für die im Obduktionsprotokoll als typisch kleinknotige Leberzirrhose beschriebene Erkrankung eine alkoholische Genese in Betracht zu ziehen, um so mehr, als auch eine emotionsfreie Betrachtung der uns zur Verfügung stehenden schriftlichen Quellen in diese Richtung weist. Auf die familiäre Belastung habe ich an anderer Stelle bereits hingewiesen. Beethoven war sicher kein echter Trinker, aber er nahm gern – schon in Bonn – Alkohol zu sich, und da er der Ansicht war, daß Wein gut für seine Gesundheit sei, nahm er meist eine kleine Flasche täglich zum Essen.

Es gibt auch Hinweise von Beethovens Ärzten auf seine Trinkgewohnheiten. So schreibt Wawruch in einem Rückblick auf Beethovens letzte Lebensepoche: „Nie gewohnt, an einen ärztlichen Rath ernstlich zu denken, fing er an, geistige Getränke zu lieben, um die abnehmende Eßlust zu wecken, und der Schwäche des Magens durch starken Punsch und Gefrorenes im Übermaß genossen, durch lange ermüdende Excursionen zu Fuße einigermaßen aufzuhelfen. Gerade diese Änderung seiner Lebensweise hatte ihn vor etwa sieben Jahren an den Rand des Grabes geführt." Noch im Herbst 1826, als während seines Aufenthalts auf dem Landsitz seines Bruders bereits die Bauchwassersucht im Entstehen war, sprach er noch immer dem Wein zu. Bruder Johann erzählte, daß Ludwig „nichts als mittags einige weiche Eier aß, aber dann mehr Wein trank".

Anton Schindler hat die Bemerkungen Dr. Wawruchs in seinem Krankenbericht heftig kritisiert, wonach dieser Beethoven durch solche Äußerungen „zum Trunkenbold" erklärt hätte, doch gab er gleichzeitig zu, „daß schon vor Wawruchs Aufsatz dieses böse Gerücht verbreitet war". Aus allen Unterlagen geht hervor, daß Beethoven kein Alkoholiker oder Trunkenbold war, sondern so wie viele seiner Freunde gerne ein Glas Wein oder Bier getrunken hat, dies allerdings regelmäßig sein ganzes Leben hindurch. Die Bedeutung des Alkohols im Leben Beethovens aber mit dem moralisierenden Hinweis auf „den edlen Charakter Beethovens und auf seinen unerschütterlichen Glauben an seine Sendung" leugnen zu wollen, würde den menschlichen Seiten dieses Geistesriesen nicht gerecht werden.

Bleiben wir deshalb getrost bei der sachlichen medizinischen Diagnose einer alkoholischen, kleinknotigen Leberzirrhose, die Anfang Dezember 1826 durch eine akute Lungenentzündung aus den Fugen geriet und von da an unaufhaltsam innerhalb weniger Monate zum Tod im Leberkoma führte. Seine Sterbestunde inmitten des Tobens eines Wintergewitters mit Schneegestöber, Blitz und Donner veranlaßte Dr. Wawruch, seinen Krankenbericht mit den Worten zu beschließen: „Würde ein römischer Augur aus dem zufälligen Aufruhr der Elemente nicht auf seine Apotheose geschlossen haben?"

Es wird immer ein Wunder für uns bleiben, daß dieses absolut Methodische im Werdegang des jungen Beethoven und sein kraftvolles, zielbewußtes Vorgehen bis zu den höchsten Höhen menschlich erreichbarer Gefilde der Kunst in einem Körper vor sich ging, in welchem sich schon während der Anfangsjahre seines Reifungsprozesses quälende, bis zu seinem Tod anhaltende Krankheitserscheinungen von Seiten seines Darmes abspielten und der in den letzten Jahren seines Lebens in zunehmendem Maße durch die Auswirkungen seines tödlichen Leberleidens gepeinigt wurde. Noch unvorstellbarer ist es, daß Beethoven, den die Tonkunst aller Völker und Zeiten ihren Meister nennt, schon in jungen Jahren das Gespenst der drohenden Ertaubung erleben mußte und dennoch unaufhaltsam, immer wieder neue Formen findend, von einer Schöpfung zur anderen stürmte bis zu jenen gewaltigen letzten Werken, die er selbst nie mehr akustisch wahrnehmen konnte.

FRANZ SCHUBERT

Kaum eine Musik unserer großen Komponisten hat so unmittelbar den Weg in die Herzen so vieler Menschen gefunden wie die Franz Schuberts, und keiner unserer großen Meister der Tonkunst mußte für seine Kunst einen höheren Preis bezahlen als er. Schubert, ein wahrer Liebling der Götter und ein „geborener Melodiker", lebte lange Zeit in der Vorstellung vieler Menschen als der bescheidene, einfache und etwas weltfremde musizierende Schulmeister in gemütlicher Biedermeierkleidung, der nur aus der Inspiration zu schöpfen brauchte. Durch überflüssige Romane und Operetten entstand das bis heute existierende Klischeebild vom „Drei-Mäderl-Haus"-Komponisten und vom „Schwammerl", wie sein Spitzname unter Freunden im Schubertkreis lautete.
Dieses Klischeebild ist in den letzten Jahren in zunehmendem Maße korrigiert worden. Seit die Schubert-Gesamtausgabe einen Einblick in das unvorstellbar reiche Lebenswerk dieses Meisters gewährte und man seine Biographie nicht nur psychoanalytisch, sondern auch gesellschaftspolitisch aufzuarbeiten begann, hat das Klischee vom „liebenswerten Franzl" wohl endgültig ausgedient. Leider hat der Versuch, den Künstler und Menschen Schubert psychoanalytisch zu entschlüsseln, zu einer Art neuer Legendenbildung geführt, in der Schubert als Neurotiker dargestellt wird: Dieses Leiden soll ihm im Sinn einer Kompensationsleistung für seelische Gebrochenheit die erforderlichen Kräfte für seine schöpferisch so intensive und tiefgründige Arbeit verliehen haben. Mit dieser Akzentverschiebung versucht man, die Musik Schuberts als einen selbsttherapeutischen Akt in Gestalt einer Art „Trauerarbeit" für erlittene Kindheits- und Jugendtraumen darzustellen, womit er den unbewältigten Konflikt seines Ödipuskomplexes zu überwinden versuchte. Es liegt auf der Hand, daß eine solche psychoanalytische Betrachtungsweise die Auswirkungen der familiären Umwelt auf die Persönlichkeitsentwicklung Schuberts zu stark in den Mittelpunkt des Blickfeldes rückt, aber den historischen Ereignissen in der Zeit des Vormärz und den damaligen gesellschaftspolitischen Verhältnissen in ihrer Bedeutung für die Verwirklichung seiner künstlerischen Unabhängigkeit über das Medium seiner Musiksprache zuwenig Beachtung schenkt. Heute wissen wir, daß seine depressive Persönlichkeitsstruktur und seine so oft zitierte Todessehnsucht, die in vielen seiner Kompositionen mitklingt, nicht nur das Ergebnis entscheidender Erlebnisse in seiner Kindheit, sondern auch jener zeitbedingten Resignation und Lebensmüdigkeit waren, wie sie durch die Repressionen der Metternich-Zeit erzeugt wurden.
Derartige psychoanalytische und gesellschaftspolitische Durchforstungen seiner Biographie haben zweifellos ganz wesentlich dazu beigetragen, daß die lange Zeit vorherrschenden Klischees der Verniedlichung Schuberts einer gründlichen Revision unterzogen werden mußten. Aber auch der Versuch einer Glorifizierung Schuberts, wie dies in jüngster Zeit wiederholt unternommen wurde, kann wieder nur eine Verzerrung von Person und Werk des Meisters zur Folge haben. Indem man ihn zum Übermenschen mit dämonischem Schaffenstrieb und zum musikalischen Genie schlechthin erklärt, fügt man dem mühsam korrigierten Schubertbild neuerlich Gewalt zu und fordert jene

Kräfte heraus, die sich mit der heute so modernen systematischen Demontage genialer Künstler in Wort und Bild materielle Erfolge versprechen.

Der Schlüssel zu dem angeblich so populären, in Wirklichkeit aber auch heute noch von so wenigen wirklich verstandenen Schubert, von dem Beethoven noch auf dem Totenbett sagte: „Wahrlich, in diesem Schubert wohnt der göttliche Funke", liegt in der Fähigkeit des einzelnen, den unvorstellbaren Facettenreichtum und den unwiederholbaren Reiz seiner Musik, die von sonnendurchfluteten Höhen bis in nicht mehr auslotbare Tiefen unserer Seele vorzudringen vermag, selbst zu entdecken. Wie schwierig dies für manche Menschen sein kann, zeigt das Beispiel Bernhard Shaws, der in einer Kritik über Schuberts große C-Dur-Sinfonie, der nach dem kompetenten Urteil Robert Schumanns „größten Instrumentalmusik, die seit Beethoven geschrieben wurde", die „hirnlose" Bemerkung machte, daß „eine hirnlosere Musik niemals aufs Papier gesetzt worden ist". Der Grund, warum gerade Schubert so viele Jahre von der Welt so gründlich mißverstanden wurde, mag damit zusammenhängen, daß das unerhört Neue und Kühne seiner Musik erst allmählich mit der Weiterentwicklung der musikalischen Ausdrucksmöglichkeiten richtig erfaßt werden konnte. Deshalb dürfen wir ihn mit voller Berechtigung zu den Klassikern der Musik zählen, hat er doch mit seiner, den letzten Streichquartetten Beethovens ähnlichen Kühnheit unmittelbar die Erbschaft der drei großen Meister der Wiener Klassik – Haydn, Mozart und Beethoven – angetreten.

Um hinter das Geheimnis dieses schwer erfaßbaren Menschen und Künstlers zu kommen, hat die bisherige Schubert-Forschung alle erreichbaren Spuren seines Lebens mit der Akribie eines Otto Erich Deutsch nachgezeichnet. Im folgenden wird versucht, die medizinischen Aspekte, die mangels entsprechender Fachkenntnis in den meisten Biographien entweder zu kurz kamen oder nicht richtig interpretiert wurden, aufzuzeigen und in den Kontext der biographischen, historischen, soziologischen und künstlerischen Fakten einzubinden. Dabei wird erkennbar, wieweit eine solche Reproduktion einer Krankengeschichte Bezugspunkte zu einzelnen Schaffensphasen oder zu bestimmten musikalischen Schöpfungen geben kann.

Elternhaus und Konviktszeit

Franz Peter Schubert wurde am 31. Januar des Jahres 1797 um halb zwei Uhr nachmittags in der Küche einer der sechzehn Kleinwohnungen des Hauses „Zum roten Krebsen" im Himmelpfortgrund, einer Vorstadt Wiens, als Sohn des Schullehrers Franz Theodor Schubert und dessen Frau Elisabeth geb. Vietz geboren. Schubert ist somit der einzige Wiener Klassiker der Musik, der in dieser Stadt auch das Licht der Welt erblickte, wenngleich seine Eltern keine Wiener waren, sondern aus der Gegend des Altvatergebirges stammten. In der Enge dieser knapp 35 Quadratmeter großen Wohnung kamen im Lauf der Jahre 14 Kinder zur Welt, von denen allerdings nur fünf die ersten Lebensjahre überlebten. In einer solchen, auf engstem Raum zusammengedrängten Familie war es unvermeidlich, daß der Tod von Geschwistern einen tiefen und nachhaltigen Eindruck auf die überlebenden Kinder hinterließ. Auch Franz Schubert, der als zwölftes Kind zur Welt kam, hat als Dreijähriger den Tod seines Schwesterchens Aloisia Magdalena wahrscheinlich schon bewußt erlebt oder zumindest aus dem geänderten Verhalten der Erwachsenen, vor allem aber seiner Mutter, etwas von der Trauer seiner engsten Umgebung mitbekommen. Möglicherweise haben solche Kindheitseindrücke Schuberts früh nachweisbaren Hang zur Melancholie und seine Vorliebe für Themen, die sich mit den Fragen des Todes beschäftigen, mitverursacht, wie dies H.J. Fröhlich mit dem Text des ersten, erhalten gebliebenen Liedes, „Hagars Klage in der Wüste", zu belegen versucht, das Schubert als Vierzehnjähriger komponierte und das mit den Worten anhebt: „Hier am Hügel heißen Sandes sitz' ich, und mir gegenüber liegt mein sterbend Kind". Da die moderne Psychoanalyse die nicht zu unterschätzende Bedeutung solcher früher Kindheitserlebnisse überzeugend darlegen konnte, soll die Möglichkeit derartiger Einflüsse auf die Psyche Schuberts nicht von der Hand gewiesen werden.

Sicher wurde das Kind Franz in der räumlichen Enge seiner Umgebung mit Armut, Schmerz, Krankheit und Tod konfrontiert. Andererseits aber gab ihm die unmittelbare körperliche Nähe zu seinen Geschwistern und vor allem zu seiner Mutter, die ihn innig liebte, wahrscheinlich ein starkes Gefühl der Nestwärme. Nur so kann man die ungewöhnliche Verbundenheit mit seinem um zwei Jahre älteren Bruder Ferdinand erklären, dem er viele Jahre später in einer schweren seelischen Krise einmal schrieb: „Du oder Niemand bist mein innigster, mit jeder Faser meiner Seele verbundener Freund!" Und nur so kann man auch den Schmerz beim Tod seiner Mutter verstehen, der so nachhaltig in seine Musik eingegangen ist.

Unter diesen Aspekten mußte die im Herbst 1801 erfolgte Übersiedlung der Familie Schubert in das vom Vater neuerworbene Haus „Zum schwarzen Rössel" in der Säulengasse, obwohl nur drei Minuten von der alten Wohnung entfernt, ein einschneidendes Erlebnis für das Kind Franz gewesen sein. Abgesehen vom Verlust der vertrauten Umgebung begann nun auch bereits die schulische Vorbereitung für den Elementarunterricht durch seinen pädagogisch sehr ehrgeizigen Vater. Es ist daher denkbar, ja sogar sehr wahrscheinlich, daß all diese Veränderungen für die seelische Entwicklung des erst Vierjährigen von entscheidender Bedeutung waren; mit dem Ur-Erlebnis „Umzug" jedoch Schuberts spätere Vorliebe für das Motiv des Wanderers erklären zu wollen, wie dies H. J. Fröhlich versuchte, erscheint etwas gewagt. Stellte doch auch in der neuen Umgebung die Familie weiterhin eine eng miteinander verbundene Gemeinschaft dar, in der Franz als der jüngste der Brüder selbst vom sonst mit patriarchalischer Strenge waltenden Vater mit größerer Nachsicht erzogen wurde.

In der vom Vater geführten Schule, in die Franz 1803 eintrat, war er angeblich stets Klassenbester; sein größtes Interesse galt jedoch schon früh der Musik. Seine Begabung war so ausgeprägt, daß ihm weder sein älterer Bruder Ignaz, der ihm Klavierunterricht erteilte, noch der Vater, der ihn vom achten Lebensjahr an auf der Violine unterrichtete, bald nichts mehr beibringen konnten. Deshalb wurde er zum Chorregenten Michael Holzer von der Pfarrkirche Lichtental in die „Lehre" gegeben, der ihm neben Orgelspielen auch Harmonielehre und Kontrapunkt beibringen sollte. Von seinem Bruder Ferdinand erfahren wir, daß Franz schon damals Lieder vertonte und kleine Kompositionen für Klavier sowie ein Streichquartett schrieb. Wenn Schubert auch kein Wunderkind wie Mozart war, so hatte er doch mit diesem den frühzeitigen Drang zum Komponieren gemeinsam. War es da verwunderlich, wenn Holzer schon nach kurzer Zeit mit Tränen in den Augen dem Vater beteuerte, „einen solchen Schüler noch niemals gehabt zu haben. Wenn ich ihm was Neues beibringen sollte, hat er es schon gewußt. Folglich habe ich ihm eigentlich keinen Unterricht gegeben, sondern mich bloß mit ihm unterhalten und ihn stillschweigend angestaunt." Für Schubert war Holzer außerhalb seines Elternhauses dennoch der erste Mensch, dem er volles Vertrauen entgegenbrachte und der die ersten schöpferischen Regungen des äußerst empfindsamen Kindes gefördert haben dürfte. Welch tiefen Eindruck dieser einfache Mann in der

Seele Schuberts hinterließ, kann man daran ermessen, daß ihm der Dreizehnjährige in dankbarer Erinnerung sein erstes kirchliches Werk, eine Messe, widmete und ihm bis zu dessen Tod dankbar ergeben blieb.

Nach einer erstmals von E. Hilmar erwähnten, in Schweizer Privatbesitz befindlichen Quelle suchte der Vater schon einige Zeit vor der Bewerbung um Aufnahme seines Sohnes in das k. k. Stadtkonvikt den damals angesehensten Kompositionslehrer Antonio Salieri auf, wahrscheinlich um Franz bei diesem einflußreichen und berühmten Meister weiterbilden zu lassen. Unter diesem Aspekt erscheint es denkbar, daß Salieri sich auch persönlich für die Aufnahme Franz Schuberts als Sängerknabe der Hofkapelle interessierte. Für die weitere Entwicklung Schuberts war Salieri auch deshalb von besonderer Wichtigkeit, weil er damit zum erstenmal mit einem wirklich bedeutenden Musiker in Berührung kam, der ihm – anders als Holzer – wertvolle Anregungen für seine kompositorischen Arbeiten geben konnte.

Am 1. Oktober 1808 wurde Franz, nach bestandener Aufnahmsprüfung, gemeinsam mit einem gewissen Franz Müller as k. k. Hofsängerknabe in das k. k. Stadtkonvikt am Universitätsplatz aufgenommen. Da bei der Ausschreibung der beiden freigewordenen Plätze neben entsprechenden schulischen und sängerischen Leistungen auch der Nachweis gefordert wurde, daß der Bewerber bereits die Pocken glücklich überstanden habe, weiß man, daß Franz Schubert in früher Kindheit daran erkrankt war. Liest man in der Chronik der „Geburts- und Sterbefälle in der Familie des Schullehrers Franz Schubert" nach, dann erfährt man, daß Franzens Bruder Josef am 18. Oktober 1798, im Alter von fünf Jahren, an den Blattern gestorben war. Bei der räumlichen Enge der Kleinwohnung im Haus „Zum roten Krebsen" muß man wohl annehmen, daß der knapp einjährige Franz mit dieser damals grassierenden Infektionskrankheit angesteckt wurde und sie, zum Unterschied von seinem älteren Bruder, glücklich überstand. Wenn wir über diese Erkrankung nichts Näheres wissen, dann wahrscheinlich deshalb, weil sie in den ärmeren sozialen Schichten infolge der höchst unzulänglichen hygienischen Bedingungen und engen Wohnverhältnisse so häufig anzutreffen war, daß nur im Fall eines tödlichen Ausgangs darüber berichtet wurde.

Das Stadtkonvikt galt zusammen mit dem akademischen Gymnasium als hervorragende Ausbildungsstätte für nichtadelige Schüler, in die aufgenommen zu werden eine Auszeichnung war. Das erklärt auch die gediegene literarische Bildung, die sich Schubert im Konvikt aneignen konnte und die bei den zahlreichen Textbearbeitungen seiner Lieder auffällt. Als Glücksfall für Schubert muß das besondere Steckenpferd des geistlichen Herrn Hofrat Lang, des Anstaltsdirektors, bezeichnet werden, das darin bestand, „ein volles Orchester lediglich aus Konviktszöglingen zusammenzustellen und uns junge Leute des verschiedenen Alters ... dahin zu dressieren, daß wir täglich abends eine ganze Symphonie und zum Schluß eine möglichst rauschende Ouvertüre aufzuführen vermochten". Da Schubert schon damals die Musik über alles ging, ist es nicht verwunderlich, daß man ihm bereits im ersten Schulzeugnis aus dem Jahr 1809 ein besonderes „musikalisches Talent" bescheinigte und der Hofmusikgraf schon ein Jahr später die Anordnung traf, daß „auf Schuberts musikalische Bildung, da er ein so vorzügliches Talent zur Tonkunst besitzt, besondere Sorgfalt zu verwenden" sei. Als daraufhin Schubert im Generalbaß sowie im Klavier-, Viola- und Cellospiel vom Hoforganisten Ruzicka Unterricht erhielt, mußte dieser schon nach wenigen Stunden, ähnlich wie einige Jahre vorher der Chorregent Holzer, resigniert feststellen: „Dem kann ich nichts lehren, der hat's vom lieben Gott gelernt." Seine ungewöhnliche Begabung brachte es mit sich, daß er bereits 1811 als „Subdirigent" mit der Vertretung des Orchesterdirigenten betraut wurde, ohne daß die erwachsenen Mitglieder sich dagegen auflehnten.

Neben der universellen musikalischen Ausbildung waren es die im Konvikt geschlossenen Freundschaften, die nicht nur für die künstlerische, sondern auch für die Gesamtentwicklung seiner Persönlichkeit für sein späteres Leben von Bedeutung sein sollten. Der Freundeskreis um Schubert hatte unter anderem zweifellos eines gemeinsam, nämlich den Wunsch nach einer Veränderung der politischen Verhältnisse mit ihren Einengungen in der persönlichen Freiheit. Wenn diese jungen Männer auch nicht Revolutionäre im eigentlichen Sinn des Wortes waren, so doch sicher Vorläufer der Aufstände der Jahre 1830 und 1848.

In den früheren Klischeebildern wurde Schubert immer wieder als verträumter, weltfremder Musiker dargestellt, der sich ausschließlich für seine Musik interessierte und die Ereignisse um sich herum gar nicht bemerkte. Heute weiß man, daß innerhalb der Schubertiaden sehr wohl über Geschichte und politische Aktualitäten diskutiert wurde; der Zwischenfall mit seinem Freund Senn zeigt außerdem, daß Schubert sogar mit der Polizei in Konflikt geriet. Wenn er auch nicht wie sein Freund damals verurteilt wurde, so stand er doch seit diesen Tagen auf der Liste der politisch Verdächtigen. Es erscheint durchaus möglich, daß dies unter anderem ein Grund dafür war, daß manche Verleger die Kompositionen Schuberts nur zögernd annahmen oder auch ablehnten. Ein erst kürzlich entdecktes, leider vom Feuer stark beschädigtes Dokument vom 15. September 1829, über welches erstmalig George R. Marek berichtet, spricht im gleichen Sinn. In diesem Dokument empfahl der Polizeipräsident von Wien, Graf Sedlnitzky, dem Kaiser, die geplante Verleihung der goldenen Ehrenmedaille für langjährige Verdienste im Schulwesen für den Vater Franz Schuberts auszusetzen: ein Beispiel dafür, daß die dem damaligen reaktionären Staatssystem erschienene politische Unzuverlässigkeit Schuberts auch die Karriere seines Vaters gefährdet haben könnte. Schubert kam übrigens nochmals mit der Polizei in Berührung, als anläßlich einer polizeilichen Razzia des Vereines der „Ludlamshöhle", dem Schubert angehörte, Verhaftungen vorgenommen wurden.

Der Aufenthalt in dem strengen Konvikt, in dem paramilitärische Erziehungsmethoden geübt wurden und in dem die Schüler nur unter geistlicher Bewachung und in Gruppen auf die Straße durften, wirkte sich natürlich auch auf die seelische Entwicklung des Knaben aus und könnte seine so frühzeitig beschlossene, so gut wie ausschließliche Hinwendung zur Musik entscheidend gefördert haben. „Immer ernst gewesen und wenig freundlich . . . still und gleichgültig aussehend, den Eindrücken der Musik aber auf das Lebhafteste hingegeben", schildert ihn der neun Jahre ältere und später zu den engsten Freunden Schuberts zählende Josef von Spaun. In jeder freien Stunde, die den Zöglingen zur Erholung gegönnt wurde, suchte Schubert an einem Pult stehend seine Gefühle in Musik zu kleiden. Ist es da verwunderlich, wenn seine erste erhalten gebliebene Komposition, die er zwischen dem 8. April und dem 1. Mai 1810 fertigstellte, ausgerechnet eine „aus zwölferlei verschiedenen Stücken" zusammengestellte Fanatasie für Klavier zu vier Händen war? Schubert muß in den ersten Jahren seiner Konviktszeit sehr gelitten haben, wie den Worten an Spaun, als dieser im Herbst 1809 aus der Anstalt austrat, zu entnehmen ist: „Sie Glücklicher entgehen jetzt dem Gefängnis." Eine solche Seelenverfassung macht es vielleicht auch besser verständlich, weshalb Schubert ein so begeisterter Anhänger des damaligen Meisters der Ballade Johann Rudolf Zumsteeg oder des jugendlichen Schiller mit seinen teilweise etwas exaltierten Texten wurde und Vergänglichkeit und Tod zu jenem Thema auserkor, das auch in seinen späteren Werken immer wieder eine zentrale Stellung einnehmen sollte. So folgte nach dem ersten Lied „Hagars Klage" eine Reihe von Liedern mit Titeln, die für einen jungen Menschen von vierzehn Jahren mehr als ungewöhnlich erscheinen: „Vatermörder", „Totengräberlied", „Leichenfantasie" und anderes.

Schuberts intensive Beschäftigung mit Musik brachte es mit sich, daß die Leistungen in einigen anderen Fächern mehr und mehr zu wünschen übrig ließen, womit er sich den wachsenden Groll seines Vaters zuzog, der Höheres von seinem Sohn erwartete als den Lehrberuf. Schon um das Jahr 1809 dürfte sich der Vater gegen das Komponieren des Sohnes ausgesprochen haben, denn Schubert erzählte damals seinem Freund Spaun, sein Vater dürfe nicht wissen, daß er öfter heimlich seine Gedanken in Form von Noten zu Papier bringe und sich der Musik widme. Zum regelrechten Kampf, der den im patriarchalischen Stil erzogenen Sohn in schwerste seelische Konflikte stürzte, kam es aber erst 1811. Schon allein die Auseinandersetzung mit seinem Vater, noch mehr aber das angedrohte Verbot, bei weiterer Zuwiderhandlung das Elternhaus betreten zu dürfen, erschütterte den an der Schwelle zum Pubertätsalter stehenden Knaben zutiefst. Der ärgste Schlag traf ihn jedoch, als am 28. Mai 1812 seine über alles geliebte Mutter im Alter von 56 Jahren an den Folgen eines Bauchtyphus starb. Durch dieses schicksalhafte Ereignis versöhnlicher geworden, hob der Vater das Hausverbot allerdings wieder auf und zeigte sich auch dem Wunsch des Sohnes, komponieren zu dürfen, geneigter. Spaun schreibt in seinen Erinnerungen: „Nun waren die Schranken gefallen; der Vater erkannte das große Talent seines Sohnes und ließ ihn gewähren." Salieri erklärte sich sogar bereit, dem begnadeten Schüler kostenlos Unterricht zu erteilen, und schon am 18. Juni 1812 findet sich die Notiz Schuberts: „Den Contrapunkt angefangen."

Trotz dieser Aussöhnung mit dem Vater wurden die tiefen inneren Gegensätze zwischen den beiden jedoch nie mehr ganz überbrückt. Immerhin konnte er aber nun nach Herzenslust ungestört und ohne Heimlichkeit komponieren, wobei ihm sein Stimmbruch sogar noch zu Hilfe kam; war er aus diesem Grund schon seit einiger Zeit nicht mehr Sopransolist der Hofkapelle, so schied er nun überhaupt aus diesem Dienst aus, wodurch er sich noch mehr als bisher seinen Musikstudien widmen konnte. Unter der Partitur einer Messe findet sich sein eigenhändiger, Erleichterung andeutender Vermerk: „Schubert Franz zum letztenmahl gekräht. Den 26. Juli 1812."

Das noch verbleibende letzte Konviktsjahr war für Franz überhaupt eine glückliche Periode, in der neben einer ersten Opernpartitur bereits die ersten Streichquartette und verschiedene Menuette und Trios „von außerordentlicher Schönheit" entstanden. Dr. Johann Adam Schmidt, der noch mit Mozart Quartette gespielt hatte und dem Spaun einige Werke Schuberts zeigte, äußerte die prophetischen Worte: „Wenn es wahr ist, daß diese Menuette ein halbes Kind geschrieben, so wird dieses Kind ein Meister werden, wie es noch wenige gegeben." Das Familienleben blieb auch dann ungetrübt, als der Vater im April 1813 die um zwanzig Jahre jüngere Anna Kleyenböck als seine zweite Frau heimführte; die Stiefmutter bemühte sich aufrichtig um ein gutes Verhältnis zu Franz. So verzichtete Schubert in diesem Jahr im Konvikt zu bleiben und kehrte ins Elternhaus zurück. Als Gabe brachte er die Partitur seiner ersten Sinfonie in D-Dur mit, die er in Dankbarkeit dem Konviktsdirektor Lang widmete und unter der er den endgültigen Abgang vom Konvikt mit den Worten besiegelte: „Finis et fine. Wien, 28. Oktober 1813."

Doch lange blieb er nicht im elterlichen Haus. Nach dreimaliger Aufforderung von seiten der Konskription, sich als Soldat zu stellen, entschloß er sich, ähnlichen Unannehmlichkeiten aus dem Weg zu gehen und lieber Schulgehilfendienste zu leisten, wie sein

Bruder Ferdinand berichtet. Noch vor der Abschlußprüfung in der Lehrerbildungsanstalt am 19. August 1814 beendete er eine Oper, „Des Teufels Lustschloß", über die der alte Salieri begeistert schrieb: „Der kann alles: Lieder, Messen, Streichquartette und nun auch eine Oper!"

Ein weit wichtigerer Schritt in Schuberts Leben war allerdings seine erste Messe in F-Dur, deren Uraufführung in der Lichtentalerkirche so erfolgreich war, daß sie zehn Tage später, am 26. Oktober 1814, unter der Leitung des siebzehnjährigen Komponisten in der Augustiner-Hofkirche, in der er fünf Jahre hindurch als Solist der Sängerknaben gewirkt hatte, wiederholt wurde.

War er über diese Erfolge schon überglücklich, so führte ein anderes Erlebnis zu einem wahren Schaffensrausch: die erste Liebe, und zwar zu der um ein Jahr jüngeren Therese Grob, der er das Sopransolo in seiner Messe zugedacht hatte. Schon drei Tage nach der Uraufführung der Messe beflügelte ihn seine große Liebe zu Therese zu jener Komposition, die heute allgemein als die wahre Geburtsstunde des deutschen Liedes bezeichnet wird, zu „Gretchen am Spinnrade".

Die Produktivität, die nun folgte, läßt sich nur mit dem Ausbruch eines Vulkans vergleichen: Allein im Jahr 1815 waren es 144 Lieder, darunter der als eine der großartigsten Schöpfungen auf dem Gebiet des Liedes geltende „Erlkönig", zwei Sinfonien, zwei Messen, zwei Sonaten, fünf Bühnenwerke, ein Streichquartett und verschiedene Chorwerke. Im folgenden Jahr komponierte er kaum weniger; neben zwei weiteren Sinfonien und vielen anderen Werken die unglaubliche Zahl von 106 Liedern. Eines dieser Lieder, „Der Wanderer", stellt mit seiner „Inkarnation des romantischen Weltschmerzes" möglicherweise einen Bezug zu seinem Abschied vom Elternhaus und damit gleichzeitig auch zur endgültigen Absage an den für ihn so bedrückenden Schuldienst her.

Als es erneut zu häuslichen Spannungen kam, übersiedelte Schubert zu seinem Freund Schober und dessen Mutter, bis im August 1817 der ältere Bruder Schobers wieder heimkehrte, was Schubert zur Rückkehr in das Elternhaus zwang. Getrieben von der Not eines freischaffenden Künstlers, war er neuerlich gezwungen, im Schuldienst auszuhelfen.

In dieser für ihn schwersten Zeit entstanden nur wenige Kompositionen, und obwohl Schubert, ähnlich wie seinerzeit Mozart, eine ausgesprochene Abneigung gegen das Unterrichten empfand, nahm er unter den gegebenen Umständen die Einladung des Grafen Johann Carl Esterhazy von Galantha mit Freude an, dessen beide Töchter während der Sommermonate 1818 auf dessen Landsitz Zseliz an der ungarischen Grenze im Musikstudium zu unterweisen.

In den ersten Wochen fühlte er sich in der neuen Umgebung „froh, jede drückende Last abgeworfen zu haben"; in einem Brief aus dieser Zeit heißt es: „Ich lebe und komponiere wie ein Gott." Die musikalische Ausbeute war allerdings recht bescheiden, sieht man von den für den Unterricht benötigten Kompositionen für Klavier zu vier Händen ab, deren Kammermusikform er später noch so unendlich bereichern sollte.

Schuld daran war wohl die fehlende Ansprache, über die er sich in einem seiner Briefe beklagte: „Ich bin unter diesen Menschen doch eigentlich allein." Da half auch die Liebschaft mit der sehr hübschen Kammerzofe Pepi Pöckelhofer wenig, die – zu Unrecht – später beschuldigt wurde, Schubert mit einer Geschlechtskrankheit angesteckt zu haben – eine Behauptung, die allein aus zeitlichen Gründen als völlig unsinnig zurückgewiesen werden muß.

... endlich frei

Nach seiner Rückkehr aus Zseliz im November 1818 war Schubert fest entschlossen, dem Schuldienst unwiderruflich den Rücken zu kehren, was zu einer überaus heftigen Auseinandersetzung mit dem Vater und zum endgültigen Bruch führte. Aus seiner allegorischen Erzählung „Mein Traum" kann man erahnen, welche Erschütterung dieses Zerwürfnis für Schubert bedeutete. Aufgrund seiner endgültigen Entscheidung für den ungesicherten Beruf eines Komponisten verlor er aber auch seine Jugendliebe Therese Grob, von der er noch Jahre später, als Therese bereits mit einem Bäckermeister verheiratet war, schwärmte. „Sie war gut, herzensgut ... und mir konnte seither noch keine andere so gut oder besser gefallen als sie."

Die tatkräftige Unterstützung seiner Freunde half ihm, diese bitteren Erfahrungen zu verkraften. Vor allem aber war es eine Reise nach Oberösterreich, die er gemeinsam mit dem inzwischen befreundeten Hofopernsänger und besten Interpreten seiner Lieder, Johann Michael Vogl, im Juni 1819 antrat. Schubert freute sich, diesen Teil Österreichs näher kennenzulernen, und dies um so mehr, als seine engsten Freunde Spaun, Holzapfel, Stadler und Mayrhofer allesamt aus Oberösterreich stammten. Sie waren es auch, die dafür sorgten, daß die Kunde von Schuberts Ankunft ihm nach Steyr, der Geburtsstadt Vogls, vorausgeeilt war. Die herzliche Aufnahme, die Anerkennung und die Bewunderung, die ihm dort zuteil wurden, trugen dazu bei, daß er leichter über seine Krise hinwegkam. Als Beweis für die unbeschwerte Fröhlichkeit dieses Sommers können die heitere, für die Tochter eines Gastgebers in Steyr geschriebene Klaviersonate in A-Dur, vor allem aber das herzerquickende „Forellen-Quintett" in A-Dur angesehen werden, das der kunstbegeisterte Mäzen und Bergwerksdirektor Sylvester Paumgartner in Auftrag gegeben hatte. Dieser Auftrag entsprang dem Wunsch Paumgartners, das 1816 von Schubert komponierte Lied von der „Forelle", an dem er sich nicht satt hören konnte, in eine kammermusikalische Fassung zu bringen. Die neuere Schubert-Forschung nimmt an, daß der Komponist mit der Vertonung dieses vom schwäbischen Dichter Christian Daniel Schubart stammenden Textes etwas Grundsätzliches, über die Fabel des Textes Hinausreichendes sagen wollte, wofür ihm der verschlüsselte Inhalt des Gedichts eine willkommene Vorlage gewesen sein dürfte. Man weiß ja, daß der „mit List und Tücke erfolgte Fang der Forelle durch einen hinterhältigen Dieb" wohl eine deutliche, wenn auch verschleierte Anspielung auf des Dichters eigenes Schicksal darstellt, der unter skandalösen Umständen von dem reaktionären, despotischen Herzog Karl Eugen wegen kritischer Bemerkungen über die Zustände am württembergischen Hof auf die Festung Hohenasperg verschleppt und dort zehn Jahre in Isolierhaft gehalten worden war. F. Reininghaus nimmt deshalb mit Recht an, daß sich Schubert von diesem Gedicht besonders angesprochen fühlte, da er und seine Freunde in Wien unter dem Metternich-Regime ähnliche reaktionäre politische Verhältnisse vorfanden und ihnen die Verbreitung dieser verschlüsselten Botschaft deshalb sehr gelegen kam. Diese Interpretation ist natürlich anfechtbar, doch entspräche sie ganz der heutigen Überzeugung, daß Schubert den politischen Ereignissen des Vormärz keineswegs so indifferent gegenüberstand, wie man lange Zeit angenommen hatte. Als Beweis dafür kann ein Ereignis angesehen werden, das sich 1819 im Schubertkreis zugetragen hat. Als Schuberts Freund Johann Senn, der Sohn eines Führers des Tiroler Aufstandes von 1809, während einer Studentenzusammenkunft verhaftet wurde, dürfte auch Schubert kurze Zeit in polizeilichen Gewahrsam genommen worden sein, da – wie es im Polizeibericht wörtlich heißt – „seine bei ihm befindlichen Freunde, der Schulgehilfe aus der Roßau Franz Schubert ... im gleichen Tone eingestimmt und gegen den amtshandelnden Beamten mit Verbalinjurien und Beschimpfungen losgezogen seien".

Das Jahr 1820 war in mehrfacher Hinsicht ein schicksalsschweres Jahr. Vor allem betrübten Schubert die enttäuschend geringen Erfolge seiner beiden Opern „Zwillingsbrüder" und „Die Zauberharfe". Darüber hinaus befand er sich in einer äußert prekären finanziellen Lage, so daß sich schließlich einige seiner Freunde zusammentaten, um Schuberts Werke auf eigene Kosten herauszugeben – an der Spitze Leopold von Sonnleithner, in dessen regelmäßigen „Musikalischen Abendveranstaltungen" im Gundlhof viele seiner Werke bereits einem breiteren Interessentenkreis bekannt gemacht worden waren, sowie Schuberts „Faktotum" Josef Hüttenbrenner. So ging es nun nach schweren und drückenden Jahren künstlerisch unverkennbar aufwärts. Vor allem auf dem Gebiet des Liedes entstanden Schöpfungen wie etwa das erste „Suleikalied", von dem Brahms meinte, daß es das schönste Lied sei, das je geschrieben wurde. Schon in den ersten Monaten des Jahres 1822 erschienen ungewöhnlich positive Kritiken, und die steigende Anerkennung in der Öffentlichkeit gab Schubert das Gefühl, nun zu den Berufenen und Auserwählten in der Musik zu zählen.

Das wichtigste Ereignis dieses Jahres aber ist die neuerliche Aussöhnung mit seinem Vater, die vor dem Sommer stattgefunden haben muß und die ihn von einer schweren seelischen Belastung befreite. Der Bruch mit seinem Vater dürfte die an sich so innige Beziehung zu seiner verstorbenen Mutter noch intensiviert haben. Der Schmerz des damals Fünfzehnjährigen über den Verlust seiner Mutter muß grenzenlos gewesen sein, und er dürfte diesen auch niemals völlig überwunden haben. Wie schmerzlich die Erinnerung an sie in ihm weiterlebte, geht aus einer Reihe von Jugendkompositionen hervor, wie etwa dem „Salve Regina", das er vier Wochen nach ihrem Ableben komponierte. Aber auch im „Grablied", das er zwar für die verstorbene Mutter seines Konviktsgenossen Josef Ludwig von Streinsberg im Juni 1818 schrieb, gedachte er im Grunde sicher seiner toten Mutter. Durch die Wiederversöhnung mit seinem Vater dürften nun plötzlich alle seine Erinnerungen an die glückliche Kindheit wachgerufen worden sein. Erschüttert liest man die seelische Beichte Franz Schuberts, in der er in Form einer allegorischen Erzählung, „Mein Traum", alle seine bis dahin erlittenen seelischen Schmerzen und Leiden aller Welt offenbarte. Dieses für den Psychoanalytiker äußerst aufschlußreiche Dokument, das man eine Autobiographie nennen könnte, schrieb Schubert am 3. Juli 1822 nieder und soll hier in vollem Wortlaut wiedergegeben werden, weil es für das Verständnis der Entwicklung seiner Persönlichkeitsstruktur von Bedeutung ist:

„Ich war ein Bruder vieler Brüder und Schwestern. Unser Vater und unsere Mutter waren gut. Ich war allen mit tiefer Liebe zugethan. Einstmahl führte uns der Vater zu einem Lustgelage. Da wurden die Brüder sehr fröhlich. Ich aber war traurig. Da trat mein Vater zu mir, und befahl mir, die köstlichen Speisen zu genießen. Ich aber konnte nicht, worüber mein Vater erzürnend mich aus seinem Angesichte verbannte. Ich wandte meine Schritte und mit einem Herz voll unendlicher Liebe für die, welche sie verschmähten, wanderte ich in ferne Gegend. Jahre lang fühlte ich den größten Schmerz und die größte Liebe mich zertheilen. Da kam mir Kunde von meiner Mutter Tode. Ich eilte sie zu sehen, und mein Vater von Trauer erweicht, hinderte meinen Eintritt nicht. Da sah ich ihre Leiche. Thränen entflossen meinen Augen. Wie die gute alte Vergangenheit, in der wir uns nach der Verstorbenen Meinung auch bewegen sollten, wie sie sich einst, sah ich sie liegen.

197

Und wir folgten ihrer Leiche in Trauer und die Bahre versank. Von dieser Zeit an blieb ich wieder zu Hause. Da führte mich mein Vater wieder einstmahls in seinen Lieblingsgarten. Er fragte mich ob er mir gefiele. Doch mir war der Garten ganz widrig und ich getraute mir nichts zu sagen. Da fragte er mich zum zweitenmahl erglühend: ob mir der Garten gefiele? Ich verneinte es zitternd. Da schlug mich mein Vater und ich entfloh. Und zum zweitenmahl wandte ich meine Schritte, und mit einem Herzen voll unendlicher Liebe für die, welche sie veschmähten, wanderte ich abermals in ferne Gegend. Lieder sang ich nun lange, lange Jahre. Wollte ich Liebe singen, ward sie mir zum Schmerz. Und wollte ich wieder Schmerz nur singen, ward er mir zur Liebe. So zertheilte mich die Liebe und der Schmerz.

Und einst bekam ich Kunde von einer frommen Jungfrau, die erst gestorben war. Und ein Kreis sich um ihr Grabmahl zog, in dem viele Jünglinge und Greise auf ewig wie in Seligkeiten wandelten. Sie sprachen leise, die Jungfrau nicht zu wecken.

Himmlische Gedanken schienen immerwährend aus der Jungfrau Grabmahl auf die Jünglinge wie lichte Funken zu sprühen, welche sanftes Geräusch erregten. Da sehnte ich mich sehr auch da zu wandeln. Doch nur ein Wunder, sagten die Leute, führt in den Kreis. Ich aber trat langsamen Schrittes, mit innerer Andacht und festem Glauben, mit gesenktem Blicke auf das Grabmahl zu, und ehe ich es wähnte, war ich in dem Kreis, der einen wunderlieblichen Ton von sich gab; und ich fühlte die ewige Seligkeit wie in einen Augenblick zusammengedrängt. Auch meinen Vater sah ich versöhnt und liebend. Er schloß mich in seine Arme und weinte. Noch mehr aber ich. Franz Schubert."

Es gibt wohl kaum eine ergreifendere Anklage eines aus dem Elternhaus Verwiesenen und kaum ein erschütterndes Zeugnis unauslöschlicher Sehnsucht nach der toten Mutter. Dazu kam noch die eigene Todessehnsucht.

Arnold Schering versuchte nachzuweisen, daß diese allegorische Erzählung als erste Niederschrift der h-Moll-Sinfonie, also der „Unvollendeten", zu betrachten sei und die Zweiteilung der Traumerzählung die Endgültigkeit der nur aus zwei Sätzen bestehenden „Unvollendeten" erkläre.

Auch die vor der (am 30. Oktober 1822 fertiggestellten) Sinfonie komponierte Messe in As-Dur, Schuberts „Missa solemnis", sowie die unmittelbar anschließend niedergeschriebene viersätzige Sonate, die als „Wanderer-Fantasie" in die Literatur einging, sollen der Welt dieser Traumerzählung entstammen, eine Deutung, der man nicht unbedingt seine Zustimmung geben muß. Hingegen scheint das Prosagedicht „Mein Traum" Schuberts Formel seines gesamten künstlerischen Schaffens aufzuzeigen. Wenn er dort schreibt: „Wollte ich Liebe singen, ward sie mir zum Schmerz. Und wollte ich wieder Schmerz nur singen, ward er mir zur Liebe. So zertheilte mich die Liebe und der Schmerz", dann liegt doch in dieser Zerteilung in Freude und Schmerz eigentlich der ganze Zauber Schubertscher Musik: „Dieser eigenartige Hauch von Wehmut, der selbst über seinen heitersten Werken schwebt und andererseits die kraftvolle Lebensbejahung, mit welcher die traurige Grundfärbung mancher seiner Schöpfungen mit einem warmen, ja herzerfrischenden Schein von froher Zuversicht aufgehellt wird." Vielleicht erklärt das auch die merkwürdige Tatsache, daß bei Schubert seit jeher Phasen von Niedergeschlagenheit und Wehmut immer wieder mit Zeiten kämpferischer Zuversicht und mutiger Selbstbehauptung abwechseln. Dies gilt von der „Unvollendeten" und der unmittelbar anschließenden „Wanderer-Fantasie" ebenso wie für viele Beispiele aus seinen späteren Jahren.

Verhängnisvolle Erkrankung

Das Jahr 1823 wurde für Schubert zum Schicksalsjahr. Schon in den ersten Tagen des Januars machten sich Anzeichen einer venerischen Erkrankung bemerkbar, die sich Schubert 1822 zugezogen haben muß. Sein Freund Schober, der als Frauenheld galt, dürfte Schubert zu diesem folgenschweren Liebesabenteuer verführt haben. Als möglichen Hinweis für die Datierung könnte eine mahnende Eintragung Schuberts gelten, die dieser am 28. November 1822 in das Stammbuch eines Freundes machte und in der er Goethes Worte zitierte:

> „Eines schickt sich nicht für alle,
> sehe jeder, wie er's treibe,
> sehe jeder, wo er bleibe
> und wer steht, daß er nicht falle."

Aber auch Schober, der zur gleichen Zeit wie Schubert erkrankte, schien am Silvesterabend 1822 in einer kurzen Ansprache an die Freundesrunde sich selbst und Franz Schubert Mut und Zuversicht zugesprochen zu haben, sollte das anbrechende Jahr sich „ernst und düster zeigen oder gar kalt zerstören". Die ersten Wochen nach Ausbruch der Erkrankung sind weitgehend in ein Dunkel gehüllt, da Schubert begreiflicherweise versuchte, die Krankheit vor seinen Freunden geheimzuhalten. Es ist lediglich bekannt, daß er in die Wohnung Schobers zog, wo er sich besser verborgen halten konnte und wo die beiden Ärzte Dr. August von Schaeffer und Dr. Josef Bernhardt die Behandlung Schobers und nun auch Schuberts übernahmen. Von seinen engsten Freunden, die sich sein Fernbleiben von den „Schubertiaden" mit größeren kompositorischen Plänen zu erklären versuchten, dürfte er nur seinen Freund Anselm Hüttenbrenner, den Bruder Josefs, eingeweiht haben, der in jenem Winter zu Besuch nach Wien kam und mit dem er sich im Beisein seines Bruders Ferdinand an einem neutralen Ort, in der Wohnung von Frau Sanssouci, traf. Wahrscheinlich wäre Anselm Hüttenbrenners Tagebuch, das dieser leider 1841 verbrannte, die einzige Quelle gewesen, aus der nähere Einzelheiten über Art und Ausmaß von Schuberts Krankheitssymptomen herauszulesen gewesen wären.

Einen ersten eigenen Hinweis auf seine Erkrankung findet man in einem Schreiben vom 28. Februar 1823 an den Verleger Ignaz von Mosel, betreffend seine Pläne mit der Oper „Alfonso und Estrella": „Hochwohlgeborener Herr Hofrath! Verzeihen, daß ich schon wieder mit einem Schreiben lästig fallen muß, da meine Gesundheitszustände mir noch immer nicht erlauben, außer Haus zu gehen. Ich habe die Ehre, Euer Hochwohlgeb. nun den 3ten und letzten Akt meiner Oper sammt der Ouverture zum 1ten Akt zu senden." Dem kann man entnehmen, daß Schuberts Krankheit zumindest schon mehrere Wochen andauerte, ihn aber anscheinend nicht am Komponieren hinderte. Ganz im Gegenteil, er dürfte auf diesen vernichtenden Schicksalsschlag mit einer geradezu fieberhaften Steigerung seiner kompositorischen Tätigkeit reagiert haben. In den ersten Monaten dieses dramatischen Jahres 1823 entstanden neben der Fertigstellung der Oper „Alfonso und Estrella" mehrere meisterhafte Lieder, wie etwa „Du bist die Ruh" oder „Auf dem Wasser zu singen"; vor allem aber spiegelt die im Februar komponierte Klaviersonate in a-Moll, D 784, die melancholische, wehmütige Stimmung und die Ausbrüche verzweifelter Kraftanstrengung zur Überwindung seiner seelischen Notlage sowie seine Sehnsucht nach dem verlorenen Glück früherer Tage am deutlichsten wider.

Ob diese Erkrankung, die Schuberts weiteres Schicksal so einschneidend verändert hat, der tragische Schlußpunkt eines längeren lockeren Lebenswandels war oder ob es sich dabei nur um eines seiner wenigen Abenteuer mit Frauen handelte, kann heute aufgrund der sehr divergierenden Urteile seiner Freunde kaum mit einiger Sicherheit beantwortet werden. So schrieb Johann Mayerhofer, mit dem er längere Zeit eine Wohnung teilte, schon 1829: „Ihm waren Falschheit und Neid durchaus fremd; in seinen Charakter mischten sich Zartheit und Derbheit, Genußliebe und Treuherzigkeit, Geselligkeit und Melancholie", und auch einer seiner liebsten Freunde, Josef Spaun, stellte Schubert in seinen Erinnerungen ein ähnlich gutes Zeugnis aus: „Schubert war immer mäßig und wäre er es nicht aus sich selbst gewesen, so würden ihn seine Finanzen dazu gezwungen haben." Der spätere Bezirkshauptmann von Freistadt und ehemalige Konviktskollege Josef Kenner hingegen äußerte sich in einem Schreiben an Ferdinand Luib anläßlich einer Festschrift für das Wiener Stadtarchiv 1858 entsprechend der mit seinem Beruf offenbar eng verbundenen untadeligen Lebensauffassung wesentlich strenger: „Wer Schubert kannte, weiß, wie er aus zwei einander fremden Naturen zusammengesetzt war, wie gewaltig ohnehin die Genußsucht seine Psyche zu ihrem Schlammpfuhl niederzog." In ähnlicher Weise beschrieb Franz von Schober, den Josef Kenner übrigens für den eigentlichen Verführer Schuberts hielt, seinen ehemaligen Freund und Leidensgefährten in den Wochen ihrer venerischen Erkrankung vierzig Jahre nach Schuberts Tod in seinen Erinnerungen 1868: „Schubert verwilderte, er lief vor die Linien, trieb sich in Kneipen herum, freilich in ihnen auch seine schönsten Lieder komponierend." Hier kann man sich des Eindrucks nicht erwehren, daß Schober, der an anderer Stelle auch auf Schuberts „übermäßig wollüstig-sinnliches Leben und dessen Folgen" hinwies, sich durch die Verbreitung solcher Schilderungen von dem Verdacht reinwaschen wollte, daß er selbst es war, der Schubert in einen solchen Lebenswandel hineingetrieben hatte. Wenn in solchen Berichten, zu denen auch jene des moralisierenden, eitlen Sohnes der Dichterin von „Rosamunde", Wilhelm von Chezy, gehören, immer wieder darauf hingewiesen wird, daß Schubert trotz chronischen Geldmangels stets ein Genießer guten Essens und Trinkens war, dann heißt das noch lange nicht, daß er deshalb ein liederlicher, der Trunksucht ergebener Musikant gewesen wäre – eine Meinung, die schon Anton Schindler, das Faktotum Beethovens, 1855 empört zurückgewiesen hatte.

In diesem Zusammenhang muß aber doch auch darauf hingewiesen werden, daß Schubert – entgegen einer weitverbreiteten Meinung – Frauen gegenüber keineswegs immer so schüchtern war. Nur Damen der höheren Gesellschaft gegenüber war er gehemmt, gegenüber Mädchen aus seinem Stand legte er hingegen keine Schüchternheit an den Tag. So berichtete er seinem Bruder Ferdinand am 29. Oktober 1818 aus Zseliz, daß er sich bei einem „Paar wirklich braven Mädchen" Erlösung aus seelischer Vereinsamung erhoffe, und auch am 15. Juli 1819 schilderte er ihm aus Steyr sein Interesse am schönen Geschlecht: „In dem Hause, wo ich wohne, befinden sich 8 Mädchen, beynahe alle hübsch. Du siehst, daß man zu thun hat." Wenn es trotz seiner „tiefverschlossenen und heftigen Liebe" zu Therese Grob zu keiner dauerhaften Bindung kam, dann deshalb, weil er damit eine Einengung seines künstlerischen Freiraums befürchtete, den er für die volle Entfaltung seiner schöpferischen Kräfte benötigte. Es ist nicht einsichtig, weshalb Psychoanalytiker eine homoerotische Komponente für Schuberts Verhalten verantwortlich machen oder ihm aus einer neurotischen Mutterbindung ein gestörtes Verhältnis zu anderen Frauen andichten wollen. Sollte eine solche Flucht in die Neurose, die sich in der absoluten Bindungsunfähigkeit manifestiert, die Angst Schuberts vor dem weiblichen Geschlecht dokumentieren, wie Fröhlich vermutet, dann müßte seine angebliche Angst vor Frauen erst einmal bewiesen werden. Die bekannten Hinweise aus Briefen oder Aufzeichnungen, in denen wiederholt von Verdrießlichkeiten mit Mädchen die Rede ist, stimmen jedenfalls nicht damit überein.

Sosehr Schubert mitunter über das weibliche Geschlecht in Schwärmerei geriet, sowenig anziehend dürfte er selbst auf Frauen gewirkt haben. Von dem Arzt Georg Franz Eckel, dem damaligen Direktor des veterinärmedizinischen Instituts in Wien, existiert eine ausführliche Beschreibung des nur 157 cm großen Franz Schubert. „Die Gestalt klein, aber stämmig, mit stark entwickelten festen Knochen und strammen Muskeln ohne Ecken, mehr gerundet; Nacken kurz und stark; Schultern, Brust und Becken breit, schön gewölbt; Arme und Schenkel gerundet; Hände und Füße klein; der Gang lebhaft und kräftig. Den ziemlich großen, runden und derben Schädel umwallte ein braunes, üppig sprossendes Lockenhaar. Das Gesicht, in welchem Stirn und Kinn vorherrschend entwickelt waren, zeigte weniger eigentlich schöne als vielmehr ausdrucksvolle herbe Züge. Das sanfte, wenn ich nicht irre, lichtbraune, bei Erregung feurig leuchtende Auge war durch ziemlich vorspringende Augenbögen und buschige Brauen stark beschattet und dadurch sowie durch häufiges Zusammenkneifen der Lider, wie es bei Kurzsichtigen vorzukommen pflegt, anscheinend kleiner als es wirklich war. Nase mittelgroß, stumpf, etwas aufgestülpt." Das stimmt weitgehend mit dem überein, was Anselm Hüttenbrenner in einem Schreiben an Franz Liszt 1854 über die Gestalt Schuberts erwähnte: „Schuberts Äußeres war nichts weniger als auffallend oder einnehmend. Er war kleiner Statur, vollen, runden Angesichts und ziemlich beleibt. Sehr schön gewölbt war seine Stirn. Seiner Kurzsichtigkeit wegen trug er stets Brillen, die er selbst während des Schlafens nicht ablegte." Daß Schubert in seinen letzten Lebensjahren tatsächlich zum Fettansatz neigte, beweist die Bemerkung Bauernfelds in einem Brief aus dem Jahr 1825: „Wie gehts Dir, dickster Freund, Dein Bauch wird zugenommen haben." Wenn allerdings Wilhelm von Chezy, der nicht zu Schuberts engerem Freundeskreis zählte, ihn in seinen Erinnerungen 1863 als „Talgklumpen" bezeichnete, dann ist das wieder einmal eine verzerrte Darstellung der Wirklichkeit.

Immerhin könnten diese Beschreibungen des Äußeren Schuberts eine Erklärung dafür sein, warum er als Mann keinen besonderen Eindruck bei Frauen hinterlassen haben dürfte; und auch seine etwas unbeholfene Art mag dazu beigetragen haben, daß seine Annäherungsversuche meist wenig Erfolg zeigten. In einem Brief aus 1858 an Ferdinand Luib hat Anselm Hüttenbrenner dies auch unumwunden ausgesprochen: „Er war gegen das schöne Geschlecht ein trockener Patron, daher nichts weniger als galant. Er vernachlässigte seinen Anzug, besonders die Zähne, roch stark nach Tabak, war sonach zu einem Kurmacher gar nicht geeignet." Da er andererseits ein gesunder, sexuell normal reagierender junger Mann mit natürlichem Verlangen war, darf es nicht überraschen, daß er sich wahrscheinlich dann und wann der damals sehr verbreiteten käuflichen Liebe zuwandte, vor allem, wenn ihm die Erfahrung und der Elan eines Schobers auf diesem Gebiet die Überwindung der anfänglich vermutlich eher starken Hemmschwelle erleichterte. Die Tatsache, daß Schubert niemals eine feste Bindung fürs Leben mit einer Frau einging, entsprang sicher seinem unbändigen Drang nach Freiheit, die er für „seine" große Liebe, nämlich das Komponieren, so notwendig brauchte wie die Luft zum Atmen. Dies allein dürfte der wahre Grund für sein freiwillig gewähltes Junggesellendasein gewesen sein und nicht, wie das in den Klischeebildern Schuberts so gerne dargestellt wird, seine Scheu vor dem weiblichen Geschlecht oder gar sein angeblicher Ödipuskomplex, aus dem heraus manche Psychoanalytiker einen Haß gegen seinen Vater und eine Liebe gegenüber seiner Mutter zu konstruieren versuchten. Ebenso abwegig ist die immer wieder geäußerte Ansicht, Schubert habe homosexuelle Neigungen gehabt.

Natürlich hatte auch Schubert, wie jeder gesunde junge Mensch, sexuelle Wünsche, und sie wurden zweifellos so befriedigt, wie es unter jungen Männern dieser Zeit üblich war, wenn sie nicht verheiratet waren oder keine feste Bindung zu einer Frau bestand: Sie vergnügten sich für einige Stunden mit einem leichten Mädchen, von denen es in den zwanziger Jahren des vorigen Jahrhunderts in Wien laut statistischer Angaben an die Zehntausend gegeben haben soll – Prostituierte ebenso wie Nichtprofessionelle. Zum Unterschied von heute war die Gefahr einer Ansteckung damals deshalb besonders groß, weil erst mit einem Dekret vom Jahr 1827 eine Art Gesundheitsüberwachung zumindest der Prostituierten einsetzte und auch diese nur sehr lückenhaft durchgeführt wurde. So ist es nicht verwunderlich, daß die Zahl venerischer Erkrankungen damals sehr hoch war.

Waren schon die körperlichen Folgen der venerischen Erkrankung Anfang 1823 schlimm genug, so führten die Auswirkungen auf seinen seelischen Zustand zu echten Krisen. Am deutlichsten offenbart Schubert die ganze Verzweiflung und Not seines Herzens in einem Gedicht, das er am 8. Mai 1823 verfaßte und in dem er alle seine Gefühle und Gedanken während dieser furchtbaren Zeit festhielt. Schuberts Todessehnsucht, die schon in seiner Prosadichtung „Mein Traum" herauszuspüren war, verdeutlicht sich nun in dem Gedicht „Mein Gebet":

> Mein Gebet
>
> „Tiefer Sehnsucht heil'ges Bangen
> Will in schön're Welten langen;
> Möchte füllen dunklen Raum
> Mit allmächt'gem Liebestraum.
>
> Großer Vater! reich' dem Sohne
> Tiefer Schmerzen nun zum Lohne,
> Endlich als Erlösungsmahl
> Deiner Liebe ew'gen Strahl.
>
> Sieh, vernichtet liegt im Staube,
> Unerhörtem Gram zum Raube,
> Meines Lebens Martergang
> Nahend ew'gem Untergang.
>
> Tödt' es und mich selber tödte,
> Stürz' nun Alles in die Lethe,
> Und ein reines kräft'ges Sein
> Lass', o Großer, dann gedeih'n.
>
> 8. Mai 1823   Frz. Schubert."

Um die Osterzeit dürfte eine Besserung seines Gesundheitszustandes eingetreten sein, und es ist kaum zu fassen, daß er sich noch im selben Monat, in dem das Gedicht „Mein Gebet" entstand, an das Projekt eines Liederzyklus heranwagte. Die Texte dazu stammten von Wilhelm Müller, der unter den „77 Gedichten aus den hinterlassenen Papieren eines reisenden Waldhornisten" jene auswählte, die unter dem Titel „Die schöne Müllerin" bekannt sind und Schubert wohl deshalb inspiriert haben dürften, weil sie in ihrer Sentimentalität seiner augenblicklichen Stimmung voll entsprachen.

Die erste Andeutung von Schuberts Krankheit aus dem Kreis seiner Freunde finden wir in einem Brief Leopold Kupelwiesers vom 26. Juli 1823 an Franz von Schober, in dem es heißt: „Bei Collin hörte ich gestern, daß Schubert krank sei; Bradesky soll die Nachricht gebracht haben." Matthäus von Collin war der Schwiegersohn Dr. Bernhardts, einer der beiden behandelnden Ärzte Schuberts, der offenbar eine Bemerkung über eine ernstere Erkrankung des Komponisten fallenließ. Trotzdem ist Schubert, wahrscheinlich am 25. Juli, nach Oberösterreich abgereist, um wieder gemeinsam mit Vogl einige erholsame Urlaubswochen zu verbringen. Am 14. August berichtete er Schober: „Ich correspondire fleißig mit Schäffer und befinde mich ziemlich wohl. Ob ich je wieder ganz gesund werde, bezweifle ich fast." Aus diesem Brief geht hervor, daß Schubert sich über den Ernst seiner Erkrankung voll bewußt war, und da er mit seinem behandelnden Arzt Dr. Schaeffer in ständigem brieflichen Kontakt stand, dürften Krankheitssymptome auch während dieser Reise fortbestanden haben. Es ist bezeichnend, daß Schubert sich in seiner Krankheit noch inniger an seinen Freund Schober anzuschließen versuchte, jenen genialen Blender, in dem Schubert einen wahrhaft „göttlichen Kerl" erblickte. Schober zog es allerdings vor, vorsichtshalber für zwei Jahre nach Breslau zu gehen, um dort Schauspieler zu werden und wahrscheinlich auch, um in dieser Zeit Gras über die unangenehme Affäre mit Schubert wachsen zu lassen.

Als Schubert im Herbst 1823 nach Wien zurückkehrte, dürfte nach vorübergehender Besserung das Leiden erneut aufgeflammt sein, wie aus einem Schreiben Karl Freiherr von Doblhoffs an Franz von Schober vom 12. November 1823 hervorgeht, in dem er von einem Abstecher nach Steyr, wo sich Schubert im August und September befand, erzählte: „Von Amstetten lenkte ich über Seitenstätten nach Steyr ein, um unseren lieben Schwämmelein zu besuchen. Ich fand ihn damals bedenklich krank, doch das weißt Du ohnedies." Schubert wohnte zunächst bei einem seiner Freunde, dem „langen Huber", mußte aber bald zur weiteren Behandlung für mehrere Wochen in das Wiener Allgemeine Krankenhaus eingeliefert werden. Eine tiefe Depression bemächtigte sich seiner, die er offenbar nur durch eine geradezu hektische Produktivität überwinden konnte. Es ist kaum zu glauben, daß Schubert in der bedrückenden Atmosphäre des Krankenhauses – es dürften die Monate Oktober und November gewesen sein – den Zyklus „Die schöne Müllerin" vollenden konnte. Wilhelm von Chezy bemerkte dazu: „Die reizenden Müllerin-Lieder hatte er unter ganz anderen Schmerzen gesetzt, als jene waren, die er im Mund des armen Müllknappen mit der verschmähten Liebe durch seine Noten unsterblich machte." Einzelheiten über diesen Spitalaufenthalt sind nicht bekannt, da sich in den Archiven keine Krankenaufzeichnungen mehr finden ließen. Briefliche Mitteilungen aus Schuberts Freundeskreis deuten jedoch darauf hin, daß der Aufenthalt bis Mitte November gedauert haben dürfte oder zumindest Schubert bis zu diesem Zeitpunkt noch bettlägerig und behandlungsbedürftig war. In einem Brief Moritz von Schwinds an Schober vom 9. November 1823 heißt es nämlich: „Vorgestern reiste Kupelwieser nach Rom ab. Tags zuvor war noch eine Art Bachanal bei der Krone, wir speisten alle dorten außer Schubert, der denselben Tag im Bette lag. Schaeffer und Bernard, der ihn besuchte, versichern, er sei auf dem besten Weg der Genesung und reden schon von dem Zeitraum von 4 Wochen, wo er vielleicht ganz hergestellt sein wird." Wenn allerdings Johanna Lutz, die Braut Kupelwiesers, am 18. November 1823 ihrem Verlobten nach Rom in einem zwischen anderen Nachrichten eingestreuten Satz erwähnte: „Der Schubert ist schon wieder gesund", und am 9. Dezember ergänzend berichtete: „Der Schubert ist schon recht gesund und zeigt auch schon wieder Lust, die strenge Ordnung nicht lange mehr einzuhalten", dann dürfte der wahre Sachverhalt doch etwas zu optimistisch dargestellt worden sein. Schubert selbst zeigte sich in einem Brief an Schober vom 30. November 1823 wesentlich skeptischer: „Übrigens hoffe ich meine Gesundheit wieder zu erringen, und dieses wiedergefundene Gut wird mich so manches Leiden vergessen machen." Eigenartigerweise eröffnete er dieses Schreiben mit einer neuen wesentlich günstigeren Beurteilung seines Gesundheitszustandes: „Außer meinen Gesundheitsumständen, die sich (Gott sey Dank) nun endlich ganz fest zu stellen scheinen, geht alles miserabel." Wie dem auch sei, der Umstand allein, daß dieser Brief durch Andeutungen über seine Krankheit eröffnet und geschlossen wird, ist als Zeichen dafür zu werten, daß ihn die Sorge um seine Genesung am meisten bewegt haben dürfte.

Ende Dezember scheint aber tatsächlich das Schlimmste vorüber gewesen zu sein. In einem Schreiben Schwinds an Schober vom 24. Dezember 1823, das übrigens auch den ersten Hinweis auf die Natur der Erkrankung Schuberts gibt, ist zu lesen: „Schubert ist besser, es wird nicht lange dauern, so wird er wieder in seinen eigenen Haaren gehen, die wegen des Ausschlages geschoren werden mußten. Er trägt eine sehr gemütliche Perücke ... Der verzwickte Doktor [Dr. J. Bernhardt. Anm. d. Verf.] geht auch viel mit ihm." Wie wohl sich Schubert tatsächlich gefühlt haben mag, geht aus einem Bericht über die Silvesterfeier hervor, den Schwind am 2. Januar 1824 an Schober sandte: „Unser Sylvester-Nachts-Fest lief glücklich ab. Wir waren bei Mohn versammelt ... Bald darauf kündigten sich Schubert und Dr. Bernhardt durch ein kleines Scheibenschießen an. Schubert traf und die verwundete Fensterscheibe brachte alles in Aufruhr." Ähnliches erfuhr Schober aus einem Brief von Doblhoff, der am 7. Januar 1824 die Schilderung dieses Festes mit den Worten beschloß: „Schubert ist fast gesund und fast in beständigem Umgange mit Bernhard." Sein Zustand erlaubte es bereits, an Trinkgelagen teilzunehmen, obgleich von ärztlicher Seite gerade zu diesem Zeitpunkt eine diätetische Behandlung eingeleitet wurde. Wieder ist es ein Brief, diesmal jener vom Februar 1824, den Schwind an Schober absandte, der nähere Einzelheiten vermittelt: „Das war an Schuberts Geburtstag. Wir hatten ein Fest bei der Kron, und wiewohl alle sehr besoffen waren, so wünschte ich doch, daß Du, um des Schuberts Freude über Dein Glück willen, dabei gewesen wärest. Im höchsten Rausch konnt' ich sehen, wie jeder ist. Alle waren mehr oder weniger dumm, Schubert schlief ... Schubert hält jetzt ein vierzehntägiges Fasten und Zuhausebleiben. Er sieht viel besser aus und ist sehr heiter, ist sehr komisch hungrig und macht Quartetten und Deutsche und Variationen ohne Zahl."

Bei diesen Variationen handelt es sich unter anderem auch um jene für Flöte und Klavier über ein Thema aus dem Lied „Trockene Blumen", die Schubert für den befreundeten Flötisten Bogner komponierte. Bedeutender ist aber das Quartett in a-Moll, D 804, das völlig neue Klangräume erschließt und seine wahre innere Gemütsverfassung, nämlich schmerzliche Trauer über das ihm widerfahrene Schicksal, widerspiegelt. Angesichts der anscheinend raschen Genesung versprühte er jedoch auch Fröhlichkeit und Lebensfreude, wie sie so heiter in seinem berühmten Oktett D 803 zum Ausdruck kommt, das er im Februar 1824 schrieb. Am 22. Februar teilte Schwind seinem Freund Schober brieflich mit, daß Schubert die Perücke bereits abgelegt habe und seine Haare „einen niedlichen Schneckerlanflug" zeigten. Daß dies bei Schubert, der noch immer auf Diät gesetzt war, vorsichtigen Optimismus auslöste, entnimmt man einem neuerlichen Briefwechsel der beiden Freunde, datiert mit 6. März 1824: „Schubert ist schon recht wohl. Er sagt, in einigen Tagen der neuen Behandlung hatte er gespürt, wie sich die Krankheit gebrochen habe und alles anders sei. Er lebt immer noch einen Tag von Banaderln [Eine Art Brotsuppe], den anderen von einem Schnitzel und trinkt schwelgerisch Thee."

Leider war diese Freude nur von kurzer Dauer, denn schon Ende März kündigten sich neuerlich Symptome der Verschlechterung des Leidens an, wie aus der Eintragung vom 27. März 1824 hervorgeht: „Keiner, der den Schmerz des Andern, und Keiner, der die Freude des Andern versteht! Man glaubt immer, zu einander zu gehen, und man geht immer nur neben einander. O Qual für den, der dieß erkennt!" Wie sehr Schubert in diesen Tagen durch die immer wieder aufflackernden Krankheitssymptome in offene Verzweiflung geriet, verrät der Brief vom 31. März 1824 an Leopold Kupelwieser, dem er die scheinbare Aussichtslosigkeit seiner Situation und das wahre Ausmaß seiner Ängste in einer Art Seelenbeichte offenbarte: „Schon längst drängt' es mich Dir zu schreiben, doch niehmals wußte ich wo aus wo ein. Doch nun beut sich mir die Gelegenheit … und ich kann endlich wieder einmahl jemanden meine Seele ganz ausschütten. Du bist ja so gut und bieder, Du wirst mir gewiß manches verzeihen, was mir andere sehr übel nehmen würden. – Mit einem Wort, ich fühle mich als den unglücklichsten, elendsten Menschen auf der Welt. Denk Dir einen Menschen, dessen Gesundheit nie mehr richtig werden will, und der aus Verzweiflung darüber die Sache immer schlechter statt besser macht, denke Dir einen Menschen, sage ich, dessen glänzendste Hoffnungen zu Nichts geworden sind, dem das Glück der Liebe und Freundschaft nichts biethen als höchstens Schmerz, dem Begeisterung (wenigstens anregende) für das Schöne zu schwinden droht, und frage Dich, ob das nicht ein elender, unglücklicher Mensch sei? – ‚Meine Ruh ist hin, mein Herz ist schwer, ich finde sie nimmer und nimmermehr', so kann ich wohl jetzt alle Tage singen, denn jede Nacht, wenn ich schlafen geh, hoff' ich nicht mehr zu erwachen, und jeder Morgen kündet mir nur den gestrigen Gram."

Die innere Erregung, in der sich Schubert zum Zeitpunkt der Niederschrift dieses Briefes befunden haben muß, dürfte außerordentlich gewesen sein, da er an einer späteren Stelle in drei unmittelbar aufeinanderfolgenden Sätzen das Zeitwort „komponieren" in drei verschiedenen orthographischen Varianten gebrauchte: componiert, komponirt, und componirt – ein Umstand, auf den Heinrich Werlé besonders hingewiesen hat.

Wir wissen nicht genau, welcher Art die Verschlimmerung seines Gesundheitszustandes Ende März 1824 war, doch dürften es im wesentlichen unbestimmte, eher heftige Schmerzen im Bereich des linken Armes gewesen sein. In diesem Sinn ist auch eine Andeutung Doblhoffs in einem Brief an Schober auszulegen, wonach Schubert über Knochenschmerzen geklagt habe, und auch Schwind berichtete Schober in einem Brief vom 14. April 1824: „Schubert ist nicht ganz wohl. Er hat Schmerzen im linken Arm, daß er gar nicht Klavier spielen kann. Übrigens ist er guter Dinge." Daraus darf man schließen, daß es sich bei diesen „Knochenschmerzen" kaum um eine Manifestation seines venerischen Leidens gehandelt haben wird, sondern eher um eine sogenannte Überanstrengungsperiostitis, also eine Beinhautentzündung an der Ansatzstelle bestimmter Unterarmmuskeln, wie sie bei forcierter pianistischer Tätigkeit geläufig ist. Da Schubert aber auch während der kalten Jahreszeit in Decken gehüllt häufig stundenlang in ungeheizten Räumen zu komponieren pflegte, könnten die Beschwerden ebenso durch langdauernde Kälteeinwirkung ausgelöst worden sein. Offenbar kam es aber rasch wieder zu einer Besserung, denn schon am 31. Mai 1824 erfährt man aus einem Brief Schwinds an Kupelwieser: „Schubert ist nach Ungarn gereist. Er hat einen Operntext mit, das Sujet der bezauberten Rose, von Dr. Bernard gearbeitet, auch hat er sich vorgenommen, eine Symphonie zu schreiben."

Als Schubert im Mai 1824 die Familie Esterhazy zum zweitenmal nach Zseliz begleitete, dürfte er sich nicht nur gesundheitlich wieder recht wohl gefühlt haben, sondern er nahm sich auch künstlerisch viel vor – unter anderem die Bearbeitung eines von seinem behandelnden Arzt Dr. J. Bernhardt verfaßten Operntextes. Sein Vater ebenso wie sein Bruder Ferdinand, die um die Art seines Leidens wußten, drückten ihre Freude über die anhaltende Besserung seines Zustandes aus, wobei es der Vater nicht unterließ, moralisierende Ermahnungen an den Sohn zu richten. So schrieb er Ende Juni 1824 nach Zseliz: „Wir freuen uns alle herzlich über Deine Gesundheit und über Deine schöne Aufnahme im gräflichen Hause. Suche daher, Deine Gesundheit, das erste unter den irdischen Gütern, zu erhalten und zu pflegen ... Wir dürfen, ja wir sollen sogar die unschuldigen Lebensfreuden froh und mit dankbarem Gemüte zu Gott mäßig genießen; wir müssen aber auch in trüben Umständen den Mut nicht sinken lassen; denn auch Leiden sind eine Wohltat Gottes." Wesentlich herzlicher war das Schreiben seines Bruders Ferdinand vom 3. Juli, der sich besorgt nach Schuberts Gesundheitszustand erkundigte und ihm zu verstehen gab, daß er über die Abwesenheit von Wien recht unglücklich sei, weshalb Schubert am 18. Juli 1824 antwortete: „Geliebtester Bruder! Daß es mich wirklich etwas kränkte, daß ich sowohl von (zu) Haus als auch von Dir erst so spät ein Schreiben bekam, kannst Du mir aufs Wort glauben ... War es bloß der Schmerz über meine Abwesenheit, der Dir Thränen entlockte ... oder kamen Dir alle Thränen, die Du mich schon weinen sahst, ins Gedächtniß? Dem sey nun, wie es wolle, ich fühle es in einem Augenblicke deutlicher, Du oder Niemand bist mein innigster, mit jeder Faser meiner Seele verbundener Freund! Damit Dich diese Zeilen nicht vielleicht verführen, zu glauben, ich sey nicht wohl, oder nicht heiteren Gemüthes, so beeile ich mich, dich des Gegentheils zu versichern. Freylich ists nicht mehr jene glückliche Zeit, in der uns jeder Gegenstand mit einer jugendlichen Glorie zu umgeben scheint, sondern jenes fatale Erkennen einer miserablen Wirklichkeit, die ich mir durch meine Phantasie (Gott sey's gedankt) so viel als möglich zu verschönern suche ... Als Beweis dessen werden Dir eine große Sonate und Variationen über ein selbst erfundenes Thema, beydes zu 4 Hände, welche ich bereits componirt habe, dienen." Es handelt sich dabei um die Sonate D 812 mit ihrem fast sinfonischen Aufbau sowie um die As-Dur-Variationen D 813, in denen in einzigartiger Weise Trauer und Schmerz durch überraschende Verwandlungen des Themas immer wieder in lichtvolle Farben aufgelöst werden.

Schuberts körperliches Befinden in Zseliz dürfte nicht beeinträchtigt gewesen sein, wenngleich er dem Frieden nicht ganz traute, denn in einem Schreiben vom August 1824 an seinen Freund Schwind machte er die vorsichtige Bemerkung: „Ich bin noch immer Gottlob gesund." Vor allem hat ihn wohl bedrückt, daß er sich mit niemandem aussprechen konnte. In einem Brief vom 21. September 1824 an Schober führte er darüber deutlich Klage: „Nun sitz ich allein hier im tiefen Ungarlande in das ich mich leider zum 2ten Mahle locken ließ, ohne auch nur einen Menschen zu haben, mit dem ich ein gescheidtes Wort reden könnte." Wie sehr ihm in dieser Einsamkeit sein durch Krankheit so gewaltsam verändertes Schicksal bewußt wurde und wie sehnsüchtig sein Blick in die glückliche, unbeschwerte Jugendzeit zurück schweifte, zeigt sein Gedicht „Klage an das Volk", das er dem erwähnten Brief an Schober beifügte. Dieses Gedicht, das er „in einer dieser trüben Stunden, wo ich besonders das Thatenlose unbedeutende Leben, welches unsere Zeit bezeichnet, sehr schmerzlich fühlte", verfaßte, spiegelt in seiner Resignation seine depressive Seelenlage wider.

Wenn Schubert in seinen „trüben Stunden" auch keine rechte Ansprache fand, so war es ein anderes Ereignis, das ihn in Zseliz beleben sollte: die Zuneigung zu Karoline Esterhazy, der neunzehnjährigen jüngeren Tochter des Grafen. Obwohl Schubert seine Gefühle zu dem „bewußten anziehenden Stern", wie er sie einmal nannte, vor anderen verbarg und sich von Anfang an darüber im klaren war, daß angesichts der unüberbrückbaren Standesunterschiede diese stille Liebe ohne jede Aussicht auf Erfüllung bleiben mußte, konnte er es doch nicht verhindern, „sich den Liebespfeil immer tiefer ins Herz" zu drücken, wie Eduard Bauernfeld später berichtete. Sicherlich wurde diese stille Zuneigung von Karoline nicht erwidert, wenngleich sie ohne Zweifel etwas davon bemerkt haben mußte. Baron Karl von Schönstein, ein Freund des Grafen und ein vorzüglicher Tenor, bestätigt dies indirekt durch den Bericht eines Dialogs zwischen den beiden: „Als sie nämlich einst Schubert im Scherz vorwarf, er habe ihr noch gar kein Musikstück dediziert, erwiderte jener: Wozu denn, es ist Ihnen ja ohnehin alles gewidmet." In der Tat hat sich Schubert seine Liebe zu Karoline, die in den Erinnerungen seiner Freunde „seine sichtbare Muse war, die Leonore dieses musikalischen Tasso", bis ans Lebensende unvermindert bewahrt. Für sie schrieb er eine Reihe vierhändiger Klavierwerke, darunter die berühmte Fantasie in f-Moll op. 103, und in ihrem Nachlaß wurde auch das Autograph des Klaviertrios in Es-Dur op. 100, das im November 1827 entstand, gefunden. Karoline übte eine heilsame, ausgleichende Wirkung auf Schubert aus und blieb nach übereinstimmendem Urteil seiner Freunde bis an sein Lebensende seine „verklärende Neigung".

„Gesund und himmlisch leichtsinnig"

Am 16. Oktober 1824 kehrte er endlich wieder in sein geliebtes Wien und in den Kreis seiner Freunde und Brüder zurück. Schon am 8. November berichtet Schwind an Schober: „Schubert ist hier gesund und himmlisch leichtsinnig, neu verjüngt durch Wonne und Schmerzen und heiteres Leben", und am 2. Dezember schreibt Schober an Schubert einen längeren Brief, in dem es bedeutungsvoll heißt: „Wie freue ich mich, daß Du wieder ganz gesund bist, ich werde es auch bald sein." Schobers Erwähnung seiner eigenen Erkrankung ist sicher ein Hinweis dafür, daß die beiden Freunde sich die gleiche venerische Erkrankung zugezogen hatten.
Nach dem gesundheitlich eher unstabilen Jahr 1824 hört man im darauffolgenden Jahr 1825 von keinen nennenswerten Störungen seines Befindens, was sich auch positiv auf sein künstlerisches Schaffen auswirkte. „Schubert ist gesund und nach einigem Stillstand wieder fleißig", heißt es in einem Brief Schwinds an Schober vom 14. Februar 1825. Und mit der Festigung seines Gesundheitszustandes kam auch seine gute Laune wieder zurück, die er sich nicht einmal durch die neuerliche Enttäuschung über die hochmütige und fast kränkende Nichtbeachtung des Dichterfürsten am Weimarer Hof rauben ließ. Diesmal sandte Goethe nicht einmal die mit Widmung versehenen Liederhefte zurück, geschweige denn, daß er den Brief Schuberts von Anfang Juni 1825 beantwortete, der folgenden Wortlaut hatte: „Euer Exzellenz! Wenn es mir gelingen sollte, durch die Widmung dieser Composition Ihrer Gedichte meine unbegränzte Verehrung gegen E. Exzellenz an den Tag legen zu können, und vielleicht einige Beachtung für meine Unbedeutenheit zu gewinnen, so würde ich den günstigen Erfolg dieses Wunsches als das schönste Ereigniß meines Lebens preisen."
Ein in mehrfacher Hinsicht aufschlußreiches Schreiben, das Anton Ottenwalt aus Linz

am 19. Juli 1825 an Josef von Spaun nach Lemberg sandte, bestätigte nicht nur Schuberts Wohlbefinden, sondern auch das Wiederaufleben seiner kreativen Tätigkeit: „Schubert ist hier, bis jetzt allein … Schubert sieht so gesund und kräftig aus, ist so gemütlich heiter, so freundlich mitteilend, daß man innige Freude daran haben muß … Von seinen Liedern, sagt er uns, sind seither einige aus Scotts ‚Fräulein vom See‘ … entstanden. Übrigens hat er in Gmunden an seiner Symphonie gearbeitet, die im Winter in Wien aufgeführt werden soll … wie sehr wünschte ich erst heute, daß auch Du die neuen herrlichen Lieder hören könntest, die Schubert komponierte und sang." Aus solchen Worten kann man herauslesen, daß Schubert sich damals „wie ein angenehm verwunschener Prinz" vorkam; der Brief stellt aber gleichzeitig auch die erste dokumentarische Erwähnung seiner bis heute verschollenen „Gmundner-Gasteiner" Sinfonie dar, deren Existenz von Schwind in einem Brief vom 14. August 1825 sowie von Spaun und von Bauernfeld in ihren Nekrologen für Schubert später nochmals bestätigt wurde. In letzteren heißt es wörtlich, daß Schubert „in Gastein seine größte und schönste Sinfonie komponiert habe", „für die er eine besondere Vorliebe hatte". Um so bedauerlicher für die Nachwelt ist ihr Verlust.

Von den in Gmunden komponierten Liedern nach Walter Scott ist sein „Ave Maria" wohl eines der bekanntesten und berühmtesten Lieder geworden. Daneben entstanden aber auch drei Klaviersonaten von besonderer Schönheit, unter denen neben dem seelenvollen ernsten Fragment D 840, genannt die „Reliquie", jene in a-Moll D 845 von einer solchen Meisterschaft ist, daß sie einen Vergleich mit Beethovens großen Klaviersonaten nicht zu scheuen braucht. Robert Schumann schwärmte vor allem vom verträumten ersten Satz, der nach seinen Worten „bis zu Tränen rühren kann". Wie so häufig bei Schubert folgte diesen zwei eher ernsten, träumerischen Sonaten ein lebensbejahendes, kraftvolles Werk, die Sonate D 850, aus der Schuberts wiedererlangte Stärke und Zuversicht herauszuhören ist. Sein Selbstbewußtsein und seine innere Kraft versuchte er auch auf seine Freunde zu übertragen, um ihnen aus seelischen Nöten zu helfen. So schrieb er aus Linz am 21. Juli 1825 seinem in Lemberg weilenden Freund Spaun: „Laß Dir kein graues Haar wachsen, daß Du so weit von uns bist, biethe dem einfältigen Schicksal Trotz … Niederträchtig ist die Trauer, welche ein edles Herz beschleicht, wirf sie von Dir, und zertritt den Geyer, eh er sich in Deine Seele frißt." Aus solchen Worten spricht die Zuversicht eines Schuberts, dessen Gesundheit wiederhergestellt war. Wie wohl er sich damals gefühlt haben muß, geht aus einem Schreiben vom 25. Juli 1825 an seine Eltern nach Wien hervor: „Sehr freut mich das allseitige Wohlbefinden, zu dem ich – der Allmächtige sei gepriesen – auch das Meinige hinzufügen kann." In diesem Brief ermahnt er auch seinen Bruder Ferdinand, sich seinen hypochondrischen Ängsten nicht zu sehr hinzugeben: „Ferdinand … wird gewiß schon wieder 77 Mal krank gewesen sein, und 9 Mal sterben zu müssen geglaubt haben, als wenn das Sterben das Schlimmste wäre, was uns Menschen begegnen könnte. Könnte er nur einmal diese göttlichen Berge und Seen schauen, … er würde das winzige Menschenleben nicht so sehr lieben, als daß er es nicht für ein großes Glück halten sollte, der unbegreiflichen Kraft der Erde zu neuem Leben wieder anvertraut zu werden." Das ist ein klares Bekenntnis seiner Einstellung zum Tod, das uns die enge Verbundenheit Schuberts zur Natur offenbart und gar nicht mit dem Credo kirchlicher Prägung übereinstimmt. Tatsächlich ist bekannt, daß er in allen seinen lateinischen Messen den dogmatisch wesentlichen Passus: „Credo in unam sanctam ecclesiam catholicam apostolicam" konsequent in jedem Credo strich. Es war zweifellos die Zeit im Konvikt, die den mit Zwang und Drill zu unbedingtem Gehorsam von der Geistlichkeit erzogenen Jüngling

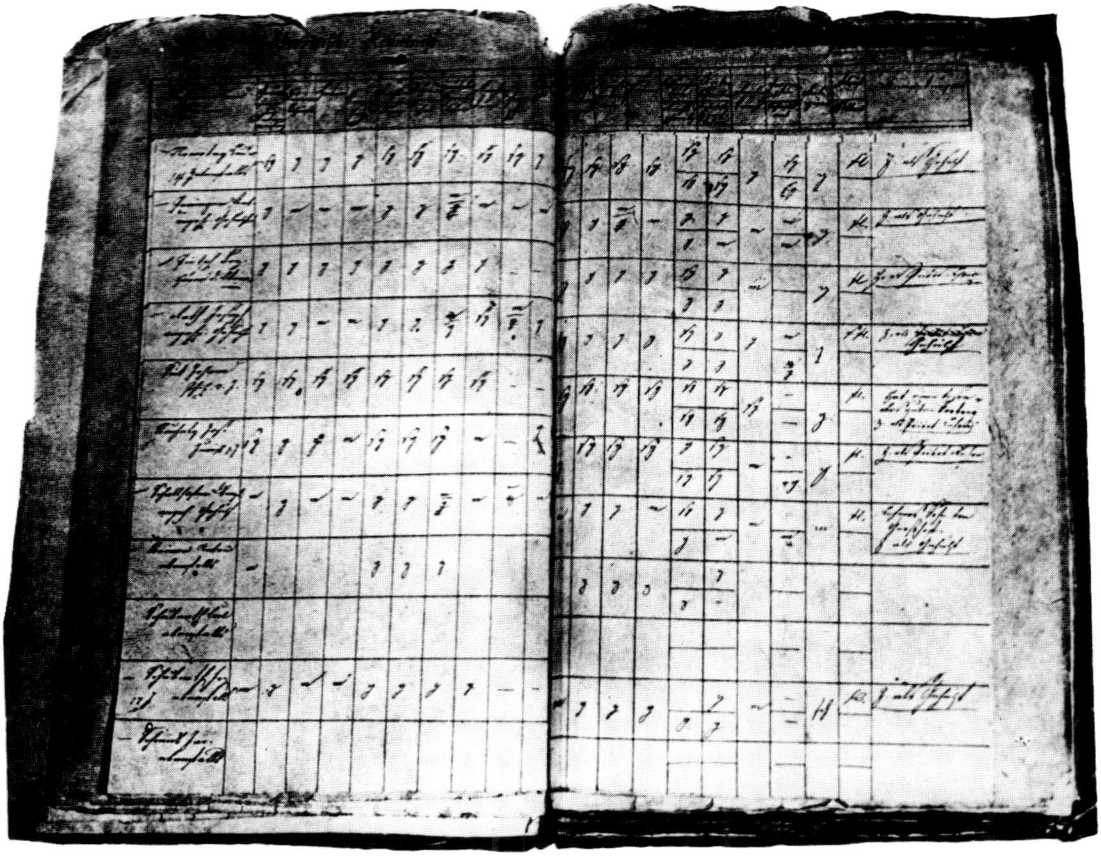

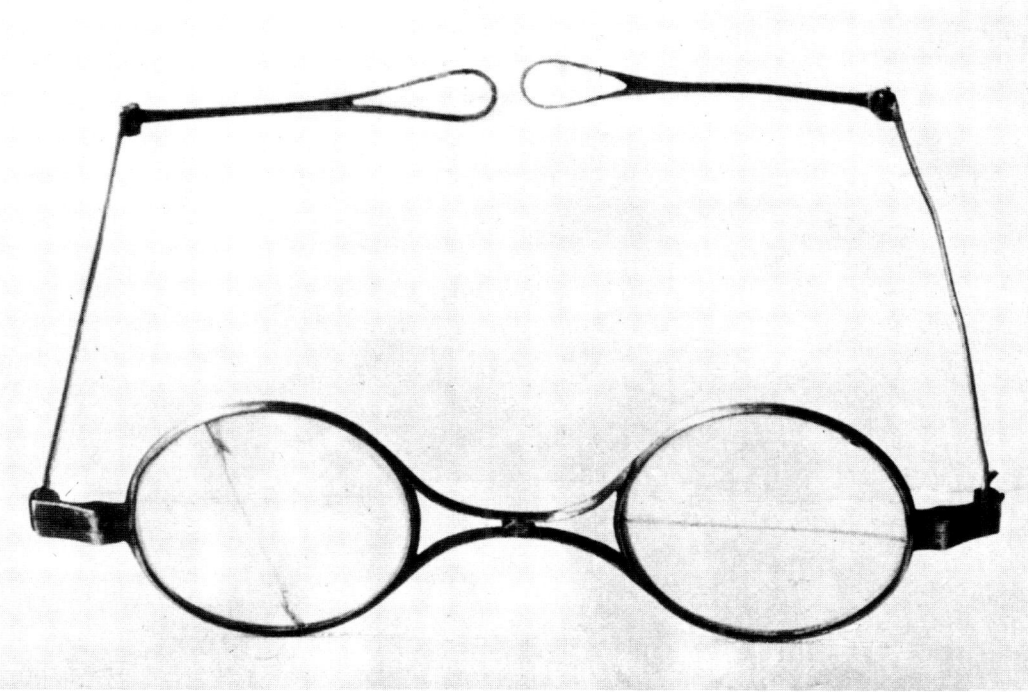

Klassifikation als Lehramtskandidat in St. Anna 1814.

Schuberts Augengläser.

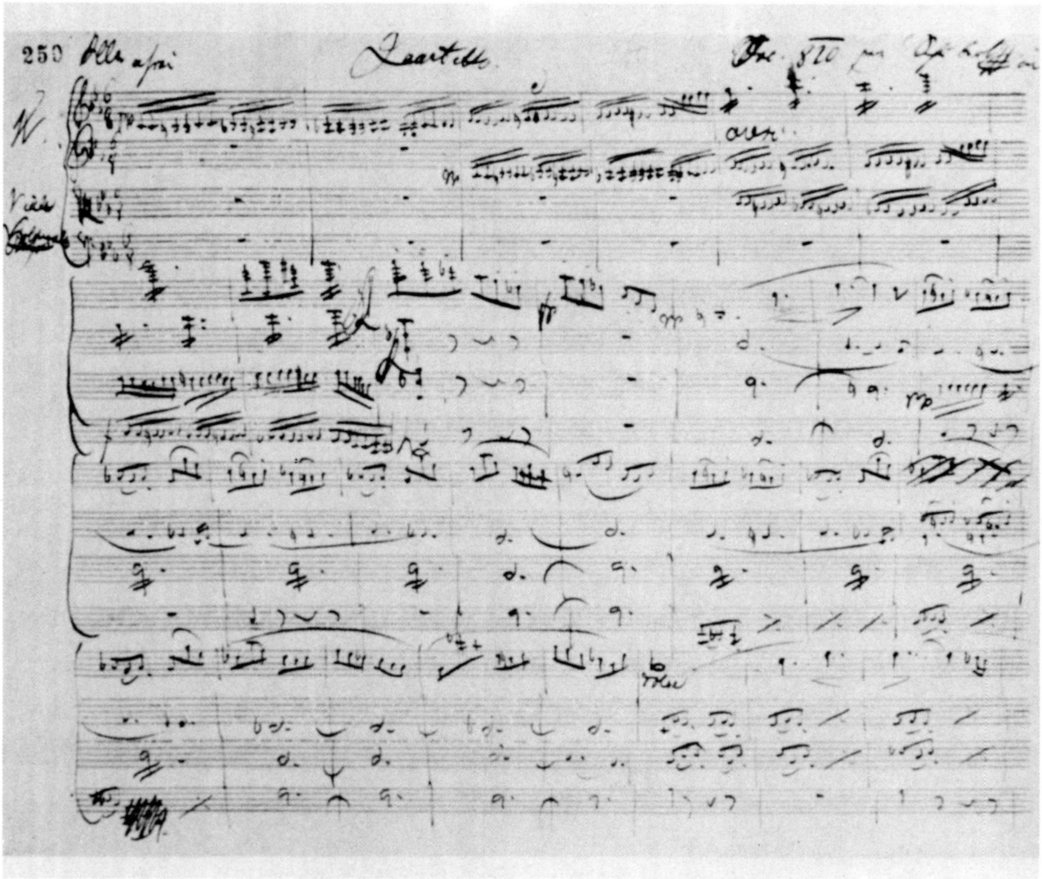

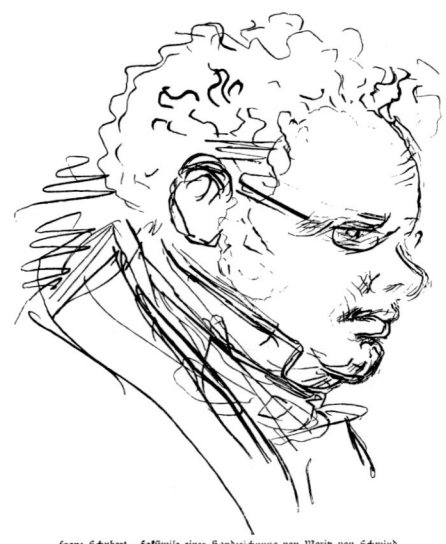

Erste Seite der Partitur des Quartettsatzes in c-Moll für Streichquartett.

Franz Schubert. Faksimile einer Handzeichnung von Moritz von Schwind.

Franz Schubert. (Faksimile einer Handzeichnung von Moritz von Schwind)

Einer der letzten Briefe Schuberts an Anselm Hüttenbrenner.

Partiturseite vom Anfang der großen C-Dur Sinfonie.

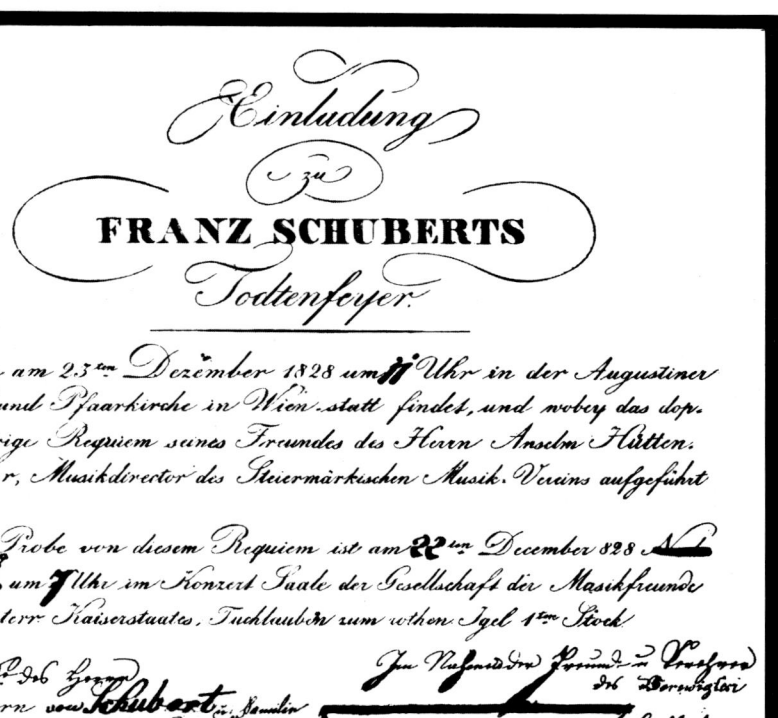

Einladung
zu
FRANZ SCHUBERTS
Totenfeyer.

welche am 23ten Dezember 1828 um 11 Uhr in der Augustiner Hof und Pfaarkirche in Wien statt findet, und wobey das doppelchörige Requiem seines Freundes des Herrn Anselm Hüttenbrenner, Musikdirector des Steiermärkischen Musik-Vereins aufgeführt wird.

Die Probe von diesem Requiem ist am 22ten December 828 Nachmittag um 7 Uhr im Konzert Saale der Gesellschaft der Musikfreunde des Oesterr. Kaiserstaates, Tuchlauben zum rothen Igel 1ter Stock

Einladung zur Totenfeier
für Franz Schubert am
23. Dezember 1828.

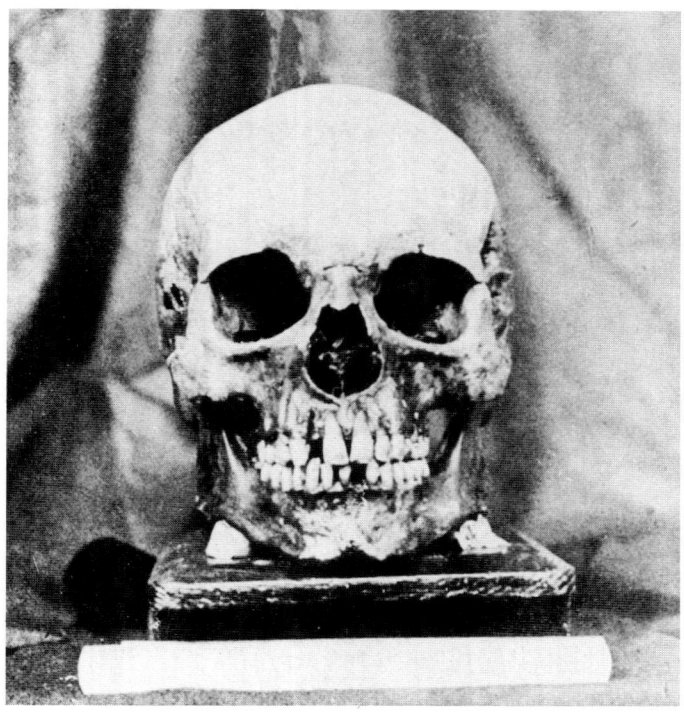

Schuberts Totenkopf.

schon in frühen Jahren dahin brachte, die Rolle des Klerus mit Scharfblick zu durchschauen, und aus mehreren Zeugnissen seiner Hand geht hervor, daß er auch später den beherrschenden Einfluß des Klerus in der damals vielfach gehandhabten Form mißbilligte. So schrieb er schon am 29. Oktober 1818 aus Zseliz seinem Bruder Ignaz, mit dem er weltanschaulich in vielen Dingen einer Meinung war: „Du, Ignaz, bist noch ganz der alte Eisenmann. Der unversöhnliche Haß gegen das Bonzengeschlecht macht Dir Ehre. Doch hast Du keinen Begriff von den hiesigen Pfaffen, bigottisch wie ein altes Mistvieh, dumm wie ein Erzesel und roh wie ein Büffel, hört man hier Predigten, wo der so sehr venerierte Pater Nepomucene nichts dagegen ist. Man wirft hier auf der Kanzel mit Ludern, Kanaillen etc. herum, daß es eine Freude ist, man bringt einen Todtenschädel auf die Kanzel und sagt: Das seht her, ihr pukerschäkigten Gfriser, so werdet ihr einmahl aussehen." Solche und ähnliche Erlebnisse, wahrscheinlich aber auch schon die frömmelnde Erziehung im Vaterhaus sowie schließlich seine Erfahrungen mit dem Klerus während seiner Konviktsjahre mußten dazu führen, daß er sich von einer solchen Art von Frömmigkeit abgestoßen fühlte. Seine Religiosität, wie er sie in seinen geistlichen Werken offenbarte, verzichtet auf die Erfüllung streng dogmatischer Forderungen und überzeugt nur durch die überirdische Reinheit seiner Musik, die mühelos auch die letzten von Zweifeln besetzten Winkel eines gläubigen Herzens erreicht. Sein Bruder Ferdinand hat dies in einem Brief vom 4. August 1825 ganz richtig empfunden: „Daß eine Hymne an die h. Jungfrau, von Dir komponiert, alle Zuhörer zur Andacht stimme, werden jene Leute nicht mehr bewundern, wenn sie Deine F-Messe, Dein erstes ‚Tantum ergo‘ und Dein ‚Salve regina‘ gehört haben. Denn durch diese frommen Kompositionen muß jeder Mensch, wenn nur ein Funke von Gefühl in ihm ist, zur religiösen Betrachtung entflammt werden."

Anfang Oktober kehrte Schubert nach Wien zurück. Über seinen Gesundheitszustand ist in diesem Herbst nur eine einzige Bemerkung zu lesen, und zwar in einem Schreiben des Anwalts Dr. Anton Ottenwalt an Spaun vom 27. November 1825: „Von Schubert wüßte ich nichts Dir und uns Neues zu sagen; in seinen Werken offenbart sich der Genius, der Göttliches schafft . . . Er ist heiter, und so hoff' ich, auch gesund." Erst zum Jahreswechsel ist Schubert kurz erkrankt, wobei allerdings nichts Näheres über die Art dieser – wahrscheinlich harmlosen, weil nur wenige Tage anhaltenden – Erkrankung in Erfahrung zu bringen war. Im Tagebuch Bauernfelds findet sich unter dem 2. Januar 1826 lediglich die Eintragung: „Sylvester bei Schober, ohne Schubert, der krank war." Doch schon am 16. Januar notierte Bauernfeld: „Vorgestern Würstelball bei Schober. Schubert mußte Walzer spielen." Obwohl sein Bekanntheitsgrad zunehmend wuchs und er laufend Anerkennungen erhielt, verlief das Jahr 1826 für Schubert ausgesprochen enttäuschend. Seine finanzielle Lage verschlechterte sich zusehends, so daß er sich sogar mit dem Gedanken trug, seine Stellung als freier Künstler aufzugeben, und nach dem Tod Antonio Salieris am 7. Mai 1826 um das Amt eines Vizehofkapellmeisters ansuchte. Sein Gesuch hatte ebensowenig Erfolg wie die anschließende Bewerbung um die Stelle des Vizekapellmeisters am Kärntnertortheater; und wie er sich die materielle Sicherung seiner künstlerischen Unabhängigkeit vorstellte, erwähnte er gegenüber Josef Hüttenbrenner, seinem Faktotum: „Mich soll der Staat erhalten, ich bin für nichts als das Komponieren auf die Welt gekommen."

Im Februar 1826 beendete Schubert das düstere und leidenschaftliche Streichquartett „Der Tod und das Mädchen", das er in der schweren Zeit zu Beginn des Jahres 1824 in großen Zügen bereits komponiert hatte und das jener verzweifelten Stimmung entspricht, die er seinem Freund Kupelwieser in jener brieflichen Beichte vom 31. März

1824 geoffenbart hatte. Die Musik dieses Streichquartetts in d-Moll ist der beredte Ausdruck einer hoffnungslosen Verzweiflung. In diesen zerrissenen Klängen zwischen Aufbegehren und Untergang und zwischen Trost und Verzweiflung spürt man förmlich, wie Schubert diese Musik unter dem Aspekt des Todes verstanden wissen wollte. War es 1824 vor allem die neuerliche Erkrankung, durch die er sich in seiner Existenz bedroht fühlte, so war es jetzt zum Zeitpunkt der Fertigstellung dieses Werkes wohl seine allgemeine aussichtslose Lage, die ihn zur Arbeit an dieser Musik drängte. In diesem Sommer 1826 war er so mittellos, daß er sich nicht einmal die Miete für ein Klavier leisten konnte und auch die bereits geplante Sommerreise in das Salzkammergut absagen mußte. So schrieb er am 10. Juli 1826 an Bauernfeld: „Ich kann unmöglich nach Gmunden oder irgend wo anders hin kommen, ich habe gar kein Geld und es geht mir überhaupt sehr schlecht."

Im Oktober 1826 bewies er mit der Komposition der herrlichen Klaviersonate in G-Dur D 894, daß ihn seine tristen Verhältnisse seelisch nicht wirklich nachhaltig beeinflussen konnten. „Ich mache mir nichts daraus und bin lustig", fügte er seinem Bericht an Bauernfeld bei; die streckenweise bravouröse Sonate mit ihren trotzigen Motiven könnte in diesem Sinn interpretiert werden, wenngleich schon am Beginn die verträumten, zarten Melodien einen melancholischen Zug erkennen lassen. So empfand es auch Franz von Hartmann, dem Schubert in Anwesenheit Spauns am 8. Dezember 1826 diese Sonate vorspielte: „Dann kam Schubert und spielte ein herrliches, aber melancholisches Stück von seiner Komposition."

Im Spätsommer dürfte Schubert neuerlich erkrankt sein. Eine Notiz im Tagebuch Bauernfelds vom August 1826, die erstmals einen konkreten Hinweis auf die Art des venerischen Leidens, wenn auch in verschlüsselter Weise, zu geben vermag, besagt: „Schubert halbkrank, er bedarf ‚junger Pfauen' wie Benvenuto Cellini." Der im Jahr 1500 geborene berühmte Goldschmied und Bildhauer Cellini soll an Lues gelitten haben und liebte es, junge Pfauen zu essen, was später gerne zur diskreten Umschreibung dieser gesellschaftlich diskriminierenden Erkrankung verwendet wurde. Die Tagebuchnotiz beweist darüber hinaus, daß Schuberts Freunden die wahre Diagnose seines Leidens nicht verborgen blieb und sie deshalb wohl auch bei jeder kurzdauernden Erkrankung Schuberts einen Zusammenhang mit seinem Leiden vermuteten.

Im Frühjahr 1827 wurden Schubert und seine Freunde vom Tod Beethovens zutiefst getroffen. Schubert war unter den 38 Fackelträgern, die den Sarg begleiteten, und vor dem Währinger Friedhof hörte er auch die von Grillparzer verfaßte Grabrede, die Anschütz hielt und in der Beethoven als „letzter Meister des tönenden Liedes" gepriesen wurde. Was sich nach der Trauerfeier für Beethoven ereignete, wurde später von Beethovens jungem Freund Gerhard von Breuning berichtet; im Wissen um die bald darauf folgenden Geschehnisse berührt dieser Bericht jeden Leser eigenartig: „Franz Schubert, Benedikt Randhartinger und Franz Lachner gingen zusammen in das Gasthaus zur Mehlgrube am Neuen Markt. Man bestellte Wein, und Schubert erhob das Glas mit dem Ausrufe: ‚Auf das Andenken unseres unsterblichen Beethoven!' und als die Gläser geleert waren, füllte er es zum anderen Male, ausrufend: ‚Nun, und dieses auf denjenigen von uns Dreien, der unserem Beethoven der Erste nachfolgen wird!'"

Sosehr ihn der Tod Beethovens auch erschütterte, mag ihn vielleicht dennoch dabei auch ein Gefühl der Befreiung ergriffen haben, da seine künstlerische Tätigkeit nun nicht mehr im Schatten dieses alles überragenden Geistesriesen stand. Schon während seiner Konviktszeit hatte Schubert seinem Freund Spaun gegenüber den übergroßen Respekt bekundet, den er diesem Titanen entgegenbrachte: „Zuweilen glaube ich wohl im stillen, daß etwas aus mir werden könne – aber wer vermag nach Beethoven noch etwas zu machen!" Nun hatte er als Träger einer brennenden Wachsfackel bei Beethovens Leichenbegängnis symbolisch auch das lodernde Feuer dieses Heros der Kunst als Vermächtnis übernommen.

Obwohl immer wieder kränkelnd und finanziell in Schwierigkeiten, beseelte ihn nur ein einziger Wunsch – zu komponieren. Es entstand das schwungvolle, lebensbejahende Klaviertrio in B-Dur D 898 mit dem bestrickenden zweiten Satz, und trotz Zensur des Textes setzte er die Arbeit an der Oper „Der Graf von Gleichen" unbeirrt fort. Als äußeres Zeichen seiner steigenden Wertschätzung ernannte ihn die Gesellschaft der Musikfreunde in Wien zum Mitglied ihres Repräsentantenhauses. Dennoch war er durch die bedrückenden Lebensumstände zuweilen richtig mutlos, wie aus einer Bemerkung hervorgeht, die er Bauernfeld gegenüber machte: „Was wird aus mir armen Musikanten? Ich werde wohl im Alter wie Goethes Harfner an die Türen schleichen und um Brot betteln müssen!" Die Sorge um sein Alter ist andererseits ein sicheres Zeichen dafür, daß Schubert trotz aller Widrigkeiten nicht wirklich ans Sterben dachte oder seine Kompositionen gar in einer Vorahnung seines frühen Todes mitunter in so düsteren Farben erscheinen ließ. Der Schmerz, der in seiner Musik da und dort zum Ausdruck kommt, ist sicher nur zum Teil die Folge seines furchtbaren und unheilvollen Leidens; zum größeren Teil dürfte er das Resultat von seelischen Traumen in seiner Jugend und von Enttäuschungen in seinem späteren Leben sein. Ein beredtes Zeugnis für seine Schwermut und seine Depressionen, die bis zu Selbstmordgedanken reichten, legt etwa die Vertonung des von Spaun eigens für Schubert verfaßten Gedichtes „Der Jüngling und der Tod" ab. Aber auch seine Erzählungen „Mein Traum" und die anschließend komponierte „Unvollendete" sowie der besonders charakteristische Quartettsatz in c-Moll lassen die schwermütige Natur Schuberts erkennen. Schließlich weisen auch viele Texte zu seinen Liedern jenen Weltschmerz und jene Todessehnsucht auf, die Schubert offenbar besonders anzogen und die auch einer allgemeinen Stimmungslage in Künstlerkreisen und bei der intellektuellen Jugend entsprach. Nikolaus Lenau, der von einem „Sterben in der Dämmerung" sprach, glaubte die wesentliche Ursache für diese Zeitkrankheit in der politischen Ohnmacht der Menschen des Vormärz zu sehen.

Unter diesen Aspekten versteht man auch, mit welcher Wucht die Katastrophe seiner venerischen Erkrankung die sensible Natur dieses ungewöhnlich empfindsamen Künstlers getroffen haben muß. Wie gefährdet Schubert damals war, zeigt das in tiefster Verzweiflung niedergeschriebene Gedicht „Mein Gebet", das dieses präsuizidale Stadium eines unmittelbar vor dem Selbstmord stehenden Menschen verrät; aber auch im d-Moll-Streichquartett „Der Tod und das Mädchen" mit dem charakteristischen „Todesrhythmus" hat Schuberts Schmerz förmlich Gestalt angenommen. Am ausgeprägtesten spiegelten sich der hohe Grad seiner Verzweiflung und seine Todessehnsucht in seinem bedeutendsten Liederzyklus, „Die Winterreise", wider. Mit der Vertonung der Texte, die er wie die der „Schönen Müllerin" den „Gedichten aus den hinterlassenen Papieren eines reisenden Waldhornisten" – diesmal mit dem Untertitel „Im Winter zu singen" – entnahm, begann er bereits im Februar 1827; im Oktober desselben Jahres machte er sich an die Beendigung dieses Liederzyklus, diesmal aber mit solcher Intensität und verzehrender Glut, daß die Spuren dieser kompositorischen Verausgabung seinen Freunden nicht verborgen blieben, zumal Schubert während dieser Zeit besonders düster gestimmt und sichtlich mitgenommen wirkte. Dieses Werk zeigt wie wohl kein zweites, welchen Grad von Verzweiflung seine Seele bereits erreicht hatte und wie traurig ihn die Erfahrung machte, daß den Menschen sein beklagenswertes Schicksal im

Grunde gleichgültig war. In den Texten dieses Liederzyklus sah er „das Hinwanken zum freundlich geöffneten Grabe mit grausam-süßer Realistik getroffen", wodurch er seine eigene Todessehnsucht in der Gestalt des Wanderers wiederzuerkennen glaubte, der hier „durch die undurchdringliche Winterlandschaft mit lautlos im Schnee versinkenden Schritten den Menschen entflieht, nur noch eine Straße vor Augen, die noch keiner ging zurück." Man hat die „Winterreise" deshalb auch als ein weiteres präsuizidales Stadium Schuberts bezeichnet, in welchem er durch die Identifizierung mit dem Wanderer die Ausweglosigkeit seines Schicksals in erschütternder Weise aufzeigte. So erschien ihm die „Winterreise", wie H. J. Fröhlich dies poetisch zu erklären versuchte, „eine Reise durch die Todeslandschaft, der Wanderer Schuberts Selbstporträt, jedes Wort Ausdruck seines Schmerzes und zugleich dessen Symbol – Eine Leidensgeschichte in 24 Stationen, ein Werk des schwärzesten Pessimismus, das Erlösung nicht kennt, sondern in totaler Resignation endet".

Mit welch ungeheurer Spannung Schubert diese Musik innerhalb weniger Wochen niederschrieb, kann man aus dem Bericht seines Freundes Spaun erkennen: „Schubert war durch einige Zeit düster gestimmt und schien angegriffen. Auf meine Frage, was in ihm vorgehe, sagte er nur: ‚Ihr werdet es bald hören und begreifen.' Eines Tages sagte er zu mir: ‚Komm heute zu Schober, ich werde Euch einen Zyklus schauerlicher Lieder vorsingen. Ich bin neugierig zu sehen, was Ihr dazu sagt. Sie haben mich mehr angegriffen, als dieses je bei anderen Liedern der Fall war.' Er sang uns nun in bewegter Stimme die ganze Winterreise durch. Schubert sagte hierauf: ‚Mir gefallen diese Lieder mehr als alle anderen, und sie werden Euch auch noch gefallen.' Und er hatte Recht, denn bald waren wir begeistert von diesen wehmütigen Liedern ... schönere deutsche Lieder gibt es wohl nicht." Seiner geheimnisvollen Schaffensformel entsprechend, schuf er gewissermaßen als Kontrast zu diesem düsteren, wehmütigen Liederzyklus sein „tatenfrohes" Klaviertrio in Es-Dur op. 100, wenngleich sich auch hier im langsamen Satz wieder jener eigenartige „Todesrhythmus" findet.

Einen Hinweis auf schon früher erwähnte Kopfschmerzen gibt es in Form eines Nachsatzes unter dem Manuskript einer kleinen vierhändigen Komposition, eines Kindermarsches, den er im Sommer 1827 während seines Aufenthaltes in Graz für den kleinen Faust, den Sohn des befreundeten Ehepaares Dr. Pachler, schrieb. Um der Bitte Frau Pachlers zu entsprechen, die eine gute Pianistin war und sich 1817 mit Beethoven angefreundet hatte, übersandte er am 12. Oktober 1827 das versprochene Manuskript mit dem Zusatz: „Hiermit überschicke ich Euer Gnaden das 4-händige Stück für den kleinen Faust ... Ich hoffe, daß sich Euer Gnaden besser befinden als ich, da mir meine gewöhnlichen Kopfschmerzen schon wieder zusetzen." Diese Kopfschmerzen dürften jedoch kaum mit seiner venerischen Erkrankung im Zusammenhang stehen, wie verschiedentlich vermutet wurde. Allein der Hinweis, daß die Kopfschmerzen offensichtlich immer wieder in wechselnder Intensität auftraten, läßt vermuten, daß sie eher von seiner seit der Kindheit nachweisbaren erheblichen Kurzsichtigkeit herrührten. Das tägliche stundenlange Notenschreiben unter oft ungünstigen Lichtverhältnissen und die wahrscheinlich auch optisch unzureichenden Augengläser mögen der wahre Grund für seine häufigen Kopfschmerzen gewesen sein.

George R. Marek beschäftigt sich in seinem soeben erschienenen Schubertbuch mit der Frage der Kurzsichtigkeit Schuberts. Er ließ die im Schubertmuseum in Wien aufbewahrten Augengläser, die eine Korrektur von −3,75 Dpt. sphärisch aufweisen, von einer bekannten Ophthalmologin in New York beurteilen, ohne den Namen des Trägers dieser Brille preiszugeben. Dabei kam diese Ärztin zu dem Schluß, daß es sich bei dem Brillenträger nur um eine bescheidene Kurzsichtigkeit handeln könne, eine Feststellung, die allerdings für die Beurteilung des Sehvermögens Schuberts von geringer Bedeutung sein dürfte. Abgesehen davon, daß das Datum der Brillenanfertigung nicht bekannt ist, ist mit der Beurteilung eines Augenglases noch keineswegs ein bindender Rückschluß auf das tatsächliche Sehvermögen des Brillenträgers erlaubt. Kommt es doch sogar heute noch vor, daß ein verordnetes Augenglas vom Träger ohne Berücksichtigung seiner inzwischen eingetretenen Sehverschlechterung oft noch jahrelang weiter benützt wird.

Im Oktober dürfte Schubert vorübergehend wieder krank gewesen sein. In einem Schreiben vom 15. Oktober, das an Nanette von Hönig gerichtet war und lange Zeit als verschollen galt, wurde der Satz „Ich bin krank, und zwar von der Art, daß ich für jede Gesellschaft gänzlich untauglich bin" als weiterer Beweis für Schuberts luetische Erkrankung ausgelegt. Da dieser Brief jedoch drei Tage nach dem berichteten Auftreten starker Kopfschmerzen abgefaßt wurde, wird es sich wohl eher um eine in dieser Jahreszeit häufige virale Infektion gehandelt haben. Denn schon am 7. November 1827 schlug er in einem Brief an Freund Jenger zwar eine Einladung seitens der Bankiers und Mitglieder der Gesellschaft der Musikfreunde Josef und Karl von Henikstein aus, sagte aber am gleichen Abend einem Zusammentreffen mit Jenger zu: „Lieber Freund! Zum Mittagessen bey Henigstein kann ich nicht erscheinen, bitte, mich zu entschuldigen. Abends um ½ 8 Uhr aber werde ich gewiß erscheinen."

Mit Anbruch des Jahres 1828 war Schuberts finanzielle Lage alles andere als rosig, trotz äußerer Erfolge mit seinem Klaviertrio in Es-Dur – das anläßlich der Verlobung seines Freundes Spaun vor zahlreichen Gästen aufgeführt wurde – und trotz seines Durchbruches, den er mit einer ganz neuen Musikgattung – den „Moments musicaux" D 780 und den „Impromptus" D 899 und D 935 – erzielte. Um aus diesem Engpaß herauszukommen, überredeten ihn seine Freunde, endlich ein eigenes Konzert zu veranstalten, das dann am 26. März 1828, genau ein Jahr nach Beethovens Tod, auch wirklich stattfand. Der Erfolg dieses seines einzigen, großen Konzerts war überwältigend und löste einen ungeheuren schöpferischen Impuls bei Schubert aus. Die darauf folgende letzte, fast schon unheimliche Schaffensperiode glich einer Sturmflut: Die große vielleicht schon 1825 als „Gasteiner Sinfonie" begonnene Sinfonie in C-Dur wurde fertiggestellt, eine weitere Gruppe von „Moments musicaux" und „Impromptus" sowie die prachtvolle Fantasie in f-Moll für vier Hände vollendet, und im Sommer 1828 wurde die große Messe in Es-Dur geschaffen, die sein eigenes Requiem werden sollte und heute als eine der größten in der gesamten Musikliteratur gilt. Bei dieser herrlichen Messe müsse einem das Sterben leichter fallen, hieß es. Zwischendurch komponierte er auch einige Lieder, die später unter dem Titel „Schwanengesang" zusammengefaßt wurden und unter denen das Gedicht „Der Doppelgänger" von Heinrich Heine der Doppelnatur Schuberts entsprechend einer Beschreibung Bauernfelds besonders nahe kommt: Heiterkeit verwoben mit einem Zug tiefer Schwermut.

Aus dieser überquellenden schöpferischen Tätigkeit ist man geneigt zu schließen, daß sich Schubert damals bester Gesundheit erfreute. Dem war aber nicht so. Er litt an Kopfschmerzen, Schwindelzuständen und Blutwallungen, weshalb ihm sein behandelnder Arzt Dr. Ernst Rinna von Sarenbach, seit 1824 als sogenannter Hofreisearzt in Wien tätig, zu einer Luftveränderung riet. Doch infolge Geldmangels mußte Schubert eine nach Graz geplante Reise auf unbestimmte Zeit verschieben, und so entschloß er sich, wenigstens an den Stadtrand von Wien zu übersiedeln. Sein Bruder Ferdinand nahm in dem vor der Stadt gelegenen neuen, noch feuchten Haus „Zur Stadt Ronsberg" in der

Kettenbrückengasse 6 am 1. September einige Zimmer, von denen Schubert eines überlassen wurde. Es ist kaum zu fassen, daß er im Trubel dieser Übersiedlung die Krönung seines kammermusikalischen Schaffens, sein herrliches Streichquintett in C-Dur mit zwei Celli, komponieren konnte. In jenem September komponierte er aber auch noch seine drei letzten großen Klaviersonaten, in denen neben einer unvergleichlichen lyrischen Empfindungskraft immer wieder jene schmerzliche Wehmut zum Ausdruck kommt, besonders ergreifend im langsamen Satz seiner letzten Klaviersonate in B-Dur, der auch als Versuch einer mystischen Vertiefung in das Phänomen Tod bezeichnet wird. Rechnet man noch die vor kurzem von Ernst Hilmar entdeckten Entwürfe von drei Sätzen einer Sinfonie in D-Dur hinzu, die ebenfalls in der unglaublich kurzen Zeitspanne von nur wenigen Wochen im Herbst 1828 niedergeschrieben wurden, dann steht man vor einem Phänomen an Produktivität hochwertigster Musik innerhalb unvorstellbar kurzer Zeit, für das es kein vergleichbares Beispiel in der Musikwelt gibt.

Dabei muß man berücksichtigen, daß sich Schubert während dieses Septembers alles andere als gesundheitlich wohl fühlte. In den Erinnerungen seines Bruders Ferdinand liest man, daß Franz gerade zu dieser Zeit „kränkelte und medicinierte". Später muß sich sein Befinden wieder gebessert haben, denn nach den Berichten Ferdinands machte Schubert Anfang Oktober 1828 „in Gesellschaft seines Bruders Ferdinand und zweier Freunde eine kleine Lustreise nach Unter-Waltersdorf, allwo er Josef Haydns Grabmal aufsuchte und sich dabei ziemlich lange verweilte. Er war während dieser drei Reisetage höchst mäßig in Speise und Trank, dabei aber sehr heiter und hatte manche muntere Einfälle. Als er aber wieder nach Wien kam, nahm seine Unpäßlichkeit wieder zu." Das war auch der Grund, weshalb er einer Einladung nach Pest anläßlich der Erstaufführung einer Oper seines Freundes Anselm Hüttenbrenner am 11. Oktober 1828 nicht mehr Folge leisten konnte. Immerhin aber war Schubert noch imstande, die etwa 70 km betragende Strecke von Wien nach Eisenstadt zum Grabmal Haydns und zurück zu Fuß zu bewältigen.

In verschiedenen Biographien wird immer wieder angedeutet, daß die Unrast, die Schubert in seinen letzten Lebensmonaten zu dieser jedes Vorstellungsvermögen übersteigenden Produktivität getrieben hat, wahrscheinlich in einer Vorahnung seines nur mehr kurz bemessenen Lebens begründet war. Eine solche Interpretation läuft jedoch Gefahr, im Wissen um die historischen Vorgänge im nachhinein gedankliche Assoziationen anzustellen, die mit der Wirklichkeit nichts zu tun haben. Andererseits gibt es mehrere Anhaltspunkte dafür, daß Schubert im Sterbemonat des mit so vielen Hoffnungen und Plänen angefüllten Jahres 1828 den Tod mit Bestimmtheit weder vorausgeahnt, noch gar gewünscht hat.

Schuberts Todeskrankheit

Schuberts Tod wurde denn auch nicht durch sein venerisches Leiden, sondern durch eine völlig anders geartete Krankheit herbeigeführt. Sein Tod nahte „wie ein Dieb in der Nacht". Der Beginn seiner letzten, zum Tode führenden Erkrankung dürfte mit dem 31. Oktober 1828 anzusetzen sein. An diesem Tag speiste er mit seinem Bruder Ferdinand im „Roten Kreuz", dem Stammgasthaus der Familie Schubert am Himmelpfortgrund, zu Abend; dabei kündigte sich die tödliche Krankheit erstmals an, wie aus den Erinnerungen Ferdinands hervorgeht: „Da er nun am letzten Oktober abends einen Fisch speisen wollte, warf er, nachdem er das erste Stückchen gegessen, plötzlich Mes-

ser und Gabel auf den Teller und gab vor, es ekle ihn gewaltig vor dieser Speise, und es sei ihm gerade, als habe er Gift genommen. Von diesem Augenblicke an hat Schubert fast nichts mehr gegessen und getrunken und bloß Arzneien eingenommen." Am 3. November begab sich Schubert in die Hernalser Pfarrkirche, um sich die Aufführung eines Requiems anzuhören, das sein Bruder Ferdinand komponiert hatte; anschließend machte er einen dreistündigen Spaziergang, in der Absicht, durch Bewegung in der frischen Luft eine Besserung seines angeschlagenen Gesundheitszustandes zu erreichen. Am Heimweg klagte er allerdings über starke Mattigkeit, die in den folgenden Tagen noch zunahm. Trotzdem beschloß er, angeregt durch das Studium der Werke Händels, gemeinsam mit dem Pianisten Josef Lanz bei Simon Sechter, einem Schüler Salieris und dem späteren Lehrer Anton Bruckners, Unterricht zu nehmen, um die Kunst der Fuge gründlich zu erlernen. Sechter äußerte sich später folgendermaßen darüber: „Kurze Zeit vor seiner letzten Krankheit kam Schubert mit Herrn Josef Lanz, seinem ergebenen Freund, zu mir, um den Kontrapunkt und die Fuge zu studieren, weil, wie er sich ausdrückte, er einsehe, daß er hierin Nachhilfe bedürfe. Wir hatten eine einzige Lektion gehabt, als das nächste Mal Herr Lanz allein erschien, um mir zu melden, daß F. Schubert schwer krank sei und er nun den Unterricht allein nehmen wolle." Die erste gemeinsame Stunde fand am 4. November statt, die zweite, von Schubert nicht mehr besuchte Unterrichtsstunde dürfte für den 10. November vereinbart gewesen sein.
An diesem 10. November war die Krankheit offenbar schon so weit fortgeschritten, daß er nicht nur jeden Gedanken an die Fortsetzung des geplanten Unterrichts bei Simon Sechter aufgeben mußte, sondern wohl auch bereits Schwierigkeiten hatte, sich noch auf den Beinen zu halten. Ein alarmierender Brief vom 12. November 1828 an seinen Freund Schober, der übrigens aus Angst vor einer Ansteckung Schubert bis zu seinem Tod nicht mehr zu besuchen wagte, beweist dies: „Lieber Schober, ich bin krank. Ich habe schon 11 Tage nichts gegessen und nichts getrunken und wandle matt und schwankend vom Sessel zum Bette und zurück. Rinna behandelt mich. Wenn ich auch was genieße, so muß ich es gleich wieder von mir geben. Sei also so gut, mir in dieser verzweiflungsvollen Lage durch Lektüre zu Hilfe zu kommen. Von Cooper habe ich gelesen: Den letzten der Mohikaner, den Spion, den Lootsen und die Ansiedler. Solltest Du vielleicht noch etwas von ihm haben, so beschwöre ich Dich, mir solches bei der Frau von Bogner im Caféhaus zu depositieren. Mein Bruder, die Gewissenhaftigkeit selbst, wird solches am gewissenhaftesten mir überbringen. Oder auch etwas anderes. Dein Freund Schubert." Mit diesem Brief wird der allerdings erst dreißig Jahre nach dem Tod Schuberts niedergeschriebene Bericht des Barons Schönstein, dem der Liederzyklus „Die schöne Müllerin" gewidmet war, widerlegt, wonach Schubert angeblich noch „10 Tage ungefähr vor seinem Tode bei ihm nebst anderen Freunden soupiert" hätte und dabei ausgelassen heiter gewesen sei infolge einer „größeren Menge genossenen Weines."
Erst am 14. November war seine Schwäche so weit fortgeschritten, daß er „ganz aufs Krankenlager sank", wie Ferdinand 1831 in seinen Erinnerungen berichtet. Sein Geist blieb jedoch weiterhin wach, wie seinem Wunsch nach Lesestoff in dem Brief an Schober zu entnehmen ist. Auch Josef von Spaun berichtet ähnliches: „Ich fand ihn krank im Bette, allein sein Zustand schien mir ganz unbedenklich. Er korrigierte meine Abschrift im Bette, freute sich, mich zu sehen und sagte: ‚Mir fehlt eigentlich gar nichts, nur fühle ich mich so matt, daß ich glaube, ich solle durch das Bett fallen'. Er war durch eine liebliche, dreizehnjährige Stiefschwester, die er mir sehr lobte, auf das liebevollste gepflegt. Ich verließ ihn ganz unbesorgt." Seine letzte Arbeit waren die Korrekturen des zweiten Teiles des Liederzyklus „Die Winterreise".

Als sein behandelnder Arzt Dr. Rinna von Sarenbach selbst erkrankte, übernahm Dr. Josef von Vering, auch ein ehemaliger Zögling des Konvikts, die Behandlung. Am 16. November trat ein Konsilium zusammen, an dem auch Dr. Joh. Baptist Wisgrill, Professor an der Wiener Universität, teilnahm. Schuberts erster Biograph Kreißle von Hellborn berichtet darüber: „Am 16. hielten die Ärzte ein Konsilium; es schien ihnen, daß der Übergang der Krankheit in ein Nervenfieber bevorstehe, doch war die Hoffnung der Genesung nicht ausgeschlossen. Mehrere seiner Freunde besuchten ihn, andere hielt die Furcht vor Ansteckung zurück." Einer der Freunde, die noch zu ihm kamen, war Bauernfeld, der 1829 meinte: „Am 17. November fand ihn der Verfasser dieses zwar schwach, aber ruhig und nicht ohne Hoffnung auf Wiedergenesung. Auch äußerte er noch den lebhaften Wunsch, ein neues Opernbuch zu erhalten. Jedoch wurde noch am Abend dieses Tages das Delirieren, das ihn bisher nur zeitweise und schwach befallen hatte, heftiger und verließ ihn beinahe nicht mehr. Die Krankheit war in ein bösartiges Nervenfieber übergegangen." Bauernfeld ergänzte seinen diesbezüglichen Bericht in einem Artikel in der „Presse" im Jahr 1864: „Als ich Schubert zum letztenmal besuchte – es war am 17. November – lag er hart darnieder, klagte über Schwäche, Hitze im Kopf, doch er war noch des Nachmittags vollkommen bei sich, ohne Anzeichen des Delirierens, obwohl mich die gedrückte Stimmung des Freundes mit schlimmen Ahnungen erfüllte. Sein Bruder kam mit den Aerzten – schon des Abends phantasierte der Kranke heftig, kam nicht mehr zum Bewußtsein – der heftigste Typhus war ausgebrochen ... Noch die Woche vorher hatte er mir mit allem Eifer von der Oper gesprochen und mit welcher Pracht er sie orchestrieren wolle. Auch völlig neue Harmonien und Rhythmen gingen ihm im Kopf herum, versicherte er – mit diesen ist er eingeschlummert."

Diesem Bericht zufolge stellte sich also am Abend des 17. November ein deliranter Zustand ein, aus dem er nicht mehr richtig erwachte. Franz Lachner, der ihn am 18. November noch einmal besucht haben dürfte, fand ihn bereits in diesem Zustand vor: „Als ich nun zu ihm ins Zimmer trat, lag er, das Gesicht der Wand zugekehrt, im tiefsten Fieberdelirium". An diesem Tag schienen die Fieberdelirien zu manischen Phasen geführt zu haben – man sprach damals auch von einer sogenannten Typhomanie –, da Schubert in seiner Verwirrung wiederholt zu singen begann und nur mit größter Mühe im Bett zurückgehalten werden konnte. Schuberts Bruder Ferdinand und seine kleine Stiefschwester Josefa Theresia sorgten in diesen schweren Tagen und Stunden in wahrhaft rührender Weise für den mit dem Tod Ringenden; es ist beschämend, daß in unseren Tagen die Filmbranche Schubert während der tödlichen Typhuserkrankung Inzesthandlungen mit seiner minderjährigen Stiefschwester anzudichten versuchte.

Am Abend des 18. November wähnte Schubert sich in seinem Fieberdelir in einem fremden, unter der Erde gelegenen Raum und ließ sich trotz gütigen Zuredens und beschwichtigender Erklärungen nicht von dieser Wahnvorstellung abbringen. Ferdinand berichtet: „Am Vorabende seines Hinscheidens rief er seinen Bruder mit den Worten: ‚Ferdinand! Halte Dein Ohr zu meinem Munde' zum Bette hin und sagte dann ganz geheimnisvoll: ‚Du, was geschieht denn mit mir?' Ferdinand antwortete: ‚Lieber Franz! Man ist sehr dafür besorgt, dich wieder herzustellen, und der Arzt versichert auch, du werdest bald wieder gesund werden, nur mußt du dich fleißig im Bette halten!' Den ganzen Tag wollte er heraus, und immer war er der Meinung, als wäre er in einem fremden Zimmer." Und bei halber Besinnung flüsterte er weiter seinem Bruder immer wieder ins Ohr: „‚Ich beschwöre Dich, mich in mein Zimmer zu schaffen, nicht da in diesen Winkel unter der Erde zu lassen; verdiene ich denn keinen Platz über der Erde?' Ich antwortete ihm: ,Lieber Franz, sei ruhig, glaube doch Deinem Bruder Ferdinand, dem Du immer geglaubt hast, und der Dich so sehr liebt. Du bist in dem Zimmer, in dem Du bisher immer warst, und liegst in Deinem Bette!' Und Franz sagte: ,Nein, ist nicht wahr, hier liegt Beethoven nicht.'"

Am 19. November lag Schubert in seinen letzten Zügen. Als ihn an diesem Tag der Arzt besuchte, sah ihm Schubert nur mehr starr ins Auge, griff mit matter Hand an die Wand und sagte langsam und mit großem Ernst: „Hier, hier ist mein Ende." Tagelang hatte er mit aller ihm zur Verfügung gestandenen Macht gegen seinen herannahenden Untergang gekämpft, vergeblich: Um drei Uhr nachmittags schloß „der poetischste Musiker, den es je gab" für immer seine Augen.

Soweit der Bericht Ferdinands. Bis zuletzt schien sich Schubert gegen einen priesterlichen Zuspruch gewehrt zu haben, weshalb er gemäß dem Sterbeprotokoll der St. Josefskirche in Margareten „bloß die letzte Ölung" erhielt. Dennoch hat Arthur Schnabel sicher recht, daß Franz Schubert „als Komponist Gott am nächsten sei", bestimmt näher jedenfalls, als sein ein ganzes Leben lang frömmelnder Vater, der es vorzog, anstelle seines persönlichen Erscheinens am Krankenlager und am Sterbebett seines genialen Sohnes ein an frommen Phrasen triefendes Schreiben an seinen Sohn Ferdinand zu richten. Am 19. November 1828 schrieb er folgendes Lippenbekenntnis: „Lieber Sohn Ferdinand. Die Tage der Betrübnis und des Schmerzes lasten schwer auf uns. Die gefahrvolle Krankheit unseres geliebten Franz wirkt peinlich auf unsere Gemüter. Nichts bleibt uns in diesen traurigen Tagen übrig, als bei dem lieben Gott Trost zu suchen, und jedes Leiden, das uns nach Gottes weiser Fügung trifft, mit standhafter Ergebung in seinen heiligen Willen zu ertragen; und der Ausgang wird uns von der Weisheit und Güte Gottes überzeugen und beruhigen. Darum fasse Mut und inniges Vertrauen auf Gott; er wird Dich stärken, damit Du nicht unterliegst, und Dir durch seinen Segen eine frohe Zukunft gewähren. Sorge so viel als möglich, daß unser guter Franz unverzüglich mit den heiligen Sakramenten der Sterbenden versehen werde, und ich lebe der tröstlichen Hoffnung, Gott wird ihn stärken und erhalten."

Wie anders klingen da die Worte seines Freundes Schwind, der am 25. November 1828 aus weiter Ferne an Schober schrieb: „Du weißt, wie ich ihn liebte, Du kannst Dirs auch denken, wie ich dem Gedanken kaum gewachsen war, ihn verloren zu haben ... Ich habe um ihn geweint, wie um einen meiner Brüder; jetzt aber gönn' ich ihm's, daß er in seiner Größe gestorben ist und seines Kummers los ist. Je mehr ich jetzt einsehe, was er war, je mehr sehe ich ein, was er gelitten hat." Mit letzterer Bemerkung spielte Schwind wohl auf die Ängste an, die Schubert seit seiner venerischen Infektion bei jedem auftretenden Krankheitssymptom ausstand, in der Annahme, es könnte mit seinem chronischen Leiden in Zusammenhang stehen, wie ihn überhaupt der Gedanke, ständig von dieser unberechenbaren Krankheit bedroht zu sein, nie mehr ganz verlassen haben dürfte.

Nach der Einsegnung des Leichnams in der Kirche zum hl. Josef in Margareten sollte die Beisetzung zunächst auf dem distriktmäßig vorgesehenen Matzleinsdorfer Friedhof am 21. November nachmittags erfolgen. Auf Wunsch Ferdinands, der die letzten Worte seines sterbenden Bruders, „Nein, ist nicht wahr, hier liegt Beethoven nicht", als Fingerzeig auffaßte, daß Schubert seine letzte Ruhestätte an der Seite des von ihm so verehrten Beethovens haben wollte, wurde die Überführung nach Währing veranlaßt, wo er noch am gleichen Tag wenige Meter neben Beethoven beerdigt wurde. Für die Grabinschrift Schuberts machte Franz Grillparzer mehrere Entwürfe; im Herbst 1829 entschied man sich endlich für die bekannte Fassung:

„Die Tonkunst begrub hier einen reichen Schatz
Aber noch viel schönere Hoffnungen ..."

Auch Grillparzer fand später auf demselben Währinger Ortsfriedhof, wo damals noch die Gebeine Beethovens und Schuberts ruhten, seine erste Begräbnisstätte. Doch schon fünfunddreißig Jahre später sollte Schuberts letzte Ruhe gestört werden; sein Leichnam wurde zusammen mit dem Beethovens zum erstenmal am 13. Oktober 1863 exhumiert, „um die irdischen Überreste Beethovens und Schuberts vor dem Umsichgreifen weiterer Verwesung zu sichern". Natürlich nahm man anläßlich der Exhumierung auch die Gelegenheit wahr, durch entsprechende Untersuchungen des Skeletts offene medizinische Fragen, insbesondere nach eventuellen syphilitischen Veränderungen an den Knochen des Schädels und der Extremitäten, zu beantworten. Um diese Zeit hing die Wissenschaft immer noch der Schädellehre Franz Joseph Galls an, wonach bestimmte geistige Fähigkeiten oder Charaktereigenschaften ihren Sitz in bestimmten Teilen des Gehirns hätten und sie aus der äußeren Schädelform erkannt werden könnten. So glaubte man bei Schubert tatsächlich „merkwürdige Verdickungen des Schädels in der Schläfengegend" gefunden zu haben, die angeblich auf ein besonders stark entwickeltes Hörzentrum hinwiesen. Ähnliche Überlegungen waren schon bei Haydn angestellt worden, und es ist bemerkenswert, daß sich diese unsinnige Lehre der Gallschen Phrenologie noch bis ins ausklingende 19. Jahrhundert halten konnte.

Interessanter als diese abenteuerlichen Spekulationen sind die Auswertungen der anatomischen Untersuchungen des Skelettsystems und der Photographien des Schädels Schuberts im Hinblick auf eventuell nachweisbare syphilitische Veränderungen, wie sie früher bei unbehandelten Fällen relativ häufig anzutreffen waren. Im amtlichen und ärztlichen Protokoll der ersten Exhumierung am 13. Oktober 1863 heißt es:

„Der durch keine Sezierung entstellte und gut erhalten Schädel wurde in seiner natürlichen Sarglage zuerst sichtbar und war, wie alle anderen Teile des Skeletts, auffallend dunkel, fast schwarzbraun ... Um den Schädel, aber nicht mehr mit der Hirnschale verbunden, war noch eine ziemlich dichte Hülle des üppigen Haares sehr stark mit feuchter Erde, halb verfaulten Hobelspänen und vielen hunderten von Insektenlarven untermischt ... Die inneren und dünnen Teile des Schädels, namentlich die Schläfenbeine und das Nasenbein, waren teilweise zerfallen. Die beiden vollkommen passenden Kiefer zeigten eine Doppelreihe der gesundesten und schönsten Zähne. Einer, der rechte obere äußere Schneidezahn fehlte schon damals; ein anderer, der linke innere obere Schneidezahn, der sich losgelöst hatte, und von Andreas Schubert einstweilen übernommen wurde, ebenso ein dritter ... wurden später wieder eingesetzt. – Das andere Skelett Schuberts war morsch, angefeuchtet, brüchig und sehr lückenhaft. Vom Rückgrad konnten kaum 4 - 5 Glieder, von den Rippen nur wenige Fragmente aufgefunden werden. Auch die Knochen der Hände und Füße waren nicht vollzählig und vollständig vorhanden; von den größeren Teilen aber nur die Langknochen der Arme und Beine."

Bei der zweiten Exhumierung, vor der Überführung der Gebeine Schuberts und Beethovens in ein Ehrengrab am Wiener Zentralfriedhof am 22. September 1888, fand man das Skelett trotz der nach der ersten Exhumierung erfolgten Beisetzung der Gebeine Schuberts in einem verlöteten Metallsarg stärker zerfallen. Nach einem Bericht des Vorstandes des Anatomischen Instituts der Universität Wien Professor Karl Toldt vor der Anthropologischen Gesellschaft waren „außer dem in seinem Äusseren ziemlich wohl erhaltenen Schädel nur die Oberarme, Oberschenkel und Schienbeine unversehrt. Die Oberarmknochen sind auffällig klein, zart und dünn, die Ossa femorum jedoch ziemlich stark, die Tibiae ebenfalls dünn, sehr scharfkantig, an ihren Flächen ganz glatt; sie deuten alle auf eine nur geringe Körperlänge. – Am Schädel, dessen Basis äußerst mürbe (der Kopf war im Grabe nach vorne gesunken), fehlen die linke Pyramide und der größte Teil der Schläfenschuppe, das Dach der Augenhöhlen samt den angrenzenden Teilen sowie auch seitliche Partien des receptaculum cerebelli; die Nasenbeine sind am unteren Ende abgebrochen; alles Übrige ist wohl erhalten. – Der mässig große, sehr regelmässig gestaltete Schädel ist leicht, hat armzackige Nähte, und die Pfeilnaht ist samt den angrenzenden Teilen der Kranz- und Hinterhauptnaht undeutlich."

Als wesentlichstes Ergebnis beider Exhumierungen ist für den Mediziner, wie aus den Protokollen hervorgeht, das Fehlen jedweder Verdachtszeichen syphilitischer Veränderungen an den Knochen und am Schädel hervorzuheben. Das ist deshalb von Bedeutung, weil die zu Lebzeiten Schuberts von ihm immer wieder erwähnten Kopfschmerzen oder die Schmerzen am Arm, die ihn einmal sogar vorübergehend am Klavierspielen gehindert hatten, in manchen Biographien oder medizinischen Abhandlungen voreilig mit einem späten Stadium einer Lues in Zusammenhang gebracht wurden.

Obwohl keine ärztlich belegten Krankheitssymptome überliefert wurden, steht es bei Berücksichtigung aller heute zur Verfügung stehenden dokumentarischen Quellen, die eine relativ aufschlußreiche Rekonstruktion der Krankengeschichte Schuberts erlauben, außer Frage, daß es sich bei dem seit Ende 1822 nachweisbaren chronischen Leiden um eine syphilitische Erkrankung handelte. Es war dies eine venerische Infektion, also eine durch Geschlechtsverkehr übertragene Krankheit, die Ende des 15. Jahrhunderts aus Amerika nach Europa gebracht wurde. Die Spanier, die 1492 und 1493 unter dem Kommando von Christoph Kolumbus die heutige Dominikanische Republik und andere Antilleninseln anliefen, infizierten sich dort beim Verkehr mit den Frauen des Landes, und bald nach ihrer ruhmreichen Heimkehr verbreitete sich wie ein Lauffeuer das Gerücht von einer geheimnisvollen Krankheit, die vor allem von Soldaten und Seeleuten weiterverschleppt würde. Durch das Eingreifen spanischer Söldner bei der Vertreibung der Franzosen aus Neapel 1494 wurden nicht nur die Neapolitaner, sondern auch die französischen Soldaten von dieser Seuche angesteckt und trugen schließlich dieses Leiden in das übrige Europa. Da man die Ursache dieser Krankheit nicht kannte, hielt man sie – wie Lepra und Pest – für eine Strafe Gottes. Das Schicksal der Syphiliskranken war zum Teil schlimmer als jenes der Leprakranken: Sie durften nicht beherbergt werden, Ärzten oder Badern war es strengstens untersagt, sie zu behandeln, und sie durften auch nicht betteln gehen; diese Unglücklichen waren also gezwungen, sich in den Wäldern aufzuhalten oder in Städten auf Straßen, Plätzen oder unter Brücken ihr Leben zu fristen. Selbst die Leprösen wollten mit den Syphilitikern nichts zu tun haben. Diese strenge Isolierung von der Gesellschaft wurde nur dadurch etwas erleichtert, daß man mancherorts eigene städtische Asyle für solche Kranke errichtete, wie etwa das „Blatterhaus" in Straßburg. Da die Ansteckungsmöglichkeiten unbekannt waren, die Gefahr einer Infektion hingegen überall gegeben war, ist es nicht verwunderlich, daß die Syphilis in den folgenden Jahrhunderten in ganz Europa grassierte.

Diese geschichtlichen Betrachtungen wurden angestellt, um bei der luetischen Erkrankung Schuberts von vornherein jedem ungerechten moralischen Urteil entgegenzutreten. Für einen unverheirateten jungen Mann ohne feste Beziehung zu einer Frau war bei einem flüchtigen Liebesabenteuer die Ansteckungsgefahr wesentlich größer als heute; kam es aber zu einer solchen Infektion, dann war sie angesichts der beschränkten Behandlungsmöglichkeit kaum vor der Umgebung verborgen zu halten, was in vieler

Hinsicht zu unabsehbaren Folgen führen konnte. Heute ermöglicht eine gezielte antibiotische Behandlung jedem an Syphilis erkrankten Menschen, rasch von seinem Leiden befreit zu werden, bevor seine engere Umwelt überhaupt davon Kenntnis erlangt. Das muß man berücksichtigen, bevor man die Menschen früherer Jahrhunderte ihrer „Lustseuche" wegen verurteilt oder vor der Nachwelt zu diffamieren versucht, wie es etwa der moralisierende Wilhelm von Chezy tat. Obwohl er gar nicht zum engeren Freundeskreis Schuberts zählte, setzte er die Behauptung in die Welt, Schubert habe sich mit „Unfällen" in Frauenangelegenheiten geradezu gebrüstet. Dabei weiß man aus Berichten seiner Freunde, daß er kaum jemals über sein sexuelles Leben sprach.

Die mannigfaltige Palette der Symptome einer Syphilis, die nicht nur die Haut, sondern auch fast alle inneren Organe des Körpers sowie das gesamte Nervensystem betrifft, konnte in früheren Zeiten mit den unzureichenden Behandlungsmöglichkeiten nur schwer geheilt werden. Den heutigen Ärzten ist dies zum Teil nur mehr vom Hörensagen bekannt, denn durch eine sofort einsetzende spezifische Behandlung kann dieses Leiden heute zum Verschwinden gebracht werden, bevor es noch zur Ausbildung von Allgemeinsymptomen oder Organerkrankungen kommt. Es ist deshalb zweckmäßig, vor der Analyse der Krankengeschichte Schuberts den Ablauf der unbehandelten oder nur mit den damals zur Verfügung stehenden beschränkten Maßnahmen behandelten Syphilis kurz darzustellen, wie es in den Lehrbüchern des 19. Jahrhunderts geschildert wird. Demnach trat etwa vier Wochen nach erfolgter Infektion an der betroffenen Stelle ein knorpelharter, scharf begrenzter Knoten auf sowie eine schmerzlose Vergrößerung und Verhärtung der benachbarten Lymphdrüsen. Allgemein trat dann während der nächsten sechs Wochen keine wesentliche Veränderung bei dem Kranken ein. In der elften Woche nach der Infektion begann das sekundäre Stadium der Syphilis, nicht selten mit Frösteln und Fieber und mit starken Schmerzen in den Muskeln sowie vor allem in den Knochen, wobei insbesondere die Schienbeine und der Schädel betroffen waren. Das charakteristische Symptom waren jedoch die Hautveränderungen: braunrote Flecken, aber auch vereiternde Pusteln, die sich mit besonderer Vorliebe an der Stirn-Haar-Grenze ausbreiteten, weshalb man sogar von einem „Venuskranz" sprach. Häufig fiel auch das Haupthaar aus, das allerdings nach der Genesung wieder nachwuchs. In unbehandelten Fällen zog sich dieses zweite Stadium ungefähr sechs Monate hin. Dann folgte das dritte Stadium, in dem gummiartige Knoten in den verschiedensten Organen auftraten, die man nicht mehr wegbrachte, bis schließlich der Tod eintrat. Aber schon im 19. Jahrhundert wurde betont, daß sich das dritte Stadium einer Syphilis und damit auch ihre lebensgefährlichen Komplikationen meist verhindern ließen, wenn von Anfang an eine zweckmäßige Behandlung über einen genügend langen Zeitraum eingeleitet wurde. Nicht voraussagbar und auch nicht zu verhindern waren allerdings die Rückfälle, die vor allem während der ersten drei Jahre nach der Ansteckung zu erwarten waren, aber auch noch Jahre später zur Beobachtung gelangen konnten, und zwar um so eher, je kürzer und oberflächlicher die erste Behandlung war. Als spezifisches Heilmittel im ersten und im zweiten Stadium der Syphilis galt das Quecksilber. Diese Quecksilberkur, die vom Leibarzt Maria Theresias Gerard van Swieten auch in Wien propagiert wurde, erfolgte zur Vermeidung schwerer Giftwirkungen in Form einer sogenannten Schmierkur, bei der der Kranke täglich ein Bad zu nehmen hatte und nach dem Bad die Haut verschiedener Körperregionen mit einer Quecksilbersalbe einreiben mußte. Diese Kuren wurden während der ersten drei Jahre alle sechs Monate, später in jährlichen Abständen wiederholt, auch wenn sich keine Rückfälle gezeigt hatten. So konnten schon damals an Syphilis erkrankte Personen geheilt werden.

Ärztliche Schlußbetrachtung

In der Krankengeschichte Schuberts fällt zunächst auf, daß in allen heute noch zur Verfügung stehenden Berichten über die Art und den Verlauf seines chronischen Leidens nicht ein einziges Mal eine Diagnose erwähnt wird, sieht man von dem verschleierten Hinweis Bauernfelds auf die syphilitische Erkrankung Cellinis in seiner – bereits erwähnten – Tagebucheintragung ab. Wenn man dennoch heute mit Sicherheit annehmen darf, daß Schubert an Syphilis erkrankte, dann stützt sich diese Diagnose auf zwei Argumente, nämlich den charakteristischen Verlauf seines Leidens einerseits und die mündlichen Aussagen von unmittelbaren Nachkommen aus dem Freundeskreis Schuberts, von denen O. E. Deutsch die übereinstimmende Versicherung erhielt, daß sie von ihren Vätern von der syphilitischen Natur der chronischen Erkrankung Schuberts unterrichtet wurden. Im folgenden soll die Übereinstimmung dieser mündlichen Berichte mit den medizinischen Daten aus der rekonstruierten Krankengeschichte aufgezeigt werden.

Die Infektion dürfte noch Ende 1822 erfolgt sein. In diesem Sinn könnte die Stammbucheintragung vom 28. November für einen seiner Freunde „... sehe jeder, wo er bleibe und wer steht, daß er nicht falle" sowie die Andeutung Schobers in seiner Silvesteransprache 1822 zu werten sein, wonach sich möglicherweise das neue Jahr „ernst und düster zeigen oder gar kalt zerstören" könnte. Auf jeden Fall aber mußte Schubert schon zu Beginn des Jahres 1823 erkrankt gewesen sein, und zwar von der Art, daß er sich nicht einmal bei seinen engsten Freunden sehen lassen wollte, sondern sich bei der Familie seines mit der gleichen Krankheit infizierten Freundes zu verbergen suchte. Dort erfolgte auch die ärztliche Behandlung durch die Doktoren Schaeffer und Bernhardt, ohne daß man über die Art dieser Behandlung irgendwelche Details kennt. Am 28. Februar ist Schubert nach eigener brieflicher Angabe noch immer nicht imstande, außer Haus zu gehen. Er mußte sich über den Ernst seiner Erkrankung völlig im klaren gewesen sein, wie seiner Prosadichtung „Mein Gebet" zu entnehmen ist, in dem seine ganze Verzweiflung und Niedergeschlagenheit zum Ausdruck kommt. Im Sommer dürfte eine Besserung seines Zustandes eingetreten sein, wenngleich die rege Korrespondenz mit seinem behandelnden Arzt darauf hinweist, daß bestimmte Krankheitssymptome fortbestanden haben. Ein neuerlicher Schub der Krankheit im Herbst 1823 muß schwerer Natur gewesen sein, da Schubert bis etwa Mitte November sogar zur Behandlung in das Wiener Allgemeine Krankenhaus eingewiesen werden mußte. Während dieses Aufenthaltes wurden ihm, wie aus einem Brief Schwinds vom 24. Dezember 1823 zu erfahren ist, die Haare geschoren, weshalb er nach seiner Entlassung noch längere Zeit eine Perücke trug. Der Grund für diese Maßnahme dürfte die Entwicklung eines syphilitischen Hautausschlages gewesen sein, der sich mit Vorliebe an der Stirn-Haar-Grenze oder an der Nacken-Haar-Grenze zu etablieren pflegte. Möglicherweise kam es aber auch zu einem syphilitisch bedingten fleckförmigen oder generalisierten Ausfall des Haupthaares.

Mit Jahresende trat eine rasche Besserung seines Zustandes ein, und am 22. Februar 1824 lesen wir bei Schwind, daß Schubert seine Perücke bereits abgelegt hatte und sein Kopf bereits wieder „einen niedlichen Schneckerlanflug" zeigte. Als Behandlung dürfte vom Arzt nur eine Diät angeordnet worden sein. Schon im März kam es wieder zu einem ernsteren Rückfall, und dieses ständige Auf und Ab seiner Krankheit ließ ihn neuerlich in eine schwere depressive Phase fallen. Sein verzweifelter Brief an Kupelwieser vom 31. März 1824 zeigt das ganze Ausmaß seiner Hoffnungslosigkeit. Welcher Art die Symptome dieses Rückfalls waren, läßt sich nicht mit Sicherheit sagen, doch könnten es die für das zweite Stadium der Syphilis typischen Muskel- und Knochenschmerzen gewesen sein. In diesem Sinn wäre vielleicht die Bemerkung Schwinds vom 14. April zu deuten, wonach Schubert über solche Schmerzen im linken Arm klagte, daß er dadurch sogar am Klavierspielen gehindert wurde. Da er allerdings zwei Wochen später, offenbar wieder beschwerdefrei, seinen zweiten Ungarnaufenthalt bei der Familie Esterhazy antrat, kann es sich bei diesen Armschmerzen auch nur um eine Überanstrengungsperiostitis, eine entzündliche Reizung der Ansatzstellen der Unterarmmuskulatur am Knochen, gehandelt haben.

Im Sommer 1824 dürfte es Schubert gut gegangen sein, wenngleich er angesichts der bereits wiederholt erfolgten Rückfälle eher skeptisch war, denn im August schrieb er an Schwind: „Ich bin noch immer Gottlob gesund". Die Besserung dürfte jedoch angehalten haben, was Schubert wohl auch seinem Leidensgenossen und Freund Schober mitgeteilt hat, da ihm dieser am 2. Dezember 1824 schrieb: „Wie freue ich mich, daß Du wieder ganz gesund bist, ich werde es auch bald sein." Tatsächlich hört man nach den wechselvollen Jahren 1823 und 1824 nur mehr wenig über Gesundheitsstörungen: eine kurze Bettlägerigkeit zum Jahreswechsel 1825/26 und eine von Bauernfeld im August 1826 erwähnte vorübergehende Unpäßlichkeit kann ebensogut durch eine ganz banale Erkrankung bedingt gewesen sein. Ähnliches gilt von den Kopfschmerzen, unter denen Schubert häufig litt und die wohl hauptsächlich durch die durch seine Kurzsichtigkeit bedingte Überanstrengung seiner Augen angesichts seines intensiven Notenschreibens bei spärlichem Kerzenlicht verursacht wurden.

Die Analyse der Krankengeschichte gestattet mit hinreichender Sicherheit anzunehmen, daß sich Schubert Ende 1822 mit Syphilis infizierte und während der folgenden zwei Jahre, möglicherweise infolge unzureichender Behandlungsmaßnahmen, mehrmals Rückfälle dieser Krankheit erlitt. An Krankheitssymptomen standen syphilitische Hautausschläge im Vordergrund, die von allgemeinem Krankheitsgefühl begleitet waren. Zeitweilig schienen auch Muskel- und Knochenschmerzen das Symptomenbild beherrscht zu haben. Die Betrachtung des weiteren Krankheitsverlaufes läßt die Vermutung aufkommen, daß nach Ablauf des Jahres 1824 Schuberts Syphilis als abgeheilt betrachtet werden könnte. Möglicherweise wurde dies durch eine – neuerliche? – Quecksilberschmierkur im Frühjahr 1824 erreicht. Schwind berichtet nämlich am 6. März 1824 von einer „neuartigen Kur", die von Dr. Bernhardt durchgeführt wurde und die unter anderem in „Bädern" bestand. Derartige Bäder waren vor der Einreibung der Quecksilbersalbe vorgeschrieben und üblich. Das „neuartige" an dieser Kur war jedoch sicher nicht die Quecksilberschmierkur verbunden mit den Bädern, sondern wahrscheinlich das „schwelgerische Theetrinken", von dem Schwind in diesem Brief berichtet. Dabei könnte es sich um die Verabreichung von Absuden bestimmter Wurzeln aus verschiedenen Hölzern gehandelt haben, wie dies noch Ende des 19. Jahrhunderts in Form des sogenannten Zittmannschen Dekokts üblich war. Dabei erhielten die Kranken morgens und abends je einen halben Liter, mitunter aber auch mehr, von einem solchen warmen Dekokt, wobei allerdings die Hauptwirkung solcher Dekokte ihrem Quecksilbergehalt zugeschrieben wurde. Wenn diese Behandlungsmaßnahmen wirklich eine Ausheilung der syphilitischen Erkrankung Schuberts bewirkt haben, dann dürften die späteren Kopfschmerzen auch nicht mit Knochenveränderungen im Rahmen des dritten Stadiums der Syphilis in Zusammenhang gebracht werden. Eine Bestätigung für diese Annahme scheint das Ergebnis der beiden ärztlich ausgewerteten Exhumierungen Schuberts zu liefern, die keinerlei verdächtige Veränderungen am Schädel oder am Skelett erkennen ließen.

Keine Zweifel bestehen hinsichtlich der Diagnose von Schuberts letzter Krankheit, die in wenigen Wochen zu seinem Tod führte. Sein Bruder Ferdinand berichtet in seinen Erinnerungen, daß Franz schon bald nach der Übersiedlung in Ferdinands Wohnung am 1. September 1828 „kränkelte und medicinierte", und da Schubert schon im Sommer dieses Jahres über Kopfschmerzen, Schwindelzustände und Blutandrang zum Kopf klagte, war für manche Autoren nichts näher liegend, als ein neuerliches Aufflackern seiner syphilitischen Erkrankung anzunehmen. Sicherlich aber hätte der damals behandelnde Arzt Dr. Ernst Rinna von Sarenbach sich von einer Übersiedlung Schuberts an den Stadtrand von Wien kaum einen Erfolg versprochen. Viel eher könnten die von Schubert geklagten allgemeinen Beschwerden mit Kopfschmerzen und Hitzewallungen die Folge einer geradezu unfaßbaren schöpferischen Tätigkeit in diesen Monaten gewesen sein. Außerdem spricht gegen das Aufflackern seines alten syphilitischen Leidens der Umstand, daß Schubert im Oktober wie erwähnt mit Freunden jene dreitägige Fußwanderung nach Eisenstadt und zurück unternehmen konnte. Viel eher ist die Annahme korrekt, daß Schubert im Herbst 1828 zwar überarbeitet und abgespannt war, aber keinerlei Hinweise zu der Vermutung berechtigen, es hätte sich wieder um eine klinische Manifestation seiner Syphilis gehandelt. Bei kritischer Durchsicht aller zur Verfügung stehenden dokumentarischen Unterlagen scheint die Annahme berechtigt, daß Schubert durch die unmittelbar nach erfolgter Infektion eingeleitete Behandlung, die offenbar auch mehrmals wiederholt wurde, spätestens ab 1826 an keinen weiteren syphilitischen Rückfällen mehr erkrankte und möglicherweise ebenso geheilt war wie sein Freund und Leidensgefährte Franz von Schober, der über 80 Jahre alt wurde.

Es steht heute außer Zweifel, daß Schubert so wie seine Mutter an Bauchtyphus gestorben ist, eine Infektionskrankheit, die bei den unvorstellbaren hygienischen Verhältnissen in den Vorstädten Wiens geradezu endemisch war. Um die bei Schubert beschriebenen Symptome besser in das Krankheitsbild einordnen zu können, soll der Verlauf des Typhus kurz beschrieben werden, wie er von den Ärzten des 19. Jahrhunderts beobachtet wurde. Besonders aufschlußreich ist hier die Abhandlung von Dr. Johann Valentin von Hildenbrand aus dem Jahr 1810 „Über den ansteckenden Typhus".

Demnach stellte sich zwei bis drei Wochen nach der Ansteckung ein Zustand ein, in dem „nur sehr gelinde Vorläufer der Krankheit, noch unter dem Scheine einiger Gesundheit bemerket werden" und der charakterisiert war durch „allgemeine Erscheinungen eines Übelbefindens, baldiger Ermüdung nach Bewegung, erquickungslosem Schlafe, öfteren Schwindel". Dazu gesellten sich völlige Appetitlosigkeit sowie „gastrische Zufälle ..., die Magenbeschwerden, Eckel und Erbrechen hervorbringen". Der Übergang dieser Prodromalerscheinungen in die eigentliche Krankheit vollzog sich dann so allmählich, daß es nur selten möglich war, den ersten Fiebertag genau zu eruieren.

Mit dem Auftreten des treppenförmig ansteigenden Fiebers stellte sich ein stärkeres Krankheitsgefühl ein, das den Kranken veranlaßte, sich ins Bett zu legen. Sehr häufig aber wurde versucht, gegen die Krankheit anzukämpfen, so daß viele Typhuskranke noch mehrere Tage mit Fieber umherliefen, bis die zunehmende Mattigkeit sie endgültig aufs Lager warf. Wichtig, weil selbst in ärztlichen Pathographien nicht immer richtig gedeutet, ist die klinische Erfahrung, daß in den ersten zwei Krankheitswochen in der Mehrzahl der Fälle keine Durchfälle, sondern eher eine hartnäckige Verstopfung vorliegt, weshalb das Fehlen von Diarrhoen nicht als Argument gegen das Vorliegen eines Bauchtyphus gelten darf. In der dritten Krankheitswoche „leidet jetzt vorzüglich das Nervensystem mit Verwirrung der Geisteskräfte und damit verbundenem Irrereden", und die allgemeine Schwäche nimmt in diesem hochfieberhaften Dauerzustand weiter zu. Die Kranken wurden benommen und unruhig und fingen an zu delirieren, weshalb man damals auch von einem „Nervenfieber" als Ausdruck für Typhus sprach. Mitunter wurden die Patienten so erregt im Fieber, daß sie gewalttätig wurden, wild um sich schlugen und laut zu schreien begannen oder ständig versuchten, aus dem Bett zu springen und aus dem Zimmer zu fliehen, weshalb die Kranken ständig von Pflegern bewacht wurden. Hildenbrand schildert sein eigenes Krankheitserlebnis in diesem Stadium als „Typhomanie" und erzählt, daß er „unter steter Beschäftigung mit inneren Eindrücken häufig irreredete. Sonderbar ist es", schreibt er weiter, „daß gemeiniglich ein einziger solcher prävalierender Eindruck und eine hieraus entstehende Phantasie oder fixe Idee die Kranken die ganze Zeit des Fiebers hindurch unabläßlich quälet, und oft durch ihre anhaltende Belästigung martervoll ängstiget." So war er selbst während sieben Tagen „mit der fixen Idee behaftet, eine unpassende Verzierung seines Ofens beseitigen zu müssen". Interessanterweise wies er auch darauf hin, daß man im Typhusdelirium „oft sehr konsequente Handlungen und Reden der Kranken beobachten kann, welches man in anderen Fieberdelirien, vorzüglich bey der wahren Gehirnentzündung nicht wahrzunehmen pflege".

Diese von den Ärzten des frühen 19. Jahrhunderts als „Typhus" oder „Nervenfieber" bezeichnete hochfieberhafte Infektionskrankheit stimmt in der Beschreibung ihrer Symptome und ihres Verlaufs so genau mit dem Bauchtyphus im heutigen Sinn überein, daß man den Ärzten zu Schuberts Zeiten die Unterscheidung von anderen ähnlich schwer verlaufenden Infektionskrankheiten zutrauen kann, auch wenn der objektive Nachweis des Typhuserregers, dessen Entdeckung erst 1880 gelang, damals noch nicht möglich war. Vergleicht man die Beschreibung über Schuberts letzte Wochen mit dem klinischen Bild eines Typhus, dann lassen sie sich unschwer mit der Diagnose einer akut verlaufenden Typhusinfektion in Übereinstimmung bringen: Der plötzliche Ekel während des Abendessens am 31. Oktober mit Übelkeit und späterem Erbrechen, die völlige Appetitlosigkeit während der folgenden Tage, die er am 12. November mit den Worten vermeldete: „Ich habe schon 11 Tage nichts gegessen und getrunken", sowie die zunehmende Mattigkeit und Schwäche stellten die ersten charakteristischen Frühsymptome dar. Typischerweise versuchte Schubert in den ersten Tagen der Krankheit, gegen diese allgemeine Schwäche anzukämpfen, indem er am 3. November noch einen dreistündigen Spaziergang unternahm und am 4. November auch den Kompositionsunterricht bei Simon Sechter absolvierte. Die Mattigkeit nahm jedoch bald derart zu, daß er wie bereits erwähnt die nächste Unterrichtsstunde am 10. November nicht mehr besuchen konnte und sich ab diesem Zeitpunkt bereits häufig tagsüber ins Bett begeben mußte. Schreibt er doch am 12. November: „Ich wandle matt und schwankend vom Sessel zum Bette und zurück." Endgültig bettlägerig wurde er erst am 14. November, wobei er außer einer übergroßen Mattigkeit über keine besonderen Beschwerden klagte, wie dies für den Typhus typisch ist. „Mir fehlt eigentlich gar nichts, nur fühle ich mich so matt, daß ich glaube, ich solle durch das Bett fallen", schilderte er Spaun seinen Zustand.

In der dritten Woche, ab 16. November, bestand hohes Dauerfieber, und Schubert begann zeitweilig sogar zu delirieren, weshalb der behandelnde Arzt Dr. Vering ein Konsilium mit Professor Wisgrill einberief. Wie Bauernfeld berichtet, ging das Delir am 17. November des Abends in einen Dauerzustand über, wobei Schubert noch kurz vorher über seine neuen Opernpläne und kühne Rhythmen und Harmonien sprach, die er in seinen künftigen Kompositionen verwenden wollte. Am 18. November lag Schubert, wie Lachner berichtet, bereits im tiefsten Fieberdelirium, wobei es nun zu den beim unbehandelten Typhus häufig in Erscheinung tretenden Erregungszuständen kam; der Kranke schlug um sich, begann laut zu singen und mußte vom Krankenwärter im Bett festgehalten werden. Ähnlich der von Hildenbrand beschriebenen Typhomanie begann Schubert irre zu reden, wobei er kaum von der fixen Idee abzubringen war, in einem fremden Zimmer zu liegen, und in dem Wahn lebte, man wolle ihm weismachen, Beethoven liege hier. Am 19. November trat schließlich im tiefen Koma der Tod ein.

Diese von Schubert selbst und seinen Freunden sowie von seinem Bruder Ferdinand beschriebenen Krankheitssymptome stellen wohl eine überzeugende Indizienkette dar, die es selbst heute nach so vielen Jahren jedem Arzt ohne große Schwierigkeiten erlaubt, retrospektiv die Diagnose eines Bauchtyphus zu stellen, jener Krankheit, die schließlich Schuberts Tod verursachte und an der auch seine Mutter gestorben war.

Zum Schluß sei noch auf die Behandlungsmaßnahmen eingegangen, die von Dr. Rinna von Sarenbach und von Professor Wisgrill durchgeführt wurden und über die aus einer Abrechnung vom 6. Dezember 1828 über die finanziellen Ausgaben für Ärzte, Krankenpflege und Medikamente während Schuberts letzter Krankheit einiges zu erfahren ist. Neben nicht näher beschriebenen Salben wurden vor allem Senfmehl und Vesikaturpflaster – also „blasenziehende" Mittel – verwendet; während der Erkrankung wurde auch ein einmaliger Aderlaß durchgeführt. Diese Behandlung entsprach den damaligen Gepflogenheiten, wie aus der genannten Abhandlung aus dem Jahr 1810 von Professor Hildenbrand über den Typhus zu entnehmen ist: Neben Brechmitteln wurden Vesikatoren als Heilmittel bevorzugt. „Die Erwartungen von den vortrefflichen Wirkungen dieser Mittel werden nur selten getäuscht ... wenn der Arzt den schicklichen Zeitpunkt hierzu zu wählen weiß. Und dieser Zeitpunkt ist eigentlich am siebten oder achten Tag des Typhus, mit dem Einbruche des nervösen Charakters ... Nach den Vesikatoren, besonders aber selbst während der Anwendung derselben ist kein grösseres Heilmittel in diesem Zeitraume des Typhus, als der Kampfer ... zehn bis zwölf Gran im Tage ... Eine oder höchstens zwey Aderlässe ... sind gemeiniglich in dem heftigsten Zustande dieser Art hinreichend."

Schubert wurde offensichtlich einer derartigen Behandlung unterzogen, leider nicht mit dem Erfolg, den Hildenbrand in seinem Büchlein versprach: „Als ich in der strengen Typhusepidemie des Jahres 1806 in Galizien und erst neuerlich wieder in den kaiserlich-französischen Militärspitälern zu Wien eine ungeheure Anzahl derley Kranker zu besorgen hatte, habe ich mir ... nachstehendes Heilverfahren zum Plan gemacht, welches ich hier mittheile ... denn ich verlor nicht einmal den zehnten Menschen."

Das ungeheure Werk, das Schubert uns als Vermächtnis seines so kurzen Lebens schenkte, konnte erst Generationen später in seinem ganzen Umfang und seiner Bedeutung erfaßt werden. Als im Jahr 1860 noch immer neue, bislang unbekannte Kompositionen Schuberts aufgefunden wurden, versuchte der berühmte Musikkritiker Eduard Hanslick den Einfluß Schuberts auf die nachfolgende Generation mit den Worten aufzuzeigen: „Wenn ihn schon die Zeitgenossen zu Recht als unerschöpflichen Komponisten angestaunt haben – was müssen erst wir Nachkommen sagen, die wir unaufhörlich Neues von ihm erleben. Seit dreißig Jahren ist der Meister tot, und dennoch ist es, als arbeite er unsichtbar weiter – man kann ihm kaum nachkommen." Inzwischen sind wieder mehr als hundert Jahre vergangen, und wir stehen noch immer staunend vor dem großen Lebenswerk dieses Komponisten, der noch in seinen letzten Lebensmonaten zu solch neuen Sphären der Musik vorgedrungen ist, in Sphären, deren letzte Geheimnisse er mit ins Grab nahm. Die einmalige Musik Schuberts vermag ins Innerste der Menschen einzudringen, wodurch sie auch unzähligen Leidenden Trost und Frieden spendete. Am ergreifendsten hat dies Schubert selbst mit der Vertonung des Gedichts von Schober „An die Musik" zum Ausdruck gebracht, mit der er seiner einzigen Geliebten, der Musik, Dank für all ihre Hilfe in Zeiten seiner tiefsten Herzensnot sagte:

> „Du holde Kunst, in wieviel grauen Stunden,
> wo mich des Lebens wilder Kreis umstrickt,
> hast du mein Herz zu warmer Lieb' entzunden,
> hast mich in eine bess're Welt entrückt.
>
> Oft hat ein Seufzer, Deiner Harf' entflossen,
> ein süßer heiliger Akkord von Dir,
> den Himmel bess'rer Zeiten mir erschlossen,
> Du holde Kunst, ich danke Dir dafür".

Medizinische Steckbriefe der behandelnden Ärzte

Joseph Haydn

Dr. Johann Alexander von Brambilla (1728 – 1800)

In der Lombardei geboren, machte er bald als Militärchirurg Karriere, wobei er sich besonders das Vertrauen von Josef II. und dessen Soldaten erwarb. Seit 1780 unterstand ihm als Oberstabschirurg das gesamte Sanitätswesen. Als Vertrauter des Kaisers war er auch in Paris dabei, als Josef II. im Hotel Dieu das Vorbild für das Allgemeine Krankenhaus in Wien sah. Dr. Brambilla lag nicht nur die Reorganisation des militärärztlichen Standes am Herzen, sondern auch das Ansehen der gesamten Chirurgenschaft, die sich damals ja keiner höheren Achtung erfreuen konnte als die Baderzunft. Ein besonderes Verdienst Brambillas war die Errichtung des „Josephinums" zur Ausbildung der Militärärzte, das mit seiner reichen Lehrmittelsammlung, einer umfangreichen und wertvollen Bibliothek mit über sechstausend Bänden der damals geschätztesten Werke vor allem durch sein anatomisch-pathologisches Museum bald weltberühmt wurde. Die dort ausgestellten, von Fontana in Florenz gefertigten Wachspräparate, die der Kaiser 1785 auf zwanzig Mauleseln verladen nach Wien schaffen ließ, erregen noch heute Staunen und Bewunderung bei den Besuchern dieses sehenswerten Instituts.
Brambilla hat sich, allerdings vergebens, um die Entfernung des ererbten Nasenpolypen Haydns bemüht, nachdem drei vorausgegangene Versuche dieser Art im Spital der Barmherzigen Brüder zu Eisenstadt fehlschlugen. Haydn ließ seit diesem letzten mißglückten Eingriff, bei dem er ein Stück seines Nasenbeins einbüßte, keinen Chirurgen mehr an seine Nase heran.

Wolfgang Amadeus Mozart

Dr. Johann Anton von B e r n h a r d (1726 – 1796)

Er wurde noch im Jahr seiner Promotion 1750 in die Wiener Medizinische Fakultät auf-
genommen. Als er am 24. Oktober 1762 an das Krankenbett Wolfgangs gerufen wurde,
führte er bereits den Titel eines königlich polnischen und kurfürstlich sächsischen
Hofrats. In den Jahren 1768 bis 1770 bekleidete Bernhard die Würde eines Dekans
der Medizinischen Fakultät und 1772 bis 1773 war er Rector magnificus der
Universität Wien.
Dr. Bernhard scheint einer jener musikliebenden Ärzte Wiens gewesen zu sein, die
Hausmusik pflegten. Nach der Wiederherstellung des kleinen Mozart veranstaltete er in
seinem Heim am 5. November 1762 einen Musikabend, an welchem der Kleinadel
Wiens und wahrscheinlich auch die bürgerliche Gelehrtenwelt der Stadt erstmals die
Bekanntschaft Mozarts gemacht haben dürften.

Dr. Alexandre Louis L a u g i e r (1719 – 1774)

War kaiserlicher Leibarzt und ein begeisterter Musikfreund. Sein Haus wurde zu einem
Sammelplatz des musikalischen Wien.

Dr. Thomas S c h w e n k e (1693 – 1767)

War Direktor der anatomischen Schule in Den Haag und Leibarzt des Prinzen Wilhelm V., Prinz von Oranien. Als Professor behandelte er die in Haag an Bauchtyphus
erkrankten Mozart-Kinder.

Dr. Sigmund Barisani (1758–1787)

Er war ein Jugendfreund Mozarts, der als Sohn des Leibarztes des Salzburger Erzbischofs Sigismund von Schrattenbach in Salzburg geboren wurde. Trotz seines noch jugendlichen Alters wurde er mit 29 Jahren von Josef II. zum vierten Primararzt am Allgemeinen Krankenhaus in Wien bestellt. Aus einer Eintragung Dr. Barisanis im Stammbuch Mozarts vom 14. April 1787 erfährt man, daß er mindestens zweimal seinen Jugendfreund Wolfgang während dessen Erkrankungen in Wien betreut hat. Dr. Barisani starb schon am 2. September 1787 als Opfer seiner Pflichterfüllung, ein Schicksal, das den Ärzten in den damaligen Krankenhäusern mit ihren katastrophalen hygienischen Bedingungen offenbar häufig beschieden war. Mit ihm verlor Mozart nicht nur seinen Arzt, sondern gleichzeitig auch einen geliebten Freund aus den Kindheitstagen.

Dr. Johann Nepomuk Hunczovsky (1752–1798)

Er kam an die 1785 von Josef II. gegründete k. u. k. medizinisch-chirurgische Josefs-Akademie, das „Josephinum", in welchem er als Professor anfangs allgemeine theoretisch-medizinische Vorlesungen hielt, sich später aber für die chirurgische Operationslehre und vor allem für die Gynäkologie spezialisierte. Als Gynäkologe wurde er wahrscheinlich am 16. November 1789 zur Entbindung Konstanze Mozarts gerufen. Da das neugeborene Töchterchen Anna den ersten Tag ihres Lebens nicht überlebte, schien Mozart die Schuld dafür Dr. Hunczovsky zugeschoben zu haben. Dies geht aus einer Briefstelle hervor, in der Mozart andeutet, daß er „Hunczovsky auf eine – wegen gewissen Ursachen – etwas unfreundliche Art" als zukünftigen Hausarzt ablehnte.

Dr. Thomas Franz Closset (1754–1813)

Closset kam 1777 nach Wien, um hier bei dem damals weltberühmten Kliniker Maximilian Stoll, dem Nachfolger Professor de Haens an der Medizinischen Klinik, seine Studien zu vervollkommnen. Er verfaßte 1783 eine Abhandlung über das „Faulfieber" und vertrat schon bald seinen Lehrer Stoll nicht nur bei seinen Vorlesungen, sondern auch in dessen ärztlicher Praxis, wodurch er „sich die Zufriedenheit aller gelehrten Ärzte und die allgemeine Achtung des Publikums erwarb". Nach dem Tod Maximilian Stolls am 23. Mai 1787 war Dr. Closset einer der berühmtesten und gesuchtesten Ärzte Wiens, der sogar bei der kaiserlichen Familie wiederholt als Konsiliarius zugezogen wurde. 1797 wurde er schließlich außerordentliches Mitglied der Medizinischen Fakultät der Universität Wien.
Aus Mozarts Briefwechsel geht hervor, daß Dr. Closset schon im Juli 1789 erstmals zur Familie Mozart gerufen wurde. Konstanze litt damals an einer Infektion des Beines, die während ihrer Schwangerschaft auftrat und wahrscheinlich einer Venenentzündung entsprach. In Anbetracht des außerordentlichen Rufes Dr. Clossets wurde er schließlich auch im November 1791 behandelnder Arzt während Mozarts letzter, zum Tod führender Erkrankung. Man nimmt allerdings an, daß Closset mit Mozart schon längere Zeit vorher persönlichen Kontakt hatte, da er in einem späteren ärztlichen Attest als ein „jahrelanger Freund" Mozarts geschildert wurde.

Dr. Mathias Edler von S a l l a b a (1764 – 1797)

Dr. Sallaba studierte ebenfalls unter Maximilian Stoll und kam 1797 als fünfter Primararzt an das „Allgemeine Krankenhaus" in Wien. Er publizierte eine Reihe wissenschaftlicher Abhandlungen, darunter das seinem Freund Dr. Closset gewidmete und mehrfach zitierte Hauptwerk „Historia Naturalis Morborum". Schon wenige Monate nach seinem Antritt als Primararzt wurde er, ähnlich wie Dr. Barisani, Opfer seiner getreuen Pflichterfüllung als Arzt im Krankenhaus.
Dr. Sallaba wurde von seinem Freund Dr. Closset als Konsiliarius gerufen, als die Erkrankung Mozarts einen bedrohlichen Verlauf nahm. Mit ihm und Dr. Closset bemühten sich um Mozart während dessen Todeskrankheit somit zwei der angesehendsten und berühmtesten Ärzte Wiens, Repräsentanten der damals fortschrittlichsten medizinischen Schule ganz Europas.

Dr. Edmund Vinzenz Guldener von L o b e s (1763 – 1827)

Dr. Lobes kam spätestens 1790 aus Prag nach Wien, wo er bald einer der berühmtesten Praktiker wurde. Im Jahr 1800 wurde er erster Stadtphysikus und 1814 Protomedicus von Niederösterreich. Ihm war somit das allgemeine Gesundheitswesen Wiens und später auch Niederösterreichs unterstellt, wozu auch die Totenbeschau und das gesamte Begräbniswesen gehörten. Schließlich war er als Stadtphysikus auch für alle medizinischen Kriminalfälle zuständig.
Dr. Lobes war mit beiden, Mozart behandelnden Ärzten Dr. Closset und Dr. Sallaba persönlich befreundet und es bestanden auch freundschaftliche Beziehungen zur Familie Mozart, die auch nach dem Tod Mozarts mit Konstanze weiter gepflegt wurden. Von Dr. Lobes stammt das berühmte ärztliche Attest über Mozarts Todeskrankheit, das er auf Ersuchen Giuseppe Carpanis in Döbling am 10. Juni 1824 abfaßte und welches der einzige Bericht eines Arztes ist, der nicht nur als Stadtphysikus und Protomedicus hinsichtlich seiner Aussage als absolut korrekt und zuverlässig gilt, sondern der während der Todeskrankheit Mozarts von den befreundeten Ärzten Closset und Sallaba laufend über den Fortgang der Erkrankung unterrichtet wurde und Mozart selbst noch auf dem Totenbett gesehen hatte. Das Attest Dr. Guldener von Lobes kann deshalb nicht bedeutend genug eingeschätzt werden.

Ludwig van Beethoven

Dr. Franz W e g e l e r (1765 – 1848)

Dr. Wegeler war der erste Arzt Beethovens. Zwischen beiden bestand eine enge Jugendfreundschaft, die 1787 durch die Abreise Wegelers nach Wien zwecks Vollendung seiner Medizinstudien vorübergehend unterbrochen wurde. Als Wegeler im Oktober 1789 wieder nach Bonn zurückkehrte, um in seiner Heimatstadt als Ordinarius für Gerichtsmedizin und Geburtshilfe an der erst 1786 gegründeten Bonner Universität seine ärztliche Tätigkeit aufzunehmen, traf er sofort wieder mit seinem Freund Beethoven zusammen. „Nach meiner Rückkehr ... lebten wir in einer ebenso herzlichen Verbindung fort, bis zu Beethovens späterer Abreise nach Wien gegen Ende 1792, wohin auch ich im Oktober 1794 auswanderte." Da er als ausgesprochener Gegner der neuen französischen Republik galt, mußte er tatsächlich beim Einmarsch der Franzosen in Bonn vorübergehend nach Wien flüchten, um allerdings schon Mitte des Jahres 1796 wieder nach Bonn zurückzukehren. Von diesem Zeitpunkt an entwickelte sich ein Briefwechsel zwischen den beiden Freunden, aus dem hervorgeht, daß Beethoven seinen ärztlichen Freund wiederholt über seinen Gesundheitszustand unterrichtete und verschiedene medizinische Ratschläge erbat.

Dr. Johann Peter F r a n k (1745 – 1821)

Zu Rotalben in der Pfalz geboren, studierte er gegen den Willen seiner Eltern Medizin und entwickelte schon als Einundzwanzigjähriger den Plan seines Lebens: die Gründung einer „Medizinischen Polizei". In einem mehrbändigen Werk, dessen Leitgedanke der Satz „Vorbeugen ist besser denn Heilen" war, schuf er die Voraussetzungen für die Entwicklung der Fächer „Hygiene" und „Gerichtliche Medizin".
Im Jahr 1795 kam Frank nach Wien, wo er schon am 25. November zum Direktor des Allgemeinen Krankenhauses und zum Professor an der Wiener Universität ernannt

wurde. Unter seiner Leitung wurden großzügige Reformen im gesamten Spitalswesen zum Wohl der Kranken in die Wege geleitet. Wegen intriganter Anfeindungen, vor allem durch den unqualifizierten Chef des Medizinalwesens Stifft, verließ Frank 1805 Wien, um eine Professur in Wilna anzunehmen, von wo er jedoch bald als Leibarzt des Zaren nach Petersburg berufen wurde. Schon 1808 kehrte er nach Wien zurück.

Dr. Frank war der erste Arzt, der sich eingehend mit den Beschwerden des dreißigjährigen Beethoven befaßte. Die Beziehung zwischen beiden begann wahrscheinlich auf gesellschaftlicher Ebene, da im Hause Franks viel musiziert wurde und Beethoven die Tochter des Professors beim Gesang öfters am Klavier begleitete.

Dr. Gerhard von Vering (1755 – 1823)

Als gebürtiger Westfale kam er schon mit zwanzig Jahren nach Wien, wo er in die Armee eintrat und rasch Regimentschirurg wurde. Er zählte zu jenen auserwählten

Medizinern, die Kaiser Josef II. zu wissenschaftlichen Erkundungsreisen in verschiedene europäische Länder schickte. Später wurde Dr. Vering „dirigierender Stabsarzt" in Niederösterreich und schließlich während der Napoleonischen Kriege Oberleiter der Spitäler und größeren Sanitätseinrichtungen.

Im Sommer 1801 begab sich Beethoven, der seit 1800 von Dr. Frank ärztlich betreut wurde, in die Behandlung Dr. Verings, auf den er große Hoffnungen setzte. Angesichts ausbleibender Erfolge war allerdings schon im November 1801 das Vertrauen in diesen angesehenen Arzt wieder im Schwinden begriffen.

Dr. Johann Adam S c h m i d t (1759 – 1809)

Dr. Schmidt begann seine Laufbahn als Feldchirurg, der am neuerrichteten Josephinum in Wien die Professur für allgemeine Pathologie und Therapie innehatte. Sein Hauptinteresse konzentrierte sich allerdings auf die Augenheilkunde, in der er bald zu einer Berühmtheit wurde. Aufgrund seiner erfolgreichen Tätigkeit konnte er es sich leisten, viele Jahre hindurch ein eigenes Institut zu unterhalten, in dem er auf eigene Kosten mittellose Augenkranke behandelte. Aber auch als Praktiker erwarb er sich das Vertrauen der Wiener. Die Veröffentlichung zahlreicher medizinischer Abhandlungen brachte es mit sich, daß der aus Würzburg stammende Professor auch als Wissenschaftler bekannt wurde.

Dr. Schmidt zählte zu den Freunden Dr. Wegelers, weshalb Beethoven von allem Anfang an besonderes Vertrauen in ihn setzte. Dazu kam noch, daß dieser berühmte Arzt die Musik besonders liebte und selbst gut Geige spielte, während seine Tochter Pianistin war. Die enge Beziehung Beethovens zu Dr. Schmidt kommt durch dessen ausdrückliche, dankbare Erwähnung im „Heiligenstädter Testament" zum Ausdruck, in welchem er Dr. Schmidt bat, seine Krankheit zu beschreiben und diese Krankheitsgeschichte seinem Testament beizufügen, „damit wenigstens, soviel als möglich, die

Welt nach meinem Tode mit mir versöhnt werde". Ein weiterer Freundschaftsbeweis, der vielleicht gleichzeitig auch als eine Art ärztliches Honorar gedacht war, ist Beethovens Bearbeitung seines berühmten Septettes op. 20 für Klavier, Violine oder Klarinette und Cello, welche die Opusnummer 38 trägt. Dieses 1805 in Wien erschienene Trio widmete Beethoven seinem befreundeten Arzt mit der Überschrift: „à Monsieur Jean Adam Schmidt, Conseiller de Sa Majesté l'Empereur et Roi, Chirurgien Major de Ses Armés."

Während des Winters 1801/1802 versuchte Dr. Schmidt, das Gehörleiden Beethovens mit Hilfe der neuen Methode des Galvanismus zu behandeln, die auf der damals in Wien berühmten und modern erscheinenden Lehre Franz Anton Mesmers vom tierischen Magnetismus beruhte. Mesmer, 1734 in Iznang am Bodensee geboren, lebte seit 1759 in Wien, wo er sich durch seine magnetischen Kuren, vor allem aber durch seine Heirat ein großes Vermögen erwerben konnte. Auch Mesmers Leben war ständig von der Musik begleitet, wobei immer wieder auf das romantische Requisit seiner Glasharmonika hingewiesen wurde. Mozart hat ihm für dieses Instrument eine eigene Komposition verfertigt und im Hause Mesmers fand auch die Uraufführung von Mozarts Singspiel „Bastien und Bastienne" statt. Obwohl die galvanische Behandlung Dr. Schmidts ein Mißerfolg wurde, bewahrte ihm Beethoven seine dauernde Freundschaft, bis Dr. Schmidt im Februar 1809 an einem Schlaganfall verstarb.

Dr. Johann M a l f a t t i Edler von Montereggio (1776 – 1859)

Der in Lucca geborene Dr. Malfatti, der beim berühmten Aloysio Galvani in Bologna und bei Johann Peter Frank in Pavia studierte, folgte letzterem, als dieser 1795 von Josef II. nach Wien berufen wurde, in die Kaiserstadt. Nach Erlangung des Doktordiploms wurde er zunächst Sekundararzt am Wiener Allgemeinen Krankenhaus und gründete als solcher schon 1802 die Gesellschaft praktischer Ärzte. Als sein Lehrer Frank 1804 Wien verließ, schied auch er aus seiner Stellung am Allgemeinen Krankenhaus aus und begann eine erfolgreiche Privatpraxis. Er avancierte zum Leibarzt Erzherzog Karls und der Erzherzogin Beatrix von Este und aufgrund seines hervorragenden Rufes begab sich während des Wiener Kongresses eine Reihe ausländischer Diplomaten in seine Behandlung. Im Jahr 1837 wurde er in den Adelsstand erhoben. Auch Dr. Malfatti war ein Anhänger der Behandlungsmethode mit Magnetismus, was ihm übrigens einen unangenehmen gerichtlichen Prozeß eintrug.

Dr. Malfatti besaß eine Villa in Hietzing und ein Landhaus in Währing, in welchem Beethoven seine zum Geburtstag Dr. Malfattis komponierte kleine Kantate „Un lieto brindisi" am 24. Juni 1814 aufführte. Bald nachdem Beethoven durch einen Freund in die Familie Malfatti eingeführt wurde, faßte er zu einer der beiden Töchter von Dr. Malfattis Bruder, der einundzwanzigjährigen Therese, eine tiefe Zuneigung und er soll sich ernstlich mit dem Gedanken einer Heirat beschäftigt haben. Dieser jungen Therese widmete er jene „Bagatelle", die als „Albumblatt für Elise" bekannt geworden ist.

Malfatti, der ein Anhänger von Bäderkuren war und dem unter anderem auch Bad Ischl seinen Weltruhm verdankt, schickte Beethoven 1811 nach Teplitz. Die engen persönlichen Beziehungen zwischen beiden währten bis 1817, als es nach den vielen Jahren besonderen Vertrauens in die ärztliche Kunst Malfattis zum Bruch mit diesem „pfiffigen Italiener", wie Beethoven ihn damals nannte, kam. Im letzten Lebensjahr des Meisters trat Malfatti allerdings nochmals in Erscheinung, als er nach anfänglichem Zögern Mitte Januar 1827, veranlaßt durch den inständigen Wunsch des Schwerkranken, zu einem Konsilium an sein Krankenbett kam.

Dr. Andreas Bertolini

Dr. Bertolini, der zunächst Malfattis Assistent war, schloß schon 1806 mit Beethoven engere Freundschaft und seit 1808 war er auch sein behandelnder Arzt. Die freundschaftliche Beziehung zwischen beiden muß sehr eng gewesen sein, und dem Meister dürfte von all seinen Ärzten menschlich keiner so nahe gestanden sein, wie Bertolini. Von ihm weiß man, daß Beethoven besonders für die Reize anmutiger, schwächlicher Frauen empfänglich war und daß er stets gern ein Glas Wein getrunken hat.

Aber auch auf musikalischem Gebiete scheinen sich beide außerordentlich nahe gestanden zu sein. So komponierte Beethoven auf Anregung Bertolinis für die Kaiserin von Rußland eine Polonaise, wobei er seinen Freunde Bertolini von mehreren am Klavier vorgetragenen Themen das geeignetste davon auswählen ließ. Leider ging wegen eines musikalischen Problems auch dieses Freundschaftsverhältnis 1815 in Brüche. Als nämlich über Vermittlung Bertolinis ein englischer Musikfreund an Beethoven mit dem Wunsch herantrat, eine Sinfonie zu komponieren, jedoch mit der Auflage, sie mehr seinen früheren und leichter verständlichen Sinfonien anzugleichen, war Beethoven darüber derart verärgert, daß er mit dem wohlmeinenden und in bester Absicht handelnden Vermittler Bertolini alle Beziehungen abbrach. Bertolini selbst dürfte jedoch Beethoven gegenüber zeit seines Lebens seine aufrichtige freundschaftliche Gesinnung bewahrt haben. Als er 1831 an der Cholera erkrankte und fest mit seinem Ableben rechnete, ließ er alle in seinem Besitz befindlichen Briefe Beethovens vernichten. Zweifellos waren darunter sehr vertrauliche Mitteilungen, die Bertolini nicht der Öffentlichkeit zugänglich machen wollte. Bertolini ist übrigens von der Cholera wieder genesen.

Dr. Jakob S t a u d e n h e i m (1764 – 1830)

In Mainz geboren, studierte er zunächst Chemie bei Fourcroy in Paris, um sich dann bei dem weltberühmten Kliniker Maximilian Stoll in Wien ausbilden zu lassen. Die erfolgreiche Errettung des Grafen Karl Harrach von einer schweren Erkrankung trug ihm das märchenhafte Honorar von 10 000 Gulden ein und sein steigendes Ansehen führte dazu, daß er auch an das Krankenlager von Kaiser Franz gerufen wurde. Später wurde er vom Sohn Napoleons, dem Herzog von Reichstadt, zu seinem Leibarzt ernannt.
Dr. Staudenheim wurde 1817 Hausarzt Beethovens. Als überzeugter Balneologe riet er dem Meister, Karlsbad und Franzensbad aufzusuchen und auch 1820 sowie 1822 empfahl er Beethoven, sich zur Kur nach Baden bei Wien zu begeben. Staudenheim war es auch, der seinem Patienten dringend alle alkoholischen Getränke zu meiden empfahl, eine Anordnung, an die sich Beethoven allerdings nicht hielt. Daraus resultierende Unstimmigkeiten, die mit der mangelnden Befolgung ärztlicher Anordnungen im Zusammenhang gestanden sein dürften, waren es wohl auch, warum im Jahr 1824 die Verbindung mit Dr. Staudenheim abrupt abriß.

Dr. Carl S m e t a n a (1774 – 1827)

Mit diesem Arzt, der nicht zu den medizinischen Berühmtheiten Wiens gehörte, schienen die Beziehungen Beethovens etwas förmlicher gewesen zu sein. Er wurde schon 1816 mit dem Meister persönlich bekannt, da er damals während des Aufenthalts von Beethovens Neffen Karl im Erziehungsinstitut an diesem eine Bruchoperation mit Erfolg vornahm. Als Beethoven 1819 Dr. Smetana wegen seines Gehörleidens erstmalig zu Rate zog, notierte der Neffe etwas erstaunt über diesen Entschluß in das Konversationsheft: „Smetana ist bloß Wundarzt." Nach Angabe Anton Schindlers soll sich Smetana allerdings auch in der Behandlung von Gehörleiden einen gewissen Ruf erworben haben.

Zu Dr. Smetana nahm Beethoven auch im Herbst 1822 nach seinem bedrückenden Erlebnis im Zusammenhang mit der „Fidelio"-Aufführung Zuflucht. Auch diesmal war der Behandlungsversuch ein Mißerfolg. Dennoch suchte er Dr. Smetana noch einmal auf, um seine schwere Augenentzündung in den Jahren 1823 und 1824 behandeln zu lassen.

Dr. Anton B r a u n h o f e r

Dr. Braunhofer war Professor der Allgemeinen Naturgeschichte und gesuchter praktischer Arzt, den Beethoven seit Sommer 1824 als behandelnden Arzt bevorzugte. Nach Anton Schindler besaß er „einen Grad von wienerischer Derbheit", die offenbar ihre Wirkung auf den Patienten nicht verfehlte, da Beethoven sich längere Zeit streng an seine ärztlichen Anordnungen hielt. Aus Baden, wohin ihn Dr. Braunhofer zur Erholung schickte, berichtete er seinem Arzt nach Wien recht genau über seinen Gesundheitszustand.

Das Verhältnis zu Dr. Braunhofer muß eher ein herzliches gewesen sein, da ihm Beethoven auf seine Bitte um ein paar Noten – „nur einige unbedeutende, es handelt sich nur um Ihre Handschrift" – am 11. Mai 1825 den bekannten „Kleinen Kanon" übersandte mit dem Text: „Doktor sperrt das Tor dem Tod, Note hilft auch aus der Not." Doch schon am 28. März 1820 erschien als Beilage der „Wiener Zeitschrift für Kunst" ein eigens für Dr. Braunhofer komponiertes Lied als sichtbares äußeres Zeichen dankbaren Vertrauens unter dem Titel: „Abendlied unterm gestirnten Himmel. In Musik gesetzt und Herrn Dr. Braunhofer gewidmet von Ludwig van Beethoven".

Aber auch diese herzliche Verbindung ging in die Brüche und zwar wiederum durch ein aufkeimendes Mißtrauen Beethovens. In einem seiner Konversationshefte wurde dies ausdrücklich ausgesprochen: „Die Verordnungen dieses Braunhofer sind schon manchmal schief gewesen und überhaupt scheint er mir sehr beschränkt und daher doch ein Narr zu sein." Trotz dieses Vertrauensbruches blieb Braunhofer Beethoven gegenüber loyal und nahm sich im Februar 1826 nochmals seiner an. Erst Ende 1826, als Beethoven bereits schwerkrank war, verweigerte Dr. Braunhofer ebenso wie Dr. Staudenheim die weitere Behandlung, was auf eine vorausgegangene grobe Verletzung der beiden hervorragenden Ärzte durch den Meister schließen läßt.

Dr. Andreas Ignaz W a w r u c h (1773 – 1842)

Wawruch stammte aus Mähren, wo er am 22. November 1773 in Niemczicz südlich von Olmütz geboren wurde. Er studierte zunächst an der Universität in Olmütz Philosophie und Theologie, ging aber bald nach Prag, um dort das Medizinstudium zu absolvieren. Nach seiner Promotion trat er als Assistent in die Medizinische Klinik für Ärzte in Wien ein, die unter der Leitung des Professors Johann Valentin von Hildenbrand stand. Durch kaiserlichen Erlaß vom 16. Juni 1811 erhielt er die Bewilligung, als Dozent für Geschichte und Literatur der Medizin Vorträge in lateinischer Sprache zu halten. Ein weiterer kaiserlicher Erlaß vom 31. Mai 1812 berief ihn zum ordentlichen Professor für Pathologie und Arzneilehre nach Prag, wo er bis 1819 zu den beliebtesten Lehrern an der Universität gehörte. Im Jahr 1819 schließlich wurde er Direktor der Medizinischen Klinik und Professor für spezielle Pathologie und Therapie innerer Krankheiten für höhere Kategorien der Wundärzte in Wien, eine Stellung, die er bis zu seinem Tod am

21. März 1842 innehatte. Dr. Wawruch war Mitglied der k. k. Ärztegesellschaft in Wien und Mitarbeiter der Zeitschrift „Medizinische Jahrbücher des k. k. östlichen Kaiserstaates", in der verschiedene wissenschaftliche Arbeiten von ihm veröffentlicht wurden. Neben seinem „Versuch, die Natur der ostindischen Cholera pathologisch zu enträtseln" beschäftigte er sich besonders mit der Bandwurmkrankheit, der er eine umfassende „Praktische Monographie" widmete.

Dr. Wawruch war aber auch ein begeisterter Musiker und ausgezeichneter Cellospieler, der nicht zuletzt auch deshalb die Behandlung Beethovens während der letzten Phase seiner tödlichen Krankheit sehr ernst nahm. Bei der Übernahme der Behandlung am dritten Tag nach der Rückkehr des Meisters aus Gneixendorf Anfang Dezember 1826 stellte er sich dem an Lungenentzündung schwer erkrankten Beethoven mit den Worten vor: „Ein großer Verehrer Ihres Namens wird alles Mögliche anwenden, bald Erleichterung zu schaffen." Dr. Wawruch, der in Wien damals bereits großes Ansehen genoß, wurde von Beethovens Freund Holz gerufen, nachdem die beiden früheren behandelnden Ärzte Dr. Staudenheim und Dr. Braunhofer ihr Kommen abgelehnt hatten. Die Behandlung Dr. Wawruchs war aus heutiger Sicht völlig korrekt und dem damaligen Wissensstand entsprechend auch sachkundig, weshalb man die unqualifizierte Verurteilung dieses hervorragenden Arztes durch Anton Schindler und durch Gerhard von Breuning in dessen 1874 herausgegebenen „Erinnerungen an das Schwarzspanierhaus" auf das schärfste verurteilen muß. Kann man Schindlers Äußerungen als Laie noch vernachlässigen, so stellt sich Breuning als Arzt mit seiner Disqualifizierung Wawruchs, ohne übrigens alternative Lösungsvorschläge vorgebracht zu haben, selbst ein trauriges Zeugnis aus.
Als letzter Arzt Beethovens verfaßte Dr. Wawruch bald nach des Meisters Tod einen genauen Krankheitsbericht, dessen Niederschrift der als sehr bescheiden geltende Wawruch nicht veröffentlichte. So wurden diese Aufzeichnungen erst nach seinem Tod durch die Initiative seiner Witwe der Allgemeinheit bekannt.
Unter Wawruchs Beisein wurden vier Bauchpunktionen vom Primar-Wundarzt am Wiener Allgemeinen Krankenhaus, Dr. Johann Seibert, durchgeführt.

Dr. Johannes W a g n e r (1800 – 1832)

Aus Braunau in Böhmen stammend, wurde er in Wien Assistent bei Professor
Dr. Lorenz Biermayer am Pathologischen Museum des anatomischen Instituts. In dieser Eigenschaft fungierte er als Prosektor bei der Obduktion Beethovens, die am Tag
nach dessen Tod in der Wohnung im Schwarzspanierhaus vorgenommen wurde.
Nach der Entlassung Biermayers im Jahr 1829 wurde Dr. Wagner sein Nachfolger und
außerordentlicher Professor für pathologische Anatomie. Wagner war hochbegabt und
trug zur Entwicklung dieses Faches wesentlich bei. Er zog seine Schlüsse auf die Natur
der Erkrankung aus charakteristischen Veränderungen der Organe und legte besonderen Wert auf die richtige Beurteilung der anatomischen Befunde. Sein berühmtester
Schüler war Karl Rokitansky, der 1831 Assistent am pathologisch-anatomischen Institut Wagners wurde.

Franz Schubert

Dr. August von S c h a e f f e r (1790 – 1865)

Er war zusammen mit Dr. J. Bernhardt Schuberts erster behandelnder Arzt während
seiner Ende 1822 erworbenen luetischen Erkrankung, der ihn auch später auf seinen
Reisen nach Oberösterreich begleitete.

Dr. Ernst R i n n a v o n S a r e n b a c h (1791 – 1837)

Seit 1824 sogenannter Hofreisearzt und Herausgeber des zweibändigen Werkes
„Repertorium der vorzüglichsten Curarten, Heilmittel, Operationsmethoden", welches 1833 veröffentlicht wurde. Er behandelte Schubert im Sommer 1828 und riet ihm
damals, an den Stadtrand in die Wohnung seines Bruders Ferdinand zu übersiedeln.
Dr. Rinna von Sarenbach war auch bei Schuberts letzter tödlicher Erkrankung zunächst
sein behandelnder Arzt, erkrankte jedoch selbst und mußte deshalb den Patienten an
einen Kollegen übergeben.

Dr. Josef Ritter von V e r i n g (1793 – 1862)

Er war der Sohn jenes Arztes, der kurze Zeit hindurch Beethoven behandelte. Unter
Dr. Verings wissenschaftlichen Arbeiten nehmen seine Publikationen über die Behandlung der Syphilis einen besonderen Platz ein, da er diesem Thema zwei Veröffentlichungen widmete: Im Jahr 1821 berichtete er „Über die Heilart der Lustseuche durch
Quecksilbereinreibungen" und 1826 über die „Syphilitische Therapie". Man hat deshalb auch Vermutungen angestellt, Dr. Sarenbach hätte Schubert an Dr. Vering verwiesen, weil dieser spezielle Erfahrungen auf dem Gebiete der Syphilis besaß – eine
Annahme, die eher unwahrscheinlich klingt, da Schuberts letzte Krankheit schon von
Anbeginn die eindeutigen Symptome eines Bauchtyphus aufwies. Dr. Vering dürfte
auch von Anfang an die Gefährlichkeit der Erkrankung richtig eingeschätzt haben, da
er schon nach seinem ersten Krankenbesuch ein Konsilium vorschlug.
Als Anhänger der Humorallehre der damaligen Wiener Schule, die vor allem durch Philipp Carl Hartmann repräsentiert wurde, sah er Schuberts aussichtslosen Zustand als
Folge einer vorgeschrittenen Blutentmischung an. Als Konsiliarius wählte er den ihm
aus der gemeinsam im Konvikt mit Schubert verbrachten Zeit gut bekannten Professor
Wisgrill.

Dr. Johann Baptist W i s g r i l l (1795 –)

Dr. Wisgrill war Professor an der Universität in Wien und unter anderem durch die Veröffentlichung des Handbuches der „Verschreibungslehre für das Studium der Chirur-
gie“, das 1834 abgeschlossen vorlag, als hervorragender Arzt bekannt. Nachforschungen von O. E. Deutschs ergaben, daß Dr. Wisgrill als Konsiliarius die von Dr. Vering
eingeleitete Therapie abgeändert haben dürfte, wenngleich uns nähere Details der ein-
geschlagenen Behandlung nicht bekannt sind.

Bibliographie zu „Gedanken zum Thema Musik und Medizin"

Avicenna: Liber canonis. Venedig 1507. Nachdruck Hildesheim 1964.
Bacon R.: Opus tertium. London 1859. Nachdruck London 1965.
Berendes J.: Musik und Medizin. Wehr:Baden 1961 S, 3314-3344
Boethius: De institutione musicae libri V. Hrsg. Friedlein G., Leipzig 1867.
Ficino M.: De vita libri tres. Basel 1576.
Frank J. P.: System einer vollständigen medicinischen Polizey, Bd. 1-4, Mannheim 1779-88
Harburger W.: Die Metalogik. München 1919.
Haschek H.: Musik und Medizin. Wr. Med. Wochenschriften 128, 1 (1978)
Huppmann G. und Strobel W.: Möglichkeiten der Musiktherapie in der inneren Medizin. Med. Klin. 72, 2186 (1977).
Kayser H.: Lehrbuch der Harmonik. Zürich 1950.
Kepler J.: Harmonices mundi libri V. Linz 1619.
Kern E.: Theodor Billroth und die Musik. Zbl. Chrirugie 107, 1408, (1982).
Kircher A.: Musurgia universalis. Rom 1950.
Kümmel W. F.: Musik und Medizin. Freiburg 1977.
Kurth E.: Grundlagen des linearen Kontrapunkts. Berlin 1922.
Lichtenthal P.: Der musikalische Arzt oder Abhandlung von dem Einfluß der Musik auf den Kör-per und von ihrer Anwendung in gewissen Krankheiten. Wien 1807.
Pontvik A.: Heilen durch Musik. Zürich 1955.
Schadewaldt H.: Musik und Medizin. Ciba Zeitschrift, Basel 1969.

Bibliographie zu Kapitel „Joseph Haydn"

Artaria F.: Verzeichnis der musikal. Autographien von Joseph Haydn. Wien 1893.
Bartha D.: Joseph Haydn, Gesammelte Briefe und Aufzeichnungen. Budapest – Kassel 1965.
Botstiber H.: Joseph Haydn. Bd. 3 (Weiterführung der Biographie von Pohl, C. F.). Leipzig 1927.
Carpani G.: Le Haydine. Mailand 1812.
Dies A. Ch.: Biographische Nachrichten von Joseph Haydn. Wien 1810.
Engl J. E.: Haydns handschriftliches Tagebuch des 2. Aufenthaltes in London. Leipzig 1909.
Franken F. H.: Joseph Haydns Leben aus medizinischer Sicht. Wiener klin. Wochenschr. 88, 429, 1976.
Franken F. H.: Krankheit und Tod großer Komponisten. Baden-Baden – Köln – New York 1979.
Geiringer K.: Joseph Haydn. Mainz 1959.
Griesinger G. A.: Biographische Notizen über Joseph Haydn. Wien 1810. (neu hrsg. von F. Gras-berger. Wien 1954).
Huss M.: Joseph Haydn. Wien – Eisenstadt 1983.
Iffland A. W.: Almanach für Theater. Berlin 1811.
Jacob H. E.: Haydn: Seine Kunst, seine Zeit, sein Ruhm. Berlin 1969.
Klampfer G.: Joseph Haydn und die Haydn-Gedenkstätten in Eisenstadt. Offizielle burgenländi-sche Festschrift. Wien 1959.
Landon R.: Joseph Haydn. Wien – München – Zürich – New York 1981.
Nowak L.: Joseph Haydn. 2. Aufl. Wien 1959.
Olleson E.: Georg August Griesingers Korrespondenz mit Breitkopf und Härtel, in: Haydn-Jahr-buch III, 1965.
Pohl C. F.: Joseph Haydn. Bd. 1: Berlin 1875, Bd. 2: Leipzig 1882.
Radant E.: Die Tagebücher von Joseph Karl Rosenbaum 1770 – 1829, in: Haydn-Jahrbuch V, 1968.
Reich W.: Joseph Haydn: Chronik seines Lebens in Selbstzeugnissen. Zürich 1961.
Reichardt J. F.: Vertraute Briefe geschrieben auf einer Reise nach Wien 1808–1809 (Neuauflage von 1810). München 1915.
Riesbeck J. K.: Briefe eines reisenden Franzosen über Deutschland, 2 Bde. Zürich 1783.
Schnerich A.: Joseph Haydn und seine Sendung. Zürich – Leipzig – Wien 1926.
Somfai L.: Joseph Haydn. Sein Leben in zeitgenössischen Bildern. Kassel – Basel 1966.
Tandler J.: Über den Schädel Haydns. Mitt. Anthrop. Ges. Wien. 39, 1, 1908.
Tenschert R.: Frauen um Haydn. Wien 1946.

Bibliographie zu Kapitel „Wolfgang Amadeus Mozart"

Abert H.: W. A. Mozart. 2 Bde. Neubearbeitete und erweiterte Ausgabe von Otto Jahns „Mozart". Leipzig 1983.

Bär C.: Mozart: Krankheit, Tod und Begräbnis. Schriftenreihe der Internat. Stiftung Mozarteum, 2. Aufl. Salzburg 1972.

Bär C.: Mozarts Zahnkrankheiten. Acta Mozartiana 3/1963.

Barraud J. A.: A quelle maladie a succombé Mozart? Chron. méd. 12, 737, 1905.

Bauer A., und Deutsch O. E.: Mozart, Briefe und Aufzeichnungen. Bd. I-IV. Kassel – Basel 1962/63.

Belza I.: Mozart und Salieri. Moskau 1953.

Bett W. R.: Mozart: a puzzling case history. Med. Press and Circ., London, 235, 90, 1956.

Blume F.: Requiem und kein Ende. 318, Wissenschaftl. Buchgesellschaft Darmstadt 1977. (Hrsg.: Gerhard Croll)

Bókay J.: The cause of Mozart's death. Orv. hetil. 28, 213, 1906.

Born G.: Mozarts Musiksprache. München 1985.

Bouillaud J. B.: Die Krankheiten des Herzens, 2 Bde. Leipzig 1836.

Braunbehrens V.: Mozart in Wien. München 1986.

Briellmann A.: Mozart und Salieri. Schweiz. Ärztezeitung 66, 615, 1985.

Cacchi R.: zitiert nach Rappoport.

Carpani G.: Lettera del sig. G. Carpani in difesa del M. Salieri calunniato dell avvelenamento del M. Mozzard. „Biblioteca Italiana", 10. agosto 1824, IX, Tom XXXV, 262-275.

Carr F.: Mozart und Konstanze. London 1983.

Clein G. P.: Mozart, a study in renal pathology. King's Coll. Hosp. Gaz. 38, 37, 1959.

Cloeter H.: Die Grabstätte W. A. Mozarts. Mozartgemeinde Wien, 1964.

Dalchow I., Duda G., und Kerner D.: Die Dokumentation seines Todes. Pähl/Obb. 1966.

Daumer G. F.: „Aus der Mansarde", Heft IV, Mainz 1861.

Davies P. J.: Mozart's illnesses and death. J. of the Royal Soc. of Medicine, 76, 776, 1983.

Deutsch O. E.: Mozart: Die Dokumente seines Lebens. Kassel – Basel 1961.

Deutsch O. E.: Die Legende von Mozarts Vergiftung. Literatur-Eildienst „Roche" Nr. 3. Basel 1965.

Deutsch O. E.: Die Legende von Mozarts Vergiftung. Mozartjahrbuch 1964. Internat. Stiftung Mozarteum. Salzburg 1965.

Dibelius U.: Mozart Aspekte. München 1972.

Duda G.: Gewiß, man hat mir Gift gegeben. Pähl/Obb. 1958.

Eichhorst H.: Lehrbuch der praktischen Medizin innerer Krankheiten. Berlin – Wien 1899.

Einstein A.: Mozart: Sein Charakter – sein Werk. Stockholm 1947.

Esman A. H.: Mozart: a study in genius. Psychoanal. Qu. 20, 603, 1951.

Eyerel J. und Sallaba M. v.: Medicinische Chronik. 4 Bde., Wien 1793/94.

Fog R., und Regeur L.: Did W. A. Mozart suffer from Tourette's Syndrom? Abstract Internat. Congress of Psychiatry. Vienna 1985.

Franken F. H.: W. A. Mozart: Krankheit und Tod. Med. Monatsschr. 27, 386, 1973.

Franken F. H.: Krankheit und Tod großer Komponisten. Baden-Baden – Köln – New York 1979.

Franken F. H.: Mozarts Todeskrankheit. Schriftenreihe der Internat. Stiftung Mozarteum, 23. Salzburg 1980.

Gerber P. H.: Mozart's Ohr. Deutsch. Med. Wschr. 24, 351, 1898.

Greither A.: Mozart und die Ärzte, seine Krankheiten und sein Tod. Deutsch. Med. Wschr. 81, 121, 1956.

Greither A.: Die Legende von Mozart's Vergiftung. Deutsch. Med. Wschr. 82, 928, 1957.

Greither A.: Die Todeskrankheit Mozarts. Literatur-Eildienst „Roche" Nr. 4 Basel 1967.

Greither A.: Woran ist Mozart gestorben? Schriftenreihe der Internat. Stiftung Mozarteum 3/4. Salzburg 1971.

Greither A.: Mozart; seine Leidensgeschichte. Heidelberg 1958.

Greither A.: Eine Pathographie Mozarts. Farbenfabriken Bayer AG. Leverkusen, 1970.

Greither A.: Wolfgang Amadé Mozart. Hrsg. K. Kusenberg. (Reinbek bei Hamburg) 1982.

Gruber G.: Mozart und die Nachwelt. Salzburg 1985.

Guitard E. H.: A-t-on empoisonné Mozart au mercure? Rev. Hist. Pharm. (Paris) 47, 16, 1959.

Hildesheimer W.: Mozart. Frankfurt am Main 1977.

Holl M. M.: Mozart's Ohr. Mitt. Anthrop. Ges. Wien 21, 1, 1901.

Holmes F.: Life of Mozart. London 1845.

Holz H.: Mozarts Krankheiten und sein Tod. Inaug. Dissertation. Jena 1939.

Hutchings A.: Mozart: der Mensch. Phonogramm Internat., Baarn. Niederlande 1976.

Jochmann G.: Lehrbuch der Infektionskrankheiten. Berlin 1914.

Juhn B.: Mozarts Leiden und Sterben. Ciba Symposium. Basel, 3, 191, 1956.

Katner W.: Woran ist Mozart gestorben? Mitteilungen der Internat. Stiftung Mozarteum, 1, 1967.

Kerner D.: Krankheiten großer Musiker. 3. Aufl. Stuttgart – New York 1973.

Kraemer U.: Mozarts Pech beim Kartenspiel. „Walsroder Zeitung" 1./2. September/1979.

Landon R.: Mozart and the masons. London 1982.

Langegger F.: Mozart: Vater und Sohn. Zürich – Freiburg 1978.

Langhans D.: Beschreibung der gefährlichen Krankheiten. Bern 1762.

Littrow C.: Meteorologische Betrachtungen an der k. k. Sternwarte 1750 – 1850. Wien 1860.

Ludendorff M.: Mozarts Leben und gewaltsamer Tod. München 1936.

Marini A.: zitiert nach Rappoport.

Medici N., und Hughes R.: A Mozart Pilgrimage, Travel diaries of Vincent and Mary Novello. London 1955.

Moscheles J.: Aus Moscheles Leben. Nach Briefen und Tagebüchern. Hrsg. von seiner Frau. Leipzig 1877.

Mozart und seine Welt: in zeitgenössischen Bildern. Kassel – Basel 1961.

Nettl P.: Musik und Freimaurerei. Esslingen a. N., 1956.

Nettl P.: W. A. Mozart: Als Freimaurer und Mensch. Hamburg 1956.

Niemetschek F. H.: Lebensbeschreibung des k. k. Kapellmeisters Wolfgang Gottlieb Mozart. Prag 1798.

Nissen G. N.: Biographie W. A. Mozarts. Leipzig 1828.

Paton A., Pahor A., und Graham G.: Looking for Mozart's ears. Brit. Med. J. 239, 1622, 1986.

Paumgartner B.: Mozart. Zürich – Freiburg 1967.

Pichler C.: Denkwürdigkeiten aus meinem Leben. Hrsg.: Blümml, E. K., 2 Bde. München 1914.

Pribram A.: Der akute Gelenkrheumatismus. Wien 1899.

Rappoport A. E.: An unique and hitherto unreported theory concerning a genetic pathologic anatomic basis of Mozart's death. Abstract, Internat. Congress of Pathology, Wien 1986.

Rosenberg A.: W. A. Mozart: Der verborgene Abgrund. Zürich 1976.

Sallaba M. v.: Historia Naturalis Morborum. Wien 1791.

Schenk E.: Mozart, sein Leben – seine Welt. Wien 1975.

Schiedermair L.: W. A. Mozarts Handschrift in zeitlich geordneten Nachbildungen. Leipzig 1919.

Schlichtegroll F.: Mozarts Leben. Graz 1794. Faksimile-Nachdruck in: Documenta musicologica. Kassel – Basel 1974.

Schneider O., und Algatzy A.: Mozart-Handbuch. Wien o. J.

Sederholm C. G.: Ist Mozart an Morbus Basedow gestorben? Ciba Symposium 5. Basel 1959.

Stoll M.: Heilungsmethode in dem praktischen Krankenhaus zu Wien. 2 Bde. Breslau 1794.

Szametz R.: Hat Mozart eine Psychose durchgemacht? Dissertation. Frankfurt 1936.

Tschitscherin G. W.: Mozart – eine Studie. Leipzig 1975.

Voser-Hoesli I.: Der Briefstil. In: Mozart-Aspekte. Hrsg.: Schaller, P., und Kühner, H. Olten und Freiburg 1956.

Bibliographie zu Kapitel „Ludwig van Beethoven"

Bankl H.: Beethoven's Krankheit – Morbus Paget? Pathologie 6, 46, 1985.

Bankl H., und Jesserer H.: Die Krankheiten Ludwig van Beethovens. Wien – München – Bern 1987.

Beethoven L. van: Konversationshefte. Hrsg.: K. H. Köhler und G. Herre, 10 Bde. Leipzig 1968.

Bekker P.: Beethoven. Berlin 1912.

Bienenfeld E.: Ertaubte Tondichter. Wiener med. Wschr. 83, 1105, 1933.

Böhme G.:Ludwig van Beethoven. In: Medizinische Porträts berühmter Komponisten. Stuttgart New York 1979.

Breuning G. v.: Aus dem Schwarzspanierhause, Wien 1874.

Chop M.: Ludwig van Beethovens Symphonien. Leipzig 1910.

Cohn H.: Beethoven's Brillen. Wschr. f. Therapie und Hygiene d. Auges, 5, 5, 1901.

Crohn B., Ginsburg L. und Oppenheimer G.: Regional ileitis. J. A. M. Ass. 99, 1323, 1932.

Czeizel E.: Murdering Beethoven. Lancet II, 1127, 1977.

Eder M.: Deutung von Beethovens Krankheit und Tod.. Münch. med. Wschr. 99, 1345, 1957.

Ernest G.: Der kranke Beethoven. Med. Welt 13, 491, 1927.

Fahrländer H.: Persönliche Mitteilung, Basel 23. 4. 1987.

Fischer G.: Des Bonner Bäckermeisters Gottfried Fischers Aufzeichnungen über Beethovens Jugend. Hrsg.: von J. Schmidt-Görg: Schriften zur Beethovenforschung 6. Bonn – München – Duisburg 1971.

Forster W.: Beethovens Krankheiten und ihre Beurteilung. Wiesbaden 1955.

Frank J. P.: Biographie des Dr. Johann Peter Frank, von ihm selbst geschrieben. Wien 1802.

Franken F. H.: Krankheit und Tod großer Komponisten. Baden-Baden – Köln – New York 1979.

Frimmel Th.: Beethoven-Handbuch. 2 Bde. Leipzig 1926.

Gattner H.: Zu „Beethovens Krankheit und sein Tod". Münch. med. Wschr. 100, 1009, 1958.

Goldschmidt H.: Zu Beethoven: Aufsätze und Annotationen. Beiträge zur Musikwissenschaft. Berlin 1979.

Hawkins C.: Inflammatory bowel diseases, London 1983.

Hess W.: Beethoven. Winterthur 1976.

Hyrtl J.: Vergangenheit und Gegenwart des Museums für menschliche Anatomie an der Universität Wien, Wien 1869.

Jacobsohn L.: L. v. Beethovens Gehörleiden. Deutsch. med. Wschr. 36, 1282, 1910.

Jesserer H. und Bankl H.: Ertaubte Beethoven an einer Paget'schen Krankheit? Bericht über die Auffindung und Untersuchung von Schädelfragmenten L. van Beethovens. Laryng. Rhinol. Otol. 65, 592, 1986.

Kalischer A. Ch.: Beethovens sämtliche Briefe. 5 Bde. Berlin – Leipzig 1906-1908.

Kastner E.: Ludwig van Beethovens sämtliche Briefe. Hrsg. J. Kapp. Leipzig 1923.

Kerner D.: Krankheiten großer Musiker. Bd. I. Stuttgart 1973.

Kerst F.: Die Erinnerungen an Beethoven. Bd. 1 und 2., 2. Aufl. Stuttgart 1925.

Klapetek J.: Beethovens letzter Arzt. Deutsch. med. Wschr. 93, 368, 1968.

Kobald K.: Beethoven. Wien 1960.

Köhler K. H.: „. . . tausendmal leben!" Konversationen mit Herrn van Beethoven. Leipzig 1978.

Landon R.: Beethoven. Zürich 1970.

Langer v. Edenberg: Die Cranicen dreier musikalischer Koryphäen. Mitt. Anthrop. Ges. Wien XVII, Sitzungsbericht vom 19. 4. 1887.

Larkin E.: Beethovens illness a likely diagnosis. Proc. R. Soc. Med. 14, 493, 1971.

Laskiewicz A.: Ludwig van Beethovens Tragödie vom audiologischen Standpunkt. Laryngologie 43, 261, 1964.

Leitzmann A.: Ludwig van Beethoven. Berichte der Zeitgenossen. Bd. 2, Leipzig 1921.

Ley S.: Die Ärzte Beethovens. Med. Welt 8, 747, 1934.

Ley S.: An Beethoven's letztem Krankenlager. Med. Welt 10, 1058 und 1094, 1936.

Ley S.: Beethoven. Sein Leben in Selbstzeugnissen, Briefen und Berichten. Wien – Berlin o. J.

London S. J.: Beethoven. Case report of a Titan's last crisis. Arch. Int. Med. 113, 442, 1964.

Magenau C. B.: Beethoven's Gehörleiden und das Heiligenstädter Testament. Zschr. ärztl. Fortbild. 34, 268, 1937.

Magnani L.: Beethovens Konversationshefte. Riccardo Ricciardi, Mailand – Neapel 1962.

Marek G. R.: Ludwig van Beethoven. München 1970.

Mc.Cabe B. F.: Beethovens deafness. Ann. Otol. 67, 192, 1958.

Mercklin A.: Über das Mißtrauen und den sog. Verfolgungswahn der Schwerhörigen. Allg. Zschr. Psychiat. 74, 420, 1918.

Müller E.: Johann und sein großer Sohn Ludwig van Beethoven. Psychiat. neurol. Wschr. 41, 323, 1939.

Müller K.: Beethovens Brillen. Klin. Monatsbl. Augenklinik 138, 412, 1961.

Naiken V. S.: Did Beethoven have Paget's disease of bone? Ann. Intern. Med. 74, 995, 1971.

Nettl P.: Beethoven und die Ärzte. Ciba-Symposium 14, 95, 1966.

Neumann H.: Beethoven's Gehörleiden. Wien. med. Wschr. 77, 1015, 1927.

Nohl L.: Beethovens Leben. 4 Bde. 2. Aufl., Berlin 1909.

Nottebohm G.: Beethoven Studien: Leipzig – Winterthur 1873.

Nottebohm G.: Beethovens Unterricht bei J. Haydn, Albrechtsberger und Salieri. Leipzig 1873.
Piroth M.: Beethovens letzte Krankheit auf Grund der zeitgenössischen medizinischen Quellen. Beethoven-Jahrbuch 1959/60. Hrsg. von P. Miss und J. Schmidt-Görg. Bonn 1962.
Rexroth D.: Beethoven. München 1982.
Riemann H.: L. van Beethovens sämtliche Klaviersonaten. Berlin 1917.
Riezler W.: Beethoven. Zürich – Freiburg, 1977.
Rolland R.: Beethoven. Zürich und Stuttgart 1969.
Schering A.: Beethoven in neuer Deutung. Leipzig 1934.
Scherf H.: Die Krankheit Beethovens. München 1977.
Schiedermair L.: Der junge Beethoven. Leipzig 1925.
Schindler A.: Biographie von Ludwig van Beethoven. 3. Aufl. Münster 1860.
Schmidt F. A.: Noch einmal: Beethoven's Gehörleiden und letzte Krankheit. Deutsch. med. Wschr. 54, 284, 1928.
Schmidt-Görg J.: Beethoven. Die Geschichte seiner Familie. Veröffentlichungen des Beethoven-Hauses. Neue Folge. 4. Reihe, Bd. I., Bonn 1964.
Schmidt-Görg J.: Dreizehn unbekannte Briefe an Josefine Gräfin Deym geb. v. Brunsvik (Faksimile) Bonn 1957.
Schultze F.: Die Krankheiten Beethovens. Münch. med. Wschr. 75, 1040, 1928.
Schweisheimer W.: Beethovens Ärzte: Haben sie den Meister richtig behandelt? Medizinische Welt 6, 258, 1959.
Schweisheimer W.: Beethoven's Krankheiten. Münch. med. Wschr. 67, 1473, 1920.
Schweisheimer W.: Beethovens Leiden, ihr Einfluß auf Leben und Schaffen. München 1922.
Solomon M.: Beethoven. München 1979.
Sterba E. und R.: Ludwig van Beethoven und sein Neffe. München 1964.
Sterpellone L.: Pazienti illustrissimi. Roma 1985.
Stevens K. M., Hemenway W. G.: Beethovens deafness. J. Am. Med. Ass. 213, 434, 1970.
Thayer A. W.: Ludwig van Beethovens Leben. 4 Bde. Deutsche Übers. und Bearb. von H. Deiters. Hrsg.: Hugo Riemann. Leipzig 1907 – 1923.
Waldegg R.: Sittengeschichte von Wien. Stuttgart 1957.
Wawruch A.: Ärztlicher Rückblick auf L. van Beethoven's letzte Lebensepoche. Allgem. Wiener Musikzeitung II, 218, 1842.
Wegeler F. G., und Ries S.: Biographische Notizen über Ludwig van Beethoven. Coblenz 1838.
Weisbach A., Toldt C. und Neynerth Th.: Mitt. Anthrop. Ges. Wien, XVIII, 73, 1888.
Weissenbach A.: Meine Reise zum Kongreß. Wien 1816.
Wessling B. W.: Beethoven. Das entfesselte Genie. München 1982.
Zeraschi H.: Das Beethovenporträt von Waldmüller. Musik und Gesellschaft, 21, 630, 1971.
Zobeley F.: Beethoven. Hamburg 1983.

Bibliographie zu Kapitel „Franz Schubert"

Bauernfeld E. von: Erinnerungen aus Alt-Wien. Wien 1923.
Brown M. J. E.: Schubert. A critical biography. London 1953.
Chezy W. v.: Erinnerungen aus meinem Leben. Schaffhausen 1863.
Dahms W.: Franz Schubert. Berlin – Leipzig 1912.
Deutsch O. E.: Schubert, A documentary biography. London 1946.
Deutsch O. E.: Erinnerungen seiner Freunde, gesammelt und hrsg. von O. E. Deutsch. Wiesbaden 1957.
Deutsch O. E.: Franz Schubert, Briefe und Schriften. 2. Aufl. München 1922.
Deutsch O. E.: Franz Schubert, die Dokumente seines Lebens. Basel – Kassel 1964.
Einstein A.: Schubert. Ein musikalisches Porträt. Zürich 1952.
Eulenberg H.: Schubert und die Frauen. Hellerau bei Dresden 1928.
Feigl R.: Klar um Schubert. Linz 1936.
Fischer-Dieskau D.: Auf den Spuren der Schubert-Lieder. Wiesbaden 1974.
Franken F. H.: Krankheit und Tod großer Komponisten. Baden-Baden, Köln – New York 1979.
Friedländer M.: Franz Schubert, Skizze seines Lebens und Wirkens. Leipzig 1928.
Fröhlich H. J.: Schubert. München – Wien 1978.
Gal H.: Franz Schubert oder die Melodie. Frankfurt 1970.

Goldschmidt H.: Franz Schubert. Leipzig 1976.

Heischkel E.: Was ist über die Krankheiten und Todesursachen Luthers, Lessings, Mozarts, Schillers und Schuberts bekannt und wissenschaftlich erwiesen? Med. Welt 10, 577, 1936.

Heuberger R.: Schubert, Berlin 1920.

Hilmar E.: Franz Schubert in seiner Zeit. Wien – Köln – Graz 1985.

Hitschmann E.: Franz Schuberts Schmerz und Liebe. Internat. Zschr. Psychoanal. Wien, 3, 287, 1915.

Höcker C.: Wege zu Schubert. Regensburg 1940.

Jaspert W.: Franz Schubert. Zeugnisse seines irdischen Daseins. Frankfurt 1941.

Kahl W.: Verzeichnis des Schrifttums über Franz Schubert 1828 bis 1928. Kölner Beiträge zur Musikforschung. Regensburg 1938.

Kerner D.: Der kranke Schubert. Münch. med. Wschr. 100, 977, 1958.

Klein R.: Schubert Stätten. Wien 1972.

Kobald K.: Franz Schubert und seine Zeit. Zürich – Leipzig – Wien 1928.

Kreißle v. Hellborn H.: Franz Schubert, Wien 1865.

Lesky E.: Die Wiener medizinische Schule im 19. Jahrhundert. Graz – Köln 1965.

Lux J. A.: Franz Schubert. Ein Lebensbild aus deutscher Vergangenheit. Berlin 1922.

Mandyczewski E.: Franz Schubert. Leipzig 1897.

Marek G. R.: Schubert. London 1986.

Müller R. F.: Die Körpergröße Schuberts. Bericht über den internat. Kongreß für Schubertforschung. Augsburg 1929.

Neuberger M.: Das alte medizinische Wien in zeitgenössischen Schilderungen. Wien 1921.

Ofner J.: Franz Schubert und Steyr. Steyr 1973.

Osborne A.: Schubert: Leben in Wien. Königstein/Ts. 1986.

Osterheld H.: Franz Schubert, Schicksal und Persönlichkeit. Stuttgart-Degerloch 1978.

Paumgartner B.: Franz Schubert. Zürich 1947.

Petzoldt E.: Franz Schubert, Leben und Werk. Leipzig 1939.

Rehberg W. und P.: Franz Schubert, sein Leben und Werk. 2. Aufl. Zürich 1947.

Reininghaus R.: Schubert und das Wirtshaus. Wien 1978.

Riezler W.: Schuberts Instrumentalmusik. Zürich – Freiburg 1967.

Franz Schubert. Musik-Konzepte Sonderband. Hrsg. von Metzger H. K., Reihn R., und Pribil H. München 1979.

Franz Schubert. Werkverzeichnis. Der kleine Deutsch. München – Kassel 1983.

Schünemann G.: Erinnerungen an Schubert: J. V. Spauns erste Lebensbeschreibung. Berlin – Zürich 1936.

Schweisheimer W.: Der kranke Schubert. Zeitschr. f. Musikwissenschaft III, 553, 1921.

Silvestrelli A.: Franz Schubert. Das wahre Gesicht seines Lebens. Salzburg – Leipzig 1939.

Toldt C. und Weisbach A.: Mitt. Anthrop. Ges. Wien XVIII, 77, 1888 (Sitzungsbericht zweiter Anhang 4-6, April)

Vetter W.: Der klassische Schubert. Leipzig 1953.

Vorberg G.: War Schubert syphilitisch? Ärztl. Rundschau 35, 165, 1925.

Wechsberg J.: Schubert. München 1978.

Werba R.: Schubert und die Wiener. Wien – München 1978.

Werlé H.: Franz Schubert in seinen Briefen und Aufzeichnungen. Leipzig 1951.

Ziese E.: Schubert's Tod und Begräbnis. Grossdeuten 1933.

Namenregister

Bildnachweis

Österreichische Nationalbibliothek (Wien)
Bildarchiv des Instituts für Geschichte der Medizin der Universität Wien
Gesellschaft der Musikfreunde
Mozarteum Salzburg
Beethoven Haus Bonn
Mrs. Eva Alberman, London
Radio Times Hulton Picture Library
Gemeende Archief Den Haag
Heeresgeschichtliches Museum, Wien

Inhaltsverzeichnis